JN215821

ベーシック経済学

新版

次につながる基礎固め

古沢泰治・塩路悦朗［著］

はしがき

初版が刊行された2012年は，投資銀行リーマン・ブラザーズの倒産（2008年）に端を発した世界金融危機の余波が色濃く残り，ギリシャをはじめとする南欧諸国の政府の債務問題やユーロ危機に揺れている時代でした。それから6年が過ぎ，アメリカではトランプ大統領が実施した減税にも支えられた好景気が続き，ヨーロッパ経済も落ち着きを取り戻しました。日本経済も，賃金率や物価の上昇率は依然低いままであるものの，失業率が2%台まで低下するなど，「実感なき好景気」が続いています。世界経済は全般には明るいものの，国際貿易に対するトランプ政権の強硬な姿勢が中国との貿易戦争に発展するなど，地政学リスクが経済に与える悪影響が心配されています。

世界金融危機が発生したころは，「こんな大きな危機を招いたのは経済学が役に立たない証拠だ」とか，「経済学者がしっかりしないからこういうことになったんだ」という声も聞かれました。実際こうした批判は，経済学の研究・教育を職業としている私たち筆者にとって耳が痛い問題です。しかし私たちは，金融危機に端を発した世界的な経済危機を，経済学が役に立たない証拠として捉えるのではなく，経済学の必要性を再認識させ，経済学のさらなる発展を促し，経済を研究する私たちを鼓舞するものだと捉えました。経済状況の良し悪しは人々の生活を大きく左右します。経済学は経済運営の指針を提供し，人々の生活の向上に大きく貢献しうる，とても大切な学問なのです。

それと同時に，経済学はとても難しい学問でもあります。「難しい」というのは理解しづらいという意味ではありません。経済学が解明しようとする世界があまりに複雑で不確実なため，種々の経済問題に対してそれぞれベスト・アンサーを見つけるのは困難を極めるということなのです。経済学が相手にしている経済のプレーヤーたち（消費者や企業など）は結局のところ人です。物理学で扱う分子などと違い，人は外部からの作用に対し予見したとおりには動いてくれないのです。

このように，重要でもあり難しくもある経済学に，私たち筆者は情熱を持って研究・教育に取り組んでいます。難しいからこそ探求しがいもあり，人々の暮らし向きを大きく左右するからこそ真摯な態度で研究を続けていけるのです。また，経済学はとても面白い学問でもあります。最初は取っつきにくいと思っても，突如よくわかるようになる学問でもあります。数学的・論理的に考えていく作業は頭の体操にもなります。私たちは経済学が大好きです。この教科書を通じて，その想いを読者の皆さんと共有できれば，とても幸せです。

この教科書は，経済学の入門書です。大学に入って初めて本格的に経済学を学ぶ人には，ぜひ手にとってもらいたいと思います。経済学部以外の学生で本格的に経済学を学ぶ予定がない人にも読んでもらい，経済に興味を持ってもらいたいと考えます。また，学校を卒業し社会人として働いている人たちにも，ぜひ手にとってもらいたいと思っています。学生時代に経済学を勉強した人もそうでない人も，この教科書を通して経済を読み解くスキルを身につけ，今日の社会を見つめ，将来について考えてもらえれば嬉しいです。

この教科書において私たちは，言葉による直観的説明を重視し経済理論を紹介することを心がけました。しかし同時に，数学的で厳密な議論をおろそかにしないよう気をつけました。その結果，社会人にも役に立つ入門書としてはやや堅苦しい印象を与えるようになったかもしれません。しかし，もしそうだとしたら，それは「次につながる」形で，経済学の基礎を皆さんに伝えようとしているためです。

経済学を本格的に学ぼうとする人にとっての「次」は，さしあたり「より高度な経済学」でしょう。この教科書は，中級以上の経済学へとスムーズに移行できるよう，初級の理論でも厳密な論理展開を大事にしています。経済学部以外の学生や社会人の皆さんにとっての「次」は，自らの専門分野の勉強であり，経済社会へのより深い洞察力を身につけることでしょう。経済社会のあり方を深く洞察するということは，職業人としての自身を取り巻く環境を深く理解するということです。自らが身を置く世界を知り，自らの行動が世界に与える影響を考慮に入れて行動し，基礎に裏づけられた自らの意見を社会に発信していってください。「経済学の勉強はこの本だけ」という人にとって，この教科書は「学問的」すぎるように映るかもしれません。しかし，「次」につなげるためには，強固な基礎を持たなくてはなりません。経済学の基礎を固めて「次」につなげるには，研究者の立場から経済学の基礎を丁寧に説明したこの教科書は打って付けであると自負しています。皆さんの「次」にこの教科書が少しでも役立てば幸甚です。

各章末の練習問題の解答例は，ウェブサイトに掲載されています。また，本書を教科書としてお考えいただいている先生方には，すべての図表の画像を含んだ講義用スライドを準備しています。ウェブサイトからお申し込みください。どうぞ有斐閣書籍編集第２部のブログを訪ねてみてください。

『ベーシック経済学（新版）』学習サポートページ

http://yuhikaku-nibu.txt-nifty.com/blog/2018/10/22123.html

初版から６年が経ち，読者の皆さんから多くのフィードバックをいただきました。そこで今回，これまで以上にわかりやすく役立つ教科書にしたいと願い，大幅な改訂を行いました。第Ⅰ部ミクロ経済学のパートでは，完全競争や生産者余剰に関する説明（第1章，第2章，第3章，第5章）をより丁寧に，わかりやすくするとともに，公共財という新たなトピックを加えました（第4章）。第Ⅱ部マクロ経済学のパートでは，統計データをもとにした図表を各所で更新するとともに，第16章の末尾に初版発行以降の日本経済の動きに関する議論を追加しました。

また，全章にわたり章末の練習問題を追加しました。問題は，各章の理解度を確認するための基本問題と，本文中で学んだことを発展的に用い深く思考する機会となる応用問題に分かれています。経済学を身につけるには，こうした練習問題を解いていくのが重要です。ぜひ，章末の問題を解いてみてください。

今回の改訂は，初版を手にとってくださった多くの読者のおかげだと感謝しています。とくに，一橋大学，中央大学，東洋大学，明治大学の学生さんたちからのフィードバックは大変参考になりました。そして，学生の声を伝えてくださるとともに，いくつもの貴重なアドバイスをくださった小橋文子先生（東洋大学から青山学院大学に転籍）と平賀一希先生（東海大学）に感謝の意を表します。

この教科書の執筆は，有斐閣の秋山講二郎氏と渡部一樹氏のお誘いを受けて実現しました。このような貴重な機会を与えてくださった両氏に感謝いたします。とくに渡部氏には，執筆期間中，長きにわたり大変お世話になりました。各章ごとに行われた打ち合わせには，わざわざ国立にある一橋大学までお越しいただき，執筆内容に多くの示唆を与えていただきました。また，原稿にも丁寧に目を通し，有益なコメントをいくつも与えてくれました。今回の改訂の際も，さまざまな角度から私たちを支えてくれました。はしがきの最後になりましたが，渡部氏に心から感謝の念を表します。

2012年10月，一橋大学国立キャンパスにて（初版）

2018年10月，東京大学本郷キャンパス，そして一橋大学国立キャンパスにて（新版）

古沢 泰治

塩路 悦朗

著者紹介

古沢　泰治（ふるさわ たいじ）　［序章，第Ⅰ部担当］

1963年　広島県に生まれる

1987年　一橋大学経済学部卒業

1994年　ウィスコンシン大学マディソン校経済学部博士課程修了（Ph. D.）

現　在　東京大学大学院経済学研究科教授

専　攻　国際貿易理論，応用ミクロ理論

著　作　"A Race beyond the Bottom: The Nature of Bidding for a Firm,"（with Kazumi Hori and Ian Wooton）, *International Tax and Public Finance*, 22(3), 2015

"Contributing or Free-Riding? Voluntary Participation in a Public Good Economy,"（with Hideo Konishi）, *Theoretical Economics*, 6(2), 2011

"Gradual Cooperation in the Existence of Outside Options,"（with Toshikazu Kawakami）, *Journal of Economic Behavior and Organization*, 68(2), 2008

"Free Trade Networks,"（with Hideo Konishi）, *Journal of International Economics*, 72(2), 2007 など。

塩路　悦朗（しおじ えつろう）　［序章，第Ⅱ部担当］

1965年　東京都に生まれる

1987年　東京大学経済学部卒業

1995年　イェール大学経済学部博士課程修了（Ph. D.）

現　在　一橋大学大学院経済学研究科教授

専　攻　マクロ経済学

著　作　「ゼロ金利下における日本の信用創造」，照山博司ほか編『現代経済学の潮流 2016』東洋経済新報社，2016年，所収

"Time Varying Pass-Through: Will the Yen Depreciation Help Japan Hit the Inflation Target?" *Journal of the Japanese and International Economies*, 37, 2015

"Pass-Through of Oil Prices to Japanese Domestic Prices,"（with Taisuke Uchino）, in Takatoshi Ito and Andrew K. Rose eds., *Commodity Prices and Markets*, University of Chicago Press, 2011 など。

目　次

第6章 消費者行動と財の需要　134

第7章 競争均衡と効率的資源配分　158

第12章　*長期モデル2*　287

物 価 水 準

第13章　マクロ経済の短期モデル　315

第14章　人々の将来予想と経済変動　341

第15章　経済成長　373

本文イラスト：与儀勝美

Column 一覧

本書のコピー，スキャン，デジタル化等の無断複製は著作権法上での例外を除き禁じられています。本書を代行業者等の第三者に依頼してスキャンやデジタル化することは，たとえ個人や家庭内での利用でも著作権法違反です。

本書の使い方

●本書の構成

本書は序章と２つの部で構成しています。第Ⅰ部ミクロ経済学（第１章～第８章）では，需要と供給，市場均衡，市場の失敗，消費者・生産者の行動といった基礎理論を学び，最後に経済学にとって重要な分析道具の１つであるゲーム理論を学習します。第Ⅱ部マクロ経済学（第９章～第16章）では，GDP，物価水準，長期・短期モデル，経済変動，経済成長といった基礎理論を学び，最後に学んだ知識を用いて1980年代からの日本経済について考えていきます。

●各章の構成

各章は，Introduction，本文，Column，練習問題で構成し，複合的に理解できるようになっています。

●キーワード

重要な概念を説明している箇所を太字（ゴシック体）で表記しました。

●*Column*

各章の中に*Column*（コラム）を挿入しています。本文の内容に関連した身近なテーマや，現実の日本経済のトピックスを取り上げ，理論と現実とのつながりを意識できるように工夫しています。

●練習問題

各章末に，章の理解度を確認するための基本問題と，本文中で学んだことを発展的に用いて深く思考するための応用問題に分けて，練習問題を用意しました。

練習問題の解答例は，ウェブ上の学習サポートページ（http://yuhikaku-nibu.txt-nifty.com/blog/2018/10/22123.html）に掲載されています。

●索　引

巻末に，キーワードを中心とした基本的なタームを引けるように，索引を精選して用意しました。より効果的な学習にご利用ください。

序 章　経済のしくみと経済学

1　経済学とは

経済学とは

経済は「経世済民」という言葉がその語源だと言われています。経世済民とは,「世の中を治め，民の苦しみを救うこと」です。経済というと「お金儲け」や「富の蓄積」といった言葉が浮かび，そのためにどうすればいいのかを教える学問が経済学だと思う人もいるようです。しかし本来「経済」とは,「人々が幸せに暮らすためのしくみでありその活動」なのです。経済学は，そうした経済がどういうしくみになっていて，そしてどうすれば人々をより幸福にすることができるかを学ぶ学問です。

経済学はよく,「稀少な**資源**を競合する目的のために，選択・配分する方法を考える学問」と定義されます。ここでいう資源とは，自動車や服などの**財**（一般に言う商品のこと）や，運送や医療などの**サービス**（取引される無形のもの），そしてそれらを生み出すために使われる天然資源や**生産要素**（資本，労働，土地など）の総称です。経済学は,「限られた財やサービス，生産要素を，それらを必要としている人のところに必要なだけ届けるにはどうすればよいかを研究する学問」と言えます。

経済学では，人々や企業の行動規範を読み取りながら，人々が幸福な生活を送れるようにするためのさまざまな経済・社会制度を設計していきます。そして，その究極的目標は「民の幸福」にあるのです。

稀少性と効率的配分

上述の定義におけるキーワードは「稀少性」です。よく登場するのは「水とダイヤモンド」の話です。人々が生きていくために必要なのは，間違いなくダイヤモンドではなく水でしょう。とくに砂漠の真ん中で蜃気楼を見るとき，喉から手が出るくらい欲しいと思うのは水に違いありません。ダイヤモンドがすぐそばにあっても，目もくれないのではないでしょうか（一応ポケットに入れるかもしれませんが……）。しかしそれにもかかわらず，水よりダイヤモンドの方がはるかに高価です。どうしてでしょうか？ もちろん「あの輝きに魅せられるから」というのはあるでしょうが，それ以上に重要なのが稀少性です。いくら美しいとは言え，蛇口をひねったらダイヤモンドがジャラジャラと出てくるようならば，ダイヤモンドは水と同等の価値しか持たないでしょう。

同様に，もし人々が欲する資源が無尽蔵にあり，かつ簡単に手に入るならば，経済学は廃れてしまうでしょう。すべての人々は，それぞれ欲しいものすべてを，取捨選択することなく手に入れるだろうからです。また社会的にも，どの財を誰に配分するかなど気にする必要もなくなります。人々が必要とする資源が稀少であるからこそ，それらをどのようにして誰に届けるのかが重要な問題となるのです。

経済学では主に**効率性**の観点からこの問題を考えていきます。稀少な資源からいかに「効率的」に財やサービスを生産し，それらのものを必要とする人々や企業に届けるかを考えていくのです。ここで効率的とは，人々の幸福を少しでも高めるという目的にとって「無駄なく」ということです。それは，「必要としている人や企業に必要なだけ届ける」ということでもあります。自主制作したロック・ミュージックのCDも，クラシック・コンサートから出てきた人たちに配るのであれば，CDを効率的に配分したとは言えません。

機会費用

効率性について考える際の重要な概念として**機会費用**があります。ある行動の機会費用とは，「その行動をとるために犠牲にした行動や機会から得られるはずだった最大利益」のことです。たとえば，この教科書を読むことの「費用」は，教科書代だけではありません。教科書を読まなければ，別の本を読んだかもしれませんし，遊びに出かけたかもしれません。その時間を働くことに使ったならば，それにより収入も得られたことでしょう。それらの代替的機会のうち，その人にとって最も高い価値を生み出すもののその価値が，この教科書を読むことの機会費用なのです。

稀少な資源を効率的に配分するには，機会費用の概念がとても重要です。機会費用を考慮に入れず表面的な「費用」のみにとらわれるならば，誤った選択をしてしまうかもしれません。その結果，資源を効率的に配分することはできなくなってしまいます。この教科書を安いと思って買った人は，じっくり読むと何日もかかることを考慮に入れたうえで購入してくれたでしょうか？ もし読書時間を考慮に入れていなかったならば，もしかすると「時間」という貴重な資源やお金の配分を誤ったかもしれません（しかし最後まで読んでもらえれば，この資源配分は間違いでなかったと納得してくれると確信しています）。

2 経済のしくみ

経済のプレーヤー

人や企業が財や資源を取引する「場」を経済と捉えるならば，そこで行動するプレーヤーは，**経済主体**と総称される**家計**（もしくは**消費者**），**企業**，そして**政府**です。

家計は，消費活動を共同で行っているとみなされる人々の集まりです（一家の収入・支出を表すという意味の「家計」とは異なります)。多くの家庭では，親が働き，それによって得た収入で，子供たちを含めた生活費をまかなっています。このような家庭の1つひとつが家計だと考えてください。ただし，個別の財やサービスの消費を考えるときは，家計単位で考えるよりも，1人ひとりを消費者として考える方がより現実に近いでしょう。高校生が学校帰りにハンバーガー屋に寄るかどうかは，その高校生の判断であり，家計全体の判断ではないからです。そこでこの教科書では，とくに消費面に焦点を絞るときは，家計ではなく消費者と表記することにします。

家計（もしくは消費者）は**労働**などを提供する代わりに所得を得て，その予算内で最大の満足が得られるよう，消費する財やサービスを選択します。経済学では，消費活動などによって得られる満足度を測る指標として効用という言葉を多用します。**効用**は満足度の同義語だと思ってください。家計は所得の大きさによって決まる予算内で，効用を最大にするよう消費活動を行うのです。

企業は，家計が提供する労働などを用いて，財やサービスを作り出し（生産し）消費者に提供します。企業の行動規範として一般的に受け入れられているのは利潤最大化です。**利潤**とは，企業が生産物を売却して得る収入から生産にかかった費用を引いたものです。

企業経営者は，利潤最大化ではなく，企業規模の拡大や市場シェアの向上をその目標とするかもしれません。しかし，利潤を最大化しない企業は，いくら規模が大きく市場シェアが高くても，いずれ衰退していくでしょう。したがって，企業は利潤最大化を目指すべきであり，実際，利潤を最大にすべくさまざまな決定を行っていると考えられるのです。

そして，政府も経済の重要なプレーヤーです。政府は，財政政策や金融政策を通じて，経済に影響を与えます。また，法制度の整備により，経済活動のルールを決めるのも政府です。政府は，その国の**社会厚生**（国民全体の満足度を測る指標）を最大化するよう行動すると考えられています。実際は，政策決定に関わる政治家は純粋に社会厚生を最大化するように行動するわけではなく，自らの再選に都合のよい政策を推し進めることもあるでしょう。しかし，利潤を最大化しない企業が衰退していくように，社会厚生を最大化しようとしない政治家はやがて消えていくことでしょう（少なくともそう思いたいものです）。

生産要素

自動車は，鉄やプラスチックやゴムなどの原材料から，人の手と工場にある機械の共同作業によって生産されます。散髪というサービスは，理髪店にある洗面台や散髪道具を用いて，理容師さんたちによって提供されます。このように，財やサービスは，土地や生産設備や労働を用いて，原材料を加工し生産されます。また，その原材料も，土地や生産設備，そして労働を用いて生産されています。

工場にある機械などの生産設備も，どこかの企業が原材料から生産したものです。しかしそれは，時を超えて繰り返し使用され，財を生み出し続けます。その意味で，個人に消費されたり他の企業に原材料として使用される財とは性質が異なります。このように，生産設備として生産に繰り返し使用される財を資本財，もしくは単に

資本と呼びます。

企業は，社債や株式を発行したり銀行などの金融機関から資金を借り入れたりして，事業の元手となる資金を調達します。そして，その資金をもとに資本財を購入し生産設備を整えます。個人や企業の貯蓄が，金融機関などを通じて企業の手に渡り，資本という生産設備に姿を変え，生産に寄与するようになるのです。事業の元手となる資金としての資本と区別するために，生産設備である資本は**物的資本**と呼ばれることもあります。

資本，労働，そして土地は生産要素と呼ばれます。それらは財やサービスの生産に繰り返し使われるものであり，各時点をとってみると，それらの存在量は所与であると考えられます。一国の経済は，これらの生産要素がどういう比率でどれくらい存在するのかという観点から，特徴づけることができます。たとえば日本やアメリカのような先進国では，労働に比べ資本が相対的に豊富に存在し，その資本をたくさん必要とする工業が発達しています。生産要素が違った比率で存在しているために，産業構造も国によって異なってくるのです。

経済活動の流れと市場

家計・企業・政府は，**市場**（しじょう）を通じて，生産要素や財・サービスを取引しています。市場は経済主体間をつなげる場であり，経済効率性の実現にとても大きな貢献をしています。

市場とは，経済主体間で生産要素や財・サービスが交換される「場」のことです。ここでの「場」とは，市場（いちば）と呼ばれる特定の場所を指しているのではありません。確かに人々は財やサービスの取引のため，スーパーやデパート，そしてコンビニなど特定の場所に出かけていきます。しかし，それらの取引の場は相互に関連しているのです。

たとえば，小麦の取引を考えましょう。小麦が不作に終わり，小麦の生産量が大幅に減少したとします。そうすると，いくつかの小麦取引所で小麦が供給不足となり，そこでの価格は上昇していくでしょう。買い手は比較的供給量の多い取引所に出かけ，そこで小麦を手に入れようとし，小麦価格の高騰は他の取引所に伝播していきます。こうして，すべての取引所で小麦価格は等しく高値となっていくでしょう。

レオン・ワルラス[1834-1910]：フランスの経済学者（アフロ提供）

市場は，生産要素や財・サービスが取引され，価格が決定される概念上の「場」です。各財・各サービスにはそれぞれの市場が存在し，その市場で財・サービスの生産者と消費者が財を取引します。そしてその市場では，生産者が**供給**しようとする量と消費者が**需要**しようとする量が釣り合うよう，価格が決まってきます。それはあたかも市場全体を見渡し，需給が一致する価格を模索する競売人（価格の調整過程を考察した経済学者の名を冠し**ワルラスの競売人**（きょうばいにん）と呼ばれています）がいるかのようです。ワルラスの競売人は実際には存在しないにもかかわらず，市場はその価格メカニズム（価格が財・サービスの需給が一致するよう働くしくみ）により，多数の生産者と多数の消費者を効率的に結びつけるのです。

市場を介した，財・サービス・生産要素の取引は，次ページの図0-1に要約されています。図では，各市場で取引される財・サービスの流れが矢印で示されています。家計は，労働市場と資本市場（投資資金市場とも呼ばれます）を通じて労働や資本（資金）を企業に提供し，その対価を賃金や利子収入という形で受け取ります。そして，企業は家計から提供を受けた生産要素を用いて財（またはサ

図 0-1　経済のしくみ

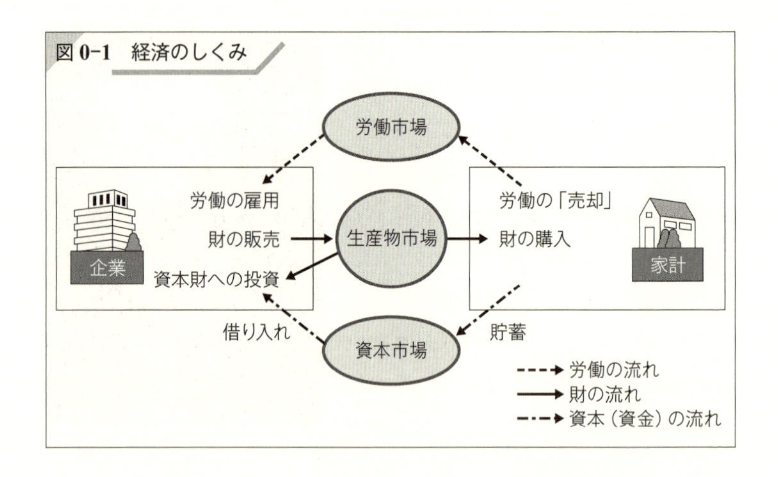

ービス）を生産し，それを生産物市場を通じて家計（消費者）に販売します。もちろん，その生産には生産設備が必要ですが，企業は資本市場から調達した資金を用い，資本財を他の企業から生産物市場を通じて購入することにより，生産設備を整えるのです。この資金の調達（借り入れ）は資本市場から企業への矢印で表され，企業が他の企業から資本財を購入する様子は，生産物市場から企業への矢印で表されています。また，図 0-1 には政府が描かれていませんが，政府はたとえば家計から税金を徴収し，それを原資に生産物市場を通じて企業からコンピューターを購入したり，道路や港湾といったインフラ敷設のサービスを購入したりします。このように，経済のプレーヤーたちは，市場を通じてさまざまな財・サービス・生産要素を交換しあっているのです。

3 経済分析

モデル分析

図 0-1 で描かれた経済は，極度に単純化されたものです。実際の経済は，無数の財やサービスが，多くの企業により生産され，さまざまな嗜好（しこう）を持った数多くの消費者に購入され消費されています。容易に想像されるように，そのしくみはとても複雑で，経済主体間の結びつきを解明するなど不可能な作業のように見えます。

しかし，経済が複雑すぎて解明できないものだとしてしまうと，私たちの生活は「真っ暗な洞窟を手探りで進んでいく」状況に陥ります。人々の生活をより豊かなものにするためには，複雑な経済を少しでもよく理解し，経済のしくみを解明する努力を行い，経済制度を整備・運営していく必要があるのです。

そこで経済学は，モデル分析という手法をとって，現実の経済を分析していくことになります。モデル分析とは，現実の経済を思い切って単純化した経済モデルを構築し，そのモデルの中で経済変数の動きを分析することです。経済モデルでは，そこで何らかの行動をするプレーヤーたちとその行動原理，そしてそのプレーヤーたちを取り巻く環境などが設定されています。そのモデルにおいて，たとえば消費税が上がると，財の価格や消費量はどんな影響を受け，人々の効用はどう変化するかを観察するのです。

この消費税の例のように，経済モデルで所与として扱われている経済変数が変化すると，モデル分析の対象となる**均衡**（モデル内のすべての変数が整合的に釣り合っている状態）もそれに応じて変化することがあります。経済変数の変化に均衡がどう影響を受けるのかを知るのはとても重要であり，そのような分析は**比較静学**と呼ばれています。

たとえば,「米に対する輸入関税を引き下げると,日本をはじめとする世界経済にどんな影響があるのか」を知りたいものとします。この状況を経済モデルで表現するならば,たとえば,「日本と外国の2国があり,その2国では,それぞれ数多くの生産者が生産した米を大勢の消費者が購入し消費している」となります。そして,各国の生産者たちの行動は,供給関数(それぞれの価格に対する供給量を示した関数)によって表され,各国の消費者たちの行動は,需要関数(それぞれの価格に対する需要量を示した関数)に集約されているとします。そしてそれを前提に,日本が輸入関税を引き下げたら,米の価格が日本をはじめとする各国でどう変化し,それは各国の生産者や消費者にどんな影響を与えるかを分析していくのです。

「200カ国ほどもある世界をたった2国しかないとするのはどうなの?」,という批判も聞こえてきそうですが,このような極度に単純化されたモデルを通して複雑怪奇な現実経済を見ることにより,見通しがずいぶんよくなるものです。経済モデルの分析から得られたさまざまな知見を頭に入れて現実経済を眺めると,複雑に絡まった糸もすうーっとほどけていくのです。

この教科書で扱う経済は,モデル化された単純な世界です。ここで扱うモデルは単一のものではありません。扱う経済問題によって,その分析目的に最も沿うと考えられるモデルが選択されます。この教科書を読み終わるころには,皆さんの頭の中には,さまざまなモデルから生み出された数多くの経済理論が頭に入っていることでしょう。それらを自由に用いて,現実の経済問題を考えてみてください。

ミクロ経済学とマクロ経済学

経済学の基礎は,**ミクロ経済学**と**マクロ経済学**に大別できます。ミクロ経済学は,家計・企業・政府といった個々の経済主体の行動を分析し，経済主体間が財やサービス，そして生産要素などを取引する市場のメカニズムを分析する学問です。他方マクロ経済学は，個々の選択や行動を分析するというよりも，経済全体を俯瞰し，**失業**や**国内総生産**（Gross Domestic Product: GDP），そして**インフレーション**といった経済全体で発生する現象を捉えて分析する学問です。

分析対象はあくまでも同じ経済であるにもかかわらず，どうしてミクロ経済学とマクロ経済学は併存し，その双方が重要だと考えられているのでしょうか？ それは経済という患者を診るのに，局所的分析と大局的分析の双方が重要だからです。

たとえば，胃の痛みを訴える患者がいたとします。胃が痛いのならばと，医師は胃のレントゲンを撮ったり，胃カメラで内部を観察したりするでしょう。必要ならば胃の粘膜の一部を摘出し，顕微鏡で観察するかもしれません。こうしたミクロ的処置はもちろん必要です。しかし，名医は患者の顔色を見たり，腹部を外から観察したり，最近の体調の変化について質問したりするでしょう。胃が痛いからといって，胃にばかり気をとられていると，真の原因を見落とす危険性もあるのです。胃は体の一部です。体全体の変化に気を配るマクロ的処置も必要なのです。

森の木が数十本にわたり病んでいる場合はどうでしょう？ 原因を探り対処するためには，病んでいる木を観察し，病原菌や害虫の有無を探る必要があるでしょう。しかし，そうしたミクロ的処置とともに，マクロ的処置も必要です。ヘリコプターから森を観察すると，海沿いの地区は全般的に木々が弱っているのが発見されるかもしれません。そうすると，海に何らかの原因があるか，海の向こうの何かが原因になっていると疑われるようになるでしょう。ミクロ的処置とマクロ的処置の双方が行われて，初めて真の原因に迫ることができるのです。

経済についても同様です。金融危機から全般的な経済危機に発展している状況を考えてみましょう。金融危機の本質に迫るためには，個々の金融商品のしくみを理解し，それがどのような人々や企業の間でどのように取引されているかを知る必要があるでしょう。また，金融と実物経済（財の生産など）との結びつきを理解するには，事業展開に必要な資金をどうやって調達しているのかといった，企業金融に関する知識も必要でしょう。しかしそれと同時に，国際間での資本移動の状況や，各国の失業率や貿易量，そしてGDPの変化を把握し分析するマクロ的処置は，危機の伝播経路やそのスピードなどを知るのに役立ち，事態を正確に捉え，的確な処置を施すのを助けるでしょう。

経済学には，ミクロ経済学とマクロ経済学に加え，労働経済学や国際経済学，財政学や公共経済学，金融やファイナンス，その他さまざまな分野があります。この教科書では，経済学入門として，それらすべての基礎となるミクロ経済学とマクロ経済学を学んでいきます。

本書の構成

この教科書では，まず第Ⅰ部でミクロ経済学を学びます。ミクロ経済学で，消費者や企業という経済主体の行動を学び，それらを結びつける市場の役割について考えます。第Ⅰ部の最後に経済学にとって重要な分析道具の1つである**ゲーム理論**について学んだのち，第Ⅱ部のマクロ経済学に移ります。そこでは，まず，GDPや物価水準といった重要な概念を学び，経済状況の重要な指標であるGDPや物価水準の決定について考えていきます。

第Ⅰ部の最初の章である第1章では，ある財の需要と供給について考えていきます。そこで紹介される**需要曲線**と**供給曲線**は，経済学の最も基礎的かつ重要な概念です。第2章では，その需要曲線と供給曲線を用いて，市場均衡について考えます。第3章では，市場は効率的な財の配分を実現することを見ていきます。ここでは，財の価格が，効率的な財の配分に大きな役割を果たすことがわかります。しかし，その価格メカニズムは，常に市場の効率性をもたらすわけではありません。第4章では，価格メカニズムが効率性の達成に失敗する「市場の失敗」について考察します。そこでは，政府の役割が強調されます。第5章では，生産者側である企業行動について考え，第1章で扱う供給曲線を，企業行動の結果として，改めて導出していきます。第6章は，需要曲線を導く基礎となる，消費者行動について学んでいきます。そして第7章では，市場の効率性について再度考えることにします。ここでは，**パレート効率性**という効率性の基準に照らし合わせて，市場均衡が効率的であることをより一般的な枠組みで示します。第8章では，ゲーム理論の基礎を学びます。ゲーム理論は，経済学だけでなく，国際関係や政治学などさまざまな分野に応用されています。ゲーム理論の有用性と面白さがわかってもらえれば，この章の目的は達成されたことになります。

第Ⅱ部最初の章である第9章は，一国の経済活動を測る最も重要な指標であるGDPについて丁寧に考えていきます。GDPやその成長率については，目にする機会も多いでしょうが，その概念をきちんと理解することはとても重要です。第10章では，GDPに関連する**物価水準**などの重要な概念を学びます。そして第11章と第12章では長期モデルと呼ばれる理論モデルを扱います。第11章では，GDPの決定について考察します。そこでは財価格の変化を許す長期においては，GDPが，企業の生産技術と生産要素の存在量のみによって決まるという衝撃的な結論が導かれます。第12章では，そこに貨幣を導入し，物価水準が決定されていくしくみを考察します。この長期モデルにおいては，政府による**財政政策**や**金融政策**が，GDPに影響を与えることはありません。しかし，第13章で扱う短期モデルにおいては，それらの政策がGDPに影響を与えることが明らかになります。物価水準が固定的であると考えられる短期においては，こうした政策が正当化されるのです。次に第 14 章では，人々の将来予想が，今の経済に影響を与える様子を見ていきます。人々の将来に対する予想が**経済変動**を生むというのは，興味深く，そして重要な発見です。そして第 15 章では，**経済成長**について考察します。経済成長は，人々の暮らし向きを向上させるのにとても重要です。そこでは，この経済成長のメカニズムについて学んでいきます。最後に第 16 章では，この教科書のとくに後半の第Ⅱ部で学んだ知識を用いて，1980 年代からの日本経済について考えていきます。資産価格バブルの生成と崩壊に続き，日本は「失われた 20 年」と呼ばれる停滞期に入ります。一時的に脱却の兆しが見えた時期もありましたが，2008 年からの世界金融危機の影響を受け，再び日本経済は停滞します。2012 年暮れに登場した第 2 次安倍政権はこうした状況から抜け出すことを目的として，アベノミクスと総称される新しい経済政策を打ち出します。第 16 章では，こうした経済状況や経済政策の変化を，マクロ経済学的視点から見つめ直します。

第Ⅰ部
ミクロ経済学

第1章 需要と供給

Introduction

この章では，入門的ミクロ経済学の基礎となる，需要曲線と供給曲線について学びましょう。経済には数多くの財やサービスが存在し，それぞれ多くの生産者によって市場に供給され，それを購入する多くの消費者によって消費されます。市場において，生産者と消費者を結びつける機能を果たすのは**価格**です。需要曲線は，とりうるすべての価格それぞれについて，消費者が購入しようとする財の量を表しています。そして供給曲線は，とりうるすべての価格それぞれについて，生産者が何単位の財を供給しようとするのかを表しています。財市場における消費者行動の情報を集約した需要曲線はどのようにして導かれるのでしょうか？ そして，それはどのような性質を持っているのでしょうか？ 生産者行動に関する情報を集約した供給曲線についてはどうでしょうか？ それでは，ミクロ経済学を学習するうえでとても重要な最初の一歩を踏み出してください。

1 需要曲線

需要曲線と需要の法則

ある1つの財について考えてみましょう。この財をある消費者がどれくらい欲しいと思っているかを記述したものが**需要曲線**です。需要曲線は，その消費者がある一定期間内に消費したいと思う量を，その財の価格の関数として描いたものです。需要量はあくまでも消費したいと思う量

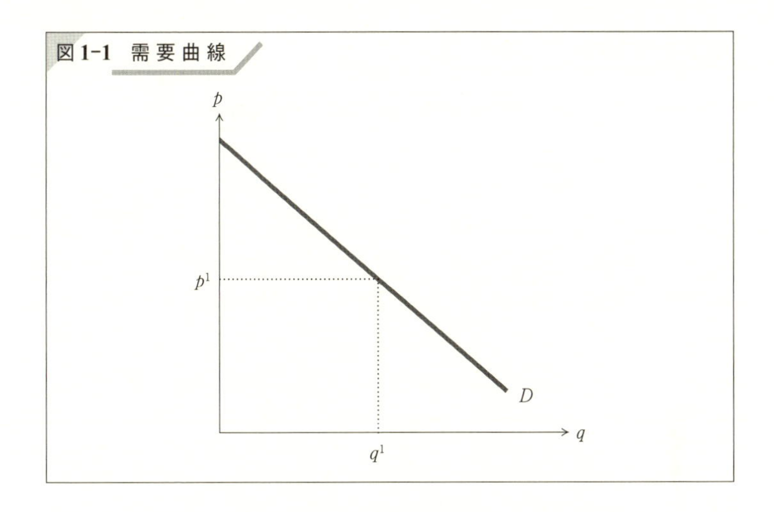

図 1-1　需要曲線

であり，実際に消費する量とは限らないことに注意してください。

図 1-1 は，ある消費者の需要曲線を描いています。横軸 q は数量（ここでは需要量）を，縦軸 p はこの財の価格を表しています。この需要曲線から，この消費者は，たとえば価格が p^1 円ならばこの財を q^1 単位消費したいと思っていることがわかります。需要曲線は，一般に右下がりだとされています。つまり，価格が下落すると需要量は増加するのです。このことは**需要の法則**と呼ばれています。

需要曲線と財の評価額

需要曲線は，それぞれの価格について消費者がどれくらい消費したいかを示したものです。したがって図 1-1 では，縦軸から適当な価格 p をとって，需要曲線から横軸の需要量 q を読み取ります。しかし，これを横軸を出発点として見れば，また別の重要な点が見えてきます。ある任意の消費量 q^1 における需要曲線の高さ p^1 は，この消費者が q^1 単位目を追加的に消費するときの，その q^1 単位目の消費に対する**評価額**を表しているのです。需要曲線が右下がりであることは，消費量が増えるにつれ，追加的な 1 単位の消費に対する評価額が下がってい

表 1-1　A さんのリンゴに対する評価額

リンゴ消費量	1 個目	2 個目	3 個目
評価額（円）	300	100	0

くことを意味しています。どんなに美味しいラーメンも，1 杯目には 1000 円支払ってもよいと思っていても，2 杯目となると 500 円，3 杯目には 200 円くらいしか支払いたくないと思うようになるでしょう。ラーメンに対する評価額は，その消費が増えるにつれ下落していくのです。

どうして需要曲線の高さが評価額を表すのでしょうか？ A さんのリンゴに対する需要行動を観察することにより，その答えを探っていきましょう。A さんのリンゴに対する評価額は，表 1-1 にまとめられています。リンゴを 1 個だけ食べるとき，そのリンゴに対する A さんの評価額は 300 円です。つまり，リンゴ 1 個目には 300 円までなら支払ってもよいと考えているのです。しかし A さんのリンゴに対する評価額は，2 個目には 100 円まで下がっています。しかもリンゴを 2 個食べれば十分満足するらしく，3 個目の評価額は 0 円になっています。

さて，A さんはリンゴを何個購入するでしょうか？ それはもちろん，リンゴの価格によります。リンゴの価格が 300 円を超えているならば，A さんのリンゴの需要量はゼロになるでしょう。なぜならば，このときの価格は，A さんが 1 個目のリンゴに支払ってもよいと考える価格を超えているからです。価格が 100 円より高く 300 円以下ならばどうでしょうか？ このときは，A さんは 1 個目のリンゴは喜んで買うものの，2 個目は買わないでしょう。つまり，このとき A さんのリンゴの需要量は 1 個になります。そして，リンゴの価格が 100 円以下ならば，A さんは 2 個目のリンゴも買うでし

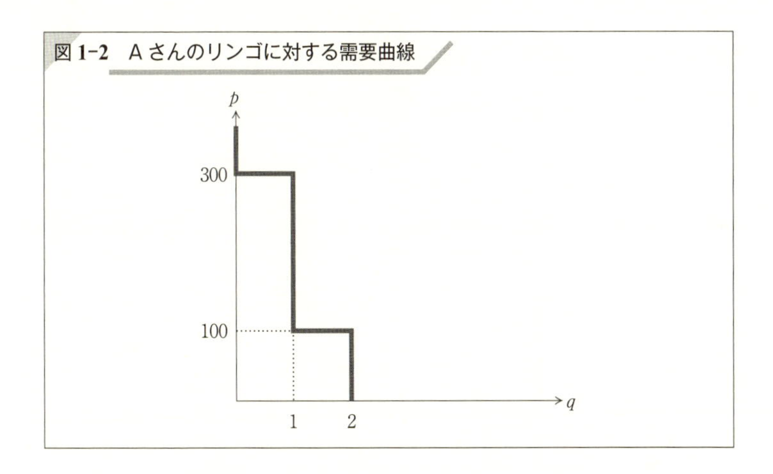

ょうから，A さんのリンゴの需要量は 2 個となります。

図 1-2 は，表 1-1 に表されている評価額の分布を持つ A さんの，リンゴに対する需要曲線を描いています。価格が 300 円を超えるときは 0 個，100 円を超えているが 300 円以下のときは 1 個，100 円以下で 0 円より高いときは 2 個になっています。こうして導いた需要曲線を横軸を出発点として見てみると，1 個目の需要曲線の高さは 1 個目のリンゴに対する評価額である 300 円，2 個目の需要曲線の高さは 2 個目のリンゴに対する評価額である 100 円，3 個目以降はそれに対する評価額である 0 円になっていることが確認できます。ある消費量における需要曲線の高さは，その消費量に対応する 1 単位の財を追加的に消費する（たとえば，$q=2$ のところでは 2 単位目を消費する）ことへの評価額を表しているのです。

総需要曲線

財を需要する消費者は数多く存在します。市場で観察される需要量は，すべての消費者の需要量を合計したものにほかなりません。それぞれの価格に対する市場全体での総需要量を描いたものが，**総需要曲線**です。リンゴの例に戻って考えてみましょう。

表 1-2　B 君のリンゴに対する評価額

リンゴ消費量	1 個目	2 個目	3 個目
評価額（円）	200	50	0

図 1-3　B 君のリンゴに対する需要曲線

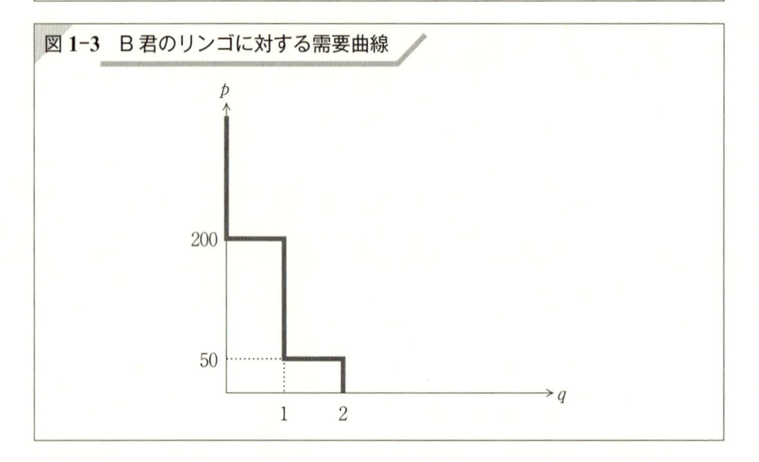

市場には A さんだけでなく，B 君もリンゴの消費者として参加しているとしましょう。つまり，B 君も価格がそれほど高くなければ，リンゴを購入したいと思っているのです。B 君のリンゴに対する評価額は表 1-2 で表されています。

B 君は，リンゴの価格が 200 円を超えていたら 0 個，50 円を超えているが 200 円以下ならば 1 個，0 円より高いものの 50 円以下ならば 2 個，リンゴを需要するでしょう。したがって，B 君の需要曲線は図 1-3 のようになります。

それでは，A さんと B 君が消費者として参加するリンゴ市場の総需要曲線を求めましょう。この総需要曲線は，それぞれの価格について，A さんと B 君の需要の合計を記述したものとなります。図 1-4 がこのときの総需要曲線を表しています。

図 1-2 と図 1-3 から，まず価格が 300 円を超える場合は，総需要

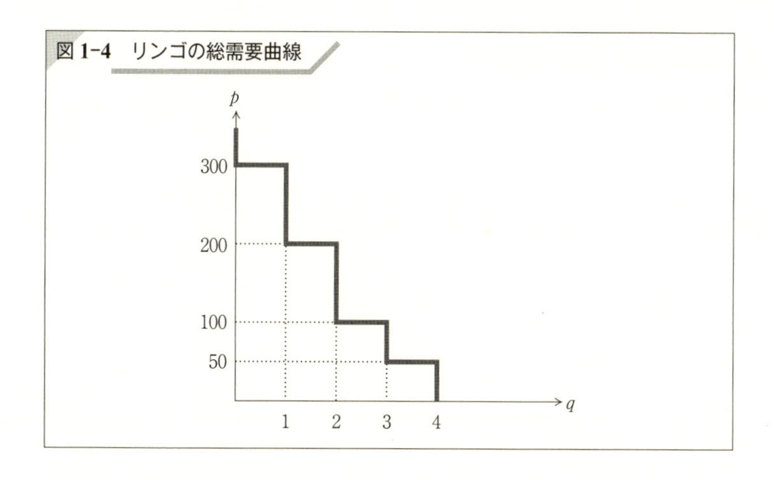

がゼロになることがわかります。A さんにとっても B 君にとっても，価格が 1 個目のリンゴに対する評価額を上回るため，2 人ともリンゴを買おうとしないからです。価格が 200 円と 300 円の間にあるときはどうでしょう。このときは，A さんの需要量は 1 個，B 君の需要量は 0 個ですから，それらを合計した総需要量は 1 個になります。そして，価格が 100 円と 200 円の間にあれば，A さんも B 君も 1 個ずつリンゴを需要するので，総需要は 2 個になります。さらに，価格が 50 円と 100 円の間のときは，A さんの需要量は 2 個で B 君の需要量が 1 個になるため総需要は 3 個になり，価格が 50 円以下ならば総需要は 4 個になることがわかります。図 1-4 の総需要曲線は，A さんと B 君の需要曲線を水平方向に足したものになっていることを，3 つの図から確認してください。

より一般的な総需要曲線

このリンゴの例のように，財を 1 個単位でしか買えないならば，各個人の需要曲線は図 1-2 や図 1-3 のように階段状になります。しかし，リンゴを半分だけとか，1/4 個だけ買えるならば，階段はより細かくなっていき，図 1-1 のようになめらかな線で近似できるで

図 1-5　なめらかな総需要曲線

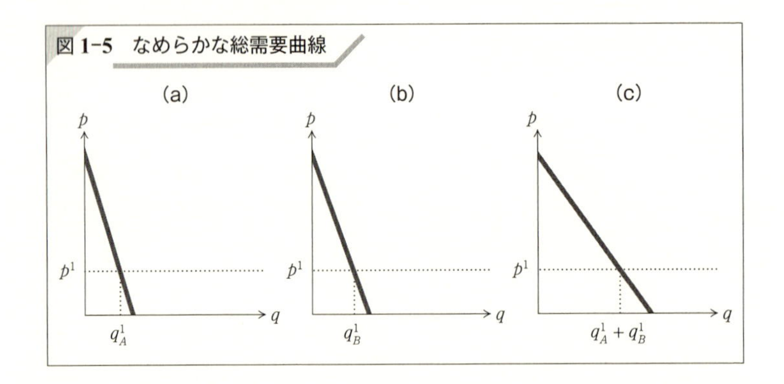

しょう。実際，経済学では，財はいくらでも分割可能（たとえばリンゴ1/100個ずつに分割して売ることが可能）だと想定し，需要曲線やこの次に紹介する供給曲線などを，なめらかな線として描きます。

図1-5の（a）にはAさんの需要曲線，（b）にはB君の需要曲線がそれぞれ（段階状の線ではなく）直線として描かれています。（需要曲線や供給曲線は直線になるとは限りませんが，本書では基本的には直線として描きます。また，直線はまっすぐという特徴を持った曲線だと考えられます。）このとき，Aさんの需要とB君の需要を合わせた総需要を価格の関数として記述する総需要曲線は，（c）のように2人の需要曲線を水平方向に足し合わせたものとなります。たとえば，価格が p^1 のとき，Aさんの需要量 q_A^1 とB君の需要量 q_B^1 を足した $q_A^1+q_B^1$ が総需要量となるのです。

消費者が2人よりも多いときも同様です。各消費者の需要曲線を水平方向に足し合わしたものが，総需要曲線となります。

需要の価格弾力性

総需要（これからは単に需要と呼びます）は，価格が変化すればそれに応じて変化します。ただし，その変化の度合いは財によってずいぶん異なります。たとえば，自動車などは価格が半分になればずいぶん売れるようになるでしょうが，米の値段が半分になっても需要量はそれほど変化しないでしょう。

需要の価格に対する反応度を測る尺度として，**需要の価格弾力性**があります。需要の価格弾力性は，価格が1% 上昇するときの需要の減少率として定義されます。たとえば，リンゴの価格が1% 上昇したときに需要が3% 減少したならば，リンゴ需要の価格弾力性は3となります。また，自動車の価格が3% 上昇したときに需要が12% 減少したならば，需要の価格弾力性は12÷3=4と計算されます。自動車価格が3% ではなくて1% 上昇したならば，きっと需要は4% ぐらい減少しただろうと推測されるからです。

需要の価格弾力性を，より数学的に議論してみましょう。いま，ある財が価格pのもとでq^D単位需要されているとしましょう。このとき価格がそこからΔp（Δはデルタと読み，変化分を表す際に用いる記号です）だけ上昇すると，需要はそれに応じてΔq^Dだけ上昇するとします。ΔpとΔq^Dはそれぞれ価格と需要量の変化分ですが，正の値をとるときはこれらの変数が増加したことを表し，負の値をとるときは減少していることを意味します。したがって，需要の法則が成立するならば，Δpが正ならばΔq^Dは負（変化分が負なので，q^Dは減少）になります。

これらの記号を使うと，需要の価格弾力性は

$$\text{需要の価格弾力性} = -\frac{\Delta q^D/q^D}{\Delta p/p} \qquad (1\text{-}1)$$

と書くことができます。ここで，分母は価格の変化率を表し，分子は需要の変化率を表しています。たとえば，上述の自動車の例を考えてみましょう。自動車価格pが，100万円から103万円に上がったとしましょう。このとき，価格の変化分Δpは3万円なので，$\Delta p/p=0.03$（つまり変化率は3%）となります。そしてこの価格変化によって，需要量が1000台から880台に減少したならば，

$q^D=1000$ で $\Delta q^D=-120$ なので，$\Delta q^D/q^D=-0.12$，つまり需要量の減少率は 12% となるのです。(1-1) 式にこれらの数字を当てはめると，この場合の需要の価格弾力性は $-(-0.12)\div 0.03=4$ となり，先ほど計算した需要の価格弾力性と一致します。

需要の法則により，(1-1) 式の $\Delta p/p$ と $\Delta q^D/q^D$ は逆の符号をとることに注意してください。需要の価格弾力性を正の値として導出するために，(1-1) 式では，$(\Delta q^D/q^D)/(\Delta p/p)$ にマイナス記号をつけています。

弾力性の大小

需要の価格弾力性は，価格変化に対して需要が敏感に反応するほど，大きくなります。需要曲線は，横軸に需要量，縦軸に価格をとっているので，需要曲線の傾きが緩やかなほど，需要の価格弾力性は高くなることがわかります。2 つの需要曲線を描いた図 1-6 には，需要曲線 D' の方が需要曲線 D よりも傾きが緩やかとなるように描かれています。そこでは，価格 p^1 のもとで q^1 単位需要されている状況で価格が下落したときに，D' 線で表される需要曲線の方が需要量は大きく増加することが見てとれます。

しかし，実は同じ需要曲線上でも，どの点を考えるかによって価格弾力性は変わってきます。このことを見るために，(1-1) 式を次のように書き換えてみましょう。

$$\text{需要の価格弾力性} = -\frac{\Delta q^D}{\Delta p}\times\frac{p}{q^D} \qquad (1\text{-}2)$$

ここで $\Delta q^D/\Delta p$ は，需要曲線が図 1-6 のように直線の場合は，その直線の傾きの逆数を表すことになります。需要曲線は横軸に需要量，縦軸に価格をとる平面に描かれているため，$\Delta q^D/\Delta p$ は需要曲線の傾きではなく，その逆数となるのです。したがって，需要曲線が緩やかなほど $\Delta q^D/\Delta p$ の絶対値は大きくなり，需要の価格弾力性が高くなるのです。

図 1-6　需要の価格弾力性

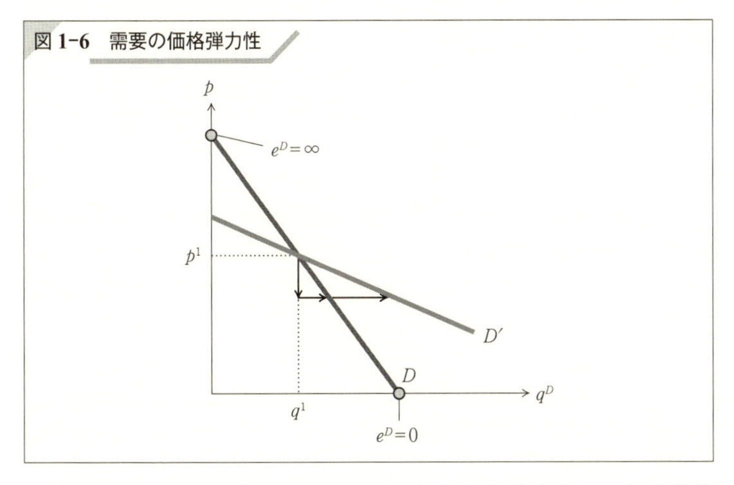

直線でない需要曲線について需要の価格弾力性をきちんと定義するためには，もう少し数学的な対処が必要です。需要量 q^D を価格 p の関数として見てみると，$\Delta q^D/\Delta p$ は，価格が Δp だけ上昇したときに，その**需要関数**の値がどれくらい変化するかを表したものにほかなりません。ここで，Δp をゼロに近づけていくと，$\Delta q^D/\Delta p$ は，需要関数を p に関して微分して得た関数（導関数）dq^D/dp に収束していきます。したがって，(1-2) 式において Δp を非常に小さい値に限定して考えると，需要の価格弾力性は，

$$e^D = -\frac{dq^D}{dp} \times \frac{p}{q^D} \tag{1-3}$$

と定義し直すことができます。導関数の値は関数のグラフの傾きを表すので，その結果，直線でない需要曲線に関しても，この定義式の第 1 項は需要曲線の傾きの逆数を表しているのがわかります。

さて，需要曲線が直線の場合は，その傾きは需要曲線上のどの点においても一定です。したがって，(1-2) 式の最初の項は定数となります。それに対して第 2 項は需要曲線上のどの点で見るかによって大きく異なります。図 1-6 のように需要曲線が直線のときは，需

Column ① ガソリン需要

原油価格は中東などの地政学的要因やガソリンなどの燃料需要を反映して大きく変化します。下の図1は2000～2017年の原油価格の推移を示したものですが，需要の増加を受けて上昇を続けてきた価格が2008年の金融危機で大きく下落したのち，2011年の中東での民主化デモによる政情不安などにより，また大きく上昇したのが見てとれます。原油価格の変化はガソリン価格に直結し，それは人々の生活に大きな影響を与えます。もう1つの図2は，アメリカと日本それぞれのガソリンの需要曲線を想定して描いたものです。図2を用いて，ガソリン価格の上昇と人々のガソリンへの支出について考えてみましょう。

アメリカは国土が広く公共交通機関があまり発達していないため，大多数の人たちは自家用車で通勤しています。このため，ガソリン価格が上昇してもガソリン需要はあまり減りません。アメリカではガソリン需要の価格弾力性が低く，需要曲線の傾きは図2 (a) で描かれているように急だと考えられるのです。それに対して公共交通機関が発達している日本では，ガソリン需要の価格弾力性は高く，需要曲線の傾きは図2 (b) で描かれているように比較的緩やかでしょう。

さて，ガソリン価格が p^1 から p^2 へ上昇すると，ガソリン需要は両国ともに減少します。しかし，図2で表されているように，需要の減少はアメリカよりも日本の方が大きいでしょう。日本の方が需要の価格弾力性が高いからです。

図1　原油価格の推移

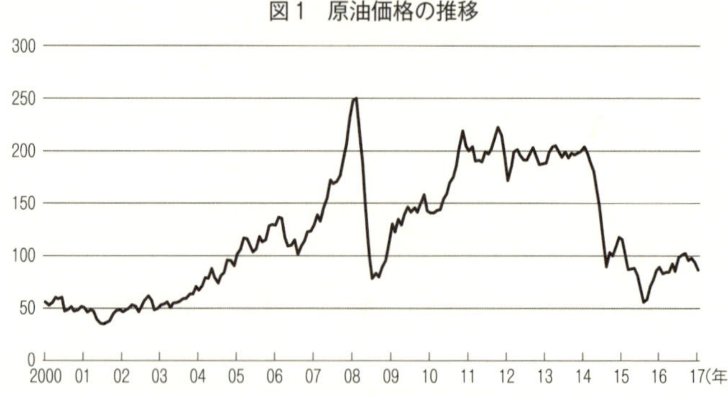

（注） 2005年の価格を100とした原油価格指数。
（出所） International Monetary Fund 掲載データをもとに筆者作成

図2　アメリカと日本のガソリン需要

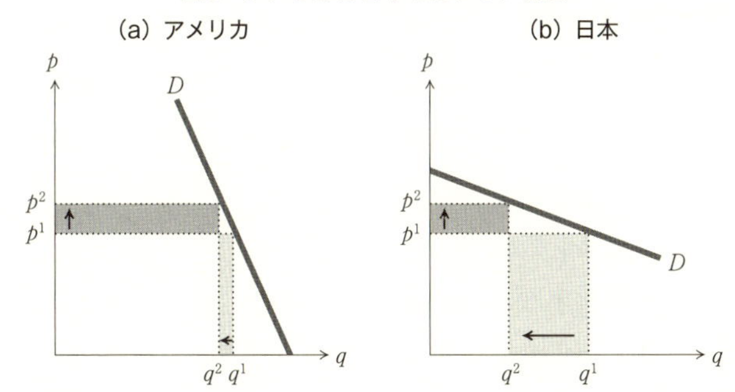

この図2はまた，興味深い現象を示唆しています。ガソリンへの総支出額は価格と消費量の積である pq であり，価格上昇に伴う総支出額の変化は両国ともに p^1q^1 から p^2q^2 となります（たとえば p^1q^1 は，図では底辺の長さが q^1 で高さが p^1 の長方形の面積として表されます)。しかし図では，総支出額の変化がアメリカと日本では違っているように見えます。アメリカではガソリン価格の上昇により総支出額が上昇しているように見えますが，日本では明らかに価格上昇により総支出額が減少しています。需要の価格弾力性が低いアメリカでは，価格上昇が総支出額の上昇につながるのに対し，価格弾力性が高い日本では，価格上昇に伴う消費量の減少がとても大きく総支出額はかえって減少しているのです。「価格の上昇が家計を助ける」という一見奇妙なこの現象は，次章の **Column** ②で少し違った角度からもう一度見直してみることにします。また，需要の価格弾力性と総支出額との関係をより深く理解するために，次章の練習問題 2-6 も解いてみてください。

要曲線が横軸と交わる点では，$p=0$ より需要の価格弾力性 e^D はゼロになります。そして，需要曲線上を左上に移動するにつれ，p/q^D は上昇し e^D は大きくなっていきます。需要曲線が縦軸で交わるところまでくると，e^D は無限大に発散していくのがわかります（同一の需要曲線上にもかかわらず価格弾力性が異なる理由については，練習問題 1-6 にヒントが隠されています)。

需要曲線のシフト

財に対する需要は，その財の価格だけでなく，人々の所得などその他多くのものに依存して決まります。つまり需要関数は，その財自身の価格をはじめとするこれらすべての要素の関数なのです。

ある財の需要量をq_1，その財の価格をp_1で表しましょう。この財の需要は，他の財の価格にも大きく左右されるかもしれません。そういった他の財を考え，その価格をp_2としましょう。また所得Iも需要を大きく左右するでしょう。そうすると，この財の需要関数は，

$$q_1 = D(p_1, p_2, I) \tag{1-4}$$

と書くことができます。

需要曲線は，その財の価格の関数として，需要量を導き出すものでした。つまり需要曲線は，p_1の関数としてq_1を見ていることになります。このとき，他の要素であるp_2とIは，需要曲線導出時に実現している値に，固定されていると考えます。

それらの値が変化したら，需要曲線はどうなるでしょうか？ たとえば，Iはそのままでp_2が上昇したとします。そうすると，p_1のそれぞれの値について，p_2の上昇に伴いq_1も変化するでしょう。それは，需要曲線がシフトすることを意味しています。需要曲線の背後にあるp_2やIといった要素が変化すると，需要曲線の位置が変化するのです。図1-7は，p_2が上昇するとq_1が上昇するケースを描いています。図では，たとえばp_1の値がp_1^1のとき，p_2の上昇によりq_1がq_1^1からq_1^2へと増加する様子が描かれています。p_1がどんな値であっても，p_2が上昇するとq_1が上昇するため，需要曲線自体が曲線D^1から曲線D^2へと右側にシフトするのです。

需要曲線上の動きと需要曲線のシフト

財の需要量は，その財自身の価格や他の関連する財の価格，そして所得に応じて変化します。それらの関係を表している(1-4)

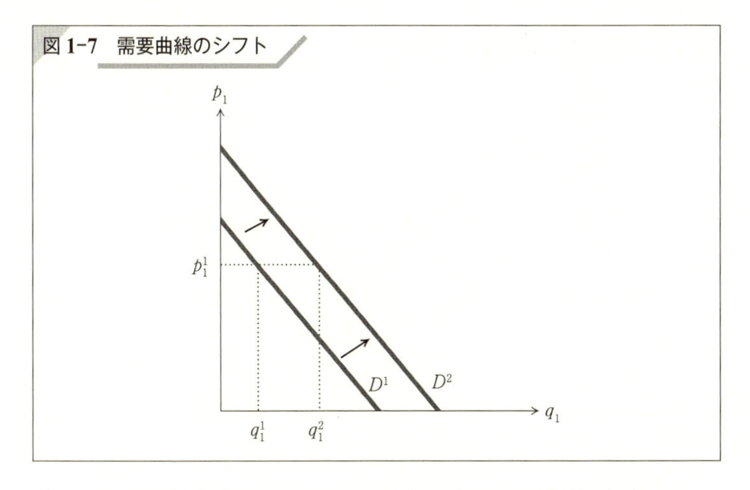

図 1-7　需要曲線のシフト

式では，需要量を決めるこれらの要素のすべては同様に扱われています。しかし，需要曲線を使って，需要量とその決定要因の関係を見るならば，その財自身の価格と需要量との関係は，他の要因と需要量との関係と，ずいぶん違って見えることになります。前者の関係は需要曲線上の動きとして表され，後者の関係は需要曲線のシフトとして表されるのです。

このことを少し詳しく見るために，C 君の 1 カ月間のラーメン需要を考えてみましょう。C 君のラーメンに対する需要曲線は，次ページの図 1-8 に描かれています。(1-4) 式を C 君の需要関数と読み換えれば，C 君のラーメンの需要量 q_R（杯）は，ラーメンの価格 p_R（円）と牛丼の価格 p_G（円），そして C 君の 1 カ月の所得 I（万円）によって決まることになります。当初牛丼の価格は 300 円で，C 君の所得は 10 万円だとしましょう。

牛丼の価格 $p_G=300$ と C 君の所得 $I=10$ を (1-4) 式に代入すると，$q_R=D(p_R, 300, 10)$ を得ます。この式は，$p_G=300$ と $I=10$ を所与として，ラーメン価格 p_R とラーメン需要 q_R の関係を表したもので，図 1-8 の左側に位置する需要曲線に対応しています。いま，ラ

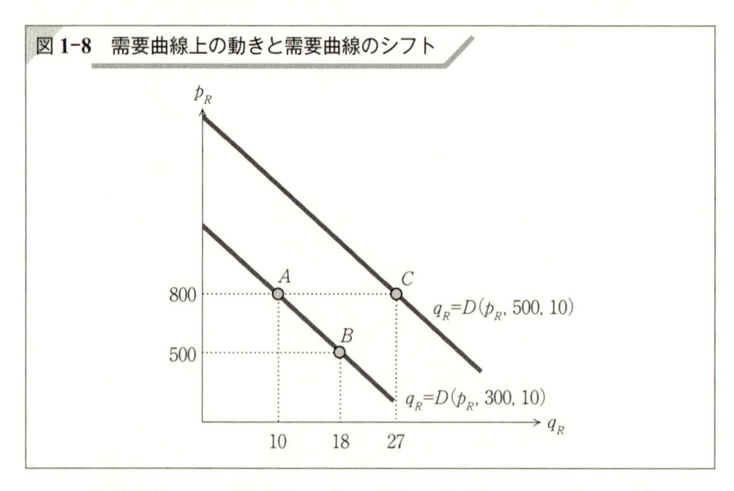

ーメンの価格が 800 円だとしましょう。牛丼が 300 円で，所得が 10 万円ならば，この需要曲線上の A 点から，ラーメン需要は 10 杯となるのがわかります。

ラーメン価格が 800 円から 500 円に減少したならば，需要量はどう変化するでしょうか？ この価格変化は，縦軸 p_R の値が 800 から 500 に減少することを意味しているので，この需要曲線から，需要量は 18 杯へと上昇するのがわかります。ラーメン価格の変化による需要量の変化は，同一の需要曲線上での A 点から B 点への動きとして表されるのです。

それでは，牛丼価格が 300 円から 500 円に上昇したら，ラーメン需要はどう変わるのでしょうか？ C 君は，ラーメン価格がいくらであっても，牛丼価格が上昇すると，牛丼消費を抑え，その代わりラーメンを多く食べようとするでしょう。つまり，ラーメン価格がいくらであっても，ラーメン需要は上昇することになり，それは需要曲線の右へのシフトを意味します。図 1-8 で描かれているように，$q_R=D(p_R, 300, 10)$ に対応する需要曲線から，$q_R=D(p_R, 500, 10)$ に対応する需要曲線へとシフトするのです。そこでは，ラーメン価格が800円のままで所得も10万円から変わらなければ，牛丼の500円への値上がりにより，ラーメンの需要量は27杯へと上昇することが，A 点から C 点への移動として示されています。牛丼価格の変化によるラーメン需要への影響は，需要曲線のシフトによって描かれるのです。

代替財と補完財

需要曲線のシフトについて，もう少し詳しく見てみましょう。まずは引き続き，他の財価格 p_2 の変化による需要曲線のシフトを考えます。このとき重要なのは，この財が他の財と代替的関係にあるか，それとも補完的な関係にあるかです。

バターとマーガリンは，お互いが**代替財**の関係にあると考えられます。バターが高ければマーガリンで代用したり，マーガリンが高くなればその代わりにバターを消費したりするからです。先ほど例に登場したラーメンと牛丼もお互いに代替的だと言えるでしょう。代替財の価格が上昇すると，需要曲線は右側にシフトします。代替財の値段が上がると，価格が上昇したその代替財の代わりに，当該財をより多く消費しようと人々が考えるからです。

代替財と対照的なのが**補完財**です。補完財は，一緒に消費することに価値がある（もしくは価値が上がる）財のことを言います。音楽CDとCDプレーヤーがその例です。補完財価格が上昇すると，需要曲線は左へシフトします。音楽CDが高くなると，人々は音楽をスマートフォンなどの別な媒体で聴くようになるでしょう。これにより，CDプレーヤーの需要は減少します。また，CDプレーヤーの価格が上昇したときも同様に，音楽CDの需要は減少し，CDの需要曲線は左側にシフトします。

正常財と劣等財

需要曲線は，所得 I の変化にも反応してシフトします。消費者全員の需要を総計した（総）需要曲線を考えるときは，所得 I は消費者全員の所得を合計した総所得だと思ってください。本来ならば，総所得ではなく，各消費者の所得それぞれが，(総) 需要曲線の位置に影響を与えると考えなくてはなりません。総所得が変化しなくても，リンゴ好きの人の所得が上昇し，リンゴにアレルギーを持つ人の所得が下落したならば，リンゴの需要量は上昇すると考えられるからです。しかし，ここでは議論の単純化のため，需要曲線は個々人の所得に直接依存して決まるのではなく，総所得に依存してその位置が決定されるとします。

所得が上昇すると，多くの財はその需要が高まるでしょう。所得が上昇すると需要が高まるこのような財は，**正常財**（もしくは**上級財**）と呼ばれています。正常財の需要曲線は，所得が上昇すると右側にシフトします。もちろん，所得が下落するならば，需要曲線は左にシフトすることになります。

世の中にあるすべての財が正常財というわけではありません。財によっては所得が上昇すると，かえって需要が下落することもあります。このような財を**劣等財**（もしくは**下級財**）と呼びます。長距離バスやLCC（ロー・コスト・キャリア）は低価格の移動手段として人気です。しかし，所得が増えるにつれ，人々はより速く移動で

日本で初めて就航したLCC（格安航空会社）のピーチ・アビエーション（時事提供）

きる新幹線や，座席の前後に余裕のある大手航空会社のフライトをより頻繁に利用するようになるでしょう。所得が上昇すると，長距離バスやLCCへの需要は減少すると考えられます。

需要曲線をシフトさせるその他の要素

代替財や補完財の価格変化や所得変化により，需要曲線がどうシフトするのかを見てきました。需要曲線はまた，人々の嗜好の変化などによってもシフトします。たとえば，健康ブームが到来すると，リンゴの需要は増えると期待されます。

人口の変化も需要曲線をシフトさせます。人口が増えれば総所得も上昇するでしょう。ここでは需要関数は総所得に依存する関数として表されているので，人口増加は，総所得の上昇を通じて需要曲線をシフトさせます。また，人口増加が単純に総所得の上昇につながらない場合でも，人口が増えれば食料や衣服などの必需品への需要は増えると期待されます。

将来に対する予想も，需要曲線に影響を与えます。たとえば，2カ月後に自動車減税が期待されるときは，現在の自動車の需要は伸び悩むでしょう。

ほかにも数多くの要素が需要に影響を与えます。ただし，最も重要な要素はやはりその財自身の価格です。そのため需要曲線は，その財自身の価格と需要量との関係を表すのです。

2 供給曲線

供給曲線と供給の法則

需要曲線と並んで重要なのが**供給曲線**です。供給曲線は，生産者がある一定期間内に供給したいと思う量を，その財の価格の関数として描いたものです。

次ページの図1-9は，ある生産者の供給曲線を描いています。横

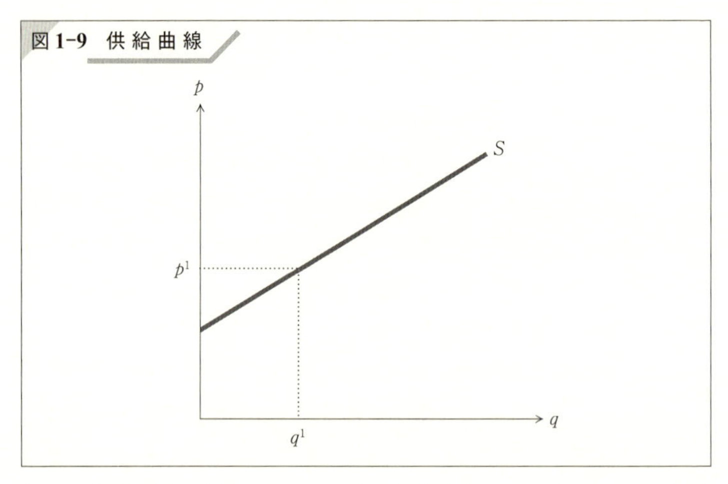

図 1-9　供給曲線

軸 q は供給量を，縦軸 p はこの財の価格を表しています。この供給曲線から，この生産者は，価格が p^1 円ならばこの財を q^1 単位供給しようとするのがわかります。供給曲線は，一般に右上がりだとされています。つまり，価格が上昇すると供給量は増加するのです。この関係は**供給の法則**と呼ばれています。

総費用と限界費用

供給曲線を理解するには，まず**限界費用**という概念を理解する必要があります。限界費用とは，1 単位多く生産するときにかかる追加的費用のことです。言い換えれば，1 単位多く生産することによる生産費の増分が限界費用です。たとえば，10 単位生産しているときの総費用が 50 円で，11 単位生産するときの総費用が 60 円だとします。このとき，10 単位の生産から 1 単位生産を増やす，つまり 11 単位目を生産するときの限界費用は，60－50＝10 円となります。

表 1-3 は，ある生産者が生産時に直面する総費用と限界費用を，その生産量に応じて示したものです。まず総費用を見てください。生産量がゼロならば，総費用もゼロになっています。そして 1 単位生産するときの総費用は 5 円，2 単位生産するときは 15 円，3 単位

表 1-3　総費用と限界費用

生産量	0	1	2	3
総費用（円）	0	5	15	32
限界費用（円）	＼	5	10	17

図 1-10　限界費用曲線

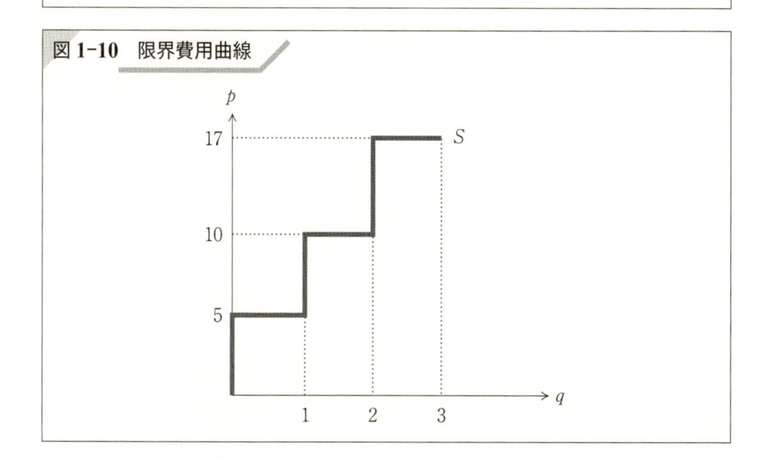

生産するときの総費用は 32 円となっています。

この総費用に対応する限界費用はどうなっているでしょうか？まず，生産量がゼロのところから 1 単位多く生産する（つまり 1 単位目を生産する）場合を考えましょう。このとき総費用は 0 円から 5 円に上昇します。したがって，1 単位目の生産に対応する限界費用は 5－0＝5 円となります。同様に，2 単位目の生産の限界費用は 15－5＝10 円，3 単位目は 32－15＝17 円となります。図 1-10 は，この限界費用の変化を描いています。

どうして限界費用は逓増するのか？

図 1-10 で描かれているように，一般的には，限界費用は生産量が増えるに従って上昇する，つまり逓増（ていぞう）していくと考えられています。その原因は，その財の生産に用いられる固定的生産要素の

存在です。固定的な生産要素は，短期的には，すぐには増強したりできない生産設備などであり，長期的には，生産に適した土地などです。

第5章で詳しく見るように，生産設備は長期的には適正規模に調整できますが，短期的には固定的だと考えられます。生産設備が固定的であれば，生産量が工場の最適規模を超えて拡大していくと，従業員の生産効率が低下し，その結果，1単位追加的に生産する費用，つまり限界費用は上昇していくでしょう。

また，長期的にも，固定的な生産要素が存在することがあります。リンゴの生産を考えるならば，それは日当たりのよい，肥沃な土地でしょう。生産量が小さいときは，リンゴ生産に最も適した肥沃な土地で生産は行われるでしょう。しかし，生産量が増えるに連れ，そのような土地は少なくなり，リンゴ生産に必ずしも適しているとは言えない土地で生産するようになってきます。その結果，生産性は低下し，限界費用は上昇します。

供給曲線と限界費用

供給曲線の高さは，実はその供給量に対応する限界費用を表します。つまり，供給曲線は限界費用曲線に一致するのです。たとえば34ページの図1-9では，q^1単位目の限界費用はp^1円となります。

このことを，表1-3の例で見ていきましょう。まず，1単位目の限界費用である5円を価格が下回るときは，生産は行われないのがわかります。5円の費用をかけて1単位目を生産しても，それによって得る収入を表す価格は5円を下回るからです。つまり，1単位目を生産すれば，この生産者は損失を被ることになるのです。価格pが5円以上，10円未満のときはどうでしょうか？ このとき，1単位目の生産により，この生産者は5円の費用でp円の収入を得る結果，$p-5$円の利益を得ます。しかし2単位目の生産に関しては，追加的費用が10円となるため，$p-10$円の負の利益（つまり$10-p$円の損失）を被ります。したがって，この生産者は1単位だけ生産するのです。同様に，価格が10円以上17円未満のときは，2単位生産されることになります。

さて，表1-3から導き出したこの供給関数を，図1-10と照らし合わせてみましょう。この供給関数のグラフは図1-10で描かれた限界費用曲線と一致するのが，すぐにわかるでしょう。供給曲線は，限界費用曲線そのものなのです。

総供給曲線

需要曲線と同様に，**総供給曲線**は，すべての生産者の供給曲線を水平方向に足し合わしたものとなります。ここでも財は分割可能と考えるので，各生産者の供給曲線は図1-9のようになめらかな線であり，それらを足し合わせた総供給曲線も，右上がりのなめらかな線となります。もちろんこの総供給曲線は，任意の価格が与えられたとき，その価格のもとで，経済全体として何単位の財が供給されるかを示すものです。簡単化のため，ここからは総供給曲線を単に供給曲線と呼ぶことにします。

供給の価格弾力性

供給の価格に対する反応度を測る尺度として，**供給の価格弾力性**を考えましょう。需要の価格弾力性と同様に，供給の価格弾力性は，価格が1％上昇するときの供給量の増加率として定義されます。たとえば，リンゴの価格が2％上昇したときに供給が8％増加したならば，リンゴ供給の価格弾力性は8÷2=4から，4となります。

供給量をq^sと書き，価格の変化分をΔp，供給の変化分をΔq^sと表すならば，供給の価格弾力性は，

$$\text{供給の価格弾力性} = \frac{\Delta q^s/q^s}{\Delta p/p} \qquad (1\text{-}5)$$

と定義されます。供給曲線が右上がりであれば，Δpが正の値をとるときΔq^sも正の値をとります。したがって，定義式にマイナスの

図 1-11　供給曲線のシフト

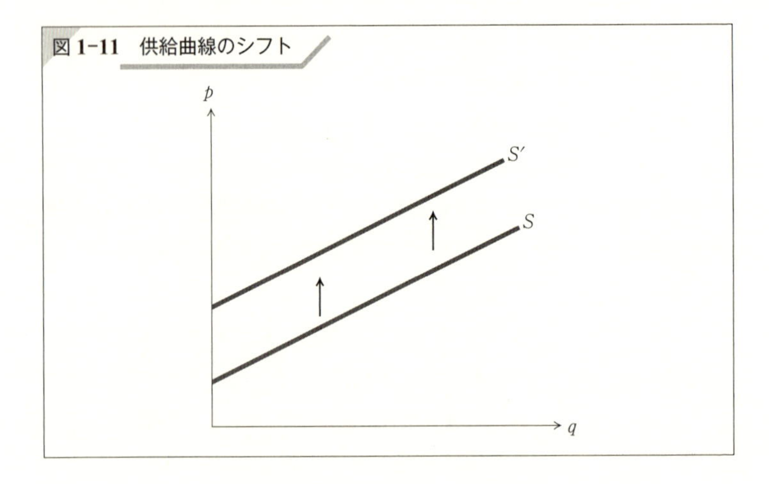

記号を入れなくても，弾力性は正の値をとることになります。

また，需要の価格弾力性のときと同様，(1-5) 式を変形し Δp を小さくとることにより，

$$e^S = \frac{dq^S}{dp} \times \frac{p}{q^S}$$

と供給の価格弾力性を定義し直しましょう。この式は，供給曲線の傾きが緩やかなほど，供給の価格弾力性が高くなることを示しています。供給曲線の傾きが緩やかなほど，その傾きの逆数である dq^S/dp は大きくなり，したがって供給の弾力性 e^S は高い値をとるのです。

供給曲線のシフト

供給曲線は限界費用曲線にほかならないことを考えると，限界費用を左右するすべての要素が，供給曲線をシフトさせる要因となるのがわかります。

たとえば，**賃金率**（ある一定時間あたりの賃金，たとえば時給や日給）などといった，生産要素への報酬率（生産要素 1 単位あたりの報酬額）の上昇は，限界費用を増加させ，図 1-11 で描かれているように，供給曲線を上方にシフトさせます。資源価格の上昇や，生

産に用いられる中間財の価格上昇も同様の効果を持ちます。また，生産技術の向上は，限界費用を減少させるため，供給曲線の下方へのシフトにつながります。

練習問題

【基本問題】

1-1 表1-4は，Aさん，B君，C君，Dさんのリンゴに対する評価額を示したものです。C君のリンゴに対する需要曲線を描いてください。また，4人の需要を合計した総需要曲線を描いてください。

表1-4 リンゴに対する評価額

リンゴ消費量	1個目	2個目	3個目
Aさんの評価額（円）	300	100	0
B君の評価額	200	50	0
C君の評価額	250	150	0
Dさんの評価額	125	25	0

1-2 表1-5は，ある企業の生産費を，0単位から3単位までの生産量について記したものです。1単位目から3単位目までのそれぞれにつき，限界費用を求め空欄を埋めてください。また，この企業の供給曲線を描いてください。

表1-5 生産量と総費用（練習問題1）

生産量	0	1	2	3
総費用	10	12	15	20
限界費用				

1-3 リンゴの需要量 q_A は，リンゴの価格 p_A とバナナの価格 p_B と所得 I の関数として，

$$q_A = 3I - \frac{1}{2}p_A + \frac{1}{4}p_B$$

と表されています。当初，所得は $I=20$，バナナの価格は $p_B=80$ だとします。

(a) リンゴの需要曲線を描いてください。リンゴの価格が $p_A=100$ のとき，リンゴの需要量は何単位になりますか？

(b) 所得とバナナ価格はそのままで，リンゴの価格が 80 円に下落したとします。このときリンゴの需要量は何単位になりますか？この変化を需要曲線を用いて示してください。

(c) バナナの価格はそのままで，所得が 30 へ上昇したとします。このときのリンゴの需要曲線を描いてください。リンゴの価格が $p_A=100$ のとき，リンゴの需要量は何単位になりますか？

(d) 所得は $I=20$ のままで，バナナの価格が 40 円に下落したとします。このときのリンゴの需要曲線を描いてください。リンゴの価格が $p_A=100$ のとき，リンゴの需要量は何単位になりますか？

【応用問題】

1-4 q 単位目のリンゴの限界費用（Marginal Cost: MC）は，生産量 q，賃金率 w，生産性 a の関数として，以下のように与えられています。

$$MC = w\left(10+\frac{q}{a}\right)$$

当初，賃金率は $w=1$，生産性は $a=1$ だとします。

(a) $w=1, a=1$ のときの限界費用曲線を描いてください。

(b) $w=1, a=1$ のときの供給関数，そしてそのグラフである供給曲線はどうなりますか？

(c) リンゴの価格が $p=20$ のときと，$p=40$ のときのそれぞれについて，供給量を求めてください。

(d) 生産性は $a=1$ のままで，賃金率が $w=2$ に上昇したとします。このときのリンゴの供給関数を求め，供給曲線を描いてください。リンゴの価格が $p=40$ のとき，リンゴの供給量は何単位になりますか？ 賃金率の上昇によるリンゴ供給量の変化を，賃金率の変化前後の供給曲線を描いた図に示してください。

(e) 賃金率は $w=1$ のままで，生産性が $a=2$ に上昇したとします。

このときのリンゴの供給関数を求め，供給曲線を描いてください。リンゴの価格が $p=20$ のとき，リンゴの供給量は何単位になりますか？　生産性の上昇によるリンゴ供給量の変化を，生産性の変化前後の供給曲線を描いた図に示してください。

1-5　ある財に対して $q=8-p$ の需要関数を持つ消費者が 100 人います。この 100 人の消費者による総需要関数はどうなりますか？　また，価格が 6 のとき，各消費者の需要の価格弾力性はいくつですか？　価格が同じならば，総需要の価格弾力性は各消費者の需要の価格弾力性と等しくなります。価格が 6 のケースでこのことを確かめるとともに，どうして各消費者の需要の価格弾力性と総需要の価格弾力性が等しくなるのか考えてください。

1-6　ある財の需要関数が $q=800-2p$ で与えられています。価格 p が 100 円のとき，価格の 1% の上昇は，何円の上昇にあたりますか？　また，このとき需要量は何単位下落し，それは何%の下落に値しますか？　これから，$p=100$ のときの需要の価格弾力性はいくつになると考えられますか？

$p=200$ と $p=300$ のときそれぞれについて，上記の方法により需要の価格弾力性を求めてください。これら 3 つのケースではすべて需要曲線の傾きが同一であるにもかかわらず，どうして価格が高い方が需要の価格弾力性が大きいと考えられますか？

また，25 ページの (1-3) 式を適用して，それぞれのケースにつき需要の価格弾力性を求め，上で得た値と比べてください。

第2章 市場均衡

Introduction

多数の生産者が，多数の消費者に，多数の財やサービスを提供している状況で，すべての財・サービスがそれぞれ過不足なく生産され消費されるのは，不可能なように思えます。しかし，実際の経済を見てみると，不足している財に消費者が殺到したり，逆に多くの財が余って捨てられたりすることは，あまりないようです。各財の生産者は，どうして消費者が必要と思う量だけ生産することができるのでしょうか？ この問いに答えるカギはやはり価格です。価格の調整機能により，数多くの財それぞれについて，消費者が必要とする分だけ生産者が供給することができるのです。この章では，各財の市場において，価格の調整機能に導かれ，需要と供給が一致する様子を見ていきます。また，価格の調整機能が，政策により制限される場合についても考察します。

1 市場均衡

完全競争と市場均衡

各財の市場では，大勢の生産者が財を供給し，たくさんの消費者がその財を需要しています。ともすれば無秩序な財の取引が行われそうなこの環境で，どうやって市場は均衡するのでしょうか？ その答えは価格の調整機能にあります。価格は需要行動や供給行動の指標となり，財の需要と供給が一致する均衡へと導いてくれるのです。財市場において需給バランスを導く，この価格の調整機能を，**価格メカニズム**と呼びます。

価格の調整機能がとくに重要となるのは，生産者も消費者もそれぞれ多数いるケースです。このようなときは，どの生産者も，そしてどの消費者も，自らの行動が財価格に影響を与えるとは思わないでしょう。A さんが風邪を治そうといつもの 3 倍リンゴを消費しても，それによってリンゴの価格は上昇したりしないでしょう。また，あるリンゴ生産者が，農地を拡大することによりリンゴ生産量を 5 倍に高めたとしても，市場全体への影響は微々たるものであり，そのことによってリンゴ価格が下落したりしないでしょう。

このように，多数の生産者と多数の消費者が市場に参加し，その結果，これら各経済主体の行動が価格に与える影響は無視できるほど小さいとき，この市場は**完全競争**の状態にあると言います。このとき，市場に参加している各経済主体は，生産者も消費者もみな，いわゆるプライス・テイカー（価格受容者）であり，価格を所与（与えられたもの）とみなして行動します。

また，完全競争下にある市場では，生産者である企業はみな同質の財を生産し，参入と退出が自由であるとされます。その結果，操業している企業のうち最も技術的に劣った企業（限界的企業と呼びましょう）の**利潤**（収入から生産費を差し引いた差額）はゼロとなります。この限界的企業の利潤がもしも正ならば，利潤機会があると見て新たな企業が参入し，限界的企業を含むすべての企業の利潤が押し下げられますし，逆に限界的企業が損失を抱えていれば，その企業は市場から退出していくでしょう。したがって，限界的企業の利潤はゼロとなるのです。また，もしもすべての企業が同じ生産技術を持っているならば，完全競争下では，操業するすべての企業の利潤はゼロとなります。

利潤がゼロになるならば，企業は生産をやめてしまうのではないかと思うかもしれません。しかし，生産をやめても続けても，利潤

図 2-1　市場均衡

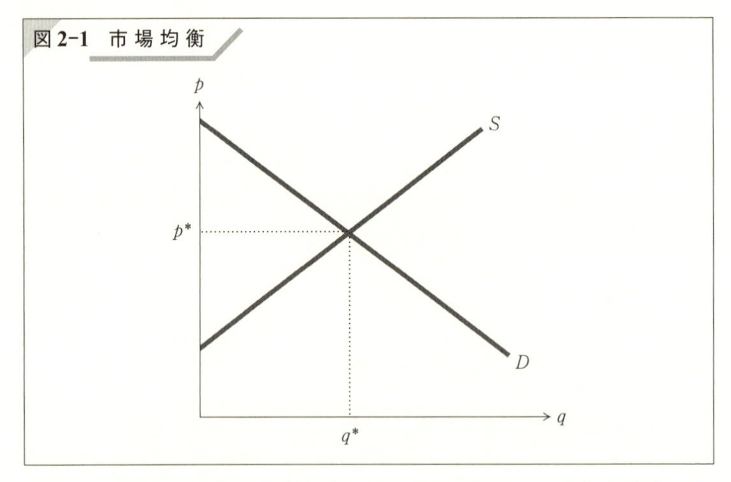

がゼロになるのは変わりありません。したがって，生産を続けても構わないと企業は考えるのです。利潤が負にならない限りにおいて，企業は市場から撤退する積極的な理由を見いださないのです。

さて，図 2-1 にはある財の需要曲線と供給曲線が描かれています。それらの交点の価格は p^* であり，数量は q^* です。この価格 p^* が与えられると，プライス・テイカーである消費者は q^* 単位の財を需要するのが，需要曲線から見てとれます。他方，やはりプライス・テイカーである生産者は，こちらも q^* 単位の財を供給するのが供給曲線からわかります。その結果，この価格 p^* のもとで，この財の需要と供給が一致します。この需給が一致する状態が均衡です。価格 p^* のもとで，その財を消費したいと思う人は，その消費したい量だけ財を購入し消費しています。生産側も同様に，価格 p^* のもとで生産し供給しようと思う生産者が，供給したい量だけ供給しています。このように，需給を一致させる価格を**均衡価格**と呼びます。

均衡の安定性

均衡価格のもとで需給が一致するのはわかりましたが，果たして価格はその均衡価格

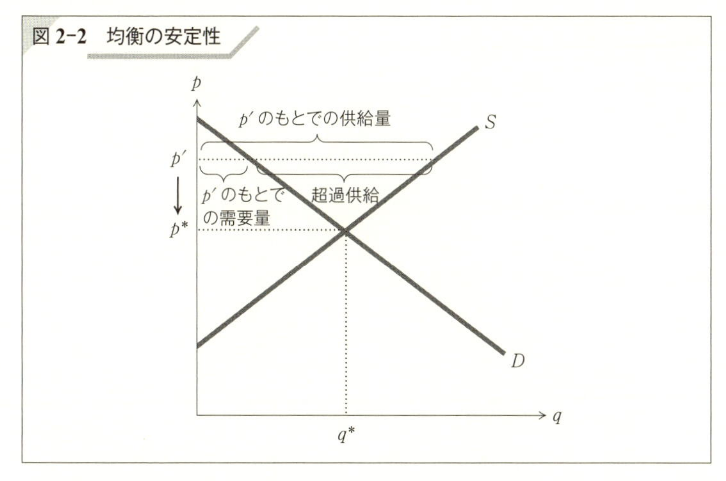

図 2-2　均衡の安定性

にうまく導かれていくのでしょうか？ 図 2-2 の p' のように，価格が均衡価格 p^* よりも高くなっている場合を考えてみましょう。図からわかるように，このとき市場は，供給量が需要量を上回る，**超過供給**の状態にあります。価格が高いため生産者は多く供給しようとしますが，消費者の需要はそれほど大きくならないのです。その超過供給は，価格を押し下げる力となります。その価格のもとで売れ残った財を抱える生産者は，価格を少し下げてでも売ってしまおうと思うからです。均衡価格 p^* より価格が高い限り，価格の下落傾向は続き，結局価格は p^* に収束していきます。価格が均衡価格より低い場合も同様です。そのとき市場では，**超過需要**が発生し，価格は p^* へと上昇していきます。

価格が均衡価格から乖離した場合，需給の不一致が起こり，それが価格を均衡価格へと戻す力になります。そこから外れてもまた均衡に戻っていくという意味で，均衡は安定的なのです。

プライス・シーリング（天井価格）

価格が自由に動くならば，超過需要があれば価格が上昇し，超過供給があれば価格が下落することにより，市場は需給が均衡し

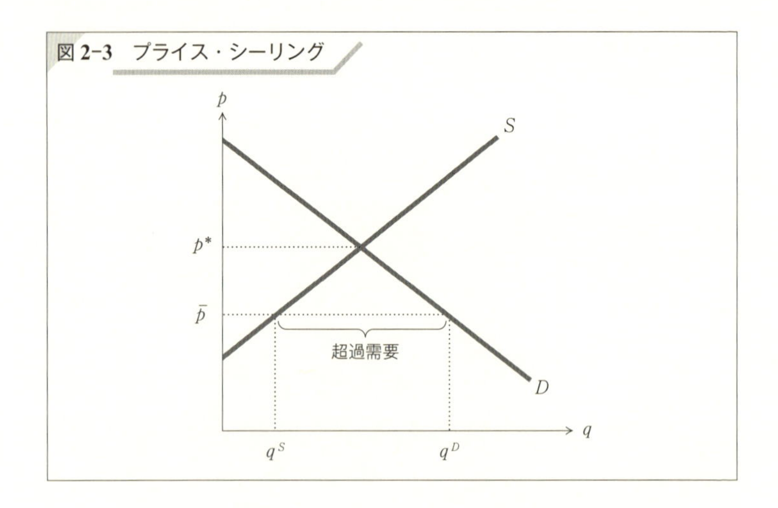

図 2-3　プライス・シーリング

ている状態へと調整されていきます。それでは，この価格の調整機能が制限された場合はどうなるのでしょうか？

日本の医療費は，アメリカなどに比べるとずいぶん低い水準に抑えられています。それは政府が，低所得者にも十分な医療サービスが受けられるように，医療単価を低めに設定しているからです。このように，政府規制などにより価格の上限が決められているとき，その上限価格を**プライス・シーリング（天井価格）**と言います。

プライス・シーリングが，市場均衡価格 p^* 以上の水準に設定されるならば，均衡価格 p^* がそのまま市場で観察される価格となり，需給は一致するでしょう。市場均衡価格がプライス・シーリング規制に抵触しない限りにおいては，規制がないのと同様だからです。

ところが，図 2-3 で描かれているように，プライス・シーリング $\bar{p}$ が p^* より低いならば，価格 $\bar{p}$ のもとで需要量 q^D が供給量 q^S を上回り，この市場は超過需要の状態に陥ります。この超過需要は価格を押し上げる圧力となりますが，プライス・シーリング規制により，価格は依然 $\bar{p}$ に維持されることになります。

結局この財は，価格 $\overline{p}$ のもとで q^S 単位しか供給されませんから，何らかの方法で，需要する消費者の一部に，財は割り当てられることになります。それは早い者勝ちで割り当てられるかもしれませんし，くじで割り当てられるかもしれません。また，生産者が，価格 $\overline{p}$ のもとで供給したいと思う量である q^S 単位を超えて供給することもあるかもしれません。日本の医療サービスの場合はこれにあたりそうです。病院で働く多くの医師や看護師は，勤務時間の無理な延長などにより，超過需要に対応しているようです。

プライス・フロアー

プライス・シーリングとは逆に，政府が下限価格を設定することもあります。最もよく聞く例は，労働市場における最低賃金制度でしょう。最低賃金率がたとえば時給 1000 円というように決まっていれば，企業は労働者を 1000 円を下回る賃金率で雇用することはできません。

プライス・フロアー（下限価格）のケースでもプライス・シーリングのときと同様の議論が成り立ちます。すなわち，プライス・フロアーが市場均衡価格 p^* 以下に設定されるならば，市場均衡価格 p^* は規制に抵触しないため，この規制により市場均衡が影響を受けることはありません。しかし，次ページの図 2-4 のように，下限価格であるプライス・フロアー $\overline{p}$ が，市場均衡価格 p^* を上回っている場合は，規制が有効となります。このとき市場では，価格 $\overline{p}$ のもとで $q^S - q^D$ 単位の超過供給が発生しています。

プライス・フロアー規制下で発生する超過供給は，どのように消化されるのでしょうか？ 労働市場の場合，超過供給は失業として現れます。賃金率 $\overline{p}$ のもとで，働きたいと考える労働者の一部は，雇用されず失業するのです。この場合，失業者の労働は実際市場では取引されません。失業は必ずしも景気が悪いために発生するとは限りません。労働者の利益のために行う政策が，結果的に失業率を上げることもあるのです。また，日本政府は米の生産者を保護する

図 2-4 プライス・フロアー

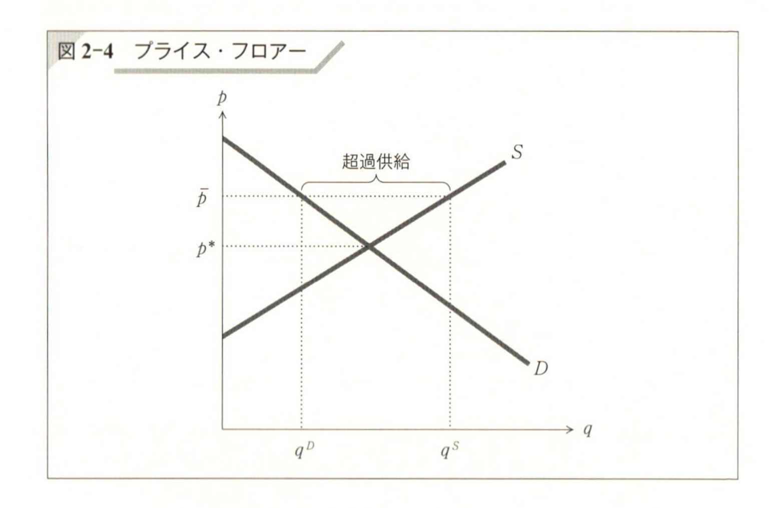

ため，米の下限価格を設けています。この場合，日本政府は $\bar{p}$ の価格で生産者から米を購入する約束をしているので，超過供給分は政府の倉庫に眠ることになります。

2 比較静学

補完財価格下落の影響

政策や経済環境の変化に均衡がどう影響を受けるのかを知るのはとても重要であり，そのような分析は**比較静学**と呼ばれています。ここではまず，補完財価格の下落が均衡に与える影響を見ていきましょう。

前章で見たように，補完財の価格が下落すると，需要曲線が右へシフトします。図 2-5 に描かれているように，その結果，均衡点は供給曲線に沿って右上に移動します。補完財価格の下落により，財の生産・消費量は増加し，価格もまた上昇するのです。たとえば，CD プレーヤーの価格下落は，音楽 CD の生産・消費量の増加と音

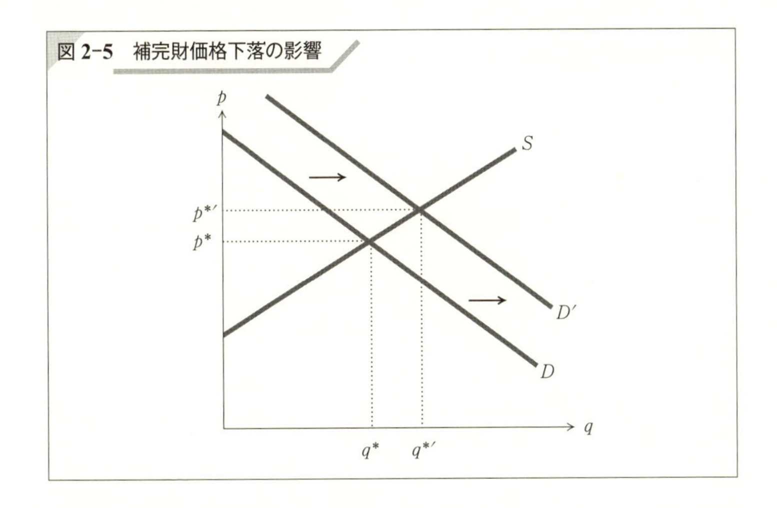

図 2-5　補完財価格下落の影響

楽CD価格の上昇を招くのです。

補完財価格の下落は，均衡数量を増大させ価格を上昇させますが，数量の変化と価格の変化はどちらが大きいのでしょうか？ それは，供給の価格弾力性に依存します。図2-5から，供給曲線の傾きが緩やかであるほど，価格の上昇より数量の上昇の方が大きいことがわかります。つまり，供給が弾力的であるほど（言い換えれば供給の価格弾力性が高いほど），価格より生産・消費量の方が大きく反応するのです。

技術進歩の影響

次に，供給曲線のシフトを促す経済変数の変化を見てみましょう。ここで考察するのは，技術進歩の均衡への影響です。たとえば生産技術が向上し，限界費用が低下したとしましょう。これは，供給曲線が下方にシフトすることを意味します。次ページの図2-6で表されているように，その結果，均衡点は需要曲線上を右下に移動し，均衡数量は増加し，価格は下落することになります。生産技術の進歩は，価格の低下を促し，生産・消費量は増大するのです。

図 2-6 技術進歩の影響

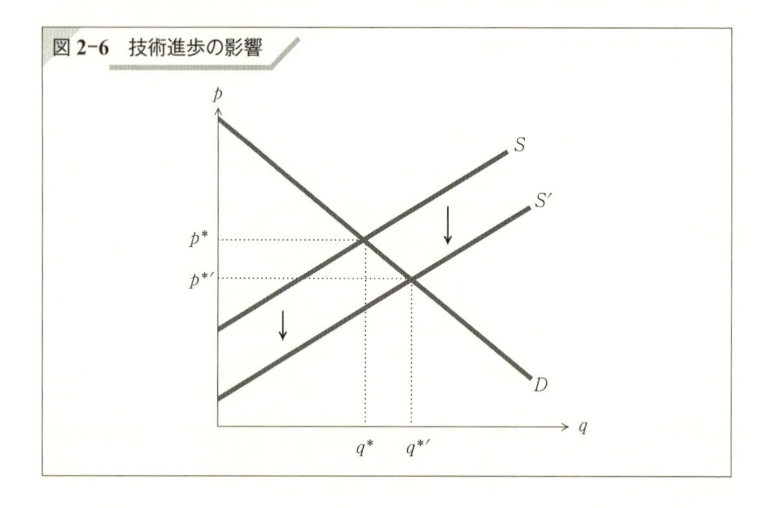

技術進歩による生産・消費量の上昇と価格の低下は，どちらが大きいのでしょうか？ 均衡の変化が需要曲線上の動きとして表されるため，今度は需要の価格弾力性に依存し，数量と価格の反応度が変わってきます。図 2-6 から，需要曲線の傾きが緩やかであるほど，生産・消費量の増加の方が価格の減少より大きくなるのがわかります。つまり，需要の価格弾力性が高いほど，価格よりも数量の方が，技術進歩に大きく反応するのです。

Column ② 豊作貧乏

2006 年の冬，日本国内の産地で白菜，大根，キャベツが大量に廃棄されました。この廃棄は農林水産省の事業として行われましたが，白菜については 11 月下旬に 8830 トンを廃棄するなど，その量の多さに消費者から「もったいない」と批判を受けました。大事に育ててきた白菜などの野菜を，どうして農家は廃棄したのでしょうか？ どうして農林水産省は，農家のためにも消費者のためにもならないように思われる事業を，実施したのでしょうか？

それは，農家が豊作貧乏になるのを防ぐためです。豊作貧乏とは，豊作であるがゆえに，かえって収入が減ってしまうことを言います。果たしてそんなことが本当に起こるのでしょうか？

トラクターが畑を踏みつけ廃棄処分されるキャベツ（毎日新聞社提供）

実は，需要の価格弾力性が低いと，豊作により農家の収入が減少することが示せます。より正確には，需要の価格弾力性が1より大きければ，豊作により収入が上昇しますが，価格弾力性が1より小さければ，豊作により収入が減少することがわかっています。

下の図は，供給量が q^* から $q^{*\prime}$ に増加したときの，市場均衡の変化を描いています。白菜などは，販売時の価格にかかわらず収穫量は決まっているので，それぞれの供給曲線は垂直線として描かれています。図示されているように，豊作により供給量が q^* から $q^{*\prime}$ へ増加すると，価格は p^* から $p^{*\prime}$ へ下落します。この価格の下落幅は，需要曲線の傾きが急なほど，つまり需要の価格弾力性が低いほど大きくなります。

供給量 q が増えても価格 p が下がるため，供給量と価格の積である収

図　豊作貧乏

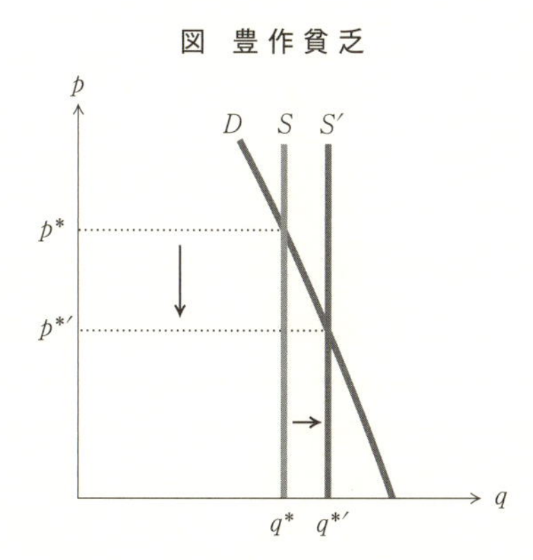

入 pq は増えるとは限りません。実際，図に表されているように，供給量が少し増えたとしても，価格が大幅に下落するならば，供給量の増加により収入は下落します。需要の価格弾力性が 1 より小さければ，供給量が 1% 上昇したときの価格の下落は 1% を超えることになります。このとき，豊作により収入は減少するのです（練習問題 2-6 では，この問題をもう少し深く掘り下げていきます）。

少数の生産者が生産した野菜を廃棄しても，市場に供給される量は実質的には変わらず価格は上昇しないでしょう。だからこそ政府が主導して，多くの生産者を巻き込み協調的な数量調整を行ったのです。

練習問題

【基本問題】

2-1　ある財の需要関数は $q=24-2p$，供給関数は $q=2p$ です。

(a)　需要曲線と供給曲線を描いてください。

(b)　価格が $p=4$ のとき，需要量と供給量はそれぞれいくつですか？ 超過需要が発生していますか，それとも超過供給が発生していますか？ そしてその超過需要（もしくは超過供給）は何単位ですか？ 価格は $p=4$ から上昇していくでしょうか，それとも下落していくでしょうか？ 需要量・供給量・超過需要（もしくは超過供給）量は，需要曲線と供給曲線を描いた図でどのように表されますか？

(c)　価格が $p=7$ のときはどうですか？ 問題 (b) と同じ問いに答えてください。

(d)　市場均衡価格と均衡数量を求めてください。

2-2　ある財の需要関数が $q=10-p$，供給関数が $q=p-2$ で与えられています。この財の市場均衡価格と均衡数量を求めてください。次に，政府が $\bar{p}$ の水準のプライス・フロアーを設けたとします。$\bar{p}=4$ のときと $\bar{p}=7$ のときのそれぞれについて，観察される価格と，そのときの需要量（消費したいと思う量）と供給量（供給したいと思う量），そして超過需要量を求めてください。

2-3 ある財の需要関数が $q=18-(p/2)$，供給関数が $q=p-3$ で与えられています。この財の市場均衡価格と均衡数量を求めてください。次に，政府が $\overline{p}$ の水準のプライス・シーリングを設けたとします。$\overline{p}=10$ のときと $\overline{p}=20$ のときのそれぞれについて，観察される価格と，そのときの需要量と供給量，そして超過需要量を求めてください。

【応用問題】

2-4 所得を I，生産に用いられる要素の価格を w として，ある財の需要関数と供給関数がそれぞれ

$$D(p,I) = 10-p+2I$$
$$S(p,w) = p-w$$

で与えられています。$I=10$，$w=10$ のときの市場均衡を図示し，均衡価格と均衡数量を求めてください。

次に，生産要素価格はそのままで，所得が $I=20$ に上昇したときの均衡を図示してください。均衡価格と均衡数量はどう変化しますか？ この均衡の変化は，需要曲線上の変化として表されますか？ それとも供給曲線上の変化ですか？

そして今度は，所得は $I=10$ のまま，生産要素価格が $w=20$ に増加するケースの均衡を図示してください。均衡価格と均衡数量はどう変化しますか？ この均衡の変化は，需要曲線上の変化として表されますか？ それとも供給曲線上の変化ですか？

2-5 生産に用いられる要素の価格を r として，ある財の需要関数と供給関数がそれぞれ

$$D(p) = 8-(p/3)$$
$$S(p,r) = p-r$$

で与えられています。$r=4, 8, 12$ のそれぞれについて，均衡価格と均衡数量を求めてください。r が 4 から 8 に上昇したとき，この財市場全体で生産者が受けとる総収入は上昇しますか？ それとも減少しますか？ r が 8 から 12 に上昇するときはどうでしょうか？

2-6 ある財の需要関数が $q=10-(p/2)$ で与えられています。この財の生産者全員で q 単位を供給するとき，生産者全員が受け取る総収入はいくらになりますか？ 総供給量 q の関数として表してください。

供給量を少しだけ増やしたとき総収入が増える（つまり総収入が供給量の増加関数になっている）のは，q がどの範囲にあるときですか？逆に，供給量を少しだけ増やしたとき総収入が減る（総収入が供給量の減少関数になっている）のは，q がどの範囲にあるときですか？ 最後に，総収入が供給量の増加関数になるのは需要の価格弾力性が1より大きいときで，減少関数になるのは需要の価格弾力性が1より小さいときであることを示してください。

第3章 市場の効率性と政府介入

Introduction

ミクロ経済学で学ぶ最も重要なものの1つが，「価格の調整機能により，市場の効率性が達成される」ということです。経済学の父と言われる18世紀の経済学者アダム・スミス流に言えば，「見えざる手」に導かれて，財やサービスは最も生産性の高い生産者によって生産され，最もそれを欲する人々によって消費されるのです。必要なものを必要な人に届けることは，多数の生産者と多数の消費者が多数の財・サービスを取引しているこの世界では決して容易なことではありません。価格が持つ調整機能にゆだねるだけで，この難しい課題を解決することができるのは，本当に驚くべきことです。この章では，市場の効率性を達成する価格メカニズムについて見ていくことにします。

1 余　剰

余剰とは

Cさんはあるロック・グループの大ファンで，彼らのCDをすべて持っていました。しかし最近熱が少々冷めてきて，CDもあまり聴くことがありません。そこで，そのロック・グループに最近興味を持っているD君にCDを1枚売ることにしました。Cさんはその CD を500円以上ならば売ってもよいと考えています。それに対してD君は2000円以下なら買ってもよいと思っています。つまり，Cさんのその CD に対する評価額は500円，D君の評価額は2000円です。結局Cさん

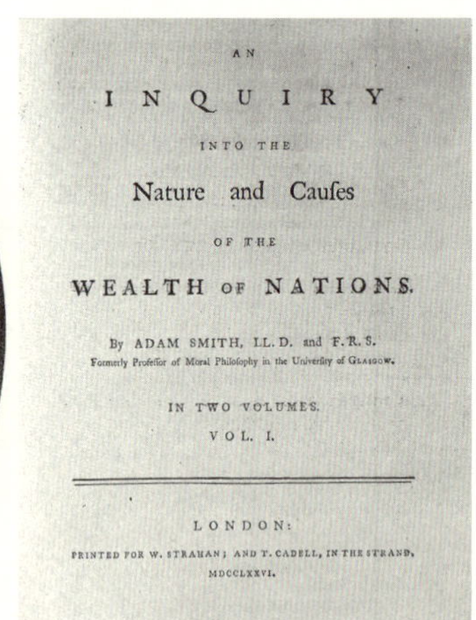

AN

INQUIRY

INTO THE

Nature and Caufes

OF THE

WEALTH OF NATIONS.

By ADAM SMITH, LL.D. and F.R.S.

Formerly Profeffor of Moral Philofophy in the Univerfity of GLASGOW.

IN TWO VOLUMES.

VOL. I.

LONDON:

PRINTED FOR W. STRAHAN; AND T. CADELL, IN THE STRAND.

MDCCLXXVI.

左は，アダム・スミス（1723-1790。イギリスの哲学者，倫理学者，経済学者）の肖像画（dpa／時事通信フォト提供）。右は，「見えざる手」という言葉が登場する，スミスの著作『国富論』（1776年）の書籍の扉ページ（アフロ提供）。

はD君にCDを1250円で売りました。CさんもD君も，金額で換算すると750円分の満足をこの取引で得ることになりました。

このように，財が市場で取引されることにより，市場参加者の満足度が増大します。経済学では，社会の構成員の満足度を測る指標として，**社会厚生**という概念を用います。ある財が市場で取引されることによる社会厚生の変化は，通常，余剰という概念を用いて測ります。上の例では，CDの取引により，合計2000−500＝1500円の余剰が発生していると考えられます。

ある財の市場取引から得られる余剰の総計を**総余剰**（Total Surplus: **TS**）と言います。総余剰は**消費者余剰**（Consumer Surplus: **CS**），**生産者余剰**（Producer Surplus: **PS**），**政府余剰**（Government Surplus: **GS**）の和として計算されます。つまり，市場に参加するすべての経済主体が，市場取引から得る余剰を合計したものが総余剰で，その総余剰を測ることにより，市場が生み出す経済価値を測るのです。以下，

表 3-1　A さんと B 君のリンゴの評価額

リンゴ消費量	1 個目	2 個目	3 個目
A さんの評価額（円）	300	100	0
B 君の評価額（円）	200	50	0

図 3-1　リンゴ需要と消費者余剰

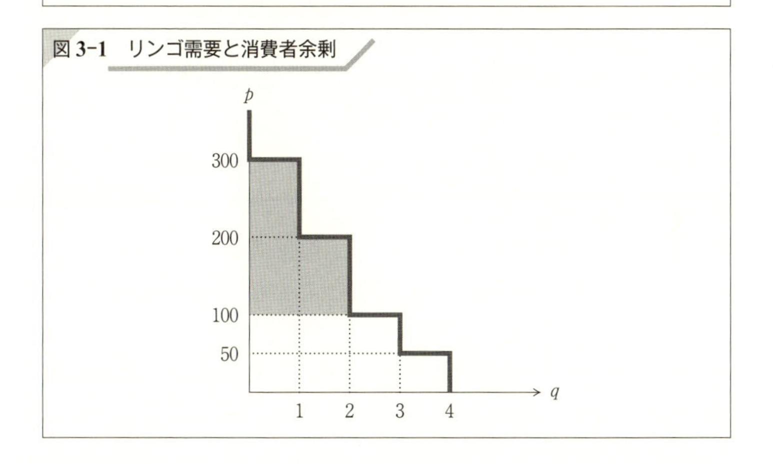

消費者余剰，生産者余剰，政府余剰それぞれについて，順に見ていきましょう。

消費者余剰：リンゴ市場の例

消費者余剰は，消費者が財を購入し消費することにより得る余剰（満足度の増加分）です。第 1 章で紹介した，A さんと B 君のリンゴ需要を例に考えてみましょう。表 3-1 は，第 1 章の表 1-1 と表 1-2 で示された A さんと B 君のリンゴの評価額をまとめて記したものです。また，図 3-1 は第 1 章の図 1-4 を再掲しています。

この需要曲線は，1 個目のリンゴに対する消費者の評価額が 300 円，2 個目は 200 円，3 個目は 100 円，4 個目は 50 円であることを表しています。ここで，市場でリンゴが 100 円で売られているとしましょう。このとき合計 3 個のリンゴが購入され消費されます。1 個目のリンゴに300円，2個目のリンゴに100円の評価額を持つAさんが2個消費し，1個目のリンゴに200円の評価額を持つB君が1個消費するのです。ここでは，価格と評価額が一致する場合（Aさんの2個目のリンゴ）は財を購入するとしています。

この市場取引からAさんとB君が得る余剰はいくらになるでしょうか？ 評価額の最も高いものから考えると，1個目の取引によりAさんが300－100＝200円の余剰を得ているのがわかります。Aさんは，1個目のリンゴに300円までならば支払ってもよいと考えていますが，それを100円で手に入れたからです。同様に，2個目のリンゴの取引により，今度はB君が200－100＝100円の余剰を得ます。そして，3個目のリンゴは，個人的には2個目の消費となるAさんに消費され，Aさんはその取引から100－100＝0円の余剰を得るでしょう。AさんとB君を合計した消費者余剰は，200＋100＋0＝300円となり，これは需要曲線の下側で，100円以上の領域の面積に等しくなっています。

消費者余剰

それでは，一般的な需要曲線の場合について，消費者余剰を求めてみましょう。図3-2には，需要曲線が描かれており，市場価格 p^* のもとで q^* 単位の財が購入され消費される様子が描かれています。ここで消費者余剰は，需要曲線の下側で価格 p^* の上側の面積 CS で表されます。たとえば，q' 単位目を消費する消費者は，この消費に p' の評価額をつけていますが，実際購入の際に支払う金額は p^* なので，その差額分 $p'-p^*$ はその消費者が得る余剰となっています。この市場では q^* 単位の財が取引されるので，財を購入するすべての消費者が得る余剰を合計すると，需要曲線の下側で，価格 p^* の上側の面積 CS となるのです。

図 3-2　消費者余剰

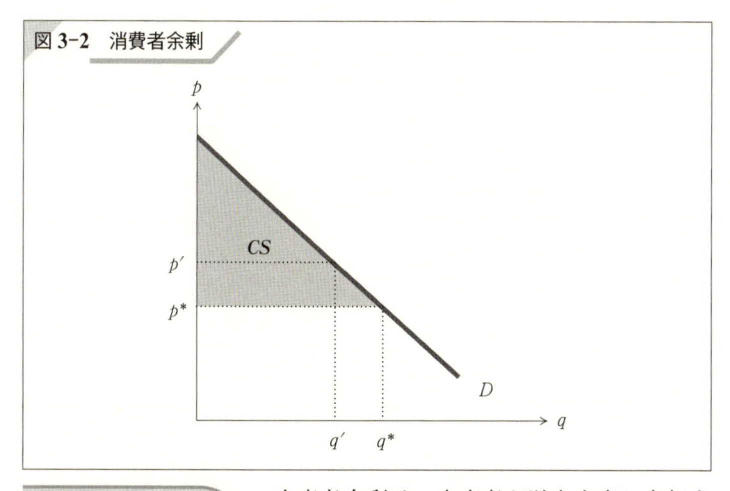

生産者余剰：個別生産者の例

生産者余剰は，生産者が財を生産し売却することによって得る**操業利潤**です。企業利潤は生産した財の販売から得る収入から生産費用を差し引いたものです。生産費用は，工場用地の賃貸料や生産設備のレンタル料のように生産量がゼロであっても発生する**固定費用**と，労働者への賃金のように生産量が増えるにつれ増えていく**可変費用**に分けられます（固定費用や可変費用などの生産費用については第5章で詳しく説明します）。操業利潤は，収入からこの可変費用を差し引いたものです。操業（生産）しなくても発生する固定費用を加味していない利潤のため，このように呼ばれています。固定費用も含む総費用を収入から除いたものが企業の利潤なので，操業利潤は利潤に固定費用を加えたものとなります。

消費者余剰のときと同様に，第1章の例を用いて考えてみましょう。表3-2は，第1章の表1-3で示されている生産費用に固定費用3円を加えたものです（説明の簡単化のため，現実ではありえないほど小さな固定費用を考えます）。各生産量について，総費用が3円だけ高くなっていることに注意してください。また，すべての生

表 3-2　総費用と限界費用

生産量	0	1	2	3
総費用（円）	3	8	18	35
限界費用（円）	＼	5	10	17

図 3-3　供給曲線と生産者余剰

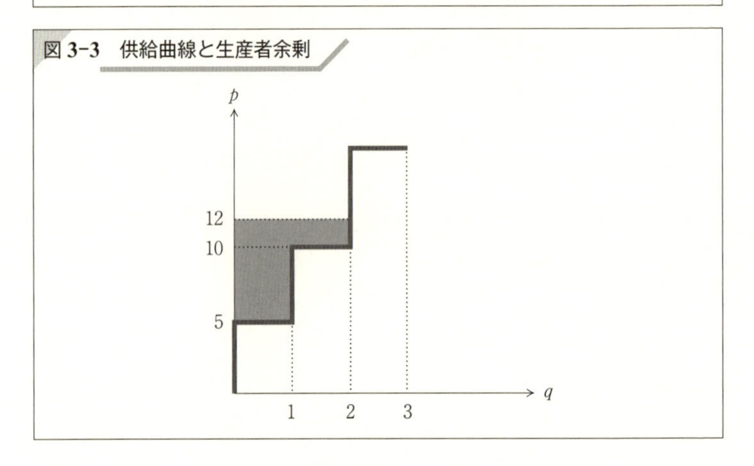

産量について，限界費用は変化していないことにも注意してください。どの生産量についても総費用が 3 円高くなっているため，追加的に 1 単位多く生産することにより生じる総費用の増分である限界費用は，固定費用が存在しても変わらないのです。その結果，限界費用曲線でもある供給曲線は，固定費用が存在しても変化せず，表 3-2 に対応する供給曲線（図 3-3）は，図 1-10 のものと一致します。

この財の価格が 12 円だとしましょう。そうすると，供給曲線から，この生産者は 2 単位の財を生産するのがわかります。1 単位目の財の限界費用は 5 円なので，この生産者は，5 円の費用をかけ 12 円を受け取り，12−5＝7 円の利潤を得ます。2 単位目の取引についてはどうでしょうか？ 2 単位目の生産にかかる費用は 10 円なので，2 単位目の取引からは，12−10＝2 円の利潤を得ます。これらの利潤の合計である9円が，この生産者が受け取る余剰です。この生産者余剰は，供給曲線の上側で，12円より下の面積と等しいことに注意してください。

この生産者余剰である9円は，操業利潤でもあります。実際，この生産者の収入は12×2=24円であり，固定費用を除く生産費用である可変費用は18−3=15円なので，操業利潤は24−15=9円となります。利潤である24−18=6円に固定費用3円を足すことによっても，操業利潤9円を得ることができます。

生産者余剰に対応させながらこの操業利潤を求めることもできます。可変費用は限界費用を足し合わせることによっても計算できます。表3-2の例では，1単位生産するときの可変費用は総費用である8円から固定費用である3円を引いた5円です。これは，その計算からわかるように1単位目の財を生産するときの限界費用にほかなりません。合計2単位生産するときは，追加的に1単位生産するための費用である限界費用10円が余計にかかります。したがって，2単位生産するときの可変費用は5+10=15円です。このように，限界費用を1単位ずつ足していったものが可変費用なのです。1単位販売するごとに得られる収入を合計したものが総収入であり，1単位生産するごとにかかる費用である限界費用を合計したものが可変費用なので，操業利潤は，1単位ごとに価格から限界費用を引いたものを合計して求めることもできます。この例では，操業利潤は(12+12)−(5+10)円であり，(12−5)+(12−10)円とも計算されるのです。そして後者は，生産者余剰の計算にほかなりません。

生産者余剰

ここでも消費者余剰のときと同様，一般的な供給曲線の場合について，生産者余剰を求めましょう。図3-4には，供給曲線が描かれており，市場価格 p^* のもとで q^* 単位の財が多くの生産者により供給される様子が描かれています。そして生産者余剰は，価格 p^* の下側で供給曲線の上

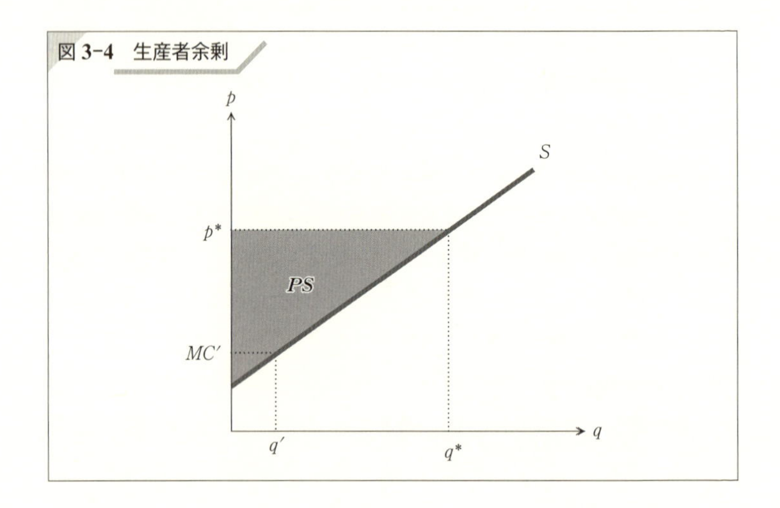

図 3-4　生産者余剰

側の面積 PS で表されています。

q' 単位目の財を考えてみましょう。この財は MC' 円の追加的費用をかけて生産され，p^* 円の収入をもたらすため，p^*-MC' 円の利潤をもたらします。このように，q^* 単位までのすべてについて，価格 p^* と限界費用の差が生産者が受け取る操業利潤として計上されます。したがって，市場全体では，価格 p^* の下側で供給曲線の上側の面積は，生産者全体が受け取る操業利潤（総利潤＋総固定費用）となるのです。そしてこの総操業利潤を，生産者余剰と呼びます。

生産者余剰は誰の手に？

完全競争下では，操業しているすべての企業が正の利潤を得ているならば，自らも利潤を得ようと新たな企業が参入してきます。その結果，企業の利潤は押し下げられます。そして，もしもすべての企業が同じ生産技術を有しているならば，参入や退出が可能な長期均衡では，すべての企業の利潤がゼロになります。この状況では，生産者余剰は総固定費用と等しく，生産設備などの資本への総支払いと一致します。

企業間で生産技術が異なり，限界費用曲線が企業ごとで異なっている場合はどうでしょうか？ 実はこの場合も，完全競争均衡下ではすべての企業の利潤はゼロになると考えられます。ちょうど利潤がゼロとなる限界的企業よりも生産技術が優れているならば，均衡での利潤も正になりそうです。しかし，そもそも，長期的に見ても限界費用が限界的企業より低いのは，生産性を上げる何らかの固定的要素をその企業が持っているからでした。リンゴ生産の例では，それは日当たりの良い肥沃な土地でした。優良企業の生産者余剰で限界的企業の生産者余剰を上回る分は，こうした固定要素への報酬（**レント**と呼ばれています）だと考えられます。技術の差を生み出す固定的要素へのレントを固定費用に加えてやると，優良企業であっても，生産者余剰は固定費用と等しくなり，利潤はゼロとなります。

政府余剰

経済主体の一員である政府も，財市場から利益や不利益を受けることがあります。その利益や不利益は，消費課税や生産補助金により，財市場へ介入する場合に発生します。財市場への政府介入による政府の純収入（政府収入から政府支出を差し引いた差額）を政府余剰と言います。税収が支出を上回れば，政府余剰は正の値をとりますが，生産補助金などの政府支出の方が多いときは，政府余剰は負の値をとることに注意してください。

政府の純収入は，結局のところ国民に還元されます。その純収入分の減税が行われたり，予定されていた増税が回避されたりするかもしれません。また，道路建設などの公共事業を通じて国民に還元されることもあるでしょう。いずれにせよ，政府の純収入である政府余剰は，最終的には国民に還元されることから，総余剰の一部として計上されるのです。

2 市場均衡と総余剰

市場均衡における総余剰

需要と供給が一致する市場均衡における総余剰は，どう表されるのでしょうか？ 図3-5には，価格 p^* のもとで q^* 単位の財が取引される均衡における，消費者余剰 CS と生産者余剰 PS が示されています。消費者余剰は需要曲線の下側で価格 p^* の上の領域の面積であり，生産者余剰は供給曲線の上側で価格 p^* の下の領域の面積となっていることを確認してください。また，ここでは政府は市場に介入していないため，政府余剰はゼロとなります。その結果，総余剰は $CS+PS$ となり，図示されているように，需要曲線の下側で供給曲線の上側の領域の面積となります。

消費者余剰や生産者余剰を求め，それらを合計し総余剰を求めるのではなく，直接総余剰を求める方法もあります。余剰は，財の取引から生まれる社会的利益を表しています。その観点から考えると，この財市場で取引される各単位の財について，消費者の評価額と生産者が直面する限界費用との差が，余剰として計上されるのがわかります。限界費用をかけて生産した財が，その限界費用を上回る評価額をつけた消費者によって消費されることで，その差額分の社会的利益が発生するからです。したがって，需要曲線と供給曲線の垂直方向の差を，財が取引される q^* 単位まで合計したものが総余剰となり，それは図3-5では，$CS+PS$ として示されるのです。取引される最後の1単位である q^* 単位目の財については，消費者の評価額と限界費用が一致していることに注意してください。

見えざる手

市場均衡にある財市場では，最後の1単位を除き，取引されるすべての財について正

図 3-5　市場均衡における総余剰

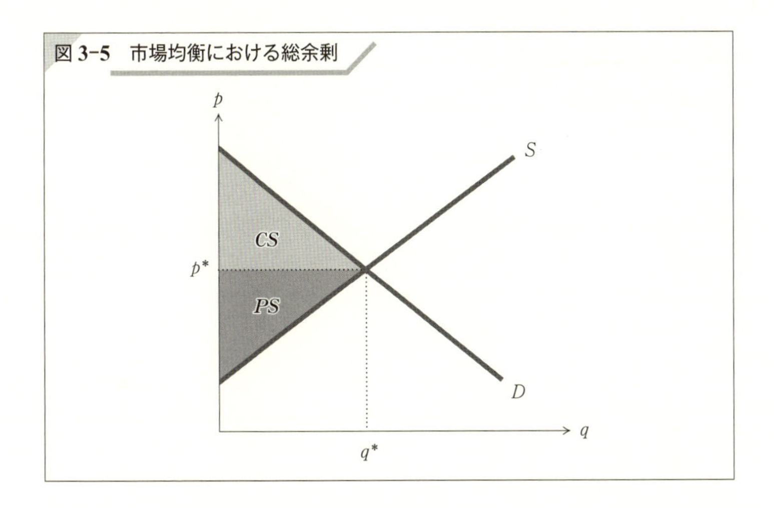

の余剰が発生しています。言い換えれば，取引による余剰がゼロとなる最後の１単位まで，財は市場で取引され，そのそれぞれの取引は社会厚生の増加に貢献しているのです。

実際，市場均衡では総余剰が最大になっています。次ページの図3-6を見てください。ここでは，取引量が均衡数量 q^* より少ない q' 単位の場合と，均衡数量 q^* より多い q'' 単位の場合の２つのケースが描かれています。

まず，取引量が均衡数量より少ない q' のケースを見てみましょう。このとき総余剰 TS は，需要曲線と供給曲線の垂直方向の差を q' まで足したものとなります。図示されているように，取引数量が q' 単位のところでは，まだ需要曲線が供給曲線より上に位置しているため，財生産を q' 単位からさらに増加させることにより，総余剰が増加することがわかります。つまり，q' 単位を生産し消費する状況は総余剰を最大化しておらず，生産・消費を q' 単位から増やせば総余剰は増加するのです。このケースでは，総余剰が市場均衡に比べ A の面積だけ少なくなっているのが，図 3-6 から見てとれます。

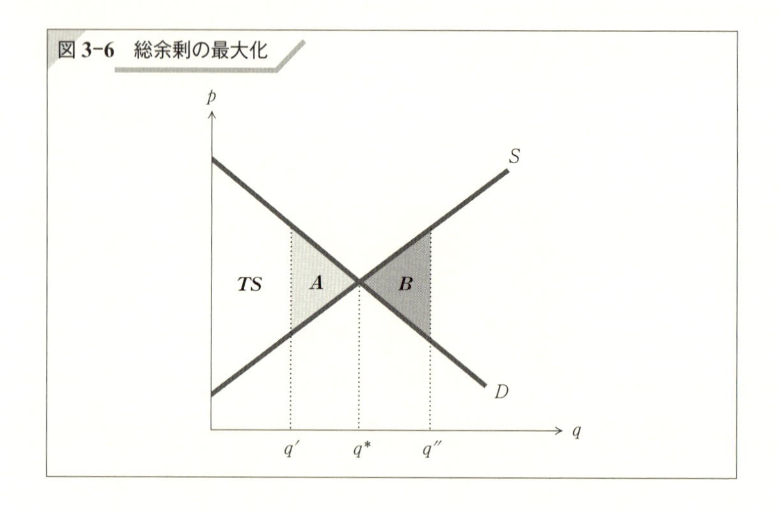

取引量が均衡数量より多い場合も同様です。財は生産量が多いほど消費も多くなり社会的に望ましいように思えるかもしれませんが，決してそうではありません。実際，図 3-6 において取引量が q'' 単位のときは，総余剰は市場均衡に比べ B の面積だけ少なくなります。図からわかるように，q^* 単位を超えた財の生産・消費については，その限界費用が消費者の財に対する評価額を上回っているからです。この限界費用から評価額を引いた差額は，社会的損失として社会厚生に計上されます。たとえば，150 円の費用をかけて生産したリンゴが，そのリンゴに対して 100 円の評価額しか与えない消費者に消費されるならば，それは 50 円分の社会的損失が生じたと考えるのです。図 3-6 では，q^* 単位を超える各単位について，それぞれ供給曲線と需要曲線の垂直方向の差だけ，社会的損失が発生しています。そしてその損失の合計は，q^* 単位から q'' 単位までの損失の合計である B の面積となるのです。

3 市場への政府介入

消費税の例

消費者価格と生産者価格

ここまでは，消費者が直面する価格と生産者が直面する価格は同一でした。つまり，リンゴの市場価格が100円ならば，消費者は100円と交換にリンゴを1個手に入れることができ，生産者はリンゴ1個を市場に出すと100円の収入を得るのです。しかし，政府が市場に介入すると，消費者が直面する**消費者価格**と生産者が直面する**生産者価格**が乖離することがあります。

政府が消費税を導入したとしましょう。たとえば，リンゴ1個につき10円の**消費税**がかかるとします。すると，生産者が100円で市場に出荷したリンゴに，消費者はいくら支払うことになるでしょうか？ 答えは110円です。消費者は，リンゴ1個につき，リンゴの値段である100円に消費税10円を上乗せした110円を支払うのです。このとき生産者が直面する価格は100円なのに対して，消費者が直面する価格は110円となり，消費者価格の方が，生産者価格を消費税率（財1単位あたりの消費税）だけ上回ります。

この例のように，財1単位の購入につきt円の消費税がかかるとき，この課税方式を**従量税**方式と呼びます。従量税率t円の消費税がかかっているとき，その財の消費者価格p_cと生産者価格p_pの間には，$p_c = p_p + t$の関係が成立します。ガソリンにかかる揮発油税などは，この方式に従っています。

より一般的なもう1つの課税方式は，**従価税**方式です。これは，購入金額のたとえば8%を消費税として徴収するというもので，日本のいわゆる消費税はこの方式に従っています。リンゴの購入に，従価税率8%の消費税がかかるときは，生産者が100円で出荷したリンゴに対して，消費者は100×0.08＝8円の消費税を上乗せした108円を支払うことになるでしょう。消費税が，従価税率で$t\times 100\%$ならば，その財の消費者価格p_cと生産者価格p_pの間には，$p_c=p_p(1+t)$の関係が成立するのです。

消費税が従量税率方式であろうと従価税率方式であろうと，消費税の経済効果を分析する際に，大きな違いはありません（練習問題3-5で確認してみてください）。したがって，ここでは記述の簡単化のために，消費税は従量税方式に従っているとして話を進めます。

消費税の効果

それでは，従量税率tの消費税が導入されている財市場の均衡を見ていきましょう。まず，このとき$p_c=p_p+t$という関係が成立し，消費者価格p_cが生産者価格p_pより従量税率tほど高くなっていることに注意しましょう。そして均衡では，価格p_cに直面する消費者が需要する財の量と，価格p_pに直面する生産者が供給する財の量が一致しています。

図3-7では，需要量はp_cの関数として決まり，供給量はp_pの関数となることを，需要曲線を$D(p_c)$，供給曲線を$S(p_p)$と書くことにより表現しています（たとえば需要関数が$q=10-p_c$ならば，需要曲線$D(p_c)$は傾きが-1の直線として描かれます）。図には，$p_c^*=p_p^*+t$という関係を満たした均衡消費者価格p_c^*と均衡生産者価格p_p^*のもとで，需要量と供給量がq^*の水準で一致している様子が描かれています。つまり，p_c^*の価格に直面する消費者はq^*単位需要し，p_p^*の価格に直面する生産者の供給量と一致するのです。

消費税率tが与えられると，その分だけ消費者価格は生産者価格より高くなります。均衡数量における需要曲線の高さはp_c^*で，供給曲線の高さはp_p^*なので，需要曲線と供給曲線の垂直方向の差がちょうどtと等しくなる数量を探すことにより，均衡数量q^*が求められることに注意してください。

図 3-7　消費税下での均衡

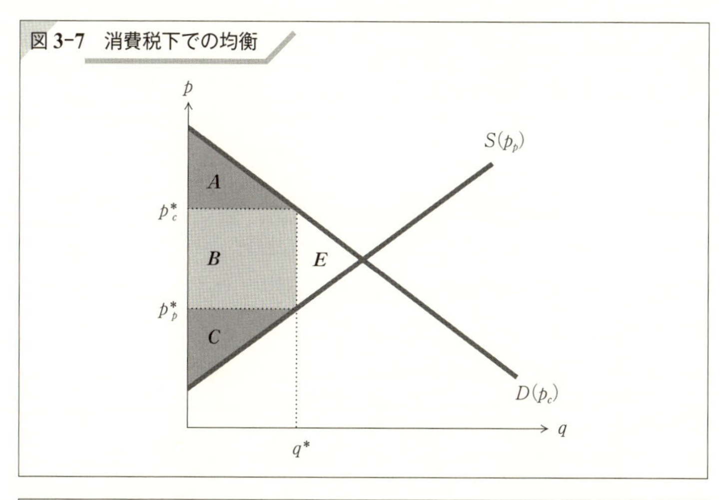

図 3-8　消費税の効果

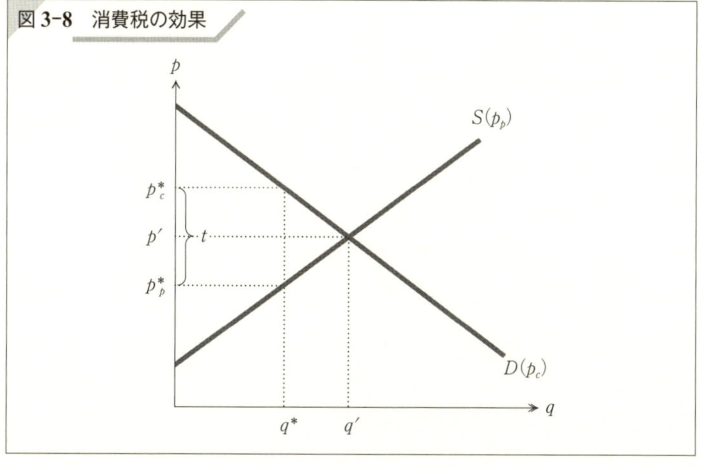

この均衡数量 q^* は，消費税のない市場均衡における均衡数量より小さくなっています。図 3-7 で求めた消費税下での均衡と，消費税のない市場均衡の両方を，図 3-8 でまとめて示してみましょう。消費税が導入される前の市場均衡では，消費者価格と生産者価格は等しく，p' の水準にありました。消費税の導入により，消費者価格

は p' から p_c^* へ上昇し，生産者価格は p' から p_p^* へ下落します。消費者価格の上昇は需要量の減少につながり，生産者価格の下落は供給量の減少につながります。消費者価格の上昇と生産者価格の下落があって初めて，より少ない数量において需給が一致するのです。

政府介入のない市場均衡の状態から新たに税率 t の消費税が導入されると，消費者が直面する消費者価格は元の市場均衡価格 p' に t を加えた $p'+t$ になると思うかもしれません。しかし，図 3-8 から，消費者価格が $p_c=p'+t$ であるならば，需要量は q^* よりさらに小さくなるのがわかります。それに対して生産者価格は，消費者価格 $p'+t$ を t だけ下回る p' ですから，生産量は元の市場均衡数量 q' と等しくなります。したがって，もし消費税の導入により消費者価格が単純に税率分だけ上昇するならば，市場ではこの財の超過供給が発生し，市場は均衡しないことがわかります。この状況では財の超過供給が発生しているため，消費者価格と生産者価格はその差を t に保ったまま，下落していくでしょう。そして，消費者価格が $p'+t$ から p_c^* へ，生産者価格が p' から p_p^* へとそれぞれ下落したところで，需要量と生産量がともに q^* となり，市場は均衡するのです。

消費税導入による均衡数量の減少は，社会厚生の減少につながります。消費課税下の総余剰を求めてみましょう。この場合の消費者余剰は，需要曲線の下側で消費者価格 p_c^* の上側の面積となります。消費者が財の購入時に支払う価格は p_c^* であり，したがって消費者余剰の計算には消費者価格を用いるのです。図 3-7 では，消費者余剰は領域 A の面積となります。同様に，生産者余剰は，生産者価格 p_p^* の下側で供給曲線の上側の面積 C です。また，消費者余剰と生産者余剰に加え，消費税収入相当の政府余剰も発生します。消費税収入は，消費税率に均衡数量をかけた $tq^*=(p_c^*-p_p^*)q^*$ なので，政府余剰は長方形の面積 B です。そしてこれらの和である総余剰は，$A+B+C$ となります。

政府介入がない場合の市場均衡下での総余剰は，この図では $A+B+C+E$ と表されるので，消費税の導入により，総余剰は E だけ減少するのがわかります。消費税の導入により，生産・消費量が低下し，取引される最後の1単位でさえ，消費者の財に対する評価額（需要曲線の高さ）が財生産の限界費用（供給曲線の高さ）を上回る状態になります。このような状態が均衡で発生するため，社会厚生が最大化されず，効率性の損失（**デッドウェイト・ロス〔死荷重**〕と呼ばれています）が生じるのです。

さまざまな公共サービスを提供するために，政府は税収を得る必要があります。ほとんどすべての財やサービスの取引に課される消費税は，広範な課税対象から幅広く税収を得る有力な手段の1つです。ただし，それは財やサービスの取引を過小にし，社会的損失を招くことも忘れてはなりません。

消費税の実質的負担者

100円のリンゴ1個を購入するとき，1個につき10円の消費税がかかっているならば，消費者はリンゴ価格100円に消費税10円を加算して支払わなくてはなりません。そう考えると，その名が示すように，消費税はすべて消費者が負担しているように見えます。しかし実際は，消費税は消費者と生産者の双方により負担されています。

もう一度図3-8を見てください。そこには，消費税の導入により，消費者価格が上昇するとともに生産者価格が下落する様子が描かれています。消費者は消費者価格の上昇により，そして生産者は生産者価格の下落により，それぞれ損失を被ります。消費税率 $t=p_c^*-p_p^*$ のうち，消費者価格の上昇分である p_c^*-p' は消費者が負担し，生産者価格の下落分である $p'-p_p^*$ は生産者が負担していると考えられるのです。形式的には消費者が負担しているように見える消費税も，実質的には消費者のみならず生産者も負担しているのです。

消費者と生産者のどちらが消費税の実質負担が重いかは，需要と供給それぞれの価格弾力性に依存します。結論を先に言うと，価格弾力性の低い経済主体（消費者もしくは生産者）の方が，その負担は重くなります。価格弾力性が低いというのは，価格に対する柔軟性が低いことを意味します。需要の価格弾力性が低いときは，消費者は「多少価格が高くても買いたい」と思っているわけですし，供給の価格弾力性が低いときは，生産者は「多少価格が低くても売りたい」と思っているわけです。そういった柔軟性の低い経済主体が，結局消費税を実質的に多く負担することになるのです。

図 3-9 は，供給曲線の傾きが急で供給の価格弾力性が低いケースを描いています。この場合は，消費税の消費者負担率とも言える p_c^*-p' より，生産者負担率を表す $p'-p_p^*$ の方がずいぶん大きくなるのがわかります。消費税により需要量と供給量は同じ量だけ減少することになりますが，そのためには価格弾力性の低い供給側が直面する生産者価格がより大きく変化（この場合下落）する必要があるのです。

逆に需要の価格弾力性が低いときは，消費者の負担が相対的に重くなります。図 3-10 は，需要曲線の傾きが急で需要の価格弾力性が低いケースを描いています。消費税による消費者価格の上昇は大きい反面，生産者価格の下落は小さく，消費税は主に消費者によって，実質的に負担されているのがわかります。

消費税と生産税

これまで政府の市場介入として消費税を見てきましたが，財生産に対して税金を課す生産税についても同様に考察することができます。実は驚くべきことに，税率が同じであれば，生産税の経済効果と消費税の経済効果はまったく同じになります。

従量税率 t の消費税と，同じ従量税率 t の生産税を考えましょう。先に見たように，消費税の場合は，消費者価格と生産者価格の間に $p_c=p_p+t$ という関係が成立します。生産税の場合はどうでしょう

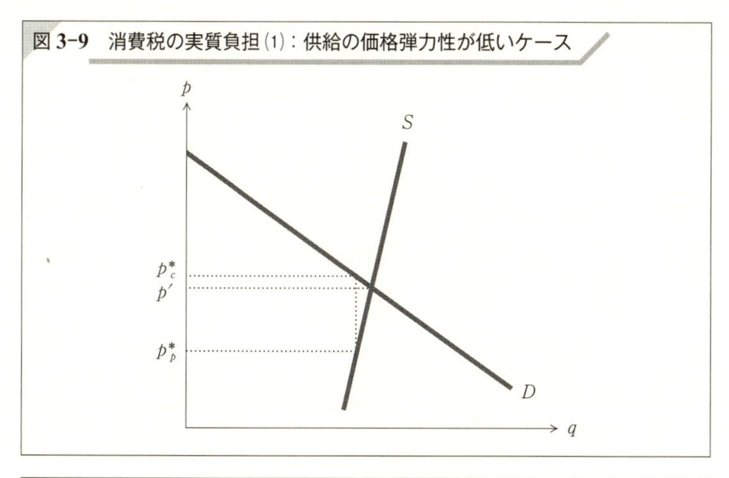

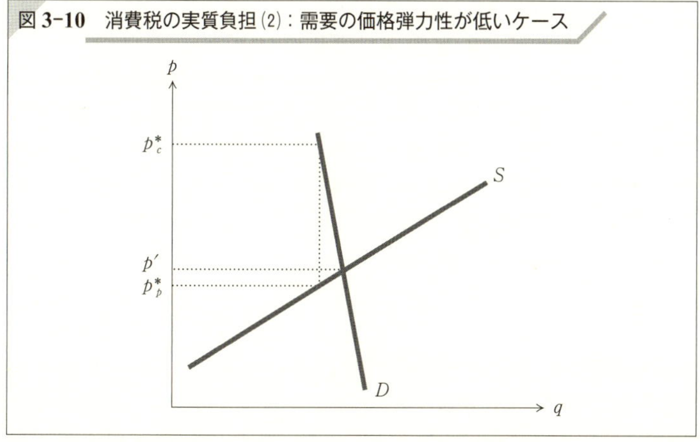

か？ 生産者は，1 単位の財を生産してそれを市場で売ると，消費者から p_c 円ほど受け取ることができます。しかし，このとき t 円ほど生産者は税金を支払う必要があります。したがって，生産者が 1 単位の生産から得る収入，つまり生産者価格 p_p は，p_c-t と等しくなるのです。ところが，この関係 $p_p=p_c-t$ は，消費税のときの $p_c=p_p+t$ とまったく同じです。いずれのケースでも，消費者価格

は生産者価格より，税率分だけ高くなるのです。図 3-7 で消費税の経済効果を分析した際，$p_c=p_p+t$ という関係のみから均衡を求めたことを思い出せば，生産税の効果も消費税のときと同様，図 3-7 で描かれているとおりになるのがわかるでしょう。

Column ③ たばこ税

2010 年 10 月，日本政府はたばこ 1 本あたり 3.5 円の増税を実施しました。増税による税収の増加と，禁煙や節煙の広がりによる国民の健康増進がそのねらいです。増税は，当然のごとくたばこ価格の上昇をもたらしました。たばこ価格は，加重平均（販売数量で調整した平均価格）で 38% 上昇し，その結果消費量が 27% 減少すると，たばこ製造会社である JT は見積もりました（The Nikkei Weekly, 2010 年 10 月 4 日）。需要の価格弾力性を 0.7 (＝27/38) と予想したのです。

このように需要の価格弾力性が低い場合は，生産者よりも消費者により大きな税負担がかかります。右の図で表されているように，増税により消費者価格は（p_c^* から $p_c^{*\prime}$ へと）大きく上昇するのです。また，前章の分析（練習問題 2-6）から，需要の価格弾力性が 1 より小さいときは，価格の上昇率が消費量の減少率を上回るため，価格が上がると，消費者のたばこに対する支出総額が上昇することもわかります。

愛煙者にとって禁煙や節煙が困難なほど，増税負担は消費者に偏り，消費者のたばこへの支出が増加することになります。たばこ増税は庶民の生活を苦しくさせるという根強い批判があります。実際，愛煙家がたばこを愛するほど，増税は愛煙家の財布を直撃するのです。他方，政府からしてみれば，需要の価格弾力性が低いほど，増税による消費の減少は小さくなり，増税が税収の拡大につながる可能性が高くなります。その意味では，増税目的の 1 つは達成されやすい環境にあると言えます。

他方，需要の価格弾力性が低いので，禁煙や節煙はあまり進まず，健康増進効果はあまり期待できません。ただし，長期的には健康増進効果も期待できるという議論があります。需要の価格弾力性は，所得が低くたばこ消費歴の短い若者ほど高いと考えられます。そうであるならば，たばこ増税は若者の禁煙を促進するでしょう。一度たばこをやめた若者

図　たばこ増税の効果

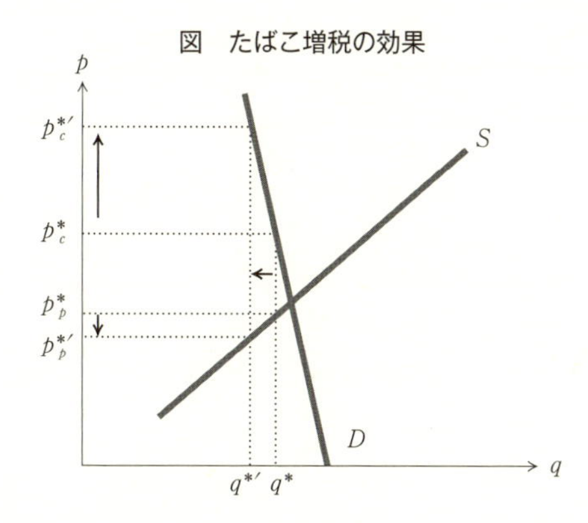

は将来もたばこを消費しない可能性が高く，その結果長期的には喫煙率は大きく低下する可能性があるのです。

一般社団法人日本たばこ協会が発表している年度別販売実績（数量・代金）推移一覧によると，2009年度から2011年度にかけて，たばこの販売量は16%の減少に終わりました。習慣性が指摘されるたばこに対する需要の価格弾力性は1より小さいとJTは見積もりましたが，実際の需要の価格弾力性は0.4（=16/38）とJTの予想をさらに大きく下回ったのです。

練習問題

【基本問題】

3-1　表3-3は，3人のリンゴの評価額を示したものです。リンゴの価格が120円のときの総需要（3人の需要の合計）はいくつですか？ Aさんがリンゴの購入から得る余剰はいくつですか？ B君とCさんが得る余剰はそれぞれいくつですか？ この3人全員が市場取引によって得る消費者余剰を計算してください。

3-2　表3-4は，3農家のリンゴ生産者の限界費用を示したものです。リンゴの価格が100円のときの総供給を求めてください？ 農家Aがリンゴの生産から得る余剰はいくつですか？ 農家Bと農家Cが得る

表 3-3　リンゴに対する評価額

リンゴ消費量	1 個目	2 個目	3 個目
A さんの評価額（円）	300	150	0
B 君の評価額（円）	250	100	0
C 君の評価額（円）	200	0	0

表 3-4　リンゴ生産の限界費用

リンゴ限界費用	1 個目	2 個目	3 個目
農家 A の限界費用（円）	40	80	120
農家 B の限界費用（円）	50	90	130
農家 C の限界費用（円）	60	100	140

余剰はそれぞれいくつですか？ この 3 農家全体が市場取引によって得る生産者余剰を計算してください。

3-3　ある財の需要関数が $q=12-p$，供給関数が $q=p-4$ で与えられています。

(a)　需要曲線と供給曲線を描いてください。

(b)　プライス・シーリング $\bar{p}=6$ の規制がかかっているとき，市場で実現する価格と取引数量を求めてください。そして，消費者余剰，生産者余剰，政府余剰，総余剰をそれぞれ求めてください。プライス・シーリングの水準が $\bar{p}=10$ のときはどうですか？ 同じ質問に答えてください。

(c)　$\bar{p}=6$ のプライス・フロアーが設けられているケースを考え，問題 (b) と同じ質問に答えてください。$\bar{p}=10$ のときはどうなりますか？

【応用問題】

3-4　ある財の需要関数が $q=20-2p$，供給関数が $q=2p$ で与えられています。市場均衡価格とそのときの均衡数量を求めてください。均衡における消費者余剰，生産者余剰，政府余剰を求め，総余剰を計算してください。

次に，従量税率 4 の消費税がこの財の取引に課されたとしましょう。均衡における消費者価格と生産者価格を求め，均衡数量を計算してください。また，このときの消費者余剰，生産者余剰，政府余剰，そして総余剰を求めてください。総余剰は，消費税により増加しますか？

最後に，この財の生産にあたり従量税率4の生産補助金が与えられるとしましょう。このとき，消費者価格と生産者価格の間に，どういう関係が成立しますか？ 均衡における消費者価格と生産者価格を求め，均衡数量を計算してください。また，このときの消費者余剰，生産者余剰，政府余剰，そして総余剰を求めてください。総余剰は，生産補助金により増加しますか？

3-5 ある財の需要関数が $q=10-p$，供給関数が $q=p$ で与えられています。従価税率 $t=0.5$ の消費税が課されるとき，消費者価格と生産者価格の間に，どういう関係が成立しますか？ 均衡における消費者価格と生産者価格を求め，均衡数量を計算してください。

この消費税と経済効果が等しい，従量税方式による消費税を考えるとき，税率は従量税率でいくつになりますか？

3-6 ある財の需要関数と供給関数がそれぞれ

$$q = 20+\frac{10-p}{a}$$

$$q = 20+\frac{p-10}{b}$$

で与えられています（a と b はそれぞれ正の定数）。需要曲線と供給曲線を同一平面上に描いて，傾きがそれぞれ $-a$ と b であることを確かめてください。そして，市場均衡価格と均衡数量を求めてください。

次に，従量税率 t の消費税がこの財の取引に課されたとします。消費税により，消費者価格はいくら上昇しますか？ また，生産者価格はいくら下落しますか？ これら消費者による消費税負担と生産者による消費税負担を比較し，消費者の負担が生産者の負担より大きくなる条件を求めてください。その条件は，需要曲線と供給曲線の関係として，どう表現できますか？

第4章 市場の失敗と政府の役割

Introduction

前章では，価格メカニズムに任せておけば，市場の効率性が達成されることを見てきました。しかし残念ながら，どんな場合でも市場の効率性が自動的に達成されるわけではありません。市場が持つ機能だけでは効率性の達成に十分でないこともあるのです。これは「市場の失敗」と呼ばれています。この章では，市場の失敗の一例である外部性（もしくは外部経済）と呼ばれる現象と公共財の供給を通じて，市場の失敗と政府の役割について考えていきます。前章で考察した完全競争市場では，消費税導入といった市場への政府介入は社会厚生の減少につながりました。このことだけから判断すると，「政府は市場に介入すべきでない」という結論に至りそうです。しかし，これから見ていくように，市場の失敗が起こっている場合は，政府が積極的に関与することにより，社会厚生は増大する可能性があります。

1 外部経済

外部性：
市場の失敗の例

ある人の消費行動が他の人に影響を与えることは多々あります。車好きのロシアの大富豪がフェラーリの最上級車を毎年何十台も買い占めれば，それにより需給バランスが崩れ，その自動車の価格は上昇するかもしれません。そうすると，20年間その車に乗ることを夢見て貯金をしていた日本のカーマニアの中には，その車の購入をあきらめる人も出てくるかもしれません。また，成人したばかりの若者が，ハーレー・ダビッドソン（アメリカ製の大型バイク）を購入し，毎晩夜遅くに大きなエンジン音を轟かせて走り回れば，近所の人たちの迷惑になるでしょう。

どちらの例も，ある人の消費が他の人の消費行動や効用に影響を与えています。しかし，前者の例は，その財市場において価格が変化することにより他の人に影響を与えるのに対し，後者の例では，ハーレー・ダビッドソン市場とはまったく関係のないところで，騒音被害という形で直接他の人に影響を与えています。この後者の例のように，ある経済主体の行動が，価格メカニズムを介さず他の経済主体に直接影響を与えるとき，**外部性**（もしくは**外部経済**）が発生していると言います。

外部性は市場の外側で発生するものなので，外部性が発生する財の市場では，価格メカニズムがその本来の力を完全に発揮することはできません。つまり，市場は効率性の達成に「失敗」するのです。もちろん，問題となっている経済活動が市場を介さないがゆえに効率性が達成されないことを考えると，**市場の失敗**が発生するのも無理のないことだと考えられます。

生産面と消費面での外部経済と不経済

外部性を引き起こす主な経済主体は，生産者か消費者です。また，外部性には正の外部性（他の経済主体にとって好ましいもの）と負の外部性（他の経済主体にとって好ましくないもの）があります。正の外部性は外部経済，負の外部性は外部不経済とも呼ばれます。外部性を引き起こす主体（生産者か消費者か）で区別する基軸と，正負で区別する基軸があるため，外部性は，正の生産外部性，負の生産外部性，正の消費外部性，負の消費外部性の4種類に大きく分けて考えられます。

ある生産者の生産活動が他の経済主体に直接好ましい影響を与え

るとき，正の生産外部性が発生していると言います。たとえば，蜂蜜の生産は桃の生産に直接寄与しています。養蜂家が飼うミツバチが，近くを飛び回り花の蜜を巣箱に持ち帰ることにより，蜂蜜は生産されます。このとき，花から花へと飛び回るミツバチは，その一帯に咲き誇る花々の受粉に貢献しています。したがって，桃の生産地が蜂蜜生産地の近くに位置している場合は，桃の生産者は自らの手作業により受粉作業を行う必要がなくなります。その結果，桃の生産費は抑えられるのです。この蜂蜜生産による桃の生産費の削減効果は，蜂蜜市場や桃市場を通じたものではないことに注意してください。

次に，負の生産外部性について考えましょう。川沿いに立地する化学工場と，その川下で操業する漁業の関係を考えてください。化学工場が最新の浄化装置を装備しておらず，操業によって発生する汚水を川に直接流していたならば，それにより下流で操業する漁民は不利益を被るでしょう。汚水を含んだ水域には魚が集まってこないかもしれませんし，捕れた魚は有害物質を含んでいるかもしれません。風評被害もあるでしょう。化学工場の生産活動が，市場を介さず直接漁業に悪影響を与えるのです。

また，ある経済主体の消費活動が，他の経済主体に良い影響を与えるとき，正の消費外部性が発生していると言います。インフルエンザ・ワクチンの接種を考えてみましょう。A さんがワクチンを接種すれば，A さんがインフルエンザにかかる確率は大きく下がるでしょう。しかしそれは，A さんの友だちが，A さんからインフルエンザを移される確率を同時に大きく引き下げることも意味しています。したがって，ワクチン接種という消費行動は，インフルエンザにかかる確率を下げるという好ましい影響を，周りの人に直接与えるのです。

負の消費外部性の好例はたばこの消費です。レストランなどで，たばこの煙に悩まされた経験がある人も多いでしょう。たばこの消費は，近くの人（とくにたばこを吸わない人）の効用を直接下げるのです。

外部経済と政府介入

これから見ていくように，外部性が発生しているときは，社会的に最適な生産・消費量と均衡生産・消費量が乖離します。個々の生産者や消費者は，自らの行動が生み出す外部性を考慮に入れず生産・消費活動を行うからです。もちろん，近隣の桃の生産者のために，ミツバチを必要数以上に飼う近所思いの養蜂家もいるかもしれませんし，レストランで近くに座る人のためにたばこを我慢する愛煙家もいるでしょう。しかし，近隣の桃の生産者のために，無視できないほどの損失を被り続けるのを善しとする人や，隣の席の人のために吸いたいたばこを我慢する人は少数派なのが現実です。そしてそれは，完全競争状態のように，各経済主体の行動が全体に与える影響は無視できるほど小さいときにはなおさらでしょう。レストランで何十人もたばこを吸っているときに，自分１人が吸うのをやめてもレストラン内を漂う煙の量はほとんど変わりません。こういう状況下では，たばこを控えようとする気持ちは低くなって当然でしょう。

生産や消費により正の外部性が発生するときは，社会的に最適な生産・消費量に比べ，均衡生産・消費量は小さくなります。外部性を発生させる生産者や消費者が，自らが社会に与える正の影響を考慮に入れることなく生産量や消費量を決定するからです。逆に負の外部性が発生するときは，同様の理由により均衡生産・消費量は過大になります。

このようなときは，政府の市場介入により，社会厚生を増大させることができます。消費や生産に課税もしくは補助金を与えることにより，生産・消費量を社会的最適水準に誘導できるのです。正の外部性が発生し，生産・消費が過小になっているときは，政府は生産か消費への補助金により，生産・消費量を社会的に最適な水準まで引き上げることができます。このとき，生産補助金によっても消費補助金によっても同様の効果が期待できることに注意してください。前章で見たように，生産税と消費税の経済効果は等しく，このことは負の課税である補助金についても同様だからです。また，負の外部性が発生し過大な生産・消費が行われているときは，生産・消費量を最適な水準まで引き下げるよう，政府は生産税か消費税を課すことができます。

2 負の消費外部性

負の消費外部性と社会的需要曲線

外部性が発生するときの，最適生産・消費量と均衡生産・消費量との乖離，そしてその場合の最適政策について少し詳しく考察していきましょう。ここでは，負の消費外部性が発生する場合と，正の生産外部性が発生する場合について考えます。正の消費外部性や負の生産外部性の場合も同様に分析できます。

それでは，負の消費外部性が発生する場合から見ていきましょう。負の消費外部性が発生しているならば，財に対する社会的評価には，その財を消費する消費者自身による評価だけでなく，その財の消費によって生じる社会的損失も加えなくてはなりません。たとえば，ある財市場において，社会全体で10単位目となる消費から新たに生じる社会的便益は，その財を消費する消費者個人の評価と，10単位目の消費を行うことによって新たに生じる外部性（これを限界外部性と呼びましょう）を加えたものとなります。この社会的限界便益が，この10単位目の消費の社会的評価となります。10単位目を消費する消費者がその財に対して300円の価値を見いだしていると

図 4-1　負の消費外部性

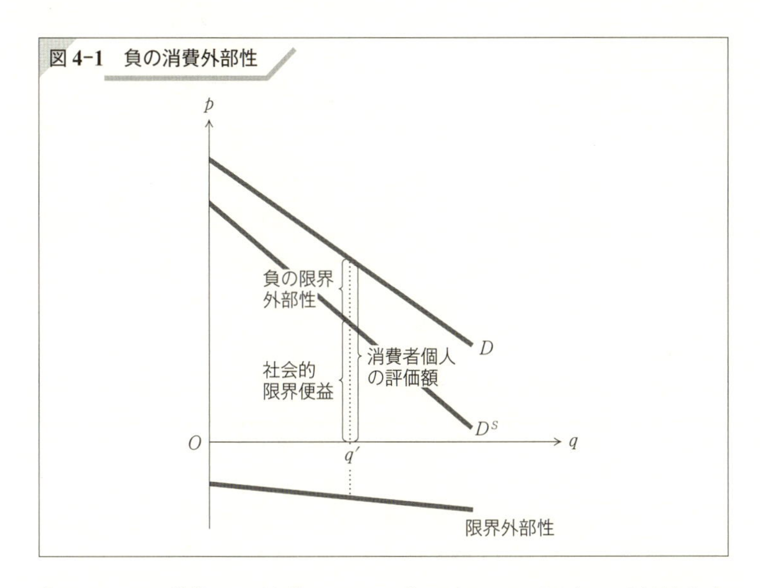

き，この 10 単位目の消費によって他の人が 200 円分の不利益を直接被っているならば，10 単位目が消費されることによる社会的限界便益は，300－200＝100 円となるのです。

図 4-1 には，需要曲線 D とともに，限界外部性を表す曲線と，その高さが財の社会的評価を示す**社会的需要曲線** D^S が描かれています（需要曲線 D は，あくまで価格と需要量の関係を表すものであり，外部性が発生しているときは，社会的需要曲線とは異なることに注意してください）。限界外部性は，財の消費により直接生じる社会的便益を測るものであり，負の外部性が発生しているときは負の値をとります。限界外部性は，ある生産者の生産費の増加額かもしれませんし，ある消費者の効用の減少分かもしれません。いずれにしても，その便益は価格と同じ単位で測られ，需要曲線や供給曲線と同一平面に表すことができます。

さて，需要曲線の高さは消費者のその財に対する評価額を示していることを思い出してください。したがって，各消費単位につき，需要曲線の高さに（負の値をとる）限界外部性を加えたものが，その消費に対する社会的評価を表し，社会的需要曲線の高さになります。たとえば，図 4-1 で q' 単位目の社会的需要曲線の高さは，そこでの需要曲線の高さに，負の値をとる限界外部性を加えたものになっています。需要曲線 D と社会的需要曲線 D^S の高さの差は，限界外部性曲線の高さ（より正確には高さの絶対値）と等しくなっていることに注意してください。

図 4-1 に示されているように，負の消費外部性が発生するときは，社会的需要曲線 D^S は需要曲線の下側に位置します。逆に，正の消費外部性が発生する場合は，社会的需要曲線は限界外部性の分だけ需要曲線の上側に位置することになります。

負の消費外部性と最適生産・消費水準

市場均衡が総余剰を最大化するという前章の議論を思い出してください。そこでは，需要曲線と供給曲線の交点で与えられる数量が，社会にとって最適な生産・消費量であることが示されました。その生産・消費水準において，消費者の評価額で表される社会的評価と，生産者が被る限界費用で表される社会的限界費用が一致するからです。

外部性が発生するときも同様です。社会的に最適な生産・消費水準では，その財への社会的評価が社会的限界費用に一致します。ただし，負の消費外部性が発生しているときは，社会的評価は社会的需要曲線の高さで測られることに注意してください。社会厚生を測るとき，財消費によって生じる外部性を加味する必要があるからです。

図 4-2 には，需要曲線 D，社会的需要曲線 D^S，供給曲線 S，**社会的供給曲線** S^S が描かれています。生産には外部性が発生していないので，曲線 S と曲線 S^S は一致しています。社会的に最適な生産・消費量は，社会的評価と社会的限界費用が一致するところ，つ

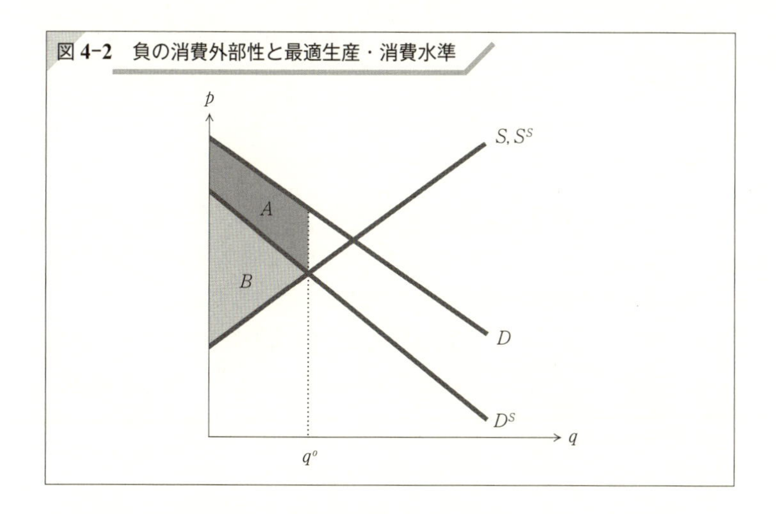

まり社会的需要曲線 D^S と社会的供給曲線 S^S の交点における生産・消費量 q^o となります。

それでは，最大化された総余剰を測ってみましょう。この財の取引によって生み出される社会厚生を測る総余剰には，当然外部性も含まれていなくてはなりません。したがって，総余剰は，消費者・生産者・政府の経済主体 3 者が受け取る余剰に，外部性の大きさを示す**外部効果**を加えたものとなります。

経済主体 3 者が受け取る余剰は，これまでどおり需要曲線の下側で供給曲線の上側の面積であり，ここでは $A+B$ となります。生産・消費量は q^o 単位なので，需要曲線と供給曲線の垂直方向の差はこの q^o 単位までしか合計されないことに注意してください。他方，外部効果は消費量 q^o までの各消費から生じる限界外部性を加えたものとなります。たとえば，合計 3 単位消費されるとして，1 単位目の消費から 100 円分，2 単位目からは 120 円分，3 単位目からは 130 円分の外部効果がそれぞれ発生するならば，3 単位の消費から発生する外部効果は 100＋120＋130＝350 円となります。これは，消費1単位目の限界外部性100円，2単位目の限界外部性120円，3単位目の限界外部性130円を合計したものにほかなりません。図4-2では，負の値をとる限界外部性をq^o単位まで合計した$-A$が外部効果となります。

結局，この財市場でq^o単位の財が取引される場合の総余剰は，$(A+B)-A=B$となります。これは，社会的需要曲線の下側で供給曲線の上側の面積にほかならないことに注意してください。

負の消費外部性と市場均衡

それでは次に，負の消費外部性による市場の失敗を見ていきましょう。負の消費外部性が発生するとき，市場均衡では生産・消費量が過大になり，総余剰は最大化されません。

外部性の有無にかかわらず，市場均衡は需要曲線と供給曲線の交点で決まります。消費者は，自らの消費により発生する外部性を考慮に入れず，財価格のみを指標に消費量を決定するからです。図4-3に示されているように，市場均衡では，生産・消費量q^*は最適水準q^oを上回ることになります。負の外部性を考慮に入れず消費量を決めるため，消費が社会的には過大になるのです。

消費量が社会的には過大となるため，市場均衡では総余剰は最大化されません。つまり，価格メカニズムに頼るだけでは，市場の効率性は達成されないのです。外部効果を含めた総余剰は，社会的需要曲線の下側で社会的供給曲線の上側の面積です。そしてこの場合，この2曲線の垂直方向の差を，消費量である均衡数量q^*まで合計することになります。注意したいのは，q^o単位までは社会的需要曲線の方が供給曲線より高いところに位置し，そこまでの余剰は$B+C$と正の値をとるものの，q^o単位からq^*単位までは，社会的評価が社会的限界費用を下回るため，計上される余剰は$-F$と負の値をとることです。結局総余剰は$B+C-F$となり，消費が過剰になる分，最適値（図4-3では生産・消費量がq^oのとき達成される

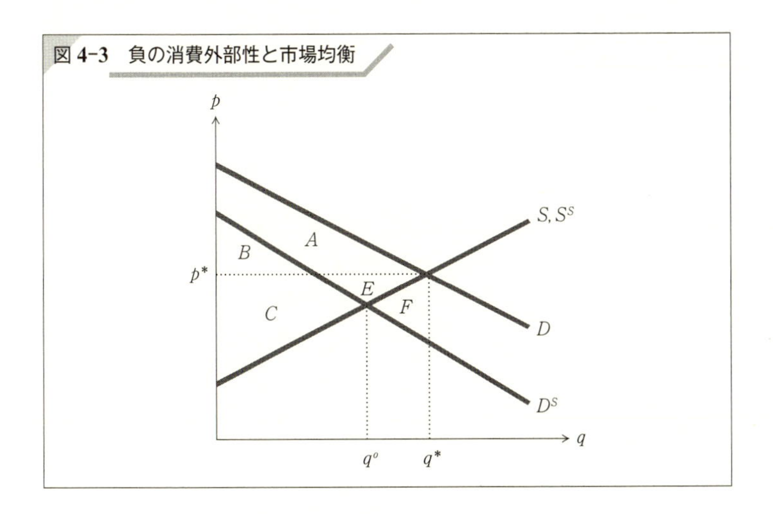

$B+C$）を下回ります。

もちろんこのことは，均衡における経済主体3者が得る余剰と外部効果をそれぞれ求めることによっても確かめられます。図4-3に表されているように，そこでは消費者余剰は需要曲線の下側で価格 p^* の上側の面積 $A+B$ となり，生産者余剰は $C+E$ となります。政府は市場に介入していないため，政府余剰はゼロです。そして外部効果は，限界外部性を消費量 q^* まで合計した $-(A+E+F)$ となります。したがって，これらの和である総余剰は，図4-3では $(A+B)+(C+E)-(A+E+F)=B+C-F$ として表され，これは先ほど求めた大きさと同じになります。

負の消費外部性と消費税

負の消費外部性が存在するときは，市場の持つ価格メカニズムに頼るだけでは，均衡数量は最適水準を上回ることになります。その場合政府は，均衡生産・消費量を最適水準まで下げるよう市場に介入することが正当化されます。

生産・消費量を市場均衡水準より下げるには，消費税や生産税が

図 4-4　負の消費外部性と消費税

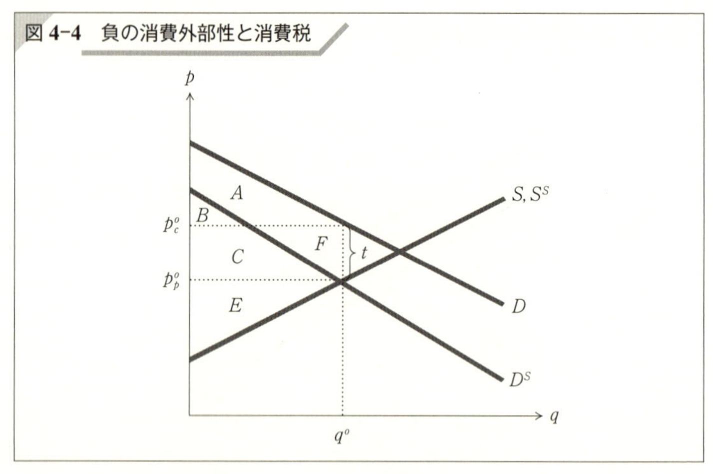

有効です。消費量を下げるには，消費者価格を上げなくてはなりません。また，生産量を下げるには生産者価格を下げる必要があります。消費税や生産税は，それらの要件を同時に達成させるのです。実際，図 4-4 に示されているように，従量税率 t の消費税（もしくは生産税）を課すと，消費者価格 p_c が上昇するとともに生産者価格 p_p が下落し，両者の間に $p_c=p_p+t$ という関係が成立します。そして政府は消費税率 t をうまく決めてやることにより，最適生産・消費量が達成されるよう市場を誘導できるのです。

政府がターゲットにする最適生産・消費量は，社会的需要曲線と社会的供給曲線の交点で与えられる q^o 単位です。消費者の需要行動は，需要曲線によって表されます。したがって，数量が q^o のときの需要曲線の高さである p_c^o が消費者価格となるとき，消費者は実際 q^o 単位の財を需要します。同様に生産者は，生産者価格が q^o における供給曲線の高さである p_p^o のとき，q^o 単位の財を供給します。したがって，消費税率 t を p_c^o と p_p^o の差に等しくなるよう決めてやれば，均衡において消費者価格は p_c^o，生産者価格は p_p^o となり，その結果，均衡生産・消費量は社会的最適量である q^o となるのです。需要曲線と供給曲線の垂直方向の差がこの t に等しくなるのは，数量が q^o のときのみであり，したがってこの均衡を誘導する消費税率はこの水準に一意に決まることに注意してください。

消費税により生産・消費量を最適水準に誘導できることはわかりましたが，それにより本当に社会厚生は最大化されるのでしょうか？ 消費税により誘導された均衡が総余剰を最大化しているかどうか，調べてみましょう。

図 4-4 において，消費者余剰は需要曲線の下側で消費者価格 p_c^o の上側の面積である $A+B$ となります。同様に生産者余剰は，E で表されています。政府余剰は消費税収入である $C+F$ です。これらの合計に外部効果 $-(A+F)$ を加えると $(A+B)+E+(C+F)-(A+F)=B+C+E$ となり，これが消費税下での均衡における総余剰となります。そしてこの総余剰は，社会的需要曲線と社会的供給曲線に挟まれた領域の面積に等しく，この消費税は総余剰を最大化していることが確かめられます。

ここまで負の消費外部性が存在するケースを見てきましたが，消費の外部性が正の場合でも同様の分析が可能です。ある財の消費が他の経済主体に直接好ましい影響を与えるとき，外部性を考慮に入れない消費者は，社会的に見れば過小に消費することになります。政府は，消費補助金や生産補助金により消費や生産を刺激し，最適水準の生産・消費が行われるよう市場を誘導できるのです。

3 正の生産外部性

正の生産外部性と社会的供給曲線

生産により外部性が発生する場合も同様に分析できます。ここでは，生産活動が他の経済主体に良い影響（正の外部性）を与えるケースについて考えてみましょう。消費者が消費外部性を考慮に入れず行動するように，生産者もまた生産外部性を考慮に入れず行動します。その結果生産は過小になり，政府による市場介入の余地が生まれます。実際ここでは，生産補助金（もしくは消費補助金）により過小生産を是正し，社会厚生を増大させられることを見ていきます。

外部性が存在しない場合は，財供給の社会的費用は生産者が被る生産費と一致します。しかし，生産により外部性が発生するときは，財供給の社会的費用は，供給者である生産者が負担する生産費だけではなく，外部効果も含んだものとなります。財を供給するには，まずは費用をかけて生産しなくてはなりません。その生産費は，社会の一員である生産者が負担します。しかし，その生産が直接他の経済主体に影響を与える場合は，その効果も社会的費用に組み込む必要があるのです。

したがって，1単位多く生産するのに追加的にかかる社会的費用である社会的限界費用は，生産による限界費用から限界外部性を差し引いたものとなります。図4-5は，正の生産外部性が発生するケースにおける供給曲線と社会的供給曲線を描いています。供給曲線の高さは生産による限界費用を表していることを思い出してください。そして社会的限界費用は，社会的供給曲線の高さで表されています。正の外部性が発生するときは，社会的費用は生産者が負担する限界費用より限界外部性の分だけ小さくなるため，社会的供給曲線は，限界外部性の大きさだけ供給曲線より下に位置することになります。

正の生産外部性と最適生産・消費水準

社会的に最適な生産・消費水準は社会的需要曲線（消費外部性が存在しないため需要曲線と一致しています）と社会的供給曲線の交点で決まります。図4-6では，この数量はq^oで表されていま

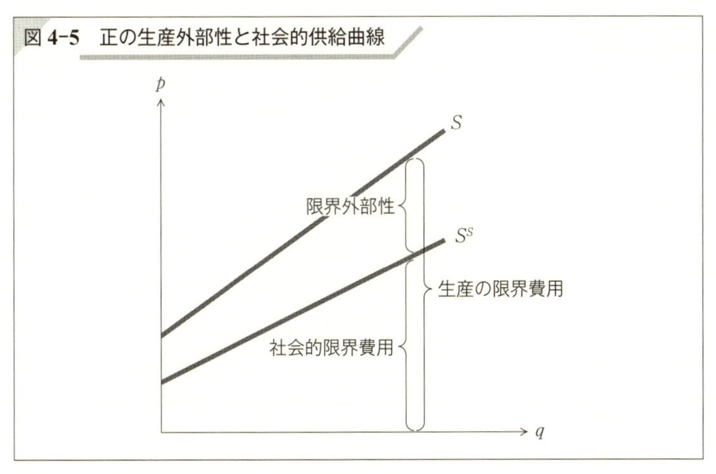

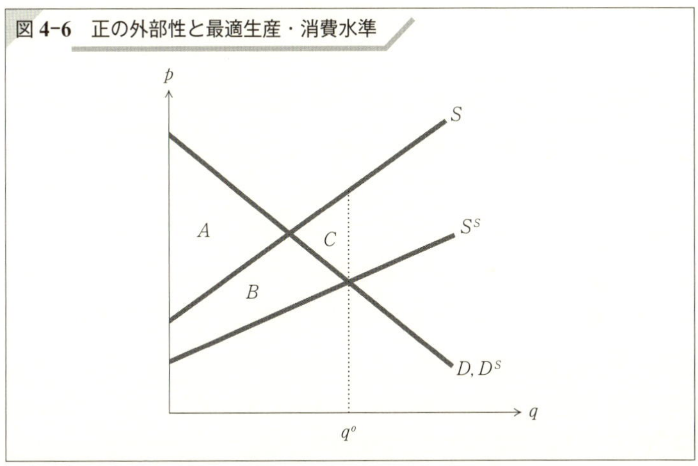

す。q^o 単位目のところでは，財への社会的評価額である社会的需要曲線の高さと，その q^o 単位目の財を生み出すための社会的限界費用が一致するため，その水準での生産が最適となるのです。

このとき，この財の取引から生産者と消費者が得る余剰は，需要曲線の下側で供給曲線の上側の面積 $A-C$ となります。需要曲線

Dと供給曲線Sの交点からq^o単位までは，需要曲線が供給曲線を下回るため，Cの部分は負の余剰として計上されることに注意してください。その部分では，財を生産し消費すればするほど，限界費用と評価額の差だけ生産者と消費者は損失を被るのです。

他方，この財をq^o単位生産することにより，正の外部性が発生しています。その外部効果は，供給曲線と社会的供給曲線の垂直方向の差で測られる限界外部性をq^o単位まで合計したものとなります。図4-6では，外部効果は$B+C$の面積として表されています。

外部効果も含めた総余剰は，財の取引に直接関わる生産者・消費者が得る余剰$A-C$と外部効果$B+C$を加えた$A+B$となります。これは，社会的需要曲線の下側で社会的供給曲線の上側の面積にほかならないことを確認してください。

正の生産外部性と市場均衡

図4-7に描かれているように，市場均衡は需要曲線Dと供給曲線Sの交点で決まり，そのときの均衡数量q^*は，最適な水準であるq^oを下回っています。外部性を考慮に入れない生産者と消費者が，ともに価格のみを指標として行動する結果，市場均衡では生産・消費量が社会的に過小な水準にとどまるのです。

消費者余剰は需要曲線の下側で均衡価格p^*の上側の面積A，生産者余剰は供給曲線の上側でp^*の下側の面積Bとなります。外部効果は，限界外部性を均衡数量q^*まで合計したCであり，総余剰はそれらを合計した$A+B+C$となります。

外部効果を含んだ総余剰は生産・消費量がq^o単位のときに最大化され，そのときの総余剰は，図4-7では$A+B+C+E$で表されます。したがって，市場均衡における総余剰は，最適値よりEだけ小さくなります。市場均衡では社会厚生を最大化する効率的な生産・消費が行われず，市場の失敗が起こるのです。

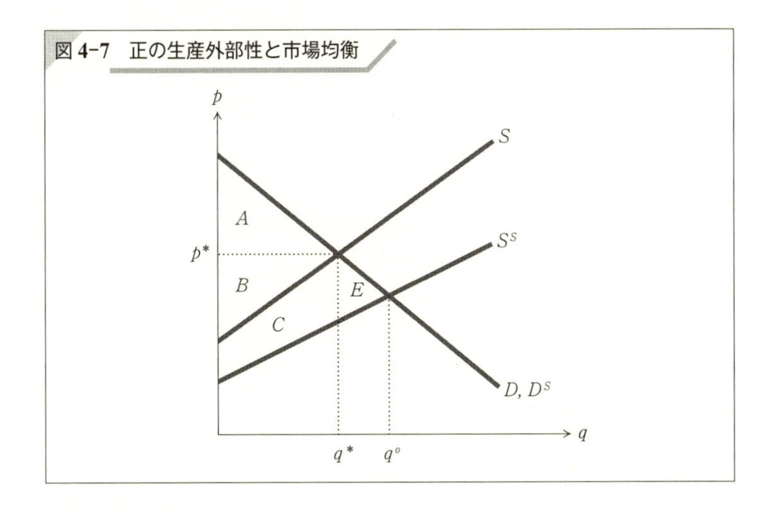

正の生産外部性と生産補助金

生産が過小になり効率性が達成されないときは，生産を刺激する政策が有効です。その政策は，直接生産増加を促す生産補助金か，消費を刺激することによりひいては生産増加をねらう消費補助金になります。

市場均衡生産量を超える生産を促すためには，生産者価格を市場均衡価格から引き上げる必要があります。また，生産が増加した状態が新たな均衡になるためには，消費も増加する必要があり，そのためには，消費者価格は市場均衡価格より下落する必要があります。その結果，新しい均衡では生産者価格が消費者価格を上回ることになります。そしてその状態は，生産か消費に補助金を支出することにより実現できるのです。

ここでは，政府が従量税率 s の生産補助金を出すとしましょう。このとき生産者は，1単位の生産から，消費者価格分 p_c と補助金率分の s を受け取ることになります。したがって，生産者価格 p_p と消費者価格 p_c との間には，$p_p = p_c + s$ という関係が成立します。生

Column ④　農業が持つ外部性と農業保護

多くの国は何らかの農業保護政策を実施しています。その方法は，関税や輸入割当（輸入量の上限を定める政策）といった貿易政策であったり，生産補助金の支出や農家への直接補償であったりします。日本も例外ではなく，米の輸入に対する高関税（2018年時点で1キログラムの輸入につき402円の基本関税）に代表される農業保護を実施しています。

どうして農業は保護されがちなのでしょうか？ 農業従事者は入れ替わりが少なく人数も限られているため，政府に保護を求める圧力団体を結成しやすいと言われています。しかしより重要なのは，農業が持つ正の外部性でしょう。正の外部性を有するとされるからこそ，政府による農業振興策が正当化されてきたのです。

農業が持つ正の外部性としてよくあげられるのは，いわゆる農業安全保障論です。農産物は人が生きていくために必要不可欠のものですから，有事の際も安定的に供給されるのが望ましいのは言うまでもありません。したがって，農産物は他国からの供給になるべく頼らず，自前で供給できる体制を整えるべきだというものです。日本のように大規模農業の展開が難しく生産費が下がりにくいところでは，自給率をある程度の水準に維持するためには，国による農業保護が安全保障上重要だと言われています。ただし，他国との紛争という狭義の有事を考えるならば，最も大切なものを他国からの供給に頼っているからこそ，大きな紛争を避けようといっそうの努力をすると考えることもできます。安全保障のためには，他国との日ごろからの結びつきが強い方がよいという考え方です。

農業はまた，美しい田園風景を提供するという外部性も持っています。旅の途中で車窓から目にする田畑の様子は，人々の気持ちを和ませるものです。

産補助金の支出により，生産者価格は消費者価格より補助金率だけ上回るのです。

図4-8に表されているように，補助金率sを最適生産量q^oにおける供給曲線と需要曲線の垂直方向の差に等しい水準にとれば，生産者価格p_P^oは消費者価格p_C^oよりもsだけ高くなります。このとき，

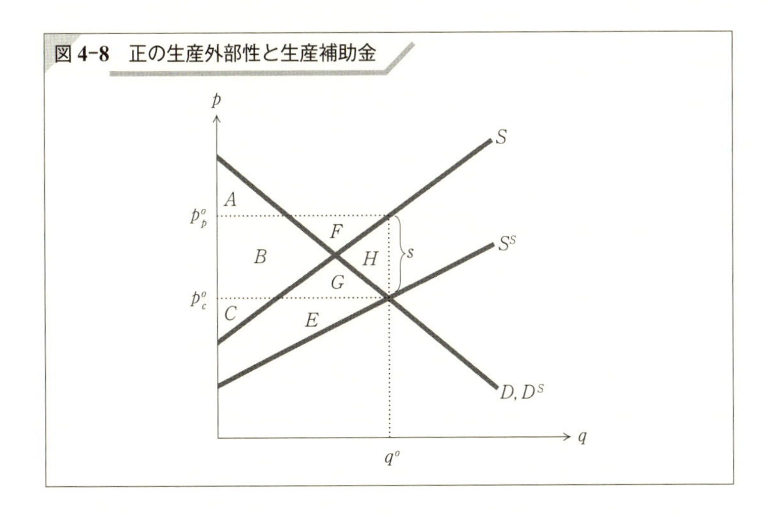

生産者は生産者価格 p_p^o のもとで q^o 単位生産し，消費者は消費者価格 p_c^o のもとで q^o 単位消費することになります。つまり，この水準の生産補助金により，最適な生産・消費量 q^o が導かれるのです。

実際，この生産補助金は総余剰を最大化しています。まず消費者余剰は，需要曲線の下側で消費者価格 p_c^o の上側の面積 $A+B+G$ となります。生産者余剰は，生産者価格 p_p^o の下側で供給曲線の上側の面積 $B+C+F$ です。政府余剰は生産補助金分のマイナスとなるので，$-(B+F+G+H)$ であり，外部効果は $E+G+H$ です。したがって，これらを合計した総余剰は $(A+B+G)+(B+C+F)-(B+F+G+H)+(E+G+H)=A+B+C+E+G$ であり，これは社会的需要曲線の下側で社会的供給曲線の上側の面積をこれらの2曲線の交点まで合計したものと等しく，したがってこの生産補助金政策により，総余剰は最大化されるのがわかります。

4 外部性の内部化による社会厚生の改善

外部性の内部化

生産や消費が外部性を発生させるときは，市場が持つ価格メカニズムに頼っているだけでは効率性が達成されないことを見てきました。外部性に起因する非効率性を是正する方法の1つは，政府が税金を課したり補助金を与えたりして市場に介入することでした。ここでは，外部性を**内部化**するという，より直接的な問題解決方法を考えていきます。外部性の存在が市場の失敗をもたらしたのは，市場を通さない影響を当事者が考慮に入れず行動するからでした。外部性の内部化とは，そのような影響を，当事者の意思決定を左右する環境の「内部」に持ち込むことを言います。

いくつかの内部化方策

まずは，当事者を一体化させることによる内部化を考えましょう。外部性を発生させる当事者がその外部性を受け取る当事者にほかならないならば，外部性の発生者はもちろん自らが発生させる外部性を考慮に入れて行動するでしょう。たとえば，養蜂家が自ら桃も栽培するならば，養蜂家はミツバチが桃の栽培に与える好ましい影響を踏まえたうえで，蜂蜜の生産量（飼育するミツバチの数）を決めるでしょう。その結果，蜂蜜の生産量は外部効果を含んだ総余剰を最大化する値に決まることになります。

本来市場を通さない外部性に，市場を作ってやることにより内部化する方法もあります。近年大きな問題になっている地球温暖化は，経済活動によって生じる二酸化炭素などの温暖化物質が原因になっていると言われています。化学工場の操業や石炭・石油による発電，その他二酸化炭素を発生させる経済活動は，地球温暖化という負の

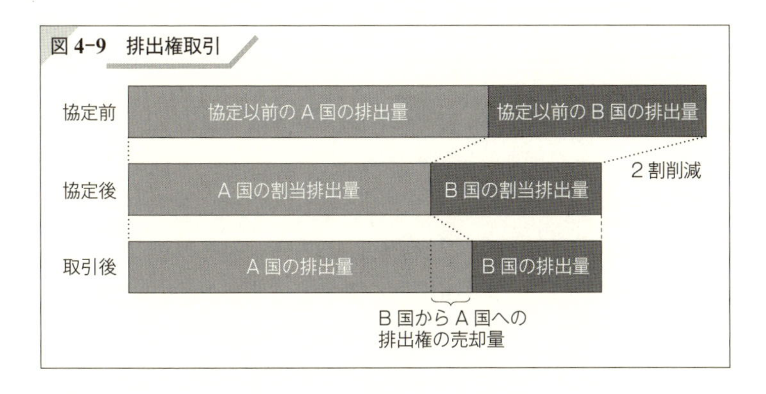

外部性を発生させるのです。二酸化炭素の発生という負の外部性を抑える方法として注目を集めているのが，二酸化炭素の排出権取引です。これは，経済活動によって放出される二酸化炭素を取引する市場を作ることを意味しています。

地球温暖化防止のための方策の１つである排出権取引は，二酸化炭素の総排出量を，世界全体で望ましい（世界全体の社会厚生を最大化する）水準まで下げるための方策です。具体的には，まず各国に二酸化炭素の排出権を割り当てます。各国に，それぞれが排出する権利を持つ二酸化炭素の最大量を割り当てるのです（その排出権の総和が，望ましいと考えられる二酸化炭素の世界総排出量となります)。それと同時に，割り当てられた排出権を国際的に売買するのを許すのです。

図 4-9 は，A 国と B 国による排出権取引の様子を描いています。両国は，二酸化炭素の総排出量を２割削減しようとしています。そしてそれを，各国にこれまでの排出量の８割にあたる二酸化炭素排出権を与えることにより，実現しようとしていると考えてください。この図では，A 国の排出量は結果的に割当量を上回ったものの，B 国の排出量がその分割当量を下回ったため，全体の排出量は目標を達成している状況が描かれています。A 国は割当量を上回る排出

を行ったものの，B国からその超過分の排出権を買い取ることにより，形式的に協定を遵守したのです。排出権取引制度では，各国はそれぞれ一定量の排出権，つまり二酸化炭素排出権という「財」を手にします。そしてそれぞれの事情（たとえば図4-9の例では，めざましい経済成長が続くA国ではエネルギー消費量が増え，国民の省エネ意識が高く省エネ技術も進んでいるB国ではエネルギー消費量が減ったといった事情）に合わせて，その「財」を国際間で取引します。つまり，排出権市場が創出されるのです。排出権取引という枠組みは，このようにして，各国の事情に合わせながら，世界全体で温暖化物質の排出を減らすことを可能にします。

しかし，当事者が少数の場合は，外部性の市場を創出するのは現実的でないかもしれません。たとえば，化学工場が川下の漁業に負の外部性をもたらしている場合を考えてみましょう。このとき，汚染物質排出権という「財」を創設して市場取引するよりも，直接化学工場と漁業従事者が交渉すると考える方が現実的でしょう。この場合，化学工場側は，生産削減に合意する一方で，それに対する補償を漁業従事者に求めるかもしれません。結果として，何らかの補償が行われるとともに，その生産量は化学工場と漁業からの総利潤を最大化するよう決まると考えられます。当事者間の交渉により，

ロナルド・コース［1910-2013］：イギリス生まれのアメリカの経済学者。1991年にノーベル経済学賞受賞（アフロ提供）

社会的に最適な生産水準が実現されるのです。このことは，その提唱者の名を冠して**コースの定理**と呼ばれています。コースの定理への理解を深めるため，練習問題4-4を解いてみてください。

5 公共財

公共財とは

外部性の存在と並ぶ市場の失敗の例として，**公共財**があります。これまで見てきた財は**私的財**とも言われ，ある人が消費をすれば他の人の消費量はその分減らさざるをえず（競合性），財を手に入れた人のみがその財を消費できる（排除性）という性質を持っています。このような財は，消費する権利を独り占めする対価として価格が位置づけられ，価格メカニズムが有効でした。しかし，すべての財がそのような性質を持っているわけではありません。道路や橋，街灯や公園，美しい景観やきれいな空気，そして国防といった財やサービスは，ある人の消費が他の人の消費量を減らすことはありませんし（**非競合性**），どの人も財を独占的に消費することはできません（**非排除性**）。このように，非競合性と非排除性を持つ財を公共財と言います。

厳密には，道路や公園などは，多くの人が同時に利用すると，混雑により本来の機能の一部が失われるため，ある程度の競合性があると考えられます。また，有料な道路や橋もあり，排除性を有するケースもあります。しかし，道路や公園は純粋な公共財でないとしても，公共財的性質を満たす財には違いありません。

さて，残念ながら，公共財の供給には価格メカニズムが働きません。市場はうまく機能せず，市場を介した公共財の最適配分は望めません。まず，競合性がないことから，対価を払って財の消費を独占するインセンティブがありません。複数の人と財をシェアした方が経済的だからです。また，排除性がないため，対価を支払うインセンティブ自体が希薄になります。漁業資源のように競合性はあるものの非排除的な財は，多くの人が我先へとその財をタダで得るべく群がるでしょう（その結果起こる過大消費は「**共有地の悲劇**」と呼ばれています）。

公共財の供給は，結局政府に頼らざるをえません。外部性に起因する市場の失敗は，政府が市場に介入することによって解決可能でした。公共財の場合は，政府が直接財を供給する（もしくは財の供給を規制などを通じて調整する）ことになります。

公共財の最適供給

それでは，政府はどのようなときに橋や道路を建設し，どのくらいの税金を国防費にあてるのでしょうか？

川で隔てられた２つの街を結ぶ橋の建設を考えてみましょう。２つの街の住民１人ひとりは，その橋のためにいくらまでなら支払ってもよいかという，橋に対する評価額を持ち合わせているでしょう。政府としては，住民全員の評価額の合計が建設費用を上回るならば橋を建設してもよいと考えるでしょうし，総評価額が建設費を下回る場合は建設しない方が得策だと思うでしょう。ひとたび橋が建設されると，その橋が住民にもたらす便益は，それぞれの住民が持つ評価額の総計となります。その便益が費用を上回るときに限って，橋という公共財を供給するのがよいのです。

この考え方は，国防のように，その供給量の大きさを決める問題にも適用されます。国防力がその供給量 q で測られるとしましょう（たとえば，q は戦車や戦闘機の数を加重平均したものと考えましょう）。そして，国民１人ひとりの国防力への評価をその限界的価値である $v_i(q)$ で表すことにしましょう。この $v_i(q)$ は，私的財における需要曲線の高さに対応するものです。つまり，追加的に供給される q 単位目の国防力に対する国民 i の限界的な評価額が $v_i(q)$ となります。私的財のケースと同様に，ここでの評価額は，その供給量が q となる国防力全体に対するものではなく，追加的に供給される q 単位目の国防力のみに対する限界的評価であることに注意してください。たとえばそれは，防衛ミサイルを2本から3本に追加するときの3本目のミサイルに対する評価額です。他方，供給の費用は，限界費用を表す関数 $MC(q)$ で与えられているとします（MC は，限界費用を意味する Marginal Cost の略称です）。

このとき，最適な国防力供給は，（限界的）評価額の国民全体の合計 $V(q)=\sum_i v_i(q)$ が限界費用 $MC(q)$ と等しくなる水準になります。図4-10は，例として個人1と個人2の2人だけからなる国全体の（限界的）評価額を表す曲線と限界費用曲線を描いています。この2本の曲線の交点では，$V(q^*)=MC(q^*)$ が成立し，最適供給量 q^* がそこで決まります。供給量が q^* を下回る水準では，供給量を1単位増やすことによって国民全体が受ける追加的便益 $V(q)$ がその費用 $MC(q)$ を上回っています。その場合は，供給量を q^* に向かって増やすことが国民の利益となります。逆に，供給量が q^* を上回っているならば，供給量を減らすことにより，便益の減少以上の費用

図4-10　公共財の最適供給

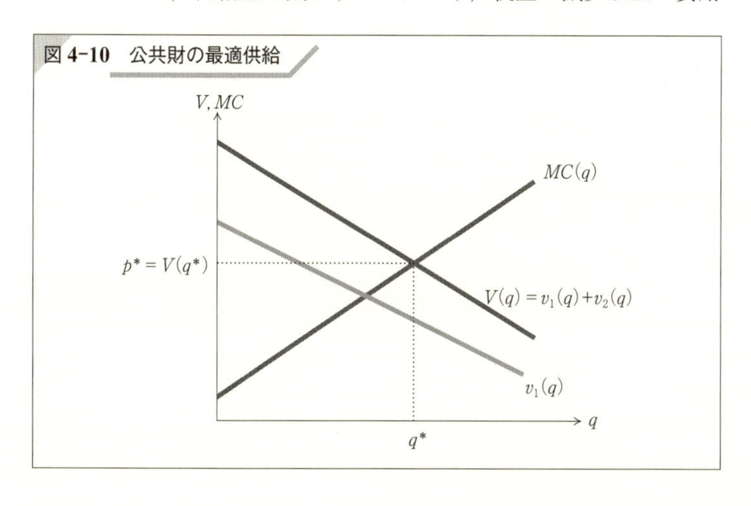

を節約できるのです。政府は，すべての人の（限界的）評価額の和と限界費用が等しくなる量の国防力（より一般的には公共財）を供給するのが最適となります。

図 4-10 は，私的財における市場均衡を表す図によく似ています。実際，私的財の供給曲線は，完全競争下で限界費用曲線と一致するので，ここでの限界費用曲線も供給曲線とみなすことができます。需要曲線についてはどうでしょうか？ 第 1 章で見たように，私的財における総需要曲線は，個々の消費者の需要曲線を水平方向に足し合わせたものでした。それに対して，ここでは，個々の消費者の需要曲線である（限界的）評価額を垂直方向に足し合わせたものが，国全体の総需要を表す曲線となっています（図 4-10 では，総需要曲線の高さは $V(q)=v_1(q)+v_2(q)$ となっています）。私的財では，とりうるそれぞれの価格について各消費者の需要が決まったのに対し，公共財では，それぞれの供給量に対し，個々の消費者の「価格」$v_i(q)$ が決まるからです。

実際，価格を消費者ごとに個別に設定し，評価額に合わせた $p_i=v_i(q^*)$ とできるならば，各消費者は q^* 単位需要し，$p_iq^*=v_i(q^*)q^*$ の支払いを行うでしょう。全消費者の支払い総額は，$\Sigma_i p_iq^*=\Sigma_i v_i(q^*)q^*=V(q^*)q^*$ となり，図 4-10 で示されているように，この状態はあたかも価格 $p^*=V(q^*)$ が実現する市場均衡のようです。このように，各消費がそれぞれの（限界的）評価額と等しい価格に直面したうえで，完全競争的に公共財が供給される状況は，その提唱者の名を冠して**リンダール均衡**と呼ばれています。

もちろん，リンダール均衡，もしくは政府による最適な公共財供給を実現するのは簡単ではありません。まず，すべての人々の公共財に対する評価を把握する必要があります。駅からの帰り道の街灯設置にいくら支払うかと聞かれた場合，人々は真の評価額を表明するでしょうか？ 表明した評価額どおりに支払いを求められるならば，多くの人は真の評価額を下回る額を表明するでしょう。逆に，表明した評価額に関わらず少額の負担で済むならば，評価額を過大申告するでしょう。公共財の供給には，このフリーライド問題がつきまといます。公共財の供給費用は他の人たちに負担してもらい，自分はそれにただ乗りするインセンティブが常にあるのです。

練習問題

【基本問題】

4-1 ある財の需要関数が $q=12-p$，供給関数が $q=p/2$ で与えられています。消費によって外部性が発生し，その消費の限界外部性は $2+(2/3)q$ だとします。つまり，q 単位目の消費により，外部効果は $2+(2/3)q$ だけ増加するのです。

まずは，q 単位目の消費の社会的評価額を求めてください。そしてそれを社会的需要曲線として，需要曲線と供給曲線と同じ平面に描いてください。最適消費量を求め，それに対応する総余剰を計算してください。市場均衡価格と均衡数量はそれぞれいくつですか？ 市場均衡における総余剰を求めてください。また，最適消費量に誘導する政策はどうなりますか？ この最適政策によってもたらされる総余剰を計算してください。

4-2 ある財の需要関数が $q=15-p$，供給関数が $q=2p$ で与えられています。生産によって負の外部性が発生し，その限界外部性は $-q$ だとします。つまり，q 単位目の生産により，外部効果は q だけ減少（負の値をとる外部効果の絶対値が q だけ上昇する）とします。

q 単位目の生産の社会的限界費用を求めてください。そしてそれを社会的供給曲線として，需要曲線と供給曲線と同じ平面に描いてください。最適生産量を求め，それに対応する総余剰を計算してください。市場均衡価格と均衡数量はそれぞれいくつですか？ 市場均衡における総余剰を求めてください。また，最適生産量に誘導する政策はどうなりますか？ この最適政策によってもたらされる総余剰を計算してください。

4-3 Aさん，B君，Cさんからなるコミュニティにおける公共財供給問題を考えます。この公共財のq単位目の供給に対するAさんの（限界的）評価額は$v_A(q)=6-(1/2)q$，B君の評価額は$v_B(q)=4-(1/3)q$，Cさんの評価額は$v_C(q)=2-(1/6)q$で与えられています。また，この財を供給するときの限界費用は$MC(q)=q$です。

コミュニティ全体のこの公共財q単位目に対する（限界的）評価額をqの関数として示してください。公共財の最適な供給量はいくつですか？ リンダール均衡において，3人が直面する価格をそれぞれ求めてください。

【応用問題】

4-4 川上化学は生産に伴って発生する汚水を近くの川にそのまま流しています。その結果，その河口付近の水質は悪化し，そこで操業する川下水産は漁獲高の減少に悩んでいます。表4-1は，川上化学の利潤（億円）と川下水産の利潤（億円）を，川上化学の生産量ごとに表しています。

市場均衡では川上化学は何単位生産しますか？ 川上化学と川下水産が，川上化学の生産量と生産調整に伴う補償について交渉する場合，両者が選択する川上化学の生産量はいくつですか？ その生産量に川上化学が合意するには，最低いくら川下水産から補償を受ける必要がありますか？ また，川下水産は，いくらまでなら川上化学に支払ってもよいと考えますか？

表4-1 川上化学と川下水産（負の外部性）

川上化学の生産量	1	2	3	4	5
川上化学の利潤	5	8	10	11	10
川下水産の利潤	7	6	3	1	0

4-5 A国とB国の間での二酸化炭素の排出権取引を考えましょう。経済活動の副産物として排出される二酸化炭素を低水準に抑えようと

すれば，経済活動を規制したり二酸化炭素を出さない最新鋭の環境設備を導入したりと，高い費用がかかります。したがって，二酸化炭素を1単位多く排出できれば，国としては便益を受けるでしょう。A国とB国それぞれについて，q単位目の二酸化炭素を排出するときに追加的に得られるこの（限界的）便益を$MB_A(q)=24-q$，$MB_B(q)=16-q$としましょう。そもそも排出量が多ければ，追加的に排出量を増やすことから得られる経済的利益も少ないため，限界便益は排出量が多いほど小さくなっています。

(a) 二酸化炭素の排出に規制がかかっていないとき，各国はそれぞれ何単位の二酸化炭素を排出しますか？

(b) 両国は，各国の排出量を問題(a)で求めた初期量よりそれぞれ25％削減することにし，排出権を二酸化炭素1単位につき価格pで取引できることにしました。排出権を取引しないとき，各国の排出による限界便益はそれぞれいくらですか？ それから，排出権は，どちらの国からどちらの国に売られると考えられますか？ また，排出権取引の均衡価格と取引量を求めてください。

(c) 各国の排出量を50％削減するケースについて，問題(b)と同じ設問に答えてください。排出権取引の均衡価格を25％削減するケースと比べてください。そして，どうして価格がこのような変化をするのか考えてください。

4-6 ある財団がピカソ展を企画しています。美術品の展示会などは，通常その「消費」に入場料が必要なため排除性は有していますが，非競合的です。このような財は**クラブ財**と呼ばれています。あまり多くの人が一度に利用すると混雑して非競合性が多少失われるとも考えられますが，フィットネス・クラブなどもクラブ財の例となります。

さて，ピカソ展には8000円までなら支払ってもよいと考える人が1000人，6000円の評価を与える人が1000人，3000円が1000人，2000円が1000人いることがわかっています。どの人も，価格と評価額が等しいときは，展示会に行くとします。ピカソ展開催の費用が600万円，1000万円，1400万円のそれぞれのケースについて，財団はピカソ展を開催すべきかどうか，そして開催するならば，利潤を最大化するには入場料をいくらに設定するのがよいか答えてください。

第5章 企業行動と財の供給

Introduction

ここまでは，需要関数と供給関数を前提として，市場均衡を求め，その性質を分析してきました。この章と次の章では，前提としてきた需要関数や供給関数を，それぞれ，消費者行動，生産者行動から導いていきます。まずこの章では，生産者行動を分析し，供給曲線を導きましょう。

生産者である企業は，日々さまざまな決定を繰り返しています。何をどれくらい生産し，どこで売るか？ そしてそれをいくらで売るか？ もちろん，その他にも決定すべきことがたくさんあります。しかしここでは，「財をどれくらい生産すべきか」という，企業が直面する最も基本的な問いについて考えていきましょう。財を何単位生産するのが利潤の最大化につながるのかは，もちろんその企業が置かれている競争状態に依存します。市場に数多くの企業がひしめいている完全競争の状況では，各企業は財価格を所与のものとして生産量を決定します。その対極である独占状態では，市場を占有する独占企業は，自らの生産量に従って財価格が変動することを見越して生産量（もしくは価格）を選択します。ここではこの 2 つのケースにおける企業行動を考察し，各企業の供給曲線，そして産業全体の総供給曲線を導きます。

1 生産費用と生産量

生産費用

企業は，原材料や他の企業が作った中間財を購入し，労働や資本という生産要素を使用し，財を生産します。利潤を最大化しようとする企業は，まず，その生産規模に合わせて，これら原材料・中間財，そして生産要素を，最適な組み合わせで使用し，生産費用を最小化しようとするでしょう。この費用最小化問題の分析は中級レベルの教科書に譲るとして，ここでは，任意の生産量 q について，費用を最小化する最適な生産方法の下で実現した**総費用**（Total Cost）が $TC(q)$ で与えられているとして話を進めましょう。

q 単位生産するときの総費用 $TC(q)$ は，**可変費用**（Variable Cost）と**固定費用**（Fixed Cost）に分けられます。それらをそれぞれ $VC(q)$，FC と書くならば，

$$TC(q) = VC(q) + FC \tag{5-1}$$

となります。固定費用とは生産量がゼロでも発生する費用のことで，工場用地に対する地代（レント）や生産設備に対するレンタル料を含みます。固定費用は，何単位生産しようとも同じ値をとるので，FC は生産量 q に依存しない定数となります。それに対して可変費用は，生産量の増加とともに変化していく費用であり，労働者への賃金や原材料費を含みます。生産量がゼロ ($q=0$) のときはそうした費用は発生せず，$VC(0)=0$ となり，$TC(0)=VC(0)+FC=FC$ となることに注意してください。図 5-1 は総費用曲線を描いています。総費用曲線の切片は生産量がゼロのときの総費用であり，それは固定費用 FC と等しくなっています。

企業が生産量を決定するにあたって重要なのは，**限界費用**（Marginal Cost）であり，**平均費用**（Average Cost）であり，**平均可変費用**（Average Variable Cost）です。これらを生産量 q の関数として，それぞれ $MC(q)$，$AC(q)$，$AVC(q)$ と表しましょう。

平均費用は 1 単位の生産に平均いくらの費用がかかっているかを示すものであり，q 単位生産するときの平均費用は $AC(q)=$

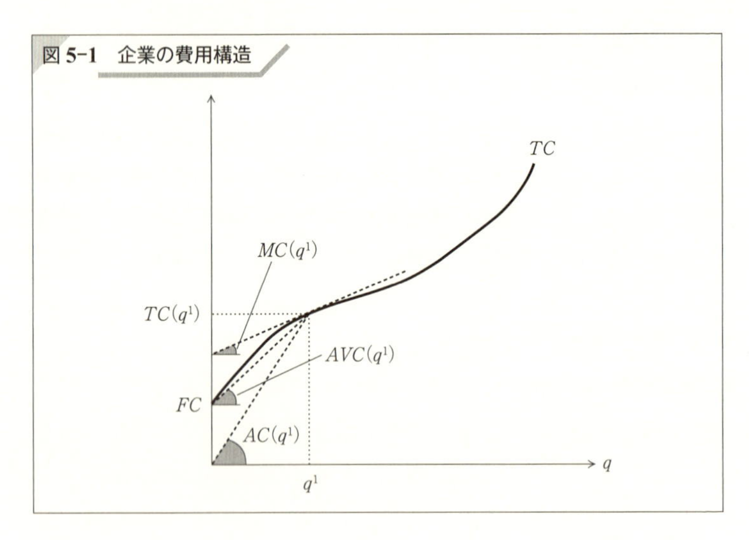

図 5-1　企業の費用構造

$TC(q)/q$ となります。平均可変費用も同様に，可変費用の平均値であり，$AVC(q)=VC(q)/q$ となります。そして限界費用は，1 単位生産を増やしたときに追加的に発生する費用（つまり総費用の増分）です（限界費用については第 1 章でも学びました）。

ネジを作る企業を考えてみましょう。この企業は，工場用地の確保や生産設備の導入のため銀行から資金を調達し，その返済に 1 カ月 100 万円を支払っているとします。それはその月の生産量がゼロであっても支払わなければならないため，この 100 万円が固定費用となります。そしてその工場では，ネジを 1 個作るごとに 2 円の追加的費用が発生するとします。このときの総費用は，生産量がゼロ ($q=0$) のときは 100 万円，1 個 ($q=1$) ならば 1,000,002 円，2 個 ($q=2$) のときは 1,000,004 円となります。これから，$q=1$ のときと $q=2$ のときの平均費用は，それぞれ $AC(1)=1{,}000{,}002/1=1{,}000{,}002$ 円，$AC(2)=1{,}000{,}004/2=500{,}002$ 円となります。また，可変費用は，$q=0$ のときは 0 円，$q=1$ ならば 2 円，$q=2$ では 4 円です。したがって，$q=1$ のときと $q=2$ のときの平均可変費用は，それぞれ

$AVC(1)=2/1=2$ 円，$AVC(2)=4/2=2$ 円となります。この例では，平均可変費用は生産量が何単位であっても2円となることに注意してください。同様に限界費用も生産量にかかわらず一定となります。1単位目のネジを作る限界費用は，ネジの生産量を0単位から1単位へ増やしたときの総費用の増分であり，それは1,000,002－1,000,000＝2円となります。この工場では，ネジを1個作るごとに2円の追加的費用が発生するので，2単位目の限界費用や3単位目以降の限界費用もまた，それぞれ2円となります。

図5-1には，生産量が q^1 のときの平均費用 $AC(q^1)$，平均可変費用 $AVC(q^1)$，限界費用 $MC(q^1)$ が示されています。平均費用 $AC(q^1)$ は総費用曲線 TC 上の点 $(q^1, TC(q^1))$ と原点を結ぶ直線の傾きで表されます。平均可変費用 $AVC(q^1)$ は，可変費用が $VC(q^1) = TC(q^1) - FC$ であるため，縦軸上の点 $(0, FC)$ と点 $(q^1, TC(q^1))$ を結ぶ直線の傾きとなります。そして限界費用 $MC(q^1)$ は，点 $(q^1, TC(q^1))$ における総費用曲線 TC の傾きとして表されます。それは，限界費用を考える際の1単位をとても小さい数だと考えるならば，限界費用は生産量を微少に増やしたときの総費用の増分，つまり生産量の増加による総費用の増加率と考えられ，総費用曲線の傾きと一致するからです。数学的には限界費用は総費用関数の導関数，つまり $MC(q) = TC'(q)$ となります。

平均と限界

限界費用，平均費用，平均可変費用を抜き出して図示してみましょう。総費用関数のグラフが図5-1のような形状をとるとき，限界費用 $MC(q)$ は q が上昇するにつれ当初は減少するものの，あるところ（総費用曲線の変曲点）からは増加に転じます。平均費用 $AC(q)$ や平均可変費用 $AVC(q)$ も同様で，図5-2で表されているように，それらはU字型の曲線になります。平均費用曲線などがU字型をしているとは実際は限りませんが，工場規模に対して生産量が過小なときは生産規

図 5-2　限界費用，平均費用，平均可変費用

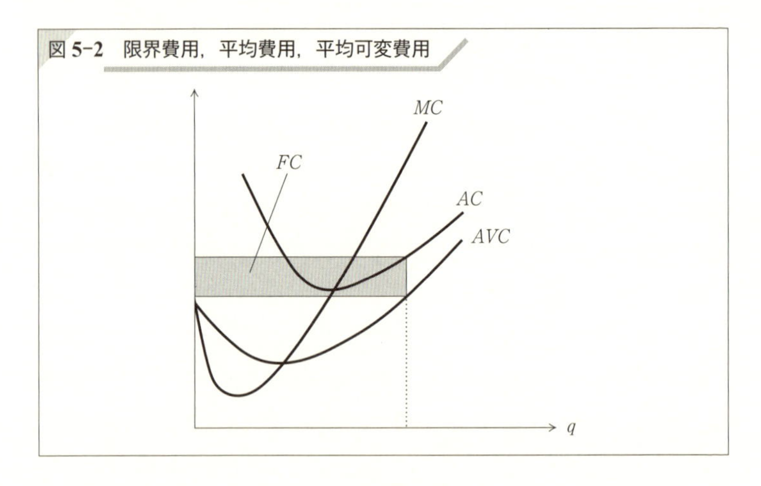

模の拡大が生産性を向上（平均費用を減少）させ，生産量が過大なときは生産規模のさらなる拡大は生産性の低下（平均費用の上昇）を導くというのは，ありそうな話です。

図 5-2 では，限界費用曲線が平均費用曲線と平均可変費用曲線のそれぞれの最小点を通っています。言い換えれば，平均費用が最小となる数量では平均費用と限界費用が一致し，同様に平均可変費用が最小となる数量では，平均可変費用と限界費用が一致するのです。

実はこの性質は「限界」と「平均」に関するすべての事項に当てはまります。たとえば，クラスの平均身長を考えてみましょう。現在の平均より背の低い人がクラスに加わるとクラスの平均身長は下がります。逆に，平均より背の高い人が加わると平均身長は上がります。また，平均値と同じ身長の人がクラスに加わるならば，平均身長は変わりません。図 5-2 に描かれているように，平均値（クラスの平均身長）より限界値（新しく加わる人の身長）が下回るときは平均値は減少局面にあり，逆に平均値より限界値が上回るときは平均値は上昇局面にあるのです。そしてその両者が一致するとき，平均値は横ばい（平均値を表す曲線は水平）になるのです。

図 5-2 に示されているように，平均可変費用曲線と限界費用曲線が共通の縦軸切片を持つのも特徴の 1 つです。つまり，$AVC(0)=MC(0)$ という関係が成立するのです。なぜそうなるのかは，図 5-1 を注意深く観察すればわかります。図において q^1 をゼロに近づけていきましょう。そうすると $AVC(q^1)$ は，q^1 がゼロに近づくにつれ，$q=0$ における総費用曲線 TC の傾きである $MC(0)$ に収束していくのがわかります。

明示的には描かれていない固定費用も，図 5-2 から読み取ることができます。総費用と可変費用・固定費用との関係を示す（5-1）式の両辺を q で割ると

$$AC(q) = AVC(q) + \frac{FC}{q} \tag{5-2}$$

という関係を得ます。図 5-2 で表されているように，平均費用曲線は平均可変費用曲線の上方に位置し，その垂直方向の差は FC/q となるのです。またこのことから，固定費用 FC は図 5-2 における長方形の面積として示されることがわかります。任意の数量 q について，平均費用曲線と平均可変費用曲線の差は FC/q になっているため，それを高さとし底辺を q とする長方形をとれば，その面積は FC になるのです。

企業の生産量決定

企業は利潤を最大化するよう生産量を決定します。企業の利潤を生産量の関数として $\Pi(q)$ と書きましょう（Π はギリシャ文字でパイと読みます）。利潤 $\Pi(q)$ は収入から総費用を差し引いたものであり，収入を生産量の関数として $R(q)$ と書くならば，利潤も生産量の関数として

$$\Pi(q) = R(q) - TC(q) \tag{5-3}$$

と書き表されます。図 5-3 は，この利潤関数のグラフを描いています。

図 5-3　利潤関数のグラフ

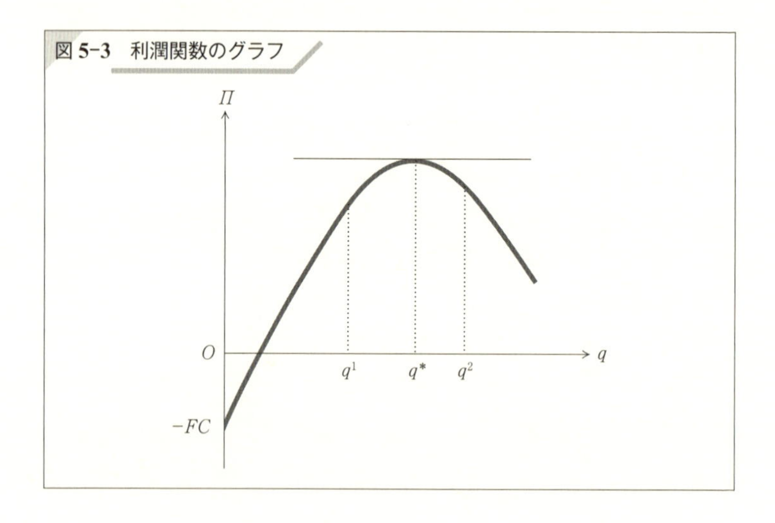

図示されているように，生産量が少ないときは利潤も小さくなります。(5-2) 式に表されているように，固定費用の負担が大きく平均費用が大きくなるからです。実際生産量がゼロのときは $R(0)=0$ となるため $\Pi(0)=R(0)-TC(0)=-FC$ となります。逆に生産量が多すぎても利潤は小さくなると考えられます。生産設備の能力を超えた過大な生産量は平均可変費用を増大させ，平均費用を押し上げるからです。その結果，利潤関数のグラフは逆 U 字型となるでしょう。そしてそのグラフの頂点で表される最大利潤を生み出す生産量 q^* が見つかるのです。

図 5-3 からもわかるように，利潤を最大化する生産量 q^* では，利潤関数のグラフは水平（グラフの傾きがゼロ）になっています。生産量が q^1 のときのように利潤関数のグラフの傾きが正であれば，生産量を増やすことにより利潤は増加します。逆に生産量が q^2 のときのようにグラフの傾きが負であれば，生産量を減らせば利潤は増加します。したがって，利潤が最大化されているところでは，利潤関数のグラフの傾きはゼロになるのです。

このことから，企業の生産決定に関するとても重要な性質を導くことができます。その性質とは,「利潤を最大化する生産量では，限界収入（1単位多く生産したときの収入の増分）と限界費用が一致する」というものです。限界収入 $R'(q)$ を $MR(q)$ と書くならば，

$$MR(q^*) = MC(q^*) \tag{5-4}$$

となるのです。どうしてでしょうか？ 利潤関数のグラフの傾きがゼロであるとは，利潤関数の導関数が q^* においてゼロの値をとることを意味しています。つまり，$\Pi'(q^*)=0$ となります。ところが，(5-3) 式から $\Pi'(q^*)=R'(q^*)-TC'(q^*)$ なので，$R'(q^*)=MR(q^*)$ と $TC'(q^*)=MC(q^*)$ から (5-4) 式が導かれるのです。

この法則をもう少し経済学的に解釈してみましょう。まず，限界収入が限界費用を上回るケースを考えてください。このとき，もし企業が1単位多く生産するならば，それによる収入増が費用の増分を上回り，利潤は増加します。逆に限界費用が限界収入を上回るならば，1単位生産を減らすことにより利潤は増加します。1単位生産を減らせば収入は限界収入分減少しますが，生産費はそれを上回る限界費用分減少するからです。以上のことから，限界収入と限界費用が異なる限り，企業は生産量を調整し利潤を増加させられることがわかります。したがって，利潤が最大化されているところでは，この両者は一致するのです。

2 完全競争

完全競争市場での企業行動

それでは，完全競争下における企業行動を考えてみましょう。数多くの企業がひしめく完全競争下では，各企業は市場で観察さ

れる価格を所与のものとして生産量を決定します。つまり，価格 p はその財を生産する企業自身が決める変数ではなく，企業にとって所与のパラメーター（数式体系の中で決定されるのではなく，体系外からその値が与えられる変数）となります。したがって，財価格と生産量の積である収入は，生産量の関数として $R(q)=pq$ と書くことができます。各企業にとって p は所与なので，生産量 q を決めれば収入も決まってくるのです。

完全競争下で操業する企業の限界収入はどうなるでしょうか？それは $MR(q)=R'(q)=p$ であり，生産量を1単位増やしたときの収入の増分は価格 p に等しくなります。1本5円のネジを生産している企業が，生産量を100本から101本に増やしたならば，収入は500円から505円へと5円増加するのです。

$MR(q)=p$ から，（5-4）式は

$$p = MC(q^*) \tag{5-5}$$

と書き換えられます。つまり，企業の利潤を最大化する生産量 q^* では，価格と限界費用が一致するのです。ただし，これは企業の生産量が正であることを前提としています。これから詳しく見ていくように，より正確には，「企業が生産する限りにおいては，その生産量は（5-5）式を満たすものとなる」と言えます。企業にとって，生産量をゼロにすることが利潤最大化につながることもあるのです。

企業の短期供給曲線

企業の供給曲線を短期と長期に分けて考えてみましょう。短期と長期の違いを理解するため，たとえば液晶モニター産業を考えてください。スマートフォン市場が拡大すれば，それにつれて液晶モニターの需要も増加します。液晶モニターを生産する各企業は土日もフル操業して供給を増やすでしょう。しかし同時に各企業は工場を増設したり，より高性能な生産設備を導入したりして，長期的に供給を拡大しようとす

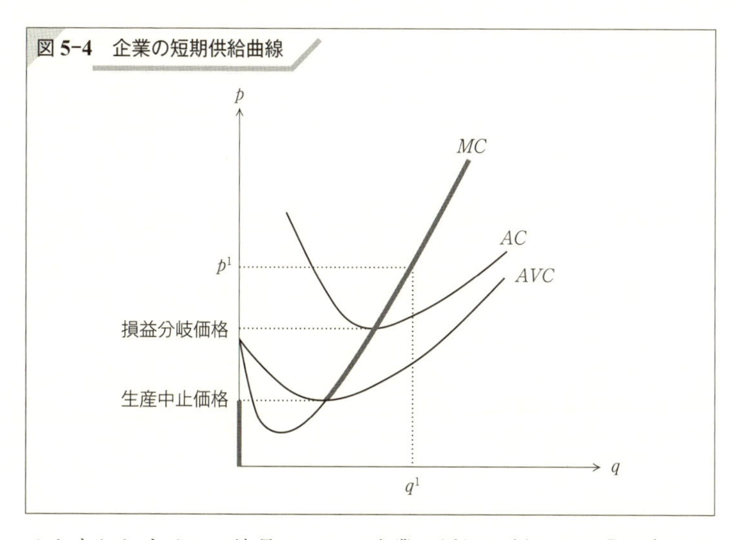

るかもしれません。液晶モニター産業の活況は新たな企業の参入も招くでしょう。ここでは，各企業の生産設備が固定的で，産業への企業の参入や退出が起こらないほど短い期間を短期と呼びます。逆に，各企業は生産規模の変化に応じて最適な生産設備を整え，産業への参入・退出も自由に行われるほど長い期間を長期と呼びます。各企業の生産設備が固定的ならば，産業への企業の参入も退出も起こりません。参入は新たな生産設備の導入を意味しますし，退出は既存の生産設備を解消することを意味しているからです。したがって，生産設備が固定的かどうかだけで，短期と長期を区別できると考えられます。

それではまず，企業の短期における供給曲線を考えましょう。企業の短期供給曲線は，図 5-4 における太線のようになります。図 5-4 には，限界費用曲線と平均可変費用曲線の交点の高さとして定義される**生産中止価格**と，限界費用曲線と平均費用曲線の交点の高さとして定義される**損益分岐価格**が示されています。図示されているように，供給曲線は，価格が生産中止価格より低いところでは縦軸と一致し，価格がそれより高いところでは限界費用曲線と一致します。

これから見ていくように，価格が損益分岐価格より高いときは企業利潤は正となり，それより低いときは利潤は負となります。また，価格が生産中止価格と損益分岐価格の間にあるときは，利潤は負となるものの，生産することにより損失を減らすことができます。しかし価格が生産中止価格をも下回るならば，企業にとって最適な選択は生産中止となります。

価格が損益分岐価格より高いケース

企業の短期供給曲線が図 5-4 のように描かれることを，価格が損益分岐価格より高いケース，生産中止価格と損益分岐価格の間にあるケース，そして生産中止価格より低いケースの 3 つのケースに分けて確かめていきましょう。

まずここでは，価格が損益分岐価格より高いケースを考えます。図 5-5 は，そのようなケースにおける企業の最適生産量と，その結果企業が受け取る利潤を示しています。損益分岐価格より高い任意の価格 p^1 に直面する企業は，生産を行う限りにおいては $p^1 = MC(q^1)$ となる生産量 q^1 を選択します。問題は，果たして企業は生産を行うべきかどうかです。後に見るように，場合によっては生産を中止する方がよいケースもあるのです。

企業利潤を，1 単位あたりの利潤である平均利潤と生産量の積として見て，

$$\Pi(q) = R(q) - TC(q) = pq - AC(q)q = [p - AC(q)]q$$

と書きましょう。q^1 単位生産するときの平均費用 $AC(q^1)$ は平均費用曲線の q^1 での高さにほかならないので，価格 p^1 のもとで q^1 単位生産する企業の利潤 $[p^1 - AC(q^1)]q^1$ は，図 5-5 では灰色の長方形の面積として表されます。図示されているように，$p^1 - AC(q^1)$

図 5-5　価格が損益分岐価格より高いケース

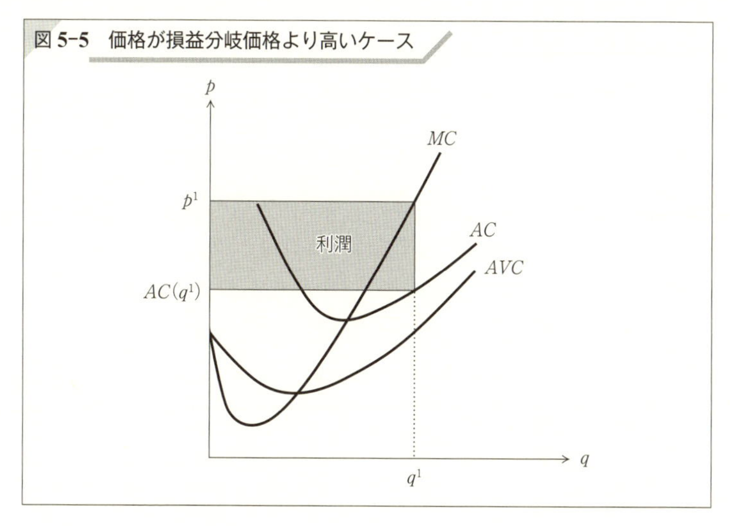

と q^1 はいずれも正の値をとるため，このときの利潤は正であることがわかります。

生産量がゼロのときの利潤はどうでしょうか？ $R(0)=p\times0=0$ から，生産量がゼロならば収入も当然ゼロになります。それに対して総費用は，(5-1) 式より $TC(0)=0+FC$ となり，固定費用に等しくなります。したがって，$\Pi(0)=0-FC=-FC$ であり，生産を中止するときの利潤は固定費用分だけマイナスになるのがわかります。

このことから，価格が損益分岐価格より高いときは，企業は生産を中止するよりも，(5-5) 式を満たす数量を生産する方がよいことがわかります。価格がこの範囲にある限り，限界費用が価格と一致するようになる生産量を，企業は選択するのです。したがって，このケースの供給曲線は限界費用曲線と一致するのです。

価格が損益分岐価格にちょうど等しいときは，(5-5) 式に従って正の生産量を選択すると，価格と平均費用が一致し，その結果利潤はゼロになります（この状況を図示して確かめてください)。「損益分岐価格」という名称は，そのことに由来しています。価格がその水準より高ければ企業の利潤は正になり，それより低ければ利潤は負になるのです。

価格が生産中止価格と損益分岐価格との間にあるケース

価格が生産中止価格と損益分岐価格との間にあるときは，(5-5) 式を満たす正の生産量を選択すると利潤は負になるものの，生産を中止するよりは損失が小さくなります。どうしてでしょうか？

図 5-6 は，価格 p^1 のもとで $p^1=MC(q^1)$ となる生産量 q^1 を選択するときの企業利潤を描いています。図示されているように，このケースでは，(5-5) 式を満たす生産量 q^1 を選択したときの平均費用 $AC(q^1)$ は価格 p^1 を上回り，その結果，利潤 $\Pi(q^1)=[p^1-AC(q^1)]q^1$ は負になります。このときの損失額は図の A の面積と等しくなります。

生産を中止するときの利潤はどうなるでしょうか？ 先に見たように，生産を中止したときの利潤は固定費用分マイナスになります。つまり，固定費用の額だけ，企業は損失を被るのです。さて図 5-2 で示したように，任意の生産量 q について，固定費用は

図 5-6　価格が生産中止価格と損益分岐価格との間にあるケース

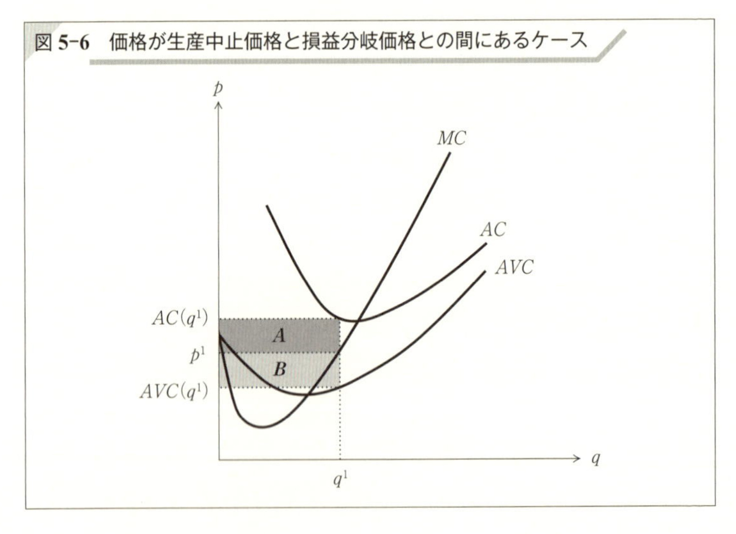

$$FC = [AC(q) - AVC(q)]q$$

と表されることを思い出してください。図5-6では，生産量 q^1 に対して，固定費用は長方形の面積 $A+B$ で表されています。

(5-5) 式に従って正の生産量を選べば損失は A となり，生産を中止すれば損失は $A+B$ となるため，企業は (5-5) 式を満たす生産量を選択することになります。生産しても利潤は負になりますが，生産をやめたならば損失はより拡大するのです。図5-6に示されているように，価格が平均可変費用を上回るため，生産すれば可変費用を上回る収入を得ることができます。収入が可変費用を上回る分だけ固定費用による損失を穴埋めできるため，生産により損失を抑えられるのです。

このケースでは，損失を少しでも抑えようと，企業は短期的には操業するでしょう。しかし，利潤が負の状態を長期間続けることはできません。生産設備の調整が可能な長期では，こうした状況に直面する企業は生産設備を処分し，市場から退出することになります。

価格が生産中止価格より低いケース

最後に，価格が生産中止価格より低いケースを考えましょう。生産中止価格は，平均可変費用曲線と限界費用曲線の交点の高さで与えられることを思い出してください。したがって，生産中止価格を下回る任意の価格 p に対して $p=MC(q)$ となる生産量 q を選択するならば，平均可変費用 $AVC(q)$ は価格 p を上回ることになります。もちろんこのとき，平均費用 $AC(q)$ も価格を上回っています。操業することを選択する企業の利潤は負になるだけでなく，その損失は固定費用をも上回るのです。$p-AVC(q)$ が負になるこの状況では，生産による収入は可変費用さえカバーできないからです。

生産すれば固定費用を上回る損失を被ることになるので，企業は生産を中止し，損失を固定費用分に抑えようとするでしょう。価格が生産中止価格を下回るときは，短期的にさえ企業は操業を中止するのです。

以上3つのケースを考察し，企業の短期供給曲線は図5-4で描かれているようになることを確認しました。価格が生産中止価格より高いときは，企業は $p=MC(q)$ となる生産量を選択し，価格が生産中止価格より低いならば企業の最適生産量はゼロとなるのです。

短期総供給曲線

市場への参入・退出が起こらない短期では，現存する企業のみが，市場に財を供給することができます。したがって，任意の価格のもとでの総供給は，各企業の供給量を単純に合計したものとなります。たとえば，価格が5円のとき，10社がそれぞれネジを100個供給するならば，価格が5円のときの市場への総供給は100×10=1000個となるでしょう。

つまり，短期総供給曲線は，各企業の供給曲線を水平方向に単純に足し合わせたものにほかなりません。もし，すべての企業が同一の費用構造を持っているならば，それら各企業の供給曲線は同一であり，それぞれ図5-4で示されているような形状を持つでしょう。そしてこのときの総供給曲線は，その供給曲線を企業数分だけ水平方向に足し合わせたものとなります。その結果，短期総供給曲線は，供給量が正となる範囲では右上がりの曲線となります。

企業の長期供給曲線

それでは，生産設備の変更が可能な長期について考えていきましょう。まずは長期における各企業の供給曲線を導出し，その後，長期総供給曲線を導いていきます。

ネジを生産している企業を考えましょう。この企業は小さな工場を持ち，そこで1時間あたり2000本のネジを生産しています。しかし工場は1時間につき1200本のネジを生産するのに適した大きさしかありません。したがって2000本生産するには無理があり，効率的な生産が行われていません。このとき企業は，短期的には現在の設備を用いて生産せざるをえませんが，この生産規模が将来にわたって続くのであれば，長期的には，1時間2000本のネジを最も効率的に生産できるよう，生産設備を増強するでしょう。

このように，長期的には生産設備でさえ固定的ではなく，企業はその生産量に応じた最適規模の生産設備を選択することができます。つまり，短期的には固定的である費用も，長期的にはすべて可変費用とみなされるのです。現在の生産量が生産設備規模に比べ過大なときは，生産設備を増強したり，より大きな工場に移るでしょう。逆に生産量が過小なときは，生産設備を縮小するでしょう。このようにして，総費用はすべて可変費用となるのです。

図5-7は，**長期**（long-run）**平均費用曲線** LAC と**長期限界費用曲線** LMC を描いています。生産量が q 単位のときの長期平均費用は，その生産量に最も適した生産設備で生産したときの平均費用です。そしてこのときの長期限界費用は，やはり q 単位の生産に最適な生産設備を用いた場合において，1単位だけ多く生産することによる

図5-7　長期平均費用と長期限界費用

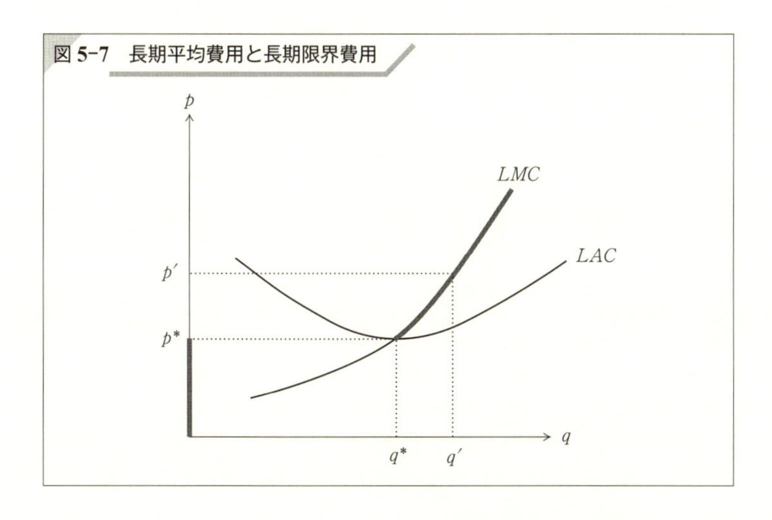

総費用の増分を表しています。q 単位から $q+1$ 単位に生産を増やすならば，対応する生産設備も $q+1$ 単位の生産に合わせて少しだけ大きなものとなりますが，その生産設備の変更が限界費用に与える影響はとても小さいので無視しても問題ありません。

短期のケースと同様に，長期限界費用曲線は長期平均費用曲線の最小点を通ります。また，図 5-7 には長期平均可変費用曲線が描かれていないことに注意してください。もちろん長期平均可変費用を考えることもできますが，すべての費用が可変的である（固定費用が存在しない）長期では，それは長期平均費用と一致するため，長期可変費用をわざわざ考える必要はないのです。

図 5-7 では，各企業の長期供給曲線が太線で示されています。短期の場合と同様に，価格が長期限界費用と等しくなる生産量が，利潤を最大化する生産量です。図では，長期平均費用曲線 LAC と長期限界費用曲線 LMC が，生産量が q^* のとき，p^* の高さで交わっています。まず，価格が p^* より高い p' のケースでの企業の生産量について考えましょう。このとき利潤を最大化する生産量は，価格と限界費用が等しくなる q' ですが，その数量を選択すれば，価格 p' が長期平均費用 $LAC(q')$ を上回り，その最大化された利潤は正となるのがわかります。したがって，価格が p^* 以上であれば，企業は操業し，その供給曲線は長期限界費用曲線 LMC と一致することになります。他方，価格が p^* を下回るときは，利潤を最大化する生産量を選択しても利潤は負になります。このとき企業は，市場から撤退しその生産量はゼロとなります。

長期総供給曲線

短期では，各企業の供給曲線を水平方向に足し合わせて総供給曲線を求めました。ところが，企業の参入・退出が可能な長期では，各企業の供給曲線を単純に足し合わせることはできません。足し合わせようにも，企業の参入・退出が自由なときは，どの企業の供給曲線を足し合わせればよいのかさえわからないからです。

完全競争では，同一の技術を有する無数の企業が潜在的に存在すると考えることができます。実際は，優秀な経営者がいたり，立地条件が生産に適していたりして，ある企業の生産費が他の企業より低いこともあるでしょう。しかしこの場合，生産費が低いのはそれらの固定的な生産要素を企業が有しているからであり，そうした企業も基本的な生産技術は他の企業と同様だと考えることができるからです。

ここではまず，企業を区別するそのような固定的生産要素がなく，すべての企業はまったく同じ生産費用構造を持つと考えましょう。このとき，図 5-7 の長期平均費用曲線と長期限界費用曲線は，すべての企業について共通のものとなります。

この場合の長期総供給曲線は，企業の長期平均費用曲線が最小となる平均費用の水準で，水平になると考えられます。つまり，図 5-8 に表されているように，長期総供給曲線 LS は価格 p^* の高さの水平線になるのです（より正確には，価格が p^* より低いところで

図 5-8　長期総供給曲線

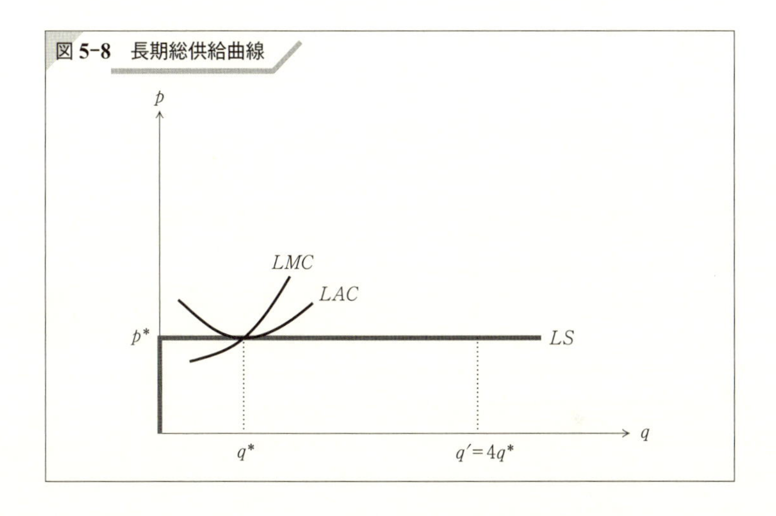

は，総供給量がゼロとなり，この部分の長期総供給曲線は縦軸に一致します)。そして，各企業は p^* に対応する最適生産量である q^* 単位の財を生産し，市場全体の総生産量は操業する企業数によって決まることになります。たとえば，図の q' は q^* の 4 倍となるよう描かれていますが，これは価格 p^* のもとで総供給量が q' 単位となるときはそれぞれ q^* 単位を生産する 4 社が操業していることを意味しています。

それでは，どうして長期総供給曲線が p^* の水準で水平になるのか考えてみましょう。まず価格が p^* より低いケースを考えます。図 5-7 や図 5-8 からわかるように，この場合はどの企業も正の利潤を得ることができません。長期限界費用がその価格と等しいところで最適に操業したとしても，そのときの平均費用は価格を上回るからです。このような状況では，すべての企業がその産業から退出していくでしょう。したがって，価格が p^* より低い場合は，総供給量はゼロとなります。

価格が p^* より高いときはどうでしょう？ このときは逆に，各企業は最適な生産量を選択すれば，価格が平均費用を上回り利潤が正になります。しかし，それは新たな参入機会があることを意味しています。操業するすべての企業の利潤が正ならば，利潤獲得をねらう新たな企業が参入してくるのです。価格が p^* より高い値に固定されているならば，新たな企業参入が続き，総生産量は限りなく大きくなっていくでしょう（ここでは，ある産業の供給面だけを考えていることに注意してください。需要側の制約や生産資源が有限であることを考慮に入れると，需給が一致する均衡において，総生産量が無限に大きくなることはありません)。したがって，価格が p^* より高い場合は，供給量が有限の値をとることはないのです。

価格がちょうど p^* に等しいときは，各企業は長期平均費用が最も低くなる q^* 単位の財を生産します。完全競争的市場で，同一の費用構造を持った企業が（潜在的に）無数に存在するときは，その価格で何単位でも市場に供給することができます。したがって，長期総供給曲線は水平となります。前述したように，この場合の生産量の変化は，生産活動を行う企業数の変化をもって行われることに，再度注意してください。

右上がりの
長期総供給曲線

生産性を左右する固定的要素が存在し，その要素が企業間に偏在しているときは，各企業の長期供給曲線（図5-7を参照）は企業ごとで異なるでしょう。この場合，価格が低いときは，生産性の高い企業のみが参入し，価格が高くなるにつれ徐々に生産性の低い企業も参入してくると考えられます。したがって，企業間で生産性に差があるときは，価格が高くなるにつれ，すでに操業している企業の生産量は増え（図5-7を参照），新たな参入も起こるため，総供給は増加します。したがって，総供給曲線は長期においても右上がりの曲線となるでしょう。この場合，生産性の高い企業は，価格が平均費用を上回るため正の利潤を獲得します。ただしこの利潤は，その企業の生産性を高める原因となっている固定的要素に対するレントであって，そのレントが支払われた後の利潤は，やはりゼロになっていると考えられます。

3 独　占

独占企業が直面する
需要と限界収入

これまでは，完全競争市場での企業行動を考え，供給曲線を導出してきました。ここからは，完全競争の対極にある**独占**について考えてみましょう。市場に財を供給する企業が産業全体で1社しかないとき，その産業（もしくは市場）は独占状態にあると言いま

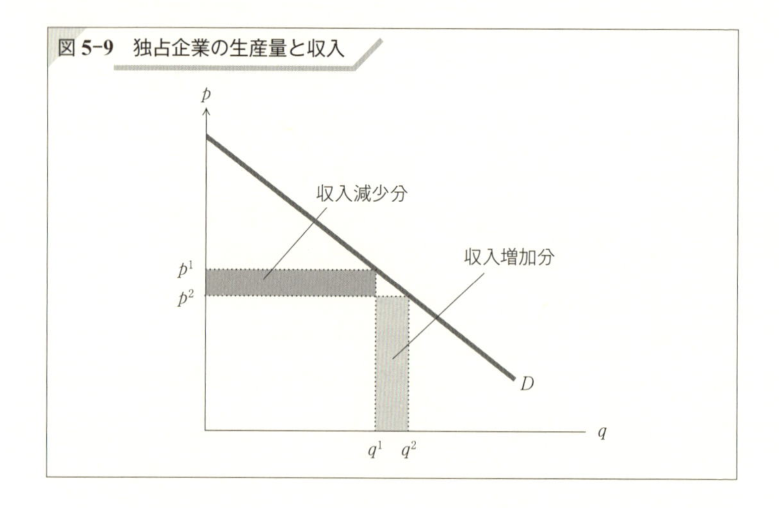

図 5-9　独占企業の生産量と収入

す。完全競争下では，各企業は自らの行動が市場全体に何の影響も与えないと考えてきましたが，独占の場合は逆に独占企業の行動は市場に直接大きな影響を与えます。

完全競争市場の各企業は価格を所与として考えるため，各企業にとっての需要曲線はいわばその所与の価格のもとで水平だと考えることができます。それに対して独占企業は，市場の需要曲線そのものが自らが生産する財に対する需要曲線となるため，右下がりの需要曲線に直面します。図 5-9 に描かれているように，任意の生産量 q^1 を決めればそのときの市場価格 p^1 が需要曲線に従って決まります。したがって，生産量を決定することは，同時に価格も決定していることになります。

需要関数は，需要量を価格の関数として見たものです。ここでは，その逆関数（**逆需要関数**と呼ばれています）を用いて，この財の価格と需要の関係を記述してみましょう。つまり，財価格を需要量の関数として $P(q)$ と書くのです。この関数のグラフは需要曲線にほかならず，図 5-9 では，たとえば $P(q^1)=p^1$ となっています。

任意の生産量 q に対して財価格は $P(q)$ となるため，企業の収入は生産量の関数として $R(q)=P(q)q$ と書くことができます。企業が生産量を決定するにあたって重要な指標となる限界収入は，この収入関数 R の導関数なので，R を微分することにより

$$MR(q) = R'(q) = P(q)+P'(q)q \tag{5-6}$$

となります。ここで (5-6) 式を導くにあたって，「一般的に，2つの関数の積として与えられる関数 $f(x)=g(x)h(x)$ の導関数は，$f'(x)=g'(x)h(x)+g(x)h'(x)$ となる」という性質を使っています。

(5-6) 式はとても重要で興味深い事実を伝えてくれています。(5-6) 式の最右辺の第2項を見てください。図 5-9 に描かれているように，需要曲線が右下がりなので，生産量 q の上昇に伴う価格の変化率 $P'(q)$ は負の値をとります。したがって，q が正である限りこの第2項は負であり，限界収入 $MR(q)$ は価格 $P(q)$ より低くなるのです。

どうして限界収入は価格より低くなるのでしょうか？ 図 5-9 は，生産量を q^1 から q^2 に増加させたときの収入の変化を描いています。図示されているように，需要曲線が右下がりなため，生産量の増加は価格低下を招きます。供給増加分まで売り切ろうとすると，価格を p^1 から p^2 へ下げざるをえないのです。その結果，生産量の増加は $p^2(q^2-q^1)$ だけの収入増加に直接貢献するものの，価格低下による $(p^1-p^2)q^1$ だけの収入減少にも企業は直面することになります。生産量の変化が小さいときは，最初の収入増の効果は (5-6) 式最右辺の第1項 $P(q)$ によって近似され，2番目の収入減効果は第2項 $P'(q)q$ によって近似されます。たとえば1単位多く生産するならば，それにより価格分だけ収入が増えるでしょう（(5-6) 式の第1項）。しかし，生産増により価格は下落し，それは収入減につながります（(5-6) 式の第2項）。(5-6) 式の第2項に表されているように，

図 5-10　需要曲線と限界収入曲線

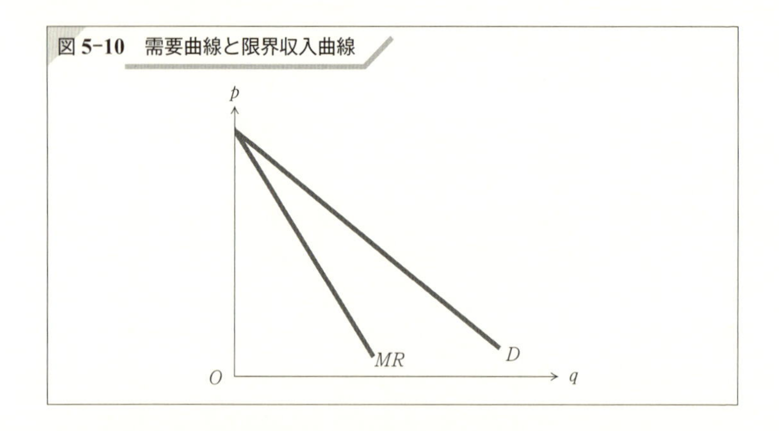

価格の下落による収入減は，生産量が多いほど深刻なものとなります。生産量がゼロのときは，収入減効果が現れず，その結果，限界収入 $MR(0)$ が価格 $P(0)$ と一致することに注意してください。

以上の議論から需要曲線と限界収入曲線は図 5-10 で記述されているような関係にあることがわかります。両者は価格軸の切片を共有するものの，生産量が正のところでは限界収入曲線 MR は需要曲線 D を下回るのです。生産量が十分大きなときは，限界収入が負になる可能性があることに注意してください。図 5-10 で表されているように，需要曲線が線形のときは限界収入曲線も線形となり，その傾きは需要曲線の傾きの 2 倍になります（章末の練習問題 5-3 でも確かめられます）。この場合，生産量が多いときは，限界収入は必ず負の値をとることになります。

独占企業の行動

それでは，独占企業がどの水準で生産するのか見ていきましょう。独占企業であれ，完全競争市場における 1 企業であれ，利潤を最大化する生産量は，(5-4) 式によって決まります。つまり，企業は限界収入と限界費用が等しくなる生産量を選択するのです。

図 5-11 では，そのような最適生産量 q^* が，限界収入曲線 MR と

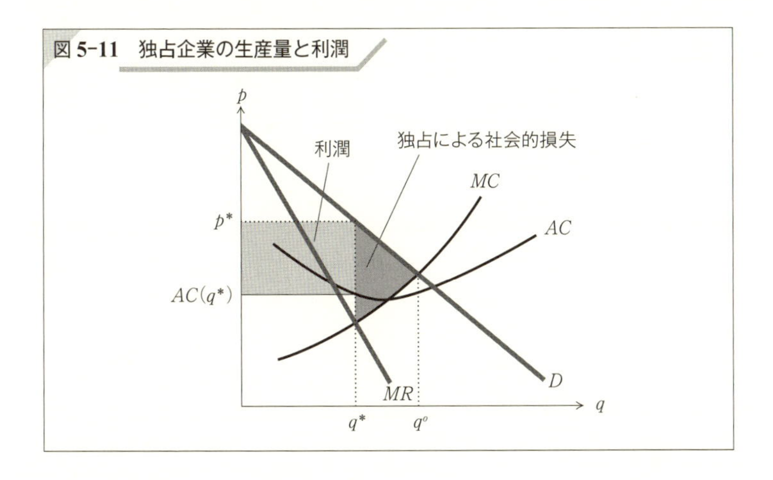

限界費用曲線 MC の交点によって決められています。そのときの財価格は q^* における需要曲線の高さである p^* であり，平均費用は平均費用曲線 AC の高さである $AC(q^*)$ となります。図 5-11 に描かれている状況では，p^* は $AC(q^*)$ を上回り，独占企業は正の利潤を獲得します。

図 5-11 には，社会的最適生産量 q^o も示されています。市場にはこの独占企業しか財を供給する企業がないため，この企業の限界費用はこの財を生産する社会的限界費用と一致します。第 3 章や第 4 章で見てきたように，この財に対する消費者の評価額（需要曲線の高さ）と社会的限界費用が等しくなるところで生産すれば社会厚生が最大化されます。したがって，社会的最適生産量 q^o は，需要曲線と限界費用曲線 MC の交点で決まるのです。

図 5-11 に描かれているように，限界収入曲線 MR は需要曲線の下側に位置するため，MR 線と MC 線の交点で決まる独占企業が選択する生産量 q^* は，社会的最適生産量 q^o を必ず下回ります。独占企業は，生産量を抑え価格を高めに誘導することにより，利潤を最大化するのです。市場が独占状態にあるときは，市場取引から得ら

れる社会厚生は最大化されず，市場の失敗が起こります。この独占による社会的損失は，需要曲線と限界費用曲線の垂直方向の差を q^* から q^o まで合計した面積に等しくなります。

Column ⑤　電力産業の自然独占

電力産業は，発電設備や送電網整備などに巨大な費用がかかる反面，電力生産のランニングコストは比較的低いという特徴を持ちます。つまり，固定費用が大きく平均可変費用は小さいのです。総費用が，たとえば $C(q)=cq+FC$ のように表されるならば，FC が大きく c が小さいと考えられます。下の図は，この総費用関数に対応する平均費用曲線と限界費用曲線を描いています。平均費用 $AC(q)=c+(FC/q)$ は，限界費用 c より大きく，生産量 q が上昇するにつれ小さくなることに注意してください。このように，生産量が拡大するにつれ平均費用が小さくなることを，**規模の経済**と呼びます。規模が大きい方が経済的なのです。

規模の経済が働く産業は完全競争と相容れません。完全競争下では，各企業は $p=MC(q)$ となる生産量 q を選択することを思い出してください。しかし，図に示されているように，どんな q についても $MC(q)<AC(q)$ となっているため，$p=MC(q)<AC(q)$ となり，生産量をどう選ぼうが平均費用は価格を上回り，利潤は負になります。

市場規模に比べ固定費用が十分大きいならば，その市場は独占される可能性が自然と高くなります。企業が複数になると，各企業の生産量は小さくなり，その結果，平均費用が価格を上回るほどに上昇し，利潤が負になる可能性が高くなるからです。市場が独占されている場合はどうでしょうか？ 独占企業は $MR(q)=MC(q)$ となる生産量を選択します。需要曲線が右下がりである限り $p>MR(q)$ となるので，$AC(q)>MC(q)=MR(q)$ であっても，

図　規模の経済と自然独占

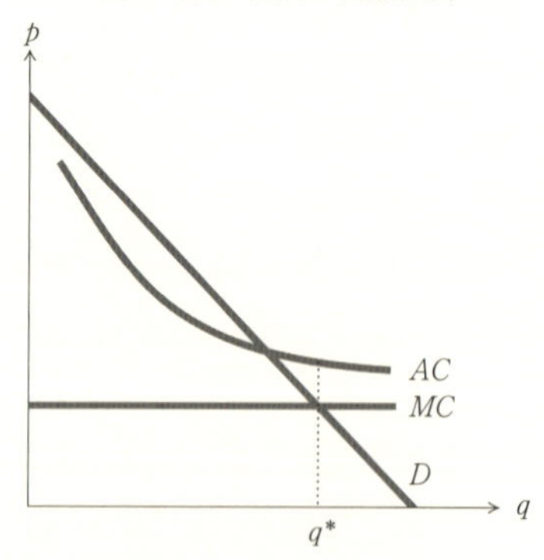

電力自由化で企業のブースに訪れる消費者
(ロイター/アフロ提供)

十分 $p>AC(q)$ となりえます。実際，図のように，平均費用曲線が需要曲線を下回る領域が存在する限り，つまり $p>AC(q)$ となる q が存在する限り，独占企業はそのような生産量 q を選択することにより，正の利潤を得ることができます。

先に見たように独占には生産が過小になるという弊害があります。しかし，企業に十分な市場規模を与えないと操業すらできないほど規模の経済が強く働く産業では，独占という選択肢は次善の策として正当化されるのです。日本の電力産業が長い間地域独占の状態にあったのもそのためで，地域独占は電力生産の平均費用を下げるという望ましい面もありました。2018 年現在では，発電部門に企業参入を促す政策のもと，地域独占にあった企業の送電線が開放され，地域独占は崩れています。

練習問題

【基本問題】

5-1 次ページの表 5-1 には，ある生産者のリンゴの費用関数が示されています。与えられた総費用 (TC) をもとに，可変費用 (VC)，限界費用 (MC)，平均費用 (AC)，平均可変費用 (AVC) を求め，表の空欄を埋めてください。固定費用はいくらですか？

表 5-1　リンゴの生産費用

リンゴの生産費用	0個	1個	2個	3個	4個	5個
TC	60	64	66	69	76	85
VC						
MC						
AC						
AVC						

5-2　ある企業の総費用関数が $C(q)=q^2+2q+4$ で与えられています。限界費用，平均可変費用，平均費用を求め，図示してください。そしてそれらの曲線が，この章で学習した特徴を持っていることを確かめてください。完全競争下での，この企業の供給曲線を求めてください。価格が $p=4$ のとき，企業の（短期）生産量と利潤はそれぞれいくつですか？　価格が $p=8$ のときの生産量と利潤はどうなりますか？

5-3　ある財の需要関数は $q=14-p$ で与えられ，その市場は独占状態にあるとします。独占企業の総費用関数は，$C(q)=(q^2/2)+2q+12$ です。この独占企業は何単位生産し，そのときの価格はいくらですか？この企業の利潤を求めてください。

【応用問題】

5-4　ある企業の総費用関数が $C(q)=(1/3)q^3-q^2+2q+9$ で与えられています。限界費用，平均可変費用，平均費用を求め，図示してください。損益分岐価格と生産中止価格はそれぞれいくらですか？　価格が $p=1$ のとき，$p=2$ のとき，$p=10$ のときのそれぞれについて，企業の（短期）生産量と利潤を求めてください。

5-5　設備投資費用は小さいものの平均可変費用が大きい生産技術か，逆に設備投資費用は大きいものの平均可変費用が小さい生産技術のいずれかを，企業は選択できるとしましょう。最初の技術を採用したときの総費用関数は $C^1(q)=(q/2)+2$，2番目の技術を採用したときの

総費用関数は $C^2(q)=(q/4)+4$ だとします。最初の技術を採用する方が費用が小さくなる生産量の範囲を求めてください。また，企業が最適な技術を選択する長期における，平均費用曲線と限界費用曲線を図示してください。

5-6 すべての企業が同一の生産技術を持つ産業を考えます。各企業の長期の費用関数は，$C(q)=q^3-4q^2+7q$ で与えられています。長期の限界費用と平均費用を求め，図示してください。産業全体の長期総供給曲線はどうなりますか？ 図示してください。

この産業で作られる財を需要する消費者が100人いるとします。そして，各消費者の需要関数は，$q=7-p$ です。総需要関数を求めてください。長期市場均衡では，何社の企業が操業しますか？

第6章 消費者行動と財の需要

Introduction

この章では，消費者行動を考察し需要関数を求めます。生産者である企業が多種多様な選択を日々行っているのと同様に，消費者もさまざまな選択に直面しています。消費活動を行うために必要な所得をどう確保し，そのうちどれくらいを消費にまわし，どれくらいを貯蓄するのか？ 消費への支出をさまざまな財やサービスにどう振り分けるのか？ そのほかにも，消費者は日々多くの選択を行っています。

その中でも，ここでは消費者の消費選択行動に焦点を絞り，財やサービスへの需要関数を求めることにします。限られた所得をさまざまな財にどう支出するのかは，消費者にとって重要な選択問題です。そこで重要なのは，消費者の所得であり，各財の価格です。また，消費者の嗜好も重要な要素の1つです。所得水準が同一で同じ価格体系に直面（つまり，それぞれの財に関して同じ価格に直面）していても，リンゴが好きな人はリンゴを多く消費するでしょうし，ミカンの方が好きな人はリンゴよりミカンを多く消費するでしょう。

人々の行動を定式化するのは至難の業です。消費者の消費選択というほんの一面にすぎませんが，経済学がどう消費者行動を体系的に捉えようとしているのか，一緒に見ていきましょう。

1 消費者の嗜好

消費者行動の定式化

限られた予算（所得）のもとで，各消費者は，消費からの満足度を最大化するよう，各財の消費量を決定します。消費から得られる満足度のことを経済学では**効用**と呼びます。消費者は**予算制約**のもとで効用を最大化していると考えます。

経済学では一般的に，消費者は財の消費からのみ効用を得ると考えます。もちろん所得の大小は効用を大きく左右しますが，それは財消費の変化を通じてのみ効用を左右することになります。経済には数多くの財やサービスが存在しますが，簡単化のため，ここでは第1財（たとえばリンゴ）と第2財（たとえばミカン）の2財のみが存在しているとして，話を進めましょう。

無差別な消費点

ある消費行動からどれくらいの効用を得るかは，その消費者の嗜好に強く依存します。消費者の嗜好を記述するのには，**無差別曲線**と呼ばれる分析道具が便利です。ここで「無差別」というのは望ましさの程度が同じであることを意味しています。

リンゴとミカンの消費を例にとって考えてみましょう。次ページの図6-1のA点は，リンゴ（第1財）2個とミカン（第2財）4個を消費している状態を示しています。そしてもう1つの消費点Bは，リンゴ3個とミカン3個を消費している状態を示しています。さて，あなたは消費点Aと消費点Bのどちらを取りますか？

あなたが大のリンゴ好きならば，きっとリンゴの個数が多いB点の方を好むでしょう。ミカン好きならばA点の方が望ましいと思うかもしれません。もしどちらも同じくらい好きで，いずれか一方を選ぶことはできないと思うならば，そのとき消費点Aと消費点Bはあなたにとって**無差別**です。この2つの消費点は，あなたという消費者に同じ効用を与えるのです。

さて，A点の方が望ましいと思ったあなたは，リンゴが2個から3個に増えるとしてもミカンを4個から3個に減らしたくないと思った人です。ミカンの減少分がそれより少ないときはどうでしょ

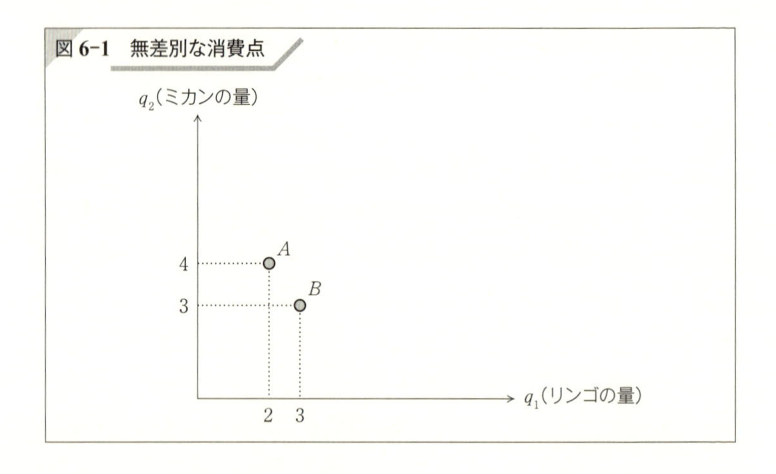

う？　ミカンは1/2個しか減らないのにリンゴが3個に増えるのならば，その新たな消費点は，A 点と無差別かもしれません。このように，リンゴもミカンも嫌いではないならば，リンゴが3個もらえて A 点と無差別となる消費点（たとえばリンゴ3個にミカン3.5個という消費点）が見つかるのです。

無差別曲線群

ある任意の消費点をとり，その消費点と無差別となる消費点の集合を考えましょう。その集合は，無差別曲線と呼ばれています。図6-2には，消費点 A を通る無差別曲線と，消費点 B と消費点 C を通る無差別曲線の，2本の無差別曲線が描かれています。このように，消費平面上の任意の点をとればそれに対応する無差別曲線が描けるため，無差別曲線は無数に存在することになります。そして，その無数の無差別曲線の集合を**無差別曲線群**と呼びます。消費者の嗜好は，無差別曲線群を用いて表すことができます。消費者によって嗜好が異なれば，対応する無差別曲線群も異なります。

それぞれの無差別曲線は，ある同一の効用を消費者に与える消費点の集合です。たとえば，図6-2で表される嗜好を持つ消費者にと

図 6-2　無差別曲線群

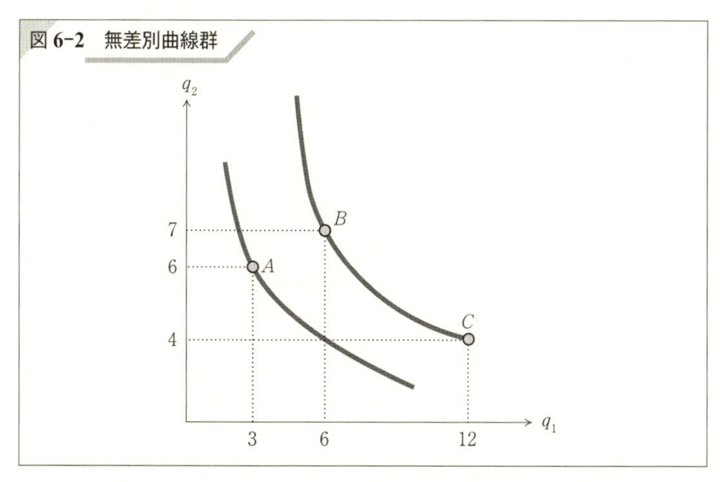

っては，第1財を6単位，第2財を7単位消費する消費点 B と，第1財を12単位，第2財を4単位消費する消費点 C は無差別です。また，異なる無差別曲線は異なる効用水準に対応しています。図6-2では，A 点を通る無差別曲線と B 点を通る無差別曲線は，違う効用水準に対応しているのです。

無差別曲線群で表される消費者の嗜好には，**推移律**と呼ばれる法則が成立しています。推移律とは，たとえば「雨ならば遠足が中止」という関係と「遠足が中止ならば家でテレビゲームをする」という関係が両方成立するときは，「雨ならば家でテレビゲームをする」という関係も成立することです。財の消費量が多いほど，消費者の効用が高まると考えられます。したがって，図6-2では，A 点よりも B 点の方が，両財ともに消費量が多く，望ましいと言えます。また，B 点と C 点は同一の無差別曲線上にあり，消費者に同じ効用を与えます。したがって推移律から，この消費者は A 点より C 点を好むことがわかります。

先のリンゴとミカンの例のように，A 点に比べ C 点では，第1財の消費は多いものの第2財の消費は少なくなっています。したがって，単純に各財の消費量の大小を比べただけでは，どちらの消費点がこの消費者にとってより望ましいのかはわかりません。しかし，A 点よりも B 点の方が好ましく，B 点と C 点が無差別だという情報から，A 点より C 点の方が望ましいことがわかるのです。このように，B 点を通る無差別曲線上のどの点も，A 点より好ましいことがわかります。A 点を通る無差別曲線上のどの点も A 点と無差別であることを合わせて考えると，B 点を通る無差別曲線上のどの点も，A 点を通る無差別曲線上のどの点より望ましいことになります。上方に位置する無差別曲線ほど，高い効用を消費者にもたらすのです。

無差別曲線の性質

これまですでに，「どの消費点をとってもそこを通る無差別曲線が存在する」という性質と，「上方に位置する無差別曲線ほど高い効用に対応する」という無差別曲線の2つの性質を紹介しました。ここではさらに，いくつかの重要な性質について学んでいきましょう。

まずは，複数の無差別曲線は交わらないことを示します。図6-3は，2本の無差別曲線が B 点で交わっている様子を示しています。消費者がこのような嗜好を持つ場合，A 点と B 点は同一の無差別曲線上にあるので，両者は無差別ということになります。また，B 点と C 点を通る無差別曲線も存在するため，この両者も無差別です。すると推移律から，A 点と C 点は無差別ということになります。しかしこれは，「C 点の方が A 点より両財ともに消費量が多く，したがって C 点の方が A 点より望ましい」ということに矛盾します。したがって，複数の無差別曲線は交わることはないのです。

また，無差別曲線は一般に右下がりとなります。これは両財ともに消費量が多いほど望ましいという想定からきています。第1財の消費量が増えれば効用が上昇します。したがって，元の消費点と無差別であるためには，第2財の消費量が減らなくてはならないので

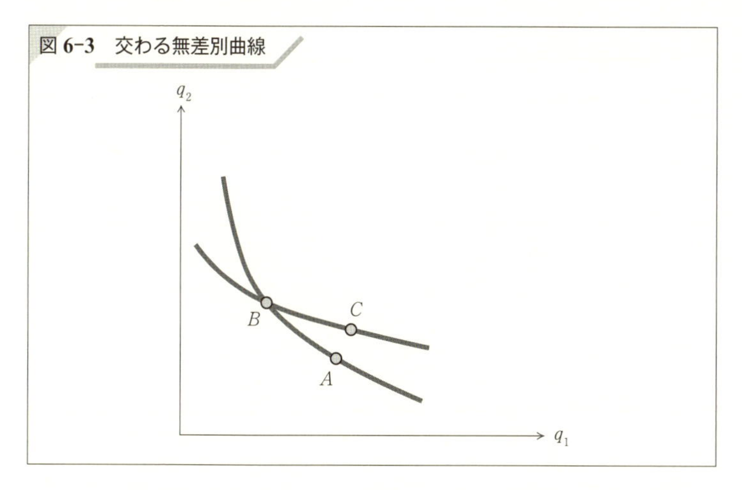

図 6-3　交わる無差別曲線

す。この教科書では，財を多く消費するほど効用が上がると想定していますが，実はそうでないケースも考えられます。財は英語で goods と呼ばれます。しかし，汚染物質のように好ましくない bads も，財として考えることもできます。もしも第 1 財が goods で第 2 財が bads ならば，無差別曲線は右上がりになるでしょう。

限界代替率逓減の法則

無差別曲線のもう 1 つの特徴は，原点に対して凸となることです。原点に対して凸であるとは，次ページの図 6-4 で示されているように，無差別曲線が原点に向かって突き出ていることを言います。どんな場合でも無差別曲線がこのように凸であるとは限りませんが，これから見ていくように，多くのケースでこの性質が成立すると考えてよいでしょう。

ある消費点を通る無差別曲線のその点での傾きの絶対値は，**限界代替率**（Marginal Rate of Substitution：MRS）と呼ばれています。図 6-4 には A 点における限界代替率 $MRS(A)$ が描かれています。限界代替率は，第 1 財を 1 単位多く消費するときにあきらめてもよいと考える第 2 財の量です。正確には，第 1 財を 1 単位多く消費するときにあきらめてもよいと考える第 2 財の量は図では BC/AB ですが，

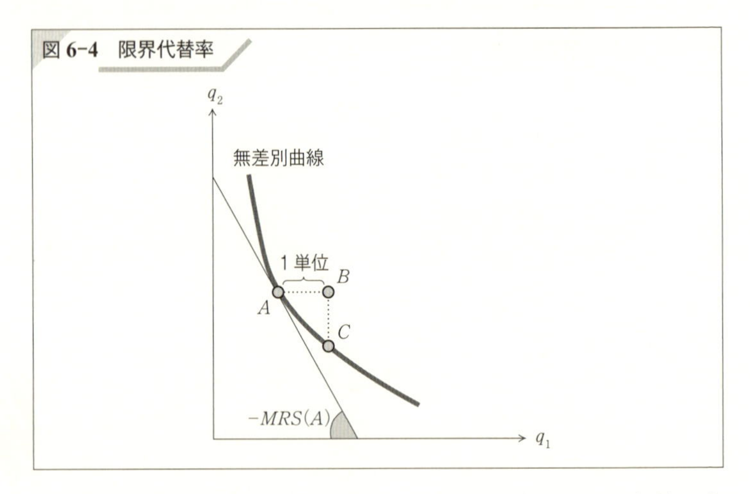

第 1 財の 1 単位が十分小さければ，これは A 点における無差別曲線の傾きの絶対値で近似されます。

無差別曲線が原点に対して凸となるとき，無差別曲線の傾きの絶対値は，無差別曲線に沿って右下にいくほど小さくなります。つまり，その無差別曲線上の点の限界代替率は，第 1 財の量が増えるに従い小さくなっていくのです。この性質を限界代替率逓減の法則と言います。図 6-5 には，A 点のように第 1 財の消費量が少なく第 2 財の消費量が多い状態から，第 1 財の量を増やしていくと，限界代替率が下がっていく様子が描かれています。たとえばリンゴ（第 1 財）を 2 個，ミカン（第 2 財）を 10 個消費する A 点において，2 個しかないリンゴの消費が増加するならば，消費者はそれを好ましいと考え，比較的多くのミカンを手放してもよいと考えるでしょう。しかし，この手放してもよいと考える第 2 財の量は，第 1 財の消費量が上がるにつれ小さくなっていきます。つまり，限界代替率は第 1 財の消費量が増えるにつれ小さくなっていくのです。当初少なかったリンゴがだんだん増えてくると，それにつれ，リンゴ 1 個と引き換えに手放してもよいと思うミカンの量は減っていくでしょう。

図 6-5　限界代替率逓減の法則

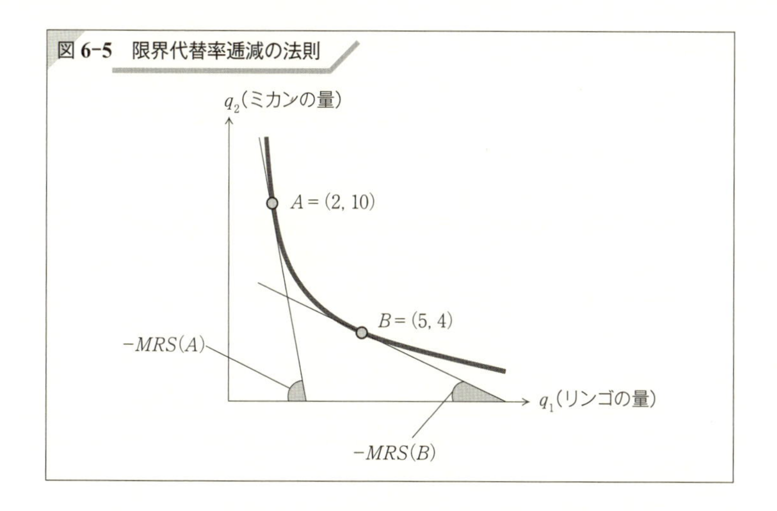

図 6-5 には，A 点よりリンゴの消費量は多いがミカンの消費量が少なく，結果的にリンゴとミカンを比較的偏りなく消費する B 点も描かれています。A 点に比べ B 点では，ミカンの消費を減らしてでもリンゴを多く消費しようという欲求は小さく，その結果 B 点での限界代替率は，A 点での限界代替率より低くなっているのがわかります。このように，両財をあまり偏りのないよう消費したいという欲求のため，無差別曲線は原点に対して凸になるのです。

2　予算制約と消費選択

予算制約

どの財についても，消費量が多いほど消費者の効用も高いとしてきました。それでは消費者は，効用を最大化するために，どの財も好きなだけ消費することになるのでしょうか？ もちろん，私たちは皆そうしたいところですが，残念ながらそうはいきません。消費に使う予算に限りが

Column ⑥ 消費者の嗜好に推移律は成り立つのか？

コーヒーの入ったカップが1000個並んでいます。最初のカップには砂糖が1粒だけ入っています。2番目のカップには砂糖2粒，3番目のカップには砂糖3粒というように，隣のカップに移ると砂糖が1粒だけ多く入っていき，最後のカップには砂糖が1000粒入っています。

さて，1番目のカップに入ったコーヒーと2番目のコーヒーでは，あなたはどちらを好むでしょうか？ きっと砂糖1粒の違いはわからずどちらも同等に好ましいと思うことでしょう。2番目のコーヒーと3番目のコーヒーではどうでしょう？ やはり同じ理由で同等に好ましいと思うでしょう。したがって推移律から，あなたは1番目のコーヒーと3番目のコーヒーは無差別ということになります。隣り合わせのコーヒーならばすべて同じことが言えるので，結局あなたは1000番目のカップにたどり着くまで，一貫して「1つ前のコーヒーと，このコーヒーは無差別だ」と言い続けるでしょう。推移律によると，それは1番目のコーヒーと1000番目のコーヒーは無差別であることを意味しています。しかし，1番目のコーヒーはブラックコーヒーと言ってもいい味なのに対して，1000番目のコーヒーはかなり甘いでしょう。その2つの差は歴然としていて，あなたはそのどちらが好みかを明確に答えられるに違いありません。

この例では，どうも推移律が成立していないようです。ここでの問題は，人々はきわめて微妙な違いは見分けられないことにあります。あなたが300粒ほど砂糖の入ったコーヒーを最も好むとしましょう。このとき，もしあなたが超人的な正確さで味を見極められるのならば，1番目のコーヒーよりも2番目のコーヒーを好ましく思い，2番目のコーヒーよりも3番目のコーヒーを好ましく思うでしょう。こうして，推移律によっても，1番目と300番目を直接比べることによっても，あなたは1番目のコーヒーより300番目のコーヒーを好ましいと思うことでしょう。

あるからです。各消費者は，予算の制約のもとで効用を最大化する消費点を探るのです。

消費に使うことのできる所得を I としましょう。第1財と第2財の価格をそれぞれ p_1 と p_2 とするならば，消費者が直面する**予算制約**は，

$$p_1q_1 + p_2q_2 \leqq I \tag{6-1}$$

と書けます。左辺第1項は，第1財の消費量にその価格をかけたものであり，第1財への支出額を表します。同様に第2項は，第2財への支出額を表しています。ここでは財は2財しかありませんから，左辺はこの消費者の総支出になります。この総支出が所得を上回ってはいけないのです。たとえば，リンゴ（第1財）の価格が $p_1=100$ で，ミカン（第2財）の価格が $p_2=20$ だとしましょう。（これら2財の購入に充てる）所得が $I=300$ ならば，リンゴを2個とミカンを3個消費することは可能です。このときの支出額は $100\times2+20\times3=260$ となり，所得額である300を下回るからです。逆にリンゴ3個とミカン2個は，その支出額は $100\times3+20\times2=340$ となり所得を上回るため，消費可能ではありません。

次ページの図6-6は，(6-1) 式で表される予算制約を満たす消費点 (q_1, q_2) の集合を，灰色の領域で示しています。この集合内のどの点も予算制約を満たすことから，この集合は**消費可能性集合**と呼ばれています。この消費可能性集合の境界線は，(6-1) 式を等式で満たす消費点の集合であり，**予算線**と呼ばれています。予算線上のどの点も所得をすべて使い切る消費点であり，それ以上いずれの財も購入することはできません。(6-1) 式を等式として q_2 について解くと，

$$q_2 = \frac{I}{p_2} - \frac{p_1}{p_2}q_1 \tag{6-2}$$

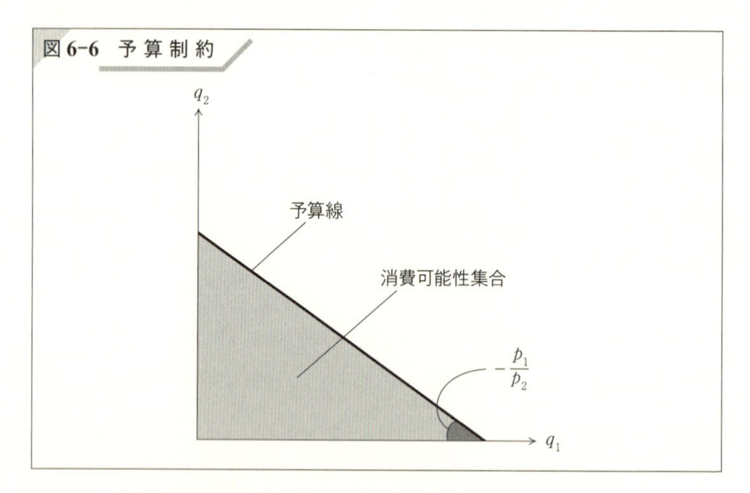

となり，予算線の傾きは $-p_1/p_2$ となるのがわかります。

予算線

予算線の傾きの絶対値である p_1/p_2 は，第2財に対する第1財の**相対価格**を表しています。リンゴ（第1財）の価格が100円でミカン（第2財）の価格が20円だとしましょう。このとき，p_1/p_2 は5になります。これは，ミカンを基準単位として測ったとき，リンゴの価格は5であることを示しています。「ミカン5個でリンゴ1個が買える」と考えることもできますし，「リンゴ1個の価値はミカン1個の価値の5倍である」とも考えられます。

第1財の相対価格はまた，第1財を1単位多く消費するためにあきらめなければならない第2財の量を表しています。消費者が予算を使い切る消費計画を立てているとき，リンゴを1個多く消費しようとすれば，ミカンは5個あきらめなくてはならないのです。

予算線の傾きの絶対値は第1財の相対価格 p_1/p_2 であり，それは第1財を1単位多く消費するときにあきらめなければならない第2財の量に等しいのです。

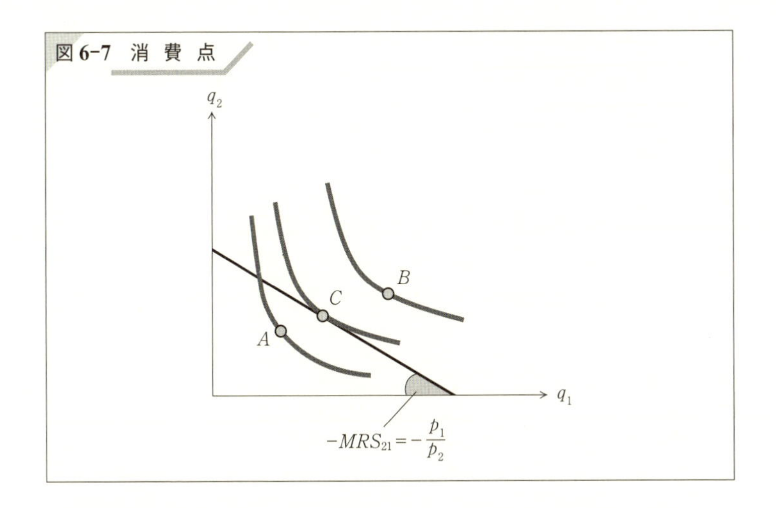

消 費 点

予算制約のもとで効用を最大化しようとする消費者は，消費可能性集合中で最も高い効用をもたらす消費点を選択します。図6-7では，そのような点は無差別曲線と予算線が接する C 点で表されています。消費可能性集合内にある C 点以外のどの点（たとえば A 点）も，C 点を通る無差別曲線より原点に近い位置にあり，したがって C 点よりも低い効用しか与えません。また，C 点を通る無差別曲線より上方に位置するどの点（たとえば B 点）も消費可能性集合から外れており消費不可能です。したがって，ある無差別曲線が予算線と接しているその接点 C 点が，この消費者の選択する**消費点**となるのです。

消費点 C では無差別曲線と予算線は接しており，それらの傾きは等しいので，

$$MRS(C) = \frac{p_1}{p_2}$$

という関係が成立しています。消費点 C での限界代替率が，第1財の相対価格に等しいのです。限界代替率は，第1財を1単位多く消

費するためにあきらめてもよいと考える第2財の量です。それに対して第1財の相対価格は，第1財を1単位多く消費するためにあきらめなければならない第2財の量を表しています。消費点ではこの両者が一致するのです。

もし第1財を1単位多く消費するためにあきらめてもよいと考える第2財の量が，そのためにあきらめなければならない量を上回っているならば，第2財の消費を減らして第1財の消費を1単位増やすことにより効用が上がるでしょう。たとえば，リンゴを1個多く消費するためならば，ミカンを5個減らしてもよいと考えているのに，ミカンを3個だけ減らせばリンゴを1個多く消費できるのであれば，ミカンを3個減らしリンゴを1個増やすことにより効用は増加します。逆に第1財を1単位多く消費するためにあきらめてもよいと考える第2財の量が，そのためにあきらめなければならない量を下回っているときは，第1財の消費を1単位減らして，第2財の消費を可能な限り増やせば効用が上がります。いずれの場合も，現在の消費点は効用を最大化していません。予算制約のもとで効用が最大化されているときは，限界代替率と第1財の相対価格は一致するのです。

3 所得・価格の変化と財需要

所得変化に対する反応　消費点は予算線と無差別曲線の接点であり，所得や財価格が変化し予算線がシフトすれば，消費点も自ずと変化します。まずは，所得の変化による消費点の移動について見ていきましょう。

図6-8は，所得がI^1からI^2に上昇するときの消費点の変化を描いています。所得が上昇すると，予算線はL^1からL^2に平行移動し，

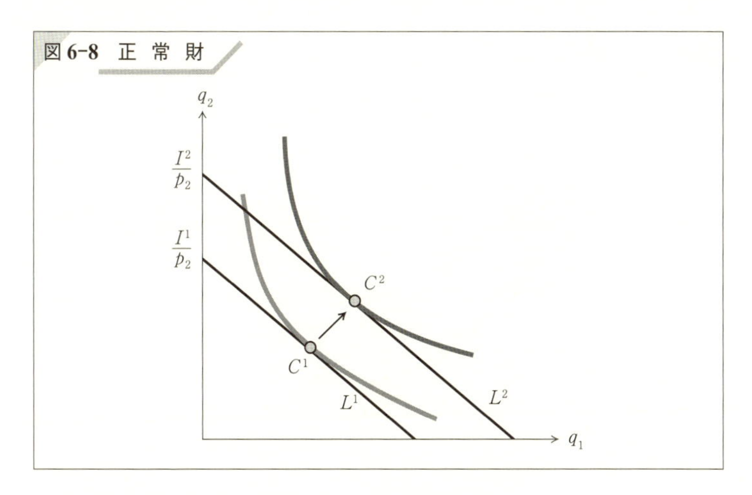

図 6-8 正常財

その結果消費点は C^1 点から C^2 点へ移ります。

ここでは，所得の上昇により，両財ともに消費量が増えています。所得が上昇すれば消費が増える財は**正常財**（もしくは**上級財**）と呼ばれていることを思い出してください（第 1 章を参照してください）。図 6-8 は，両財ともに正常財のケースを描いています。

所得の上昇により消費が増える財を正常財と呼ぶのは，そのようなケースが一般的だからです。しかし，どの財もそうであるとは限りません。毎週末大阪に住む彼女に会いに行く東京在住の新入サラリーマンの A 君は，給料が増えると，新幹線に乗る機会が増え，長距離バスに乗ることは少なくなるかもしれません。

次ページの図 6-9 には，所得の増加により，第 2 財の消費は増加するものの第 1 財の消費は減少する様子が描かれています。この第 1 財のように，所得の増加により消費が減少する財は**劣等財**（もしくは**下級財**）と呼ばれています（再び第 1 章を参照してください）。図 6-8 に描かれている無差別曲線群に比べ，図 6-9 の無差別曲線群は，原点から離れるに従い，その傾きが緩やかになっていることがわかります。つまり，高い効用に達するに従い，限界代替率（第 1

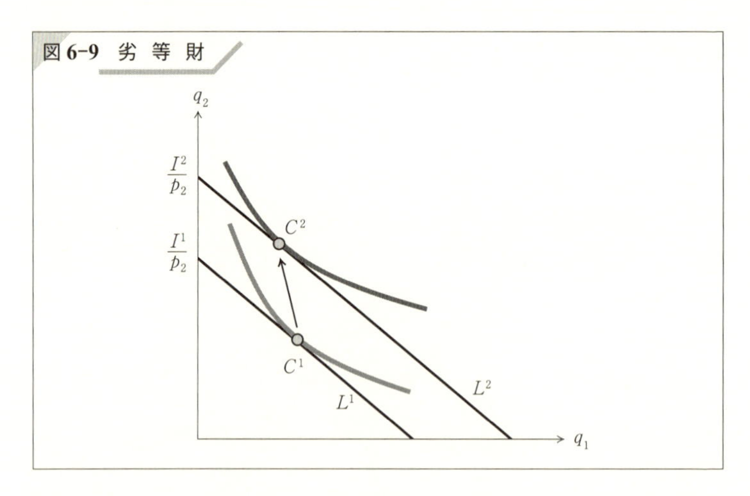

図 6-9　劣等財

財を 1 単位多く消費するためにあきらめてもよいと思う第 2 財の量）が低下しているのです。その低下の程度が高ければ，所得の増加に伴い第 1 財の消費は減少します。

価格変化に対する反応

それでは次に，価格の変化に伴う消費点の移動を見ていきましょう。図 6-10 は，第 1 財の価格が下落したときの消費点の変化を描いています。予算線を表す (6-2) 式から明らかなように，第 1 財の価格が下落すると，予算線はその縦軸切片 I/p_2 をそのままにして，傾き $-p_1/p_2$ がより緩やかなものとなります（L^1 から L^2 へのシフト）。逆に第 1 財の価格が上昇するならば，予算線は縦軸切片を中心に時計回りに回転することになります。図 6-10 では，第 1 財の価格が下落した結果，予算線が反時計回りに回転し，消費点が C^1 から C^2 に移る様子が描かれています。

このケースでは，第 1 財の価格が下落した結果，第 1 財の消費量が増加しています（第 2 財の消費量も，微妙に増加しています）。第 1 財の価格が下落すると第 1 財の消費量が増加するのは，第 1 章で学んだ需要の法則にほかならないことに注意してください。

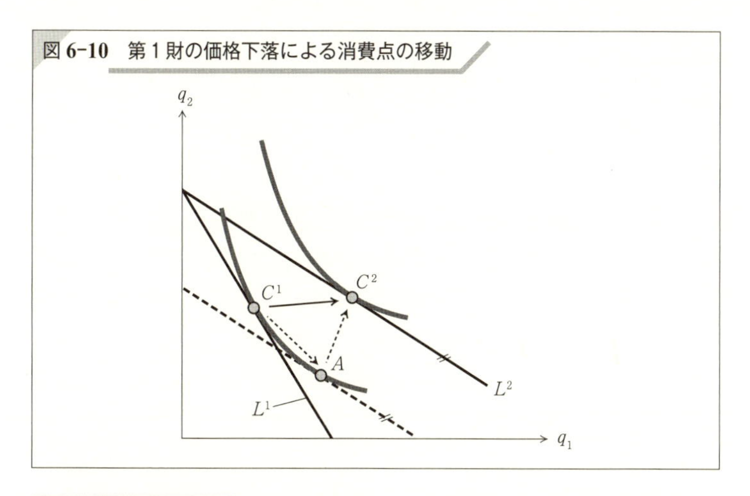

スルツキー分解

価格変化による消費点の変化をもう少し詳しく見てみましょう。図 6-10 では，第 1 財価格の下落は第 1 財の消費量を増加させるように見えますが，必ずそうなるのでしょうか？ また，第 2 財の消費量は，増加するのか減少するのか定かでないように見えますが，実際はどうなのでしょうか？ 財価格が消費に与えるこれらの影響を見るために，ここでは価格変化に伴う消費点の変化を，2 つの効果を通じた変化に分解して考えてみましょう。

図 6-10 は，第 1 財価格の下落が第 1 財の消費を増加させる様子を描いていました。この変化は，**代替効果**と**所得効果**と呼ばれる 2 つの効果に分解できます。この分解はその提唱者の名を冠して，**スルツキー分解**と呼ばれています。

図 6-10 には，価格変化前と変化後の予算線とともに，価格変化後の予算線と平行で変化前に到達していた無差別曲線に接する線が点線で描かれています。もしこの補助線が予算線だったならば，消費は価格変化前の消費点 C^1 と同じ無差別曲線上にある A 点で行われるでしょう。

第1財価格の下落は，C^1 から C^2 への消費点の変化をもたらします。その変化を，先ほど求めた A 点を経由する変化と捉え，C^1 点から A 点への変化と A 点から C^2 点への変化に分解して考えてみましょう。

C^1 点から A 点への変化は，第1財の相対価格が下落した結果，相対的に高くなった第2財の消費を減らし，相対的に安くなった第1財の消費を増やそうとする効果を捉えています。この効果は代替効果と呼ばれています。相対価格が変化すれば，以前と同じ効用を得るためにも，以前とは違った消費の組み合わせ（第1財の消費を増やし第2財の消費を減らす）が，効率的な選択となるのです。

これに対して，A 点から C^2 点への変化は，所得効果と呼ばれる効果を捉えています。第1財の価格が下落すると，以前と同じ所得で，より多くの財を消費できるようになります。貨幣で測った実際の所得が変化していないにもかかわらず，実質的には所得が増加する効果を得るのです。A 点を通る補助線は，価格変化後の実際の予算線より下方に位置しています。価格変化後の予算線は以前と同じ**貨幣所得**に対応しているので，新しい価格体系のもとで以前と同じ効用を得るには，以前より少ない貨幣所得で事足りることがわかります（このことは，予算線として見た場合の補助線の縦軸切片 I/p_2 の方が，価格変化後の予算線の切片より低いことからわかります）。つまり，第1財の価格下落は実質的に所得を増加させる効果を持ち，その効果は，点線で表された補助線が予算線であるときの消費点 A から価格変化後の消費点 C^2 への変化として捉えられるのです。

相対的に価格が上昇した財の消費を減らし，逆に相対的に価格が下落した財の消費を増やすのは，理解しやすい行動でしょう。しかし，価格変化が実質的な所得を変化させ，その効果を通じて各財の消費量も変化するということを認識するのはとても重要です。

また，価格変化が需要に与える影響を，代替効果と所得効果に分

図 6-11　ギッフェン財

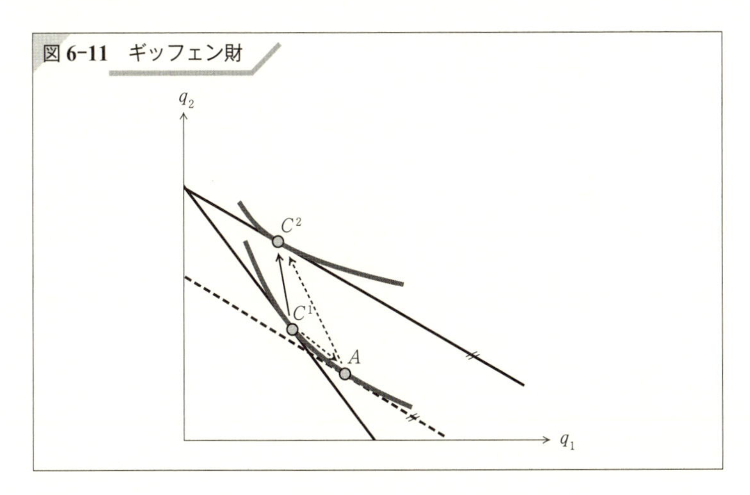

解することにより，初めて見えてくることもあります。

図 6-10 に表されているように，第 1 財の価格下落が引き起こす代替効果は，必ず第 1 財の消費量を増やす方向に働きます。他方，所得効果が第 1 財の消費量を拡大させる方向に働くかどうかは，第 1 財が正常財かどうかによることになります。もし第 1 財が正常財ならば，所得効果も第 1 財の消費量拡大に貢献し，その結果，第 1 財価格が下落すると，第 1 財の消費量は必ず上昇するでしょう。

しかし第 1 財が，所得効果が負である劣等財ならばどうでしょうか？ 図 6-11 に描かれているように，この負の所得効果が非常に大きいならば，所得効果は代替効果をその大きさで上回り，その結果，第 1 財の価格の下落は，第 1 財の消費量の減少につながるでしょう。需要の法則が当てはまらないこのような財は，**ギッフェン財**と呼ばれています。ギッフェン財は現実にはなかなか観察されないと言われています。しかし，毎週末大阪に住む彼女に会うため長距離バスに乗る東京在住の A 君は，バスの運賃が大幅に下がり財布に余裕が出てくると，時には新幹線を使うようになり，バスの乗車回数は減るかもしれません。

第1財価格の下落が第2財の消費に与える影響はどうでしょうか？ 第1財の価格が下落した場合，代替効果は第2財の消費を減らす方向に働きます。第2財が劣等財ならば，所得効果も第2財消費を減らす方向に働くため，このとき，第1財価格が下落すると第2財の消費は減少することになります。しかし，第2財が正常財ならば，所得効果は代替効果を相殺する方向に働きます。したがって，所得効果が代替効果に比べ強いときは，図6-10や図6-11に示されているように，第1財価格の下落により，第2財消費は拡大するでしょう。

需要曲線の導出　第1財価格の下落に伴う消費点の変化を見てきましたが，ここでは，その分析を用いて需要曲線を求めましょう。

まずは各消費者の需要曲線を導きます。図6-12は，第1財の価格が p_1^1 から p_1^2 に下落したときの消費点の変化と，それに対応する需要曲線上の変化を描いています。左図には，第1財価格が p_1^1 から p_1^2 に下落すると，消費点は，第1財の消費量が q_1^1 である C^1 点から，第1財の消費量が q_1^2 である C^2 点へ移る様子が描かれています。つまり，第1財価格が p_1^1 から p_1^2 に下落すれば，第1財消費が q_1^1 から q_1^2 に増加するのです。このことは，縦軸に第1財の価格，横軸に第1財の需要量をとった右図において，c^1 点から c^2 点への移動として表されています。

このように，第2財の価格と所得を所与とし，さまざまな第1財価格について消費点を観察し，右図に価格と消費量の組み合わせを書き入れていくと，右図に描かれているような需要曲線が描けます（ここでは財はギッフェン財ではないとしています）。任意の価格に直面したときに消費者が計画する消費量を求め，それをすべての価格について描き出したのがこの消費者の需要曲線となるのです。

すべての消費者の需要曲線はこうして求めることができます。そ

図 6-12　需要曲線の導出

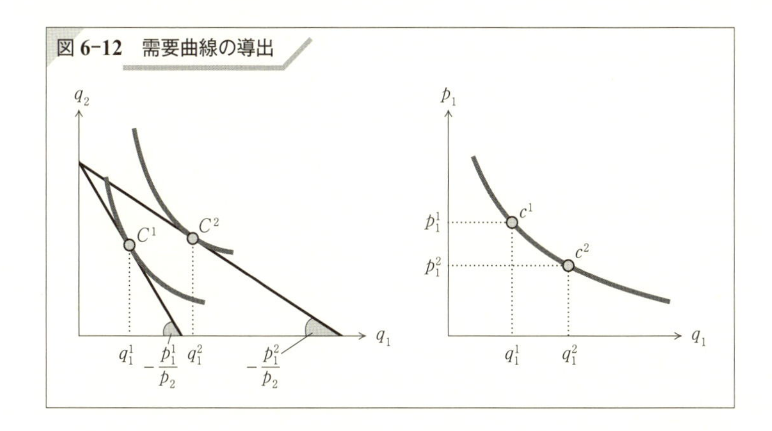

して，それらすべての需要曲線を水平方向に足すことにより，産業全体における総需要曲線が求められます。

代替財と補完財

この章を終えるにあたり，ここで出てきた第1財と第2財の関係について少し考察を加えましょう。

第1章で学んだように，2つの財は代替的であったり補完的であったりします。ただし，ここでは2財しか存在しない世界を考えているため，代替的という意味を少し広く考えます。第1章では，バターとマーガリンといった，財の機能的特徴が似ているケースを念頭に置きましたが，ここでは効用を得るために代替的と考えられるかどうかが重要となります。世の中にパンと衣服しかない場合，機能的にはまったく異なる2財ですが，効用を得るという観点からはある程度代替的だと考えられます。つまり，少しパンを我慢してもおしゃれをすれば効用は保たれるのです。この場合，パンと衣服はよく使われる意味での代替財とは言えませんが，効用を得るという観点からは代替的だと考えられるのです。

さて，2つの財が補完的ならば，両方の財を偏りなく消費したいと考えるでしょう。たとえば，紅茶1杯につき砂糖1袋分を入れたい人は，紅茶が10杯で砂糖が1袋という状態より，紅茶5杯で砂糖5袋という方を好むかもしれません。このように，第1財と第2財が補完的な場合，第1財の消費が第2財の消費に比べかなり小さいときは第1財の消費を増やすために第2財の消費をかなり犠牲にしてもよいと考える（限界代替率が大きい）でしょう。ところが，第1財の消費が第2財の消費に比べ過大なときは，第1財の消費の拡大のために犠牲にしてもよいと思う第2財の量は逆にかなり小さくなる（限界代替率が小さい）でしょう。

逆に，第1財と第2財が代替的であれば，2財の消費がどちらかに偏っていたとしても，それほど問題にはならないでしょう。したがって，第1財消費の第2財消費に対する比率 q_1/q_2 が上昇しても，補完財のケースのように限界代替率が大きく下落することはありません。

2財の間の代替性が大きくなるにつれ，無差別曲線の曲がり具合いは緩やかになり（限界代替率の逓減（ていげん）の度合いが小さく），無差別曲線はより直線的となります。2財間にまったく代替性がなく完全に補完的なときは，各無差別曲線は図6-13の左図のようにL字型となります（図では第1財1単位につき第2財 a 単位が完全に補完的なケースを描いています）。逆に2財が完全に代替的ならば，限界代替率はまったく逓減せず，右図に示されているように各無差別曲線は直線となります。

第1章で考察したように，ある財価格の上昇は，その財と補完的関係のある財への需要を押し下げ，代替的関係のある財への需要を押し上げます。練習問題6-5と6-6では，それぞれ完全補完財のケースと完全代替財のケースに関して，価格と補完財・代替財の需要との関係について考察します。

図 6-13　完全補完財と完全代替財の無差別曲線

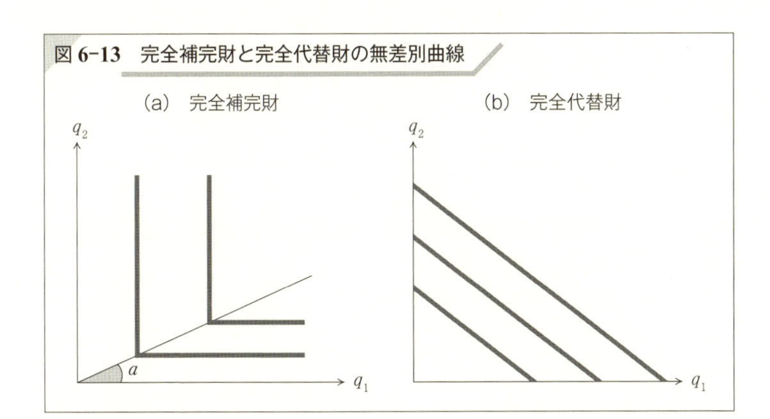

練習問題

【基本問題】

6-1　第1財と第2財を消費する消費者を考えましょう。この消費者は，消費点 $(q_1, q_2)=(10, 10)$ と消費点 $(q_1, q_2)=(5, 15)$ が無差別です。$a=(6, 4)$，$b=(8, 16)$，$c=(5, 13)$，$d=(10, 12)$，$e=(12, 9)$ の5つの消費点それぞれについて，消費点 $(10, 10)$ と比べてどちらが望ましいか考えてください。

6-2　第1財の価格 $p_1=4$ と第2財の価格 $p_2=2$ に直面する所得 $I=24$ の消費者を考えましょう。

(a)　予算線を表す等式を求め，予算線を図示してください。

(b)　$a=(1, 9), b=(2, 8), c=(4, 5), d=(5, 2)$ の4つの消費点は，それぞれ，この消費者にとって消費可能ですか？

(c)　消費点 $(3, 6)$ におけるこの2財間の限界代替率が1だとしましょう。問題 (b) の4つの消費点のうち，最適な消費点となりうるのはどの点ですか？

6-3　第1財と第2財を消費する消費者を考えます。当初の価格は $p_1=2, p_2=2$ で，所得は $I=20$ です。このとき，この消費者は消費点 $(q_1, q_2)=(5, 5)$ を選択するとしましょう。以下では，価格や所得の変化がこの消費者に与える影響を見ていきます。以下のそれぞれの価格と所得の新しい組み合わせについて，予算線がどう変化するか図示してください。そして，その変化がこの消費者にとって望ましいものかどうか考えてください。

(a)　$p_1=1, p_2=2, I=20$

(b)　$p_1=2, p_2=2, I=16$

(c)　$p_1=2, p_2=3, I=24$

(d)　$p_1=4, p_2=3, I=36$

(e)　$p_1=2, p_2=1, I=15$

【応用問題】

6-4　第1財と第2財に対する消費者の嗜好が

$$u(q_1, q_2) = q_1^a q_2^{1-a}\ ;\ 0 < a < 1$$

という効用関数で表されています。このような形をした関数はコブ・ダグラス型と呼ばれ，どんな価格体系のもとでも，所得に占める第1財への支出比率は a，第2財への支出比率は $1-a$ になるという特徴を持ちます。つまり，$p_1q_1+p_2q_2 \leq I$ という予算制約のもとで効用を最大化するとき，第1財への支出は $p_1q_1=aI$，第2財への支出は $p_2q_2=(1-a)I$ となります（コブ・ダグラス型効用関数が持つこの特徴に関する詳細は，中級以上のミクロ経済学のテキストを参照してください）。

このとき消費点は，p_1 と p_2 が一定ならば，所得水準にかかわらず，原点からのある放射線上に位置することになります。この放射線の傾きを求めてください。また，第1財の需要関数を求め，需要曲線を描いてください。第1財は正常財ですか？ 第1財はギッフェン財ですか？

6-5　ある消費者の効用関数は

$$u(q_1, q_2) = \min\{q_1, 2q_2\}$$

という，レオンチェフ型と呼ばれる関数で表されています。この関数は，カッコ内の2要素の小さい方の値を関数の値として取るもので，たとえば，$(q_1, q_2)=(6, 2)$ ならば，$u(6, 2)=\min\{6, 2\times2\}=\min\{6, 4\}=4$，$(q_1, q_2)=(4, 2)$ ならば，$u(4, 2)=\min\{4, 2\times2\}=\min\{4, 4\}=4$ となります。

この例から推測されるように，このケースでは，第1財と第2財の消費比率は，$q_1=2q_2$ となるよう，2対1にするのが効率的な消費行動となります。消費比率が2対1になっている $(q_1, q_2)=(4, 2)$ から，第1財の消費のみを増やして $(q_1, q_2)=(6, 2)$ としても，効用は4のままなのです。この効用関数は，2財が完全補完財のケースを描写しています。

この消費者の嗜好を表す無差別曲線を，適当に2本選び，図示してください。

価格と所得が，$p_1=2$，$p_2=4$，$I=24$ だとします。このときの消費点を求めてください。次に，第1財の価格が4に上昇したとします。新しい消費点を求めてください。第1財価格の上昇が補完財である第2財の消費量を押し下げていることを確認してください。また，この消費点の変化を，代替効果と所得効果に分解して，それらを図示してください。

6-6 ある消費者の効用関数は

$$u(q_1, q_2) = 3q_1+2q_2$$

で与えられています。無差別曲線を適当に2本選び，図示してください。限界代替率はいくつになりますか？（この効用関数は，2財が完全代替財のケースに対応しています。）

価格と所得が，$p_1=2, p_2=2, I=20$ だとします。このときの消費点を求めてください。次に，第1財の価格が4に上昇したとします。新しい消費点を求めてください。第1財価格の上昇が代替財である第2財の消費量を押し上げていることを確認してください。また，この消費点の変化を，代替効果と所得効果に分解して，それらを図示してください。

第7章 競争均衡と効率的資源配分

Introduction

欲しいものが欲しい人のところに，効率よく行き届くようにするには，どうすればよいのでしょうか？ 第3章での答えは，「それは価格が調整機能を発揮する市場に任せるだけでよい」ということでした。しかし第3章は，ある単一の財に注目して，価格の調整機能が，その財の効率的な生産・消費を実現させることを示したにすぎません。無数の財を無数の生産者が生産し，無数の消費者が消費する状況で，本当に欲しいものが欲しい人の手に渡るのでしょうか？価格メカニズムはそれを実現するほどの力を持っているのでしょうか？

この章では，財が複数あるときでも，価格メカニズムはその力を発揮し，市場に任せるだけで効率的な資源配分が達成できることを示します。世の中には本当にたくさんの財が存在し，それらが盛んに取引されています。無数に存在する財1つひとつについて，それをどれくらい生産し誰に届けるのかを決めるのは，どんなに優秀な人が集まり，どんなに多くの情報をもとに生産・消費計画を作成したとしても，到底無理な話でしょう。しかし，価格が調整機能を発揮する市場機構に任せるならば，それだけで，すべての財について効率的な生産・消費が行われ，欲しいものが欲しい人の手に渡るようになるのです。まさにミラクルのようなこの話が正しいことを，皆さんと一緒に見ていきましょう。

1　財の配分とパレート効率性

一般均衡分析

第3章では，ある1つの財に注目して，生産量と消費量が等しくなる均衡状態を求め，その効率性を議論しました。このように，単一の市場に注目する分析手法を**部分均衡分析**と呼びます。これまで学んだように，部分均衡分析ですでに多くの知見を得ることができます。しかし，複数の産業への資源配分の問題や，労働・資本といった生産要素の産業間配分，資源や生産要素から生産される財の消費者への配分など，産業をまたがる問題には，部分均衡分析では答えを見つけることができません。

そこで登場するのが**一般均衡分析**です。一般均衡分析では，ある財市場を抜き出してそれだけを観察するのではなく，すべての市場を同時に分析します。それにより，産業間（もしくは市場間）の相互作用を分析できるのです。もちろんすべての市場と言っても，実際の経済に存在する無数の財市場を，すべて考慮に入れて分析するのは不可能です。この章では，第1財と第2財の2財が存在するとし，その2財の市場を同時に考察していきます。市場の効率性を達成するカギとなるのは，複数の財の間の交換比率である相対価格です。この相対価格の働きを見ることのできる最小限の経済モデルとして，2財のみからなる経済を考察します。

この章ではまず，**パレート効率性**（もしくは**パレート最適性**）という，効率性を測る概念を紹介します。そして，2人の消費者が2財を交換する純粋交換経済と呼ばれる枠組みの中で，市場均衡がパレート効率的であることを示します。つまり，パレート効率性という概念で効率性を測るならば，市場に任せるだけで，効率的な資源

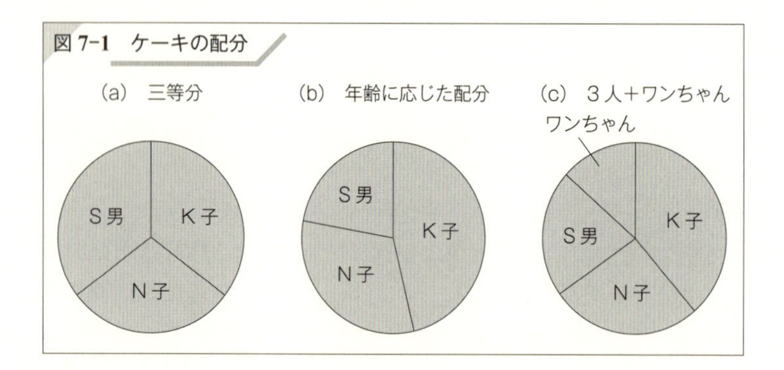

図 7-1 ケーキの配分

（財を含んだ広い意味での資源）配分が達成されるのです。

パレート効率性（パレート最適性）

ここに1つのケーキがあります。このケーキを，13歳のK子ちゃん，12歳のN子ちゃん，10歳のS男君の3姉弟が，分け合おうとしています。さて，どういう配分が望ましいのでしょうか？「3人で公平に分けようよ！」と，まずはS男君が図7-1（a）のような3等分を提案しました。それに対してK子ちゃんは，「体の大きさが違うんだから年齢に応じて分けよう」と，図7-1（b）のような分け方を主張します。そしてN子ちゃんは最後に，「うちのワンちゃんにも少しあげようよ」と図7-1（c）にある配分を提案してきました。さて，どの配分が最も望ましいのでしょうか？

図7-1（a）にある3等分というのは，とても公平に見えます。しかし，図7-1（b）の年齢に応じた配分も，ある意味公平なようでもあります。K子ちゃんはケーキが大好きでN子ちゃんは和菓子の方が好きなことを考えると，今回はN子ちゃんに我慢してもらって，K子ちゃんの分け前を増やした方がいいようにも思えます。

実際どの配分が望ましいかは，一概には言えません。ただし，ワンちゃんの「効用」を無視して3人だけの効用を考えるならば，図7-1（c）にある配分は，あまり望ましいものではありません。図7-1

(a) と (b) の配分は，もし誰かの配分を増やそうとすると，他の誰かへの配分を減らさなくてはなりません。それに対して (c) の配分は，他の人への配分を減らすことなく，誰かの配分を増やすことができます。ワンちゃんには悪いのですが，ワンちゃんの分をすべてK 子ちゃんにまわすこともできますし，その分を 3 等分して仲良く 3 人で分け合うこともできます。いずれにしても，よりよい配分が存在するという意味で，(c) の配分は望ましい配分とは言えないのです。

ヴィルフレド・パレート［1848-1923］: イタリアの技師，経済学者，社会学者，哲学者（時事提供）

他の人の効用を下げることなくしては，どの人の効用も上げることができない配分を**パレート効率的配分**と言います。言い換えれば，ある人の効用を上げようとすると，ほかの誰かの効用を下げてしまう状態をパレート効率的と言うのです。このケーキ配分の例では，図 7-1 (a) と (b) の配分はパレート効率的です。しかし (c) の配分は，すでに見たように，（ワンちゃんを除く）誰の満足度も下げることなく，たとえば K 子ちゃんの満足度を上げることができるため，パレート効率的ではありません。

実際，このケーキ配分の例では，ケーキを余らしたり 3 人以外の誰かにあげたりすることさえなければ，どのように切り分けても，その結果は (3 人の中で) パレート効率的となります。望ましさを測る概念としては，パレート効率性はとても弱い概念なのです。しかしだからこそ，望ましい配分は，少なくともパレート効率的であってほしいと言えます。

純粋交換経済

市場が効率的な資源配分を実現させることを，**純粋交換経済**と呼ばれる簡単な枠組みで見ていきましょう。純粋交換経済とは，各消費者はもともと財を保有していて，必要ならば他の消費者と財を交換したうえでそれらを消費するという世界です。つまりそこに生産者は存在せず，市場では，ある消費者から他の消費者へと財が取引されるのです。

ここでは，A 君と B 君の 2 人が第 1 財と第 2 財を保有し，必要ならばそれらを交換して消費する純粋交換経済を考えます。A 君と B 君の財の初期保有をそれぞれ $(w_1^A, w_2^A), (w_1^B, w_2^B)$ と書きましょう。つまり，たとえば A 君は，当初 w_1^A 単位の第 1 財と，w_2^A 単位の第 2 財を保有しているのです。そして A 君と B 君の消費を，同様に $(x_1^A, x_2^A), (x_1^B, x_2^B)$ と書きましょう。 A 君と B 君は，それぞれの初期保有をそのまま消費することもできます。もしくは，お互いが望むならば，第 1 財と第 2 財をいくらか交換して消費することもできるのです。

ここでは，すべての経済主体がプライス・テイカーとして行動するとし，そのときの均衡を考察していきます。このような均衡は**競争均衡**と呼ばれています。厳密には 2 人しか経済にいない状況では，それぞれがプライス・テイカーとして行動すると考えるのは少々無理があるのですが，分析を簡単にするため，ここでは 2 人のプライス・テイカーが，財市場を通じて，財を交換し合う状況を考えることにします。そしてその競争均衡がパレート効率的であることを示していきます。

エッジワース・ボックス

A 君と B 君からなる純粋交換経済を，**エッジワース・ボックス**と呼ばれる分析道具を用いて考察しましょう。エッジワース・ボックスとは，経済全体における第 1 財と第 2 財の存在量を，それぞ

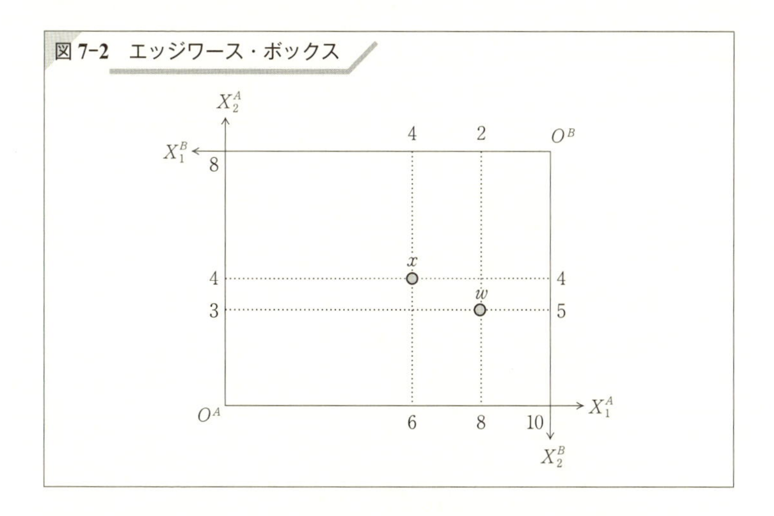

れ横軸と縦軸の長さとするボックス形のグラフで，それぞれの財が当初誰にどれだけ保有され，交換の結果，誰がどれだけ消費するかを示すものです。図 7-2 は，第 1 財が 10 単位，第 2 財が 8 単位ほど存在している経済を描いたエッジワース・ボックスです。

このエッジワース・ボックスの左下の原点 O^A は，A 君にとっての原点を表しています。つまり，この原点がたとえば消費配分点ならば，A 君の消費量は両財ともにゼロということです。他方，B 君にとっての原点は，エッジワース・ボックスの右上の原点 O^B です。A 君の初期保有量や消費量は，第 1 財に関しては O^A から右に行くほど，第 2 財に関しては上に行くほど大きくなるのに対して，B 君の場合は，O^B を起点にして，左に行くほど第 1 財は多くなり，下に行くほど第 2 財は多くなります。

図 7-2 には**初期保有配分点** w と**消費配分点** x が示されています。初期保有配分点は，O^A を原点とすれば $w=(8, 3)$ と書けますが，これは当初 A 君は第 1 財を 8 単位，第 2 財を 3 単位保有していることを表しています。この点を O^B を原点として見てみると，B 君は

当初第1財を2単位，第2財を5単位保有していることがわかります。もちろん，2人の初期保有量を合計すれば，第1財は横軸の長さである10単位，第2財は縦軸の長さである8単位となります。

同様に消費配分点 $x=(6,4)$ は，A君の消費点が $(x_1^A, x_2^A)=(6,4)$ で，B君の消費点が $(x_1^B, x_2^B)=(4,4)$ であることを示しています。

エッジワース・ボックスにおいて，初期保有配分点と消費配分点が異なるということは，A君とB君の間で財が交換されたことを意味しています。ここでは，A君の第1財の消費量は初期保有量より2単位少なく（8→6），逆にB君の第1財の消費量は初期保有量より2単位多く（2→4）なっており，2単位の第1財がA君からB君の手に渡ったことがわかります。これに対して第2財は，その所有がB君からA君に1単位ほど移っています。つまり，A君はB君に第1財を2単位あげるのと交換に，第2財1単位を得ているのです。

この場合の第1財と第2財の交換比率は2対1になっていることに注意してください。財の交換比率は財の相対価格です。この交換における第1財の（第2財表示による）相対価格は，1/2です。第1財1単位と第2財1/2単位が等価値になっているのです。また，この第1財の相対価格は，初期保有配分点 w と消費配分点 x を結ぶ直線の傾きの絶対値と等しくなっています。

エッジワース・ボックスの分解

エッジワース・ボックスを，A君とB君それぞれの状況を示す図に，分解してみましょう。

まず，O^B を原点とする X_1^B 軸と X_2^B 軸を無視してください。そうすると，図7-2は図7-3（a）にあるように，A君の初期保有点と消費点を表す図として見ることができます。そこには，A君の嗜好を表す無差別曲線2本も描かれています。

もちろん図7-2から，B君の初期保有点と消費点を表す図を抜き出すこともできます。今度は，O^A を原点とする X_1^A 軸と X_2^A 軸を

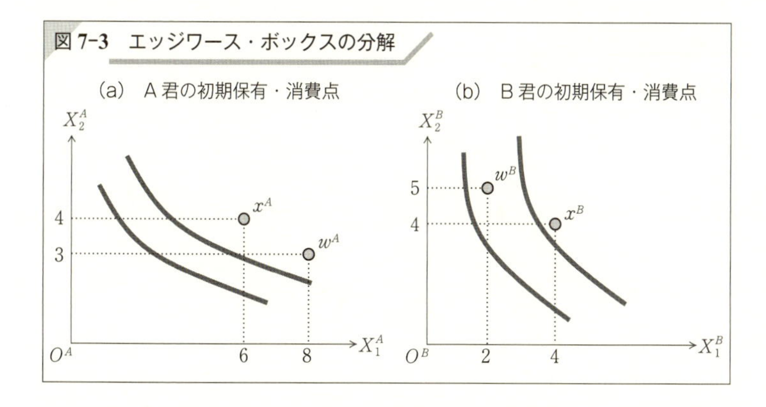

無視してみましょう。そして残された X_1^B 軸と X_2^B 軸を O^B を中心に 180° 回転してみてください。そうすると，図 7-3 (b) にある，B 君の状況を表す図になります。ここにも，B 君の初期保有点と消費点とともに，無差別曲線が描かれています。

ここでは，図 7-2 のエッジワース・ボックスを A 君と B 君の状況を示す図に分解しましたが，その過程を逆にたどることもできます。つまり，図 7-3 (b) を O^B を中心に 180° 回転し，図 7-3 (a) に重ね合わせるのです。このとき，A 君の初期保有点と B 君の初期保有点が一致するよう重ね合わせてください。そうすると，2 人の消費点も一致し，それらはそれぞれ，図 7-2 の初期保有配分点と消費配分点となるのがわかります。こうして，図 7-3 の情報から，図 7-2 のエッジワース・ボックスが作成できるのです。

契約曲線

初期保有配分点や消費配分点だけでなく，パレート効率的配分点の集合もエッジワース・ボックス内に図示できます。図 7-4 には，u^{A1}, u^{A2}, u^{A3} の効用をもたらす A 君の無差別曲線 3 本と，u^{B1}, u^{B2}, u^{B3} の効用をもたらす B 君の無差別曲線 3 本が描かれています。A 君と B 君それぞれの効用は，対応するそれぞれの原点 O^A と O^B から離れるに従って

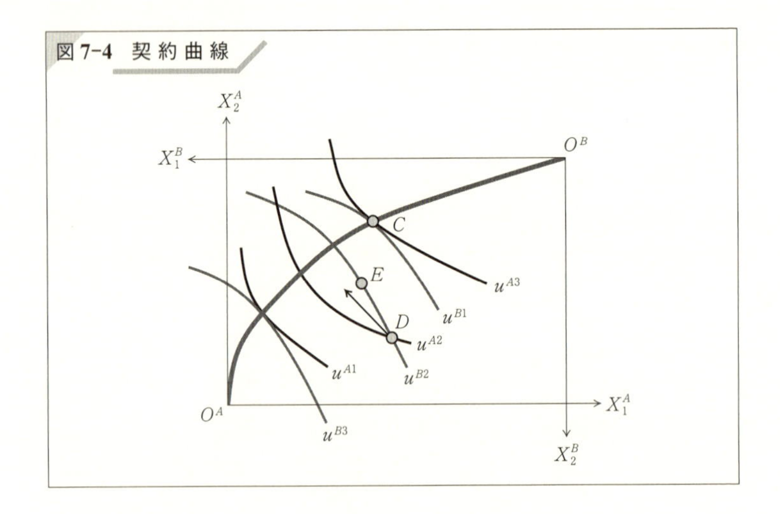

図 7-4　契約曲線

高くなるため，たとえばB君に関しては，$u^{B1} < u^{B2} < u^{B3}$ と左下にいくほど高くなっていることに，注意してください。

パレート効率的配分点は，図7-4の C 点のように，A君とB君の無差別曲線が接している点です。エッジワース・ボックス内のどの点をとっても，その点を通るA君の無差別曲線とB君の無差別曲線があり，2人の無差別曲線が接していない点では，図7-4の D 点のように，それらの無差別曲線は交わっています。この D 点のように，2人の無差別曲線が交わっている点は，パレート効率的ではありません。たとえば，D 点からB君の無差別曲線 u^{B2} に沿って E 点に移動すれば，B君の効用を下げることなくA君の効用を上げることができます。また，矢印で表されているように，2人の無差別曲線に囲まれた領域に移動すれば，A君とB君双方の効用を上げることができます。他方，C 点のように2人の無差別曲線が接する点では，どの方向に配分点を変化させても，少なくとも1人の効用が下がってしまいます。したがって，2人の無差別曲線の接点がパレート効率的配分点となるのです。

図7-4から推測されるように，パレート効率的配分点は無数に存在します。たとえば効用 u^{B3} に対応している無差別曲線のように，エッジワース・ボックス内を通るB君の無差別曲線1本を任意に選びましょう。そうすると，それに接するA君の無差別曲線が必ず存在し，その接点がパレート効率的配分点となります。

パレート効率的配分点の集合は，**契約曲線**と呼ばれています。図7-4では，契約曲線が O^A と O^B を結ぶ曲線として描かれています。契約曲線上のどの点も，契約曲線の定義によりパレート効率的ですが，契約曲線上のどの点がより望ましいかは，人によって異なります。A君にとっては，O^A から右上に行くにつれ効用が上がり，O^B 点が最も望ましくなるのに対し，B君にとってはまったくその逆で，左下に位置する配分点ほど望ましいものとなります。

2 競争均衡と経済厚生

競争均衡

それでは次に，A君とB君からなる経済の競争均衡を考えましょう。競争均衡では，A君とB君は価格を所与とし，それぞれの予算制約のもとで効用を最大化する消費点を選択しています。そしてその価格は，第1財と第2財の各市場で，総需要と総供給が等しくなるよう決まります。

A君の予算は，A君の初期保有財の価値にほかなりません。A君は第1財を w_1^A 単位，第2財を w_2^A 単位初期保有しているので，第1財価格が p_1，第2財価格が p_2 のときの予算は，$p_1w_1^A+p_2w_2^A$ となります。初期保有している財をすべて市場で売却すれば，これだけの収入を得るのです。同様に，B君の予算は $p_1w_1^B+p_2w_2^B$ となります。したがって，A君とB君の予算制約式はそれぞれ

図 7-5　初期保有点と消費点

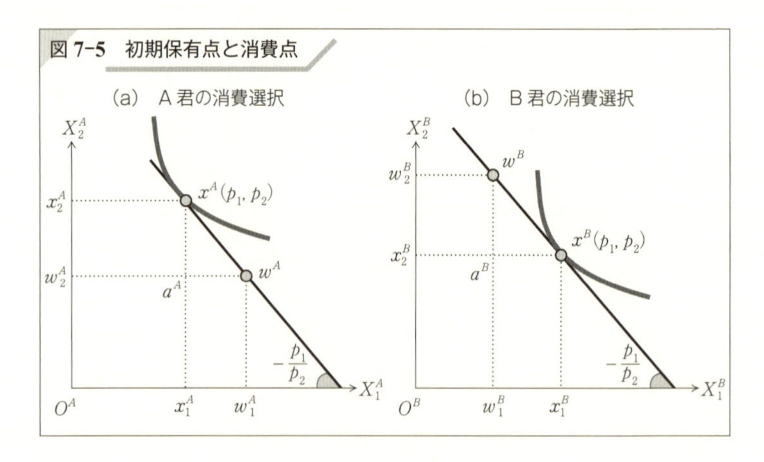

$$p_1x_1^A + p_2x_2^A \leqq p_1w_1^A + p_2w_2^A \tag{7-1}$$

$$p_1x_1^B + p_2x_2^B \leqq p_1w_1^B + p_2w_2^B \tag{7-2}$$

となります。

図 7-5 (a) は，A 君の消費選択を記述しています。A 君の予算線は，(7-1) 式を等号で成立させる消費点 (x_1^A, x_2^A) からなります。言い換えれば，予算線は予算制約式を等号で成立させるすべての消費点の集合です。そしてそれは初期保有点 $w^A=(w_1^A, w_2^A)$ を通り，傾きが $-p_1/p_2$ の直線となります。予算線が初期保有点 w^A を通るのは，初期保有点で消費すると予算をちょうど使い切ることを示しています。各財の初期保有をそのまま消費すると，初期保有がちょうどなくなるというのは当たり前のことです。これはまた，予算制約式 (7-1) の消費点 (x_1^A, x_2^A) に (w_1^A, w_2^A) を代入すると，(7-1) 式が等号で成立することからも確かめられます。

A 君は，その予算線上で効用を最大化する点 $x^A=(x_1^A, x_2^A)$ を選択しています。(7-1) 式と図 7-5 (a) から見てとれるように，A 君が選択する消費点は，初期保有点 w^A を所与として，2 財の価格の関数として決まります。価格が (p_1, p_2) のとき A 君が選択する消費

点を $x^A(p_1, p_2)=(x_1^A(p_1, p_2), x_2^A(p_1, p_2))$ と書きましょう。

効用を最大化する消費点を選択することにより，A 君は $w_1^A-x_1^A(p_1, p_2)$ 単位の第 1 財を手放し，その代わりに $x_2^A(p_1, p_2)-w_2^A$ 単位の第 2 財を手に入れています。そして，その交換比率は第 1 財の相対価格になっていることが，図から読み取れます。またこのことは（7-1）式が

$$\frac{x_2^A(p_1, p_2)-w_2^A}{w_1^A-x_1^A(p_1, p_2)}=\frac{p_1}{p_2}$$

と変形できることからもわかります。

B 君の消費選択は，図 7-5（b）に同様に記述されています。B 君も，傾きが $-p_1/p_2$ で初期保有点 w^B を通る予算線と無差別曲線が接する点 $x^B(p_1, p_2)=(x_1^B(p_1, p_2), x_2^B(p_1, p_2))$ を，消費点として選択します。その結果，B 君は $w_2^B-x_2^B(p_1, p_2)$ 単位の第 2 財を手放し，それと交換に $x_1^B(p_1, p_2)-w_1^B$ 単位の第 1 財を手に入れています。

図 7-5 は，A 君が手放す第 1 財の量 $w_1^A-x_1^A(p_1, p_2)$ と B 君が手に入れる第 1 財の量 $x_1^B(p_1, p_2)-w_1^B$ が等しくなるよう描かれています。つまり，$w_1^A-x_1^A(p_1, p_2)=x_1^B(p_1, p_2)-w_1^B$ であり，これを変形すると $x_1^A(p_1, p_2)+x_1^B(p_1, p_2)=w_1^A+w_1^B$ となります。このように総需要と総供給が等しくなる状況が競争均衡です。そして，この等式を成立させる価格が，競争均衡価格 $(p_1, p_2)=(p_1^*, p_2^*)$ です。図 7-5 は競争均衡を描いているので，そこでの価格 (p_1, p_2) はこの競争均衡価格 (p_1^*, p_2^*) となっています。また，第 2 財についても同様に，$x_2^A(p_1, p_2)-w_2^A=w_2^B-x_2^B(p_1, p_2)$ から，総需要が総供給に等しくなっているのがわかります。これらのことは，図 7-5 において，（a）の三角形 $x^Aa^Aw^A$ と（b）の三角形 $w^Ba^Bx^B$ が合同であることによっても表現されています。

図 7-6　競争均衡

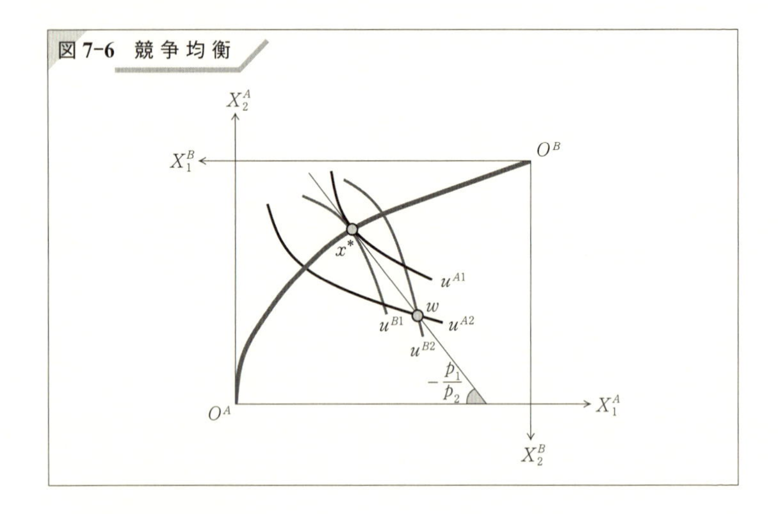

厚生経済学の第1基本定理

図 7-5 の 2 つの図を，エッジワース・ボックスとしてまとめ，競争均衡を図示してみましょう。図 7-3 から図 7-2 を作成したように，図 7-5 (b) を O^B を中心として 180° 回転し図 7-5 (a) に重ねると，図 7-6 のエッジワース・ボックスが描けます。このエッジワース・ボックスからは，初期保有配分点 w から財の交換により消費配分点 x^* が実現し，そのときの財の交換比率は市場で実現する（第 1 財の）相対価格に従っていることが読み取れます。

また，消費配分点 x^* において，2 人の無差別曲線はそれぞれ共通の予算線に接しているため，結果的に両者の無差別曲線はお互いに接していることもわかります。A 君と B 君は 2 人とも，財の相対価格を指標にして，それぞれにとって最適な消費点を決めています。第 6 章で見たように，2 人はそれぞれ，財の限界代替率が第 1 財の相対価格に等しくなるよう消費点を選択しているのです。これにより，A 君の限界代替率は第 1 財の相対価格に等しく，その相対価格はまた B 君の限界代替率に等しくなり，結果的に 2 人の限界代替率は一致することになります。第1財を1単位多く消費するためにあきらめてもよいと考える第2財の量が2人の間で一致するのです。そしてこのことは，「さらなる財の再配分によって両者の効用が増加することはない」ということを意味しています。

2人の無差別曲線が接しているということは，消費配分点は契約曲線上にあり，競争均衡はパレート効率的であることを意味しています。競争均衡はパレート効率的であるということはとても重要な性質であり，**厚生経済学の第1基本定理**と呼ばれています。「市場に任せるだけで効率的な資源配分が実現できる」というこの定理は，経済学の数々の定理の中でもとくに重要だと考えられます。また，初期保有配分点から，財の交換によって消費配分点に移ることにより，両者ともに効用が増大していることに注意してください（$u^{A1} > u^{A2}, u^{B1} > u^{B2}$）。財の交換は当事者双方に利益をもたらすのです。

厚生経済学の第1基本定理が成立するためには，各経済主体はプライス・テイカーとして行動していなくてはなりません。経済がこのように競争的環境にあるという前提とともに，経済活動による外部性も存在しないという前提も必要です。ただし，これらの現実的には少々厳しいと思われる前提のもとであったとしても，価格という情報を経済主体間で共有するだけで，各経済主体が自らの利益のみを追求して行動した結果，効率的な資源配分が実現するというのは，驚くべきことでしょう。

価格の調整機能と競争均衡の安定性

図7-6は均衡がパレート効率的である様子を描いていますが，価格の調整機能が均衡を導く様子はそこからは見えてきません。均衡相対価格以外の相対価格では，市場の需給関係はどうなるのでしょうか？　そのとき，市場の需給が一致するよう価格は変化していくのでしょうか？

図7-7は，第1財の相対価格 p_1^1/p_2^1 が均衡相対価格より高いケー

図 7-7　不均衡状態

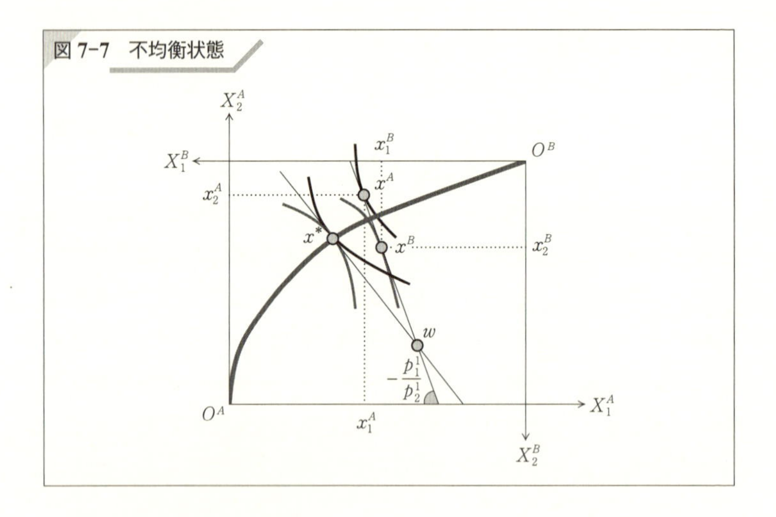

スを描いています。このとき，A 君は x^A 点で，B 君は x^B 点で消費をしようと各財を需要しています。ここでは，2 人の消費点が一致していないことに気をつけてください。その結果，第 1 財の総需要 $x_1^A+x_1^B$ はボックスの横の長さを下回っています。つまり $x_1^A+x_1^B<w_1^A+w_1^B$ であり，第 1 財の超過供給が発生しています。逆に第 2 財に関しては，$x_2^A+x_2^B$ がボックスの縦の長さを上回り，超過需要（$x_2^A+x_2^B>w_2^A+w_2^B$）が発生しています。

第 1 財の相対価格が均衡相対価格より高いとき，第 1 財の超過供給と第 2 財の超過需要が同時に発生します。その結果，第 1 財の価格は下落し，第 2 財の価格は上昇するでしょう。この動きは第 1 財の相対価格を下落させ，図 7-7 からわかるように，経済は x^* 点を消費配分点とする競争均衡へと向かっていきます。

第 1 財の相対価格が均衡相対価格より低いときも同様です。このとき第 1 財の超過需要と第 2 財の超過供給が発生し，その結果第 1 財の相対価格は，均衡相対価格へと上昇していくのです。つまり，相対価格が均衡水準より外れても，常に均衡水準へ戻る力が働き，その意味で均衡は安定的だと言えるのです。

均衡の安定性とともに注意したいのは，第1財市場が超過供給のときは第2財市場は超過需要となり，第1財市場が超過需要にあるときは第2財市場は超過供給となるということです。そしていずれか1つの市場が均衡していれば，もう1つの市場も均衡します。2つの財市場を結ぶこの関係は**ワルラス法則**と呼ばれています。

そして各財市場を均衡へと導く価格も，それぞれが無関係に決まるわけではありません。図7-6や図7-7に描かれているように，ここで重要なのは相対価格 p_1/p_2 であって，個々の価格ではありません。実際，競争均衡で決まるのは p_1/p_2 であり，p_1 と p_2 の絶対的大きさは決まりません。たとえば，$p_1=4$ と $p_2=2$ が均衡価格であるならば，それと相対価格が等しい，$p_1=8$ と $p_2=4$ の組み合わせもまた均衡価格となります。

資源配分に重要な役割を果たすのは，さまざまな財・サービスや生産要素・資源間の相対価格です。絶対的価格水準は，これらの実物的側面からだけでは決まらず，貨幣的要素がその決定に重要な役割を果たします。絶対的価格水準（物価水準）の決定については，この教科書の後半の課題であるマクロ経済学で詳しく説明します。

第2章では，ある1つの財市場に注目して，需給の一致を導く価格の役割を学びました。複数の財が存在するこの章のケースでは，相対価格の変化により，両財の市場が同時に均衡することがわかりました。財の数が3つ以上のときも，話が格段に難しくなるものの，価格メカニズムの基本は変わりません。たとえば，ある財の超過需要が発生しているならば，その財の価格が他の財の価格に比べ相対的に上昇し，その超過需要は解消されていきます。3財以上存在するより一般的なケースでも，財価格が調整され相対価格が変化することにより，すべての市場の需給が一致する状況へと向かっていくのです。

Column ⑦ レモン市場

アメリカにおけるサブプライム・ローン問題は，投資銀行リーマン・ブラザーズの破綻（はたん）（2008年）をきっかけに，世界的金融危機へと発展していきました（リーマン・ショック）。それを受けて，各国政府や国際機関は，金融市場への規制を強化する方針を打ち出します。金融市場はとても競争的な市場です。厚生経済学の第1基本定理に従うならば，規制を強化するのではなく，むしろ自由な競争環境を維持するべきではないのでしょうか？

金融市場では，多くの市場関係者が金融商品の価格を所与として取引をしています。その意味では金融市場は競争的なのですが，そこで扱う商品は，衣服やトウモロコシといった「通常」の財とは大きく異なっています。多くの金融商品は，その売り手と買い手で商品に対して持つ情報に差があるのです。たとえばある企業の社債（企業が事業資金を集めるために発行する証券）を考えるならば，売り手である企業自身（もしくはその企業と関係の深い金融業者）は，将来の企業業績について買い手よりも多くの情報を持っているでしょう。

売り手と買い手の間で商品についての情報が非対称的なとき（売り手の方が買い手よりもより多くの情報を持つとき），市場はうまく機能しない可能性があります。それは「レモン市場の問題」として知られています。レモンとは，英語で「不良品」という意味があります。見た目はよくても中身が傷んでいることがあるから，レモンは不良品の代名詞となっているとも言われています。

レモン市場の例としてよく語られるのが中古車市場です。市場に出回る中古車の半分は品質が良いものの，残りの半分はレモンである例を考えてみましょう。下の表は，「良い車」と「悪い車」に対する売り手と買い手それぞれの評価額を表しています。「良い車」は，売り手にとって20万円の価値がある一方で，買い手にとっての価値は24万円となっています。他方「悪い車」に対する評価額は，売り手にとっては10万円，

表　レモン市場

	良い車	悪い車
売り手	20	10
買い手	24	12

買い手にとっては12万円となっています。もし，取引される車の品質が，売り手にとっても買い手にとっても明らかであるならば，「良い車」は20万円と24万円の間の価格で取引され，「悪い車」は10万円と12万円の間の価格で取引されるでしょう。

さて，売り手は車の品質がわかっているものの，買い手はその品質を知ることができないときはどうなるでしょうか？ 買い手は，自らの評価額の期待値（確率でウェイトづけた平均値）までは支払ってもよいと考えているとしましょう。前ページの表において，良い車である確率は1/2で，そのときの買い手の評価額は24なので，両者をかけ合わせると12になります。また悪い車である確率1/2をその場合の評価額12にかけ合わせると6になります。両者を足し合わせたもの，つまり12+6=18が買い手の評価額の期待値です。買い手は，車の品質がわからなくても，買い手評価額の期待値である

$$\frac{1}{2}\times 24+\frac{1}{2}\times 12 = 18(\text{万円})$$

までは，その車を手に入れるために支払ってもよいと考えているのです。

しかしこの18万円という価格では，20万円の評価額を持つ「良い車」の所有者は車を売ろうとしないでしょう。その結果，市場にはレモンだけが出てくることになります。この市場には，「悪い車」だけが供給され，そのことを知る買い手と売り手は10万円と12万円の間の価格で「悪い車」を取引するでしょう。「良い車」は市場から締め出されるのです。

情報の非対称性が存在する市場では，価格メカニズムはうまく働くとは限りません。このような市場では，政府や国際機関の積極的関与が正当化されるのです。

厚生経済学の第2基本定理

社会的効率性の指標の1つであるパレート効率性で測った場合，競争均衡は社会的に望ましい財の配分を達成することがわかりました。それでは思考回路を逆にたどり，社会的に望ましいと考えられる配分を競争均衡によって達成することは可能かどうかを考えてみましょう。実は，競争均衡がパレート効率的である（厚生経済

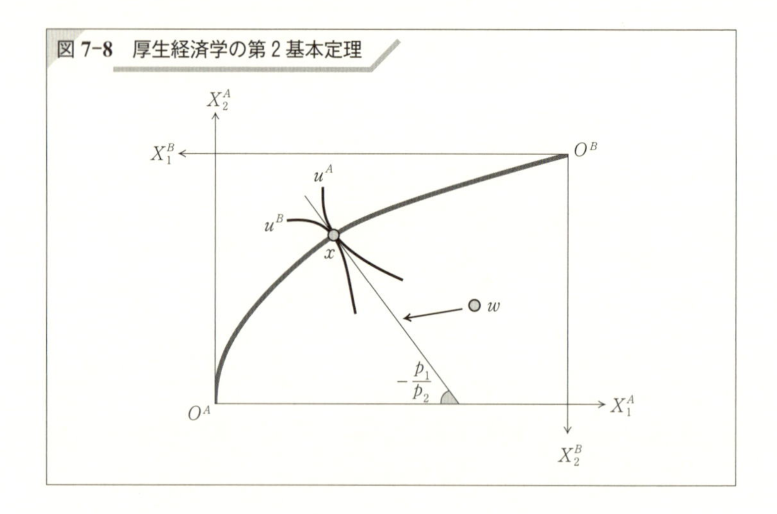

図 7-8　厚生経済学の第 2 基本定理

学の第 1 基本定理）だけでなく，どんなパレート効率的配分も，初期保有の再配分により，競争均衡として実現することができます。これは**厚生経済学の第 2 基本定理**と呼ばれています。

図 7-8 に描かれているように，契約曲線上にある任意のパレート効率的消費配分点 x をとりましょう。この点は契約曲線上にあるため，その点で A 君と B 君の無差別曲線が接しているはずです。図にはその接線が右下がりの直線として描かれています。もし，初期保有配分点がこの直線上にあったならば，これまで見てきたように，その直線の傾きの絶対値を第 1 財の相対価格として，x 点は競争均衡により実現する消費配分点となるでしょう。しかし，図 7-8 のように，初期保有配分点がその線上にないならば，そのときの競争均衡は別のパレート効率的消費配分点を実現することになります。

このことはしかし，初期保有配分点 w から保有する財をこの直線上に再配分しさえすれば，あとは競争均衡に従って消費配分点 x が実現することを示唆しています。最も単純な財の再配分は，消費配分点として実現しようとする x 点に財を再配分してしまうことです。すると，競争均衡では，第1財の相対価格はその接線の傾きの絶対値に決まり，その相対価格のもとで財の交換は行われず，そのまま x 点が消費配分点として実現します。もちろん，その他の再配分によっても，消費配分点 x を競争均衡消費点として実現できます。実際，x 点での無差別曲線の接線（図7-8における右下がりの直線）上のどの点に初期保有を再配分したとしても，その点から新たに財を交換するならば，競争均衡により x 点が消費点として実現します。

厚生経済学の第1基本定理は，競争均衡がパレートの意味で効率的であることを保証してくれます。しかし，財の交換の結果実現する消費配分点は，公平性などの観点では，社会的に望ましいものかどうかわかりません。たとえば財の初期配分が，A君に偏っているならば，競争均衡で実現する消費配分点は，契約曲線上でも O^B 点にかなり近いものとなるでしょう。それは，社会的には公平だとみなされないかもしれません。そのようなときは，A君からB君へ事前に所得を再分配（初期保有を再配分）することにより，契約曲線上でも，より O^A 点に近い点へと消費配分点を誘導できるのです。

人によっては，社会にとって最も重要なのは公平性であり，効率性を犠牲にしてまでも公平性を確保すべきだと考えるかもしれません。しかし，公平と思われる配分が効率的でないならば，そこからさらに効率性を追求することにより，すべての人がより望ましいと考える状態に移行することができます。公平性を追求するのは重要ですが，そのときでも効率性は担保しておくべきものなのです。

練習問題

【基本問題】

7-1 「三度の飯よりスキーが好き」などと言いますが，このような嗜好は**辞書式順序的嗜好**と呼ばれています。たとえば，第1財（スキー）と第2財（三度の飯）の2財が存在する場合の2つの消費点 $x^1=(x_1^1, x_2^1)$ と $x^2=(x_1^2, x_2^2)$ を考えましょう。このとき，第2財よりも第1財を好む辞書式順序的嗜好では，(i) $x_1^1>x_1^2$ か，もしくは (ii) $x_1^1=x_1^2$ で $x_2^1>x_2^2$ のとき，消費点 x^2 より消費 x^1 を好むことになります。まずは第1財の量を比較し，それが同じであるときのみ第2財の量を比較するのです。

さて，K子ちゃんはおはぎよりケーキを好む辞書式順序的嗜好を持ち，N子ちゃんは逆に，ケーキよりおはぎを好む辞書式順序的嗜好を持っています。いまテーブルの上に，ケーキが2個とおはぎが2個あります。ケーキもおはぎも1つひとつを分割することができない（つまり，1/2ずつというように分けられない）としたとき，パレート効率的配分はどうなりますか？ ケーキ2個とおはぎ2個のパレート効率的配分をすべてあげてください。

7-2 Aさんと B さんの間で第1財と第2財の2財を交換する状況を考えましょう。以下のそれぞれのケースについて，**パレート改善**（どの人の効用も下げることなく，ある人の効用を上げること）するには，どちらの人が第1財を手放し第2財を手にいれるべきか答えてください。

(a) 図7-2のようなエッジワース・ボックスにおける当初の配分点では，Aさんの無差別曲線の方がBさんの無差別曲線より傾きが緩やかになっている。

(b) 初期の配分点では，Aさんの限界代替率の方がBさんの限界代替率より大きかった。

(c) 2人は，リンゴ（第1財）とミカン（第2財）をそれぞれの予算制約の下で効用を最大化するよう購入した。しかし，Aさんが購入したスーパーではリンゴ1個が150円でミカン1個は30円だったのに対し，Bさんが購入したスーパーでは，リンゴが120円，ミカンは30円だった。

(d) 2人は，タバコ（第1財）と牛乳（第2財）をそれぞれの予算制約のもとで効用を最大化するよう購入した。牛乳には消費税以外の税はかかっていなかったが，タバコには消費税に加え，タバコ税がかかっていた。

7-3 ワルラス法則が正しいことを，AさんとBさんが第1財と第2財を交換する経済について確かめましょう。iさん（$i=A, B$）の2財の初期保有は（w_1^i, w_2^i）であり，価格p_1, p_2のもとで財を交換し，消費点は（x_1^i, x_2^i）となります。2人の予算制約式がそれぞれ等式で満たされ，第1財市場が均衡するとき，第2財市場も均衡することを，対応する3本の数式だけから導いてください。

【応用問題】

7-4 A君とB君の第1財と第2財に対する嗜好は，2人とも同一のコブ・ダグラス型効用関数

$$u(x_1, x_2) = x_1^{2/3}x_2^{1/3}$$

で表されています。前章の練習問題6-4で見たように，この場合所得の2/3は第1財の購入へ，残りの1/3は第2財の購入へ回されることになります。また，消費点$x=(x_1, x_2)$における限界代替率は$MRS(x)=2x_2/x_1$となります。A君とB君の初期保有点はそれぞれ，$(w_1^A, w_2^A)=(7, 8)$，$(w_1^B, w_2^B)=(13, 2)$です。

エッジワース・ボックスを描き，契約曲線を図示してください。次に，第1財の相対価格を$p=p_1/p_2$と書き，A君とB君の各財の需要量をpの関数として表し，競争均衡でのpを求めてください。そしてこの競争均衡をエッジワース・ボックスに図示してください。

7-5 AさんとBさんの第1財と第2財に対する嗜好は，2人とも同一の準線形の効用関数

$$u(x_1, x_2) = x_1+2x_2^{\frac{1}{2}}$$

で表されています。このような準線形の効用関数の消費点$x=(x_1, x_2)$における限界代替率は，第2財の消費量のみの関数として，$MRS(x)=x_2^{\frac{1}{2}}$となります。AさんとBさんの初期保有点はそれぞれ，$(w_1^A, w_2^A)=(8,0)$, $(w_1^B, w_2^B)=(0, 8)$です。

エッジワース・ボックスを描き，契約曲線を図示してください。次に，第1財の相対価格を$p=p_1/p_2$と書き，A君とB君の各財の需要量をpの関数として表してください。$p=1$のとき，AさんとBさんの各財の需要量はそれぞれいくつですか？ 2人の需要点をそれぞれ

エッジワース・ボックスに記し，各財の超過需要量を求めてください。最後に，競争均衡での p を求め，この競争均衡をエッジワース・ボックスに図示してください。

7-6 A 君と B 君の第 1 財と第 2 財に関する効用関数は，それぞれ

$$u^A(x_1^A, x_2^A) = 2x_1^A + x_2^A$$
$$u^B(x_1^B, x_2^B) = x_1^B + x_2^B$$

で与えられています。2 人の初期保有量の合計は，第 1 財，第 2 財ともに 10 単位です。エッジワース・ボックスを描き契約曲線を図示してください。そして契約曲線上の 1 点を任意に選び，その点が消費配分点となる競争均衡における第 1 財の相対価格を求めてください。

第8章 ゲーム理論

Introduction

ここまで，多くの生産者と多くの消費者が，財市場を通じて関わり合う世界を考えてきました。そこでは，価格を指標としてすべての経済主体が行動し，価格の調整機能に導かれ均衡が実現しました。言い換えれば，個々の経済主体は価格を通してのみ他の経済主体と関わっていたのです。

しかし現実には，少数の経済主体が直接影響を及ぼし合う状況が多く見られます。たとえば，自動車産業や家電産業では，少数の大企業が互いに牽制し合いながら，財の価格や供給量を決定しています。製薬会社なども，新薬の開発にあたり，ライバル企業の動向に注目しながら，研究分野を絞り込み，研究開発投資を行っています。また，通商政策等をめぐり，国家間では頻繁に交渉が行われています。

少数の経済主体が，お互いの行動を観察し合いながら自らの行動を決定する状況は，**ゲーム理論**によって分析されます。ゲーム理論は，合理的社会経済主体が，お互いに影響を与えながら意思決定を行っている状況を分析するための理論です。ゲーム理論は，経済学に欠かすことのできない分析道具ですが，その有用性は経済学にとどまりません。政治学，国際関係，社会学など，多くの分野でゲーム理論は広く用いられています。この章で，ゲーム理論の基礎を学びましょう。

1 戦略形（標準形）ゲーム

戦略形（標準形）ゲームとは

少数の社会経済主体が，お互いを意識しながら，それぞれ自らの意思決定を行う状況を分析するには，まずそこで，誰がどんな意思決定をするのかを知る必要があります。ゲーム理論では，意思決定をする社会経済主体をプレーヤーと呼びます。各プレーヤーは，とりうるいくつかの選択肢を持ち，そのそれぞれの選択肢は**戦略**と呼ばれます。すべてのプレーヤーがそれぞれ自らの戦略を選択すると，ある結果に落ち着きます。もちろん，どの結果に落ち着くのかにより，各プレーヤーの満足度は変わってきますが，それは各プレーヤーの満足度を数値化した**利得**（もしくは効用）によって表現されます。ゲームは，プレーヤーの集合，各プレーヤーがとることのできる戦略の集合，そしてすべての起こりうる結果における各プレーヤーの利得の記述によって定義されます。

たとえば，海外進出をねらう自動車メーカーが，工場を中国かタイのいずれかに建設しようと考え，その自動車メーカーに納入している部品メーカーは，自らも一緒に進出すべきかどうかを考えているとします。プレーヤーは自動車メーカーと部品メーカーの2社です。自動車メーカーの戦略は「中国」と「タイ」の2つであり，部品メーカーの戦略は「ついていく」と「ついていかない」の2つです。各プレーヤーの利得はどう考えればよいでしょうか？ たとえば，自動車メーカーが部品メーカーと一緒に中国に進出した場合，自動車メーカーと部品メーカーの利潤がそれぞれ2000億円と1000億円だったとしましょう。このとき，自動車メーカーが「中国」，部品メーカーが「ついていく」をそれぞれ選択するならば，自動車メーカ

表8-1　利得行列

		プレーヤー2	
		L	R
プレーヤー1	T	1, 2	0, 1
	B	2, 1	1, 0

ーの利得は2（千億円）で，部品メーカーの利得は1（千億円）となると考えられます。

このような問題は，前章まで考察してきた市場での取引とは大きく異なります。価格という指標を通じて経済主体間が関わり合ってきた市場取引とは異なり，ここでは少数の経済主体が，直接お互いの意思決定に関与してきます。このような問題こそが，ゲーム理論が得意とする分野なのです。

上述のような問題を，少し抽象化して考えてみましょう。表8-1は，プレーヤー1とプレーヤー2によるゲームを表しています。このような表は**利得行列**と呼ばれ，利得行列で表されるゲームを**戦略形**（もしくは**標準形**）**ゲーム**と言います。プレーヤー1にはTとBの2つの戦略があり，このいずれかをとることができます。プレーヤー2は，LかRのいずれかの戦略を選択します。利得行列の行を選択するプレーヤーは**行プレーヤー**と呼ばれ，列を選択するプレーヤーは**列プレーヤー**と呼ばれます。表8-1で表されるゲームでは，プレーヤー1が行プレーヤー，プレーヤー2が列プレーヤーです。

このゲームでは，両プレーヤーともに2つの戦略を持ちます。したがって，$2 \times 2 = 4$通りの結果が存在します。利得行列は，そのそれぞれの結果における各プレーヤーの利得を与えてくれます。それぞれの戦略ペアに対応する利得行列の最初の数字が行プレーヤーが受け取る利得であり，2番目の数字が列プレーヤーが受け取る利得となっています。たとえば，プレーヤー1がBを選択しプレーヤー

2がLを選択したならば，その結果（B, L）という戦略のペアが実現し，プレーヤー1は2，プレーヤー2は1の利得を得るのです。

支配戦略均衡

さて，表8-1の利得行列で表されるゲームでは，各プレーヤーはどの戦略を選ぶのでしょうか？ もちろん各プレーヤーがとる戦略は，相手プレーヤーがとる戦略に依存します。各プレーヤーは相手プレーヤーがとる戦略を予測しながら，自らがとる戦略を決定するのです。

まずはプレーヤー1から見ていきましょう。プレーヤー1がとるべき戦略は，プレーヤー2がLをとるかRをとるかに依存するでしょう。プレーヤー2がLを選択するならばどうでしょうか？ プレーヤー2がLを選択する場合，プレーヤー1がTをとると（T, L）の戦略ペアが実現し，プレーヤー1の利得は1になります。また，TではなくBを選択するならば，（B, L）が実現し，プレーヤー1の利得は2となります。したがって，もしプレーヤー2がLをとるならば，プレーヤー1はBをとる方がいいことになります。それでは，プレーヤー2がRを選択するときはどうでしょう？ このとき，プレーヤー1がTをとれば，プレーヤー1の利得は0となり，Bをとれば1となります。したがって，プレーヤー2がRをとるときも，プレーヤー1はBをとるでしょう。

結局，プレーヤー1は，相手の戦略にかかわらずBをとるのが望ましいことになります。このように，望ましい戦略が相手プレーヤーのとる戦略に関係なく決まるとき，その望ましい戦略を**支配戦略**と呼びます。他の戦略に対して優位性を持つという意味で，支配戦略と呼ぶのです。表8-1で表されているゲームでは，プレーヤー1はBという支配戦略を持つのです。

プレーヤー2についてはどうでしょうか？ 実はこの例では，プレーヤー2も相手プレーヤーの戦略にかかわらずLをとるのが望ましく，Lが支配戦略になります。プレーヤー1がTをとるとき，

Lをとれば利得は2，Rをとれば利得は1となるため，Tに対するプレーヤー2の最適な戦略（**最適反応**と呼ばれます）はLとなります。同様に，プレーヤー1がBをとるならば，Lをとれば利得は1，Rをとれば利得は0となるため，Bに対する最適反応もLとなるのです。

このゲームのように，すべてのプレーヤーに支配戦略が存在するとき，各プレーヤーはそれぞれの支配戦略を選択すると考えてよいでしょう。すべてのプレーヤーが自らの支配戦略を選択する均衡は，**支配戦略均衡**と呼ばれています。表8-1のゲームでは，(B,L)が支配戦略均衡となっています。

支配戦略均衡の問題点

支配戦略が存在するとき，プレーヤーはその支配戦略をとるでしょう。したがって，ゲームの結果が知りたければ，支配戦略均衡を見つけさえすればよいように思えます。しかし，支配戦略均衡には問題があります。いつも存在するとは限らないのです。

表8-2で表されるゲームを見てください。このゲームは「**男女（カップル）の争い**」のゲームとして知られています。カップルの意見の不一致を表現しているゲームとして見ることができるからです。さて，このゲームでは，A君とBさんの2人がサーカーか野球のいずれかを観戦しようとしています。2人ともサッカーを選択すると，2人でサッカー観戦ができA君の利得は2となります。2人とも野球を選択するならば，A君の利得は1です。しかし，2人がそれぞれ別の競技を選択すると，デートとしては成り立たなくなりA君の利得は0となってしまいます。A君はサッカーを一緒に観戦したいと思っていますが，野球であっても，2人が別々にサッカーと野球を観戦するよりはよいと思っているのです。Bさんも同様ですが，Bさんはサッカーより野球に魅力を感じています。

このゲームでは，A君は支配戦略を持ちません。A君にとって，

表 8-2　男女（カップル）の争い

		Bさん	
		サッカー	野　球
A君	サッカー	2, 1	0, 0
	野　球	0, 0	1, 2

Bさんがもしサッカーを選ぶならばサッカーが望ましいのに対して，Bさんが野球を選べば野球が望ましくなるからです。言い換えれば，A君の最適反応はサッカーに対してはサッカーで，野球に対しては野球となり，相手プレーヤーの選択によって変わってくるのです。

支配戦略均衡は，すべてのプレーヤーが支配戦略を持っているときのみ存在するので，A君が支配戦略を持たないこのゲームには存在しません。また，このゲームでは，Bさんも支配戦略を持っていないことを確かめてください。

支配戦略均衡が均衡概念としていくら魅力的であったとしても，それが存在しなければ意味がありません。そこで，支配戦略均衡に代わる別の均衡概念が必要となります。

ナッシュ均衡

ある戦略の組み合わせ（すべてのプレーヤーの戦略を列記したもの）を考えましょう。そこに記されている各プレーヤーの戦略が，同じくそこで記されている他のプレーヤーの戦略を所与とし，自らの利得を最大化する戦略であるとき，その戦略の組み合わせを**ナッシュ均衡**と呼びます。言い換えれば，各プレーヤーの戦略が，他のプレーヤーの戦略に対する最適反応になっているとき，その戦略の組み合わせをナッシュ均衡というのです。ナッシュ均衡では，各プレーヤーが他のプレーヤーのとる戦略に対して最適反応をとっているため，どのプレーヤーも，ナッシュ均衡戦略から逸脱して違う戦略を選ぶインセンティブ（誘因）を持ちません。

表 8-2 のゲームでは，（サッカー，サッカー）という戦略の組み合わせが，ナッシュ均衡になっています。B さんがサッカーを選ぶならば，A 君は野球ではなくサッカーを選択することにより利得を最大化できます。また，A 君のサッカーという選択に対する B さんの最適反応はサッカーです。（サッカー，サッカー）という戦略ペアは，お互いの戦略が，相手の戦略に対する最適反応になっているのです。

ジョン・ナッシュ [1928-2015]：アメリカの数学者。1994 年にノーベル経済学賞受賞（時事提供）

この教科書では深入りしませんが，各プレーヤーがとることのできる戦略をいわゆる**純粋戦略**から**混合戦略**まで広げて考えるならば，ナッシュ均衡は必ず存在することがわかっています。純粋戦略とは，選択可能な戦略から 1 つだけを選択することです。たとえば，表 8-2 では，A 君と B さんそれぞれの純粋戦略は，サッカーもしくは野球のいずれかを選択することです。それに対して混合戦略とは，いくつかの戦略それぞれに確率を振り当て，その確率に従って，実際の戦略を選択することです。たとえば，サイコロを振り，1 から 4 の目が出たらサッカーを選択し，5 か 6 の目が出たら野球を選択するといった戦略です（このとき，サッカーを選ぶ確率は 2/3，野球を選ぶ確率は 1/3 になっています）。各プレーヤーに，混合戦略をとることを許すならば，支配戦略均衡とは異なり，どんな戦略形ゲームにも，ナッシュ均衡が存在することがわかっています。

また，支配戦略均衡はナッシュ均衡でもあることに注意してください。ある戦略の組み合わせが支配戦略均衡ならば，各プレーヤー

表 8-3　ナッシュ均衡の導出

		プレーヤー 2	
		L	R
プレーヤー 1	T	②, ①	0, 0
	B	0, 0	①, ②

がとる戦略は相手プレーヤーのどんな戦略に対しても最適反応となっています。どんな戦略に対しても最適反応であるということは，相手が実際にとる戦略に対しても最適反応となっていることを意味します。したがって，この戦略の組み合わせは，支配戦略均衡であると同時に，ナッシュ均衡でもあるのです。

ナッシュ均衡の導出　それではナッシュ均衡の導出方法を学びましょう。表 8-3 は，表 8-2 のゲームと同様のゲームを表しています。このゲームのナッシュ均衡を導出してみましょう。

まず，各プレーヤーについて，相手プレーヤーの各戦略に対する最適反応を求め，その結果得る利得を○（マル）で囲みましょう。最適反応が複数存在するときは，そのすべてを○で囲みます。ここでは，プレーヤー 1 の最適反応は，L に対しては T で，R に対しては B となるので，(T, L) にある 2 と (B, R) にある 1 を○で囲みます。プレーヤー 2 に関しても同様に考えると，T に対する最適反応は L で B に対する最適反応は R なので，(T, L) の 1 と (B, R) の 2 を○で囲むことになります。

ナッシュ均衡は，すべてのプレーヤーの利得が○で囲まれている戦略の組み合わせとなります。この例では，(T, L) と (B, R) がナッシュ均衡です。たとえば，(T, L) を考えてみましょう。ここで，プレーヤー 1 の利得 2 が○で囲まれているということは，プレーヤー 1 の戦略 T は，プレーヤー 2 の戦略 L に対する最適反応であることを意味しています。同様に，プレーヤー2の利得1が○で囲まれているので，プレーヤー2の戦略Lは，プレーヤー1の戦略Tに対する最適反応であることもわかります。つまり，すべてのプレーヤーの利得が○で囲まれているということは，各プレーヤーが選択する戦略は他のプレーヤーの戦略に対する最適反応になっているということを意味し，したがってこの戦略の組み合わせがナッシュ均衡になるのです。

この例からわかるように，ナッシュ均衡は複数存在するかもしれません。この場合，(T, L) と (B, R) のどちらがゲームの結果として観察されるかは，ナッシュ均衡を見る限りにおいてはわかりません。ナッシュ均衡が複数存在するケースの多くは，ゲーム理論からだけでは，ゲームの結果を1つに絞り込んで予測することは難しいのです。

囚人のジレンマ

ここで，経済学をはじめさまざまな分野で使われる有名なゲームを紹介しましょう。そのゲームは**囚人のジレンマ**と呼ばれ，表8-4に表されるゲームはその一例になります。

事件の共犯者2人（プレーヤー1とプレーヤー2）が，別室で取り調べを受けています。2人は軽微な罪で別件逮捕されています。警察は，囚人それぞれに，「もう1人の囚人と事件を起こしたと自白すれば，お前の刑は軽くしてやろう」と取引を持ちかけます。各囚人は，「何もやっていない」としらばくれ，相棒に協力的な選択C（cooperation）をとることもできますし，「確かに俺たちがやった」と，相棒を裏切って罪を告白するという選択D（defection）をとることもできます。2人ともお互いを守ろうとCを選択すると，両者ともに別件の罪で起訴され，それぞれの利得は -1（1年の刑）となります。自分は協力（C）したのに相手が裏切る（D）と，自分は事件の罪を一身に受け6年の刑を受ける一方，相棒は釈放されます。

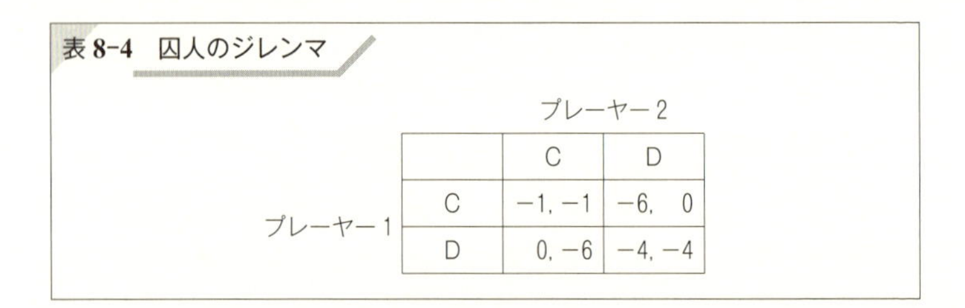

表 8-4　囚人のジレンマ

		プレーヤー2 C	プレーヤー2 D
プレーヤー1	C	−1, −1	−6, 0
	D	0, −6	−4, −4

そして2人とも相手を裏切る選択（D）をすると，それぞれ4年の刑を受けます。

このゲームでは，相手が協力しようが裏切ろうが，自らは裏切るのが最適な戦略となります。したがって，(D, D) が支配戦略均衡となります。また，その (D, D) は唯一のナッシュ均衡でもあります。

支配戦略均衡 (D, D) では，各プレーヤーともに利得は −4 となります。2人とも，D の代わりに C を選択するならば，それぞれの利得は −1 となり，−4 を上回ります。つまり，支配戦略均衡 (D, D) は，パレート効率的ではないのです。それに対して，戦略ペア (C, C) はパレート効率的です。そこから他のどの戦略ペアに移っても，少なくとも一方のプレーヤーの利得は下がるからです。しかし，(C, C) はナッシュ均衡ではありません。戦略ペア (C, C) は両プレーヤーにとって (D, D) より望ましいにもかかわらず，こうした協力は達成されないのです。

一般に，表8-4のゲームのように，パレート効率的でない支配戦略均衡が存在するゲームを，囚人のジレンマと呼びます。価格カルテル（複数の企業が共謀して価格をつり上げる行為）や談合（複数の企業が共謀し公共事業を有利な条件で受注する行為）などは，囚人のジレンマとして表現できます。また，各国が自らに有利な貿易政策を相手国から引き出そうとする国際交渉も，囚人のジレンマの枠組みで考えることができます。これらの例では，協力するのがお互いにとって望ましいにもかかわらず，結局，協力的結果は達成されないのです。

しかし，この囚人のジレンマ・ゲームが何度も繰り返されるならば，協力的な結果（C,C）が達成可能なことが知られています。協力し続ける限りにおいては全員が協力する反面，ひとたび協力体制が崩れると非協力的結果が続くような状況を考えましょう。このような状況では，将来を重視するプレーヤーは，非協力的戦略Dをとり協力体制が崩れることを恐れ，協力的な戦略Cをとり続けるでしょう。したがって，すべてのプレーヤーが十分将来を重視するならば，協力的結果（C,C）が将来にわたって続く均衡が存在するのです。価格カルテルや談合が，企業の顔ぶれが変わらない閉鎖的な産業でしばしば観察されるのは，同一プレーヤー間で何度も囚人のジレンマ・ゲームをプレーしているからだと考えられます。

2 展開形ゲーム

展開形ゲームとは

ここまでは，戦略形ゲームを用いて，ゲーム理論の基本的要素を学んできました。囚人のジレンマなど，いくつかの重要なゲームは戦略形で表現されますが，時間の流れとともにプレーヤーが行動するケースなど，より複雑なゲームは戦略形ゲームで表現するのは難しくなってきます。そこでここでは，**展開形ゲーム**と呼ばれるゲームの表現方法を学びましょう。

展開形ゲームは，プレーヤーの逐次的行動を記述するのに適したゲームです。プレーヤーたちが，同時に行動するのではなく，ある順序をもって行動するケースに適しているのです。展開形ゲームは，**ゲームの樹**（game tree）で表現されます。ゲームの樹は，いくつかの節と，それぞれの節から分かれる枝からなっています。それぞれ

図 8-1　参入阻止ゲーム

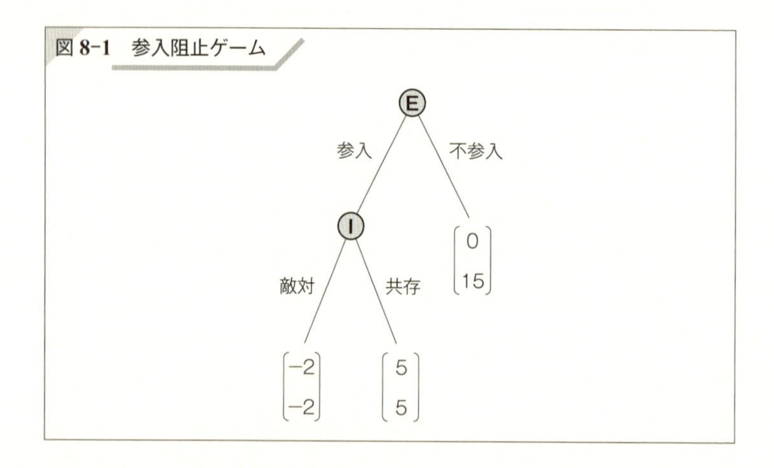

の節は，そこで行動を選択するプレーヤーが誰なのかを示し，そこから分かれるいくつかの枝は，そのプレーヤーの選択肢を表しています。たとえば，図 8-1 のゲームの樹では，E と I と書かれた 2 つの節が存在し，E の節からは「参入」と「不参入」という 2 つの枝が伸びています。そして I の節からは，「敵対」と「共存」という，別の 2 つの枝が伸びています。ゲームの樹には，それ以降枝分かれしていかない先端がいくつか存在し，それはゲームの終了を示しています。そしてそこには，各プレーヤーの利得が書かれています。

各プレーヤーは，複数の節で行動を選択する機会が与えられるかもしれません。各プレーヤーの戦略は，自らが行動するすべての節それぞれについて，そこで選択する行動を記述した関数（それぞれの節に，そこで選択する行動を与える関数）です。たとえば，2 つの節で行動選択の機会が与えられるプレーヤーにとっては，最初の節で選択する行動と，2 番目の節で選択する行動のペアが戦略となります。

それでは，図 8-1 の参入阻止ゲームを用いて，展開形ゲームの均衡を学んでいきましょう。図 8-1 は，市場への新規参入者と，その市場を牛耳る既存企業とのせめぎ合いを描いた展開形ゲームです。まずゲームの樹の最初の節で，参入者E（entrant）が市場に参入するかどうかを決定します。参入者が「不参入」を選択するとゲームは終了し，そのとき参入者の利得は0，既存企業の利得は15となります。ゲームが終了する枝には新たな節が続いておらず，その代わり，その結果に対応する利得が描かれています。利得は，上に書いてある最初の数字が最初に動くプレーヤー（この場合は参入者）のもので，下の数字が2番目に動くプレーヤー（この場合は既存企業）のものを表しています。

参入者が最初の節で「参入」を選ぶと，次の既存企業I（incumbent）の節へと移ります。そこでは，既存企業が「敵対」か「共存」を選択します。つまり，参入者と敵対し価格引き下げ競争を始めるのか，参入者と共存し市場を折半するのかを選ぶのです。ここで既存企業が「敵対」を選択すると，両者ともに損失を被り，それぞれの利得は -2 となります。「共存」を選択すると，両者ともに利得は5となります。

展開形ゲームでは，最初の節から出発して，それぞれの節で選ばれる枝に沿って，ゲームが逐次的に進んでいきます。そしてゲームの樹の先端に到着したところでゲームは終了し，各プレーヤーはそこに書かれている利得を受け取るのです。

展開形ゲームのナッシュ均衡

展開形ゲームにおいても，ナッシュ均衡の定義は変わりません。すなわち，各プレーヤーの戦略が相手プレーヤーの戦略の最適反応になっているとき，その戦略の組み合わせがナッシュ均衡となります。

図8-1で表現されているような単純なゲームでは，ゲームを戦略形に書き直してナッシュ均衡を求めることができます。表8-5は，図8-1で表される参入阻止ゲームを戦略形に書き直したものです。

表 8-5　戦略形参入阻止ゲーム

		既存企業	
		敵対	共存
参入者	参入	−2，−2	⑤，⑤
	不参入	⓪，⑮	0，⑮

参入者と既存企業はそれぞれ1回しか行動を選択する機会がないため，各プレーヤーの戦略はそれぞれの節で選択する行動そのものになります。つまり，参入者の戦略は「参入」と「不参入」の2つであり，既存企業の戦略は「敵対」と「共存」の2つになります。参入者が「参入」を選択し，既存企業が「敵対」を選択すると，図8-1より各プレーヤーの利得は −2となります。また，参入者が「参入」を選択し，既存企業が「共存」を選択すると，各プレーヤーの利得は5になるのがわかります。

参入者が「不参入」を選択し，既存企業が「敵対」を選択するときはどうでしょうか？ 図8-1によると，既存企業がいずれの戦略を選択しようとも，参入者が「不参入」を選択すると，ゲームが終了するのがわかります。したがって，「不参入」と「敵対」が選ばれるときの参入者の利得は0，既存企業の利得は15になります。もちろん，参入者が「不参入」を選択し，既存企業が「共存」を選択するときも，ゲームの結果は同一で，参入者の利得は0で既存企業の利得は15になります。

参入者が「不参入」を選択すると，既存企業が行動を選択する節に届かずゲームが終わってしまいます。しかしそういうときであっても，届くことのない節で，プレーヤーがどの行動を選択するのかはとても重要な情報です。そこでの選択が，それより上に位置する節におけるプレーヤーの行動を左右するからです。

表8-5のゲームには，（参入，共存）と（不参入，敵対）の2つの

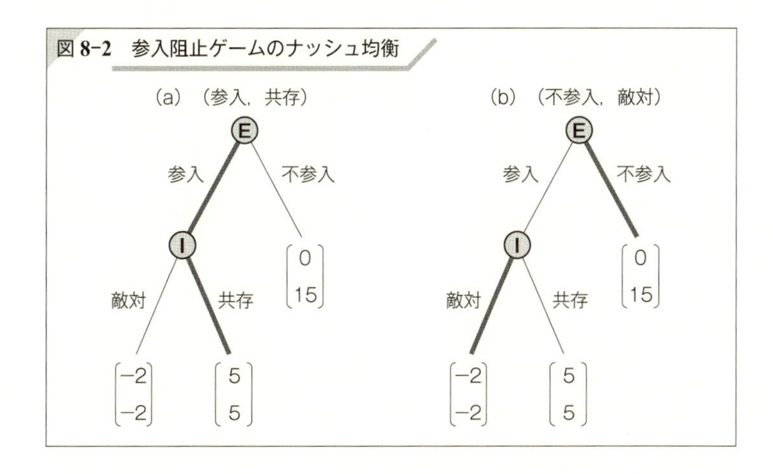

ナッシュ均衡があります（これらがナッシュ均衡であることを確かめてください）。もちろんこの 2 つのナッシュ均衡は，対応する展開形ゲーム（図 8-1）のナッシュ均衡でもあります。図 8-2 は，これらのナッシュ均衡を，ゲームの樹において表現したものです。図 8-2 (a) はナッシュ均衡（参入，共存）を，図 8-2 (b) はもう 1 つのナッシュ均衡（不参入，敵対）を表しています。いずれの図においても，各プレーヤーの均衡戦略は太線で表されています。

空脅し

表 8-3 で表される「男女（カップル）の争い」と同様に，この参入阻止ゲームには 2 つのナッシュ均衡が存在します。しかし，「男女（カップル）の争い」のときと異なり，この場合，2 つのナッシュ均衡には，もっともらしさという点で優劣をつけることができます。このゲームでは，（不参入，敵対）は起こりそうにないナッシュ均衡だと考えられるのです。どうしてでしょうか？

図 8-2 (b) では，参入者は「不参入」を選択しています。しかし，もし参入者が「参入」を選択したらどうでしょうか？ 参入者が「参入」を選択すると，実際に行動を選択する機会が，既存企業に与え

られます。そしてそこでは，既存企業は「敵対」ではなく「共存」を選択するでしょう。「敵対」を選択したときに得る利得 −2 より，「共存」を選択して得る利得 5 の方が高いからです。

既存企業のナッシュ均衡戦略である「敵対」は，参入者が「不参入」を選択し自分にプレーが回ってこないことを前提とした均衡戦略です。実際にプレーが回ってきたときは「敵対」を選択しないことを考えると，この既存企業の戦略は**空脅し**（からおど）だと言えます。「もし参入してきたら敵対するぞ」と参入企業を「威嚇（いかく）」し，参入を阻止しようとしているのです。この均衡では，その空脅しを真に受けて，参入者は「不参入」を選択しているのです。

部分ゲーム完全均衡

参入阻止ゲームの（不参入，敵対）というナッシュ均衡は，プレーが回ってこない節において，合理的な選択がなされていないことが問題でした。その問題を解決する新たな均衡概念を紹介しましょう。それは**部分ゲーム完全均衡**と呼ばれています。

まず，**部分ゲーム**を定義しましょう。部分ゲームは，ゲームの樹の各節から始まるゲームの樹の一部分（節と枝の集合）です。ゲームの樹そのものも，「最初の節から始まるゲームの樹の一部分」と考えられるため，ゲーム全体を表す樹も部分ゲームの 1 つと考えます。図 8-3 は，参入阻止ゲームに 2 つの部分ゲームが存在することを示しています。1 つは，参入者が行動を選択する節 E から始まる部分ゲームで，これはこのゲームの樹そのものです。もう 1 つは，既存企業が動く節 I から始まる部分ゲームで，図では小さく四角で囲った部分となります。

戦略の組み合わせが，すべての部分ゲームにおいてナッシュ均衡になっているとき，その戦略の組み合わせを部分ゲーム完全均衡と言います。ゲーム全体を示すゲームの樹も部分ゲームの 1 つなので，部分ゲーム完全均衡はナッシュ均衡であるのがわかります。

図 8-3　部分ゲーム完全均衡

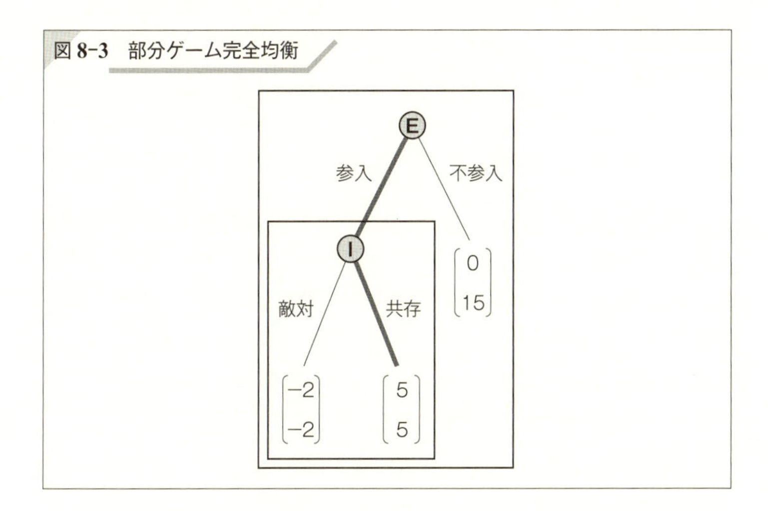

それでは，図 8-3 を用いて，参入阻止ゲームでは（参入，共存）が唯一の部分ゲーム完全均衡であることを示しましょう。

まず，（参入，共存）が部分ゲーム完全均衡であることを見ていきます。この戦略の組み合わせはナッシュ均衡なので，E の節から始まる部分ゲームのナッシュ均衡になっているのがわかります。次に，I の節から始まる部分ゲームでは，利得を最大化したい既存企業は「共存」を選択します。この部分ゲームは既存企業の選択のみからなっているため，そこでの既存企業のこの最適な選択は，それ自体でこの部分ゲームのナッシュ均衡となります。このように，（参入，共存）は，どの部分ゲームにおいてもナッシュ均衡であり，したがって部分ゲーム完全均衡となっているのです。

部分ゲーム完全均衡はナッシュ均衡なので，ナッシュ均衡でない戦略の組み合わせは，部分ゲーム完全均衡とはなりえません。したがって，もう 1 つのナッシュ均衡である（不参入，敵対）が部分ゲーム完全均衡でないことを示せば，（参入，共存）が唯一の部分ゲーム完全均衡であるのがわかります。そしてそれは簡単に示すことができます。図 8-3 の，I の節から始まる部分ゲームを見てください。そこでは，「共存」を選ぶのが既存企業の最適戦略であり，したがって「敵対」は，この部分ゲームのナッシュ均衡ではありません。このことはもちろん，（不参入，敵対）が部分ゲーム完全均衡でないことを意味しています。

ゲームを後ろから解く　ナッシュ均衡を求め，その 1 つひとつを部分ゲーム完全均衡かどうかチェックすることにより，部分ゲーム完全均衡を求めてきました。しかし，より直接的に，部分ゲーム完全均衡を導出する方法もあります。それは「ゲームを後ろから解く」というものです。部分集合の包含関係により部分ゲームの「大きさ」を測るならば，「最も小さい部分ゲームから順にナッシュ均衡を求めていく方法」だと考えることもできます。

図 8-3 では，I の節から始まる部分ゲームが，最も小さい部分ゲームです。そこでは，「共存」がナッシュ均衡でした。次に，もう 1 つの部分ゲームであるゲームの樹全体を見てみましょう。そこではすでに，既存企業は I の節において「共存」を選択することがわかっています。したがって，参入者が「参入」を選択すれば，それを受けて既存企業が「共存」を選択し，参入者はその結果，利得 5 を得ます。他方，参入者が「不参入」を選択すると，その時点でゲームは終了し，参入者の利得は 0 となります。したがって，E の節では，参入者は「参入」を選択します。これから，各部分ゲームでナッシュ均衡となっている部分ゲーム完全均衡は，（参入，共存）となるのがわかるのです。

「ゲームを後ろから解く」というのは示唆に富んでいます。各時点での行動を決定する際に重要なのは，その決定が後に続くプレーヤーたち（自らも含めて）の行動に与える影響を推測することです。後ろがわからなければ（もしくは後ろを推測することなしでは），現在の行動を合理的に決定するのは難しいのです。人生設計も後ろから解くのが肝要です。

ルールか裁量か？

この章を終えるにあたり，政府規制に関する政治経済学の例題を考察しながら，ゲーム理論に対する理解を深めていきましょう。行政は，決められたルールを重視し淡々と進めていくべきか，それともその時々の状況に合わせ柔軟に対処していくべきなのでしょうか？ その答えは一見，「柔軟に対処する方がよい」となりそうです。しかし，柔軟に対処することがわかれば，行政指導を受ける立場にある経済主体の行動は，それを踏まえたものになるでしょう。その結果，行政側としては好ましくない結果が起こるかもしれません。

具体的な問題として，公共事業の外国企業への市場開放問題を考えましょう。そこでのプレーヤーは，政府 G と国内企業 F です。社会厚生の最大化を目的とする政府は，公共事業を外国企業に開放するかどうかを決定します。他方，国内企業は，コスト削減の努力をするかどうかを決定します。政府は，国内企業にコスト削減の努力をしてもらったうえで，外国企業への市場開放を実現したいと考えています。そして国内企業は，コスト削減努力は避けたいものの，市場開放が実現するならば，生き残りのためにコスト削減の努力を惜しまないとしましょう。

問題は，政府がルールを重視するか，裁量の余地を残すかです。ここでルールを重視するというのは，市場開放に対する政府決定が企業の努力水準に左右されないことだと考えましょう。他方，裁量の余地を残す場合は，企業が選択した努力水準に応じて，政府は市場を開放するかどうかを決定します。

図 8-4 は，裁量の余地を残す政策スタンスに対応するゲームを記述しています。そこでは，まず企業 F が，コスト削減の努力をするかしないかを決定します。そして次に政府 G が，企業の決定を観察

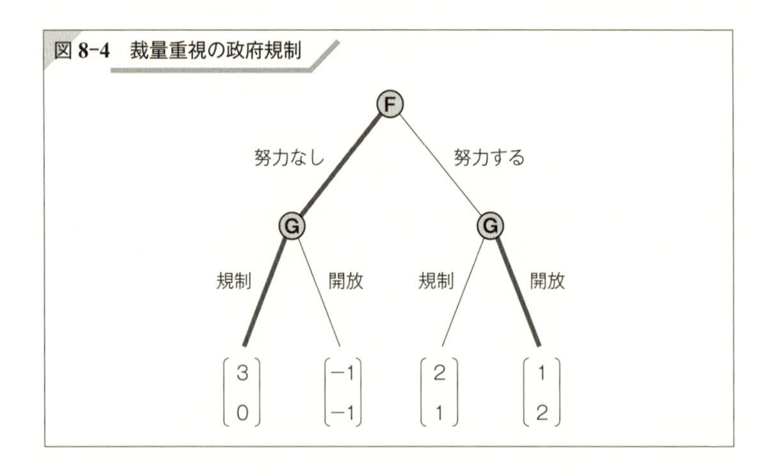

図 8-4　裁量重視の政府規制

したうえで，市場を開放するか，それとも外国企業の参入を規制するかを決定します。

企業が努力をしない場合の利得を見てみましょう。このとき政府が参入を規制すれば，企業の利得は3となり，公共事業費の削減が進まないため，政府の利得は低水準の0となります。政府が参入規制を行わず市場を開放すれば，企業は参入により損失を被るため利得は −1となり，政府も自国企業の業績低迷をよしとせず利得は −1になります。他方，企業が努力をするときは，政府が参入を規制するならば，同様に参入が規制されるものの企業が努力をしないときと比べ，企業利得は1だけ減少し2となります。他方，政府にとっては，国内企業のコスト削減により公共事業費の削減が期待できるため，利得は0から1だけ増加し1となります。そして，企業が努力し市場が開放されるときは，企業利得は中間的な値である1となる反面，政府利得は最も高い2となります。

このゲームでは，企業Fは最初の節で「努力なし」か「努力する」を選択するだけなのに対し，政府Gは，企業が「努力なし」を選んだときに到達する節と，「努力する」を選んだときに到達する節の2

カ所でその行動を選択します。したがって，政府の戦略は，左の節で選択する行動と右の節で選択する行動の組み合わせによって表現されることになります。たとえば，図 8-4 に太線で描かれている政府の戦略は，左の節で「規制」を選択し右の節で「開放」を選択しているので，[規制，開放] と記述できます。その他の戦略である，[規制，規制]，[開放，規制]，[開放，開放] を含め，政府は全部で 4 通りの戦略を持つことになります。

それでは，このゲームの部分ゲーム完全均衡を，後ろから解くことにより求めてみましょう。まず，政府の左の節での行動を考えてください。そこでは政府は，「開放」を選択して −1 の利得を受け取るよりも，「規制」を選択して 0 の利得を受け取るのを選ぶでしょう。そして右の節では，「開放」を選択するのが合理的です。企業努力の有無により，政府の選択が異なることに注意してください。次に，F の節を考えましょう。そこでは，企業が「努力なし」を選択すると政府が「規制」を選択し，企業の利得は 3 となり，「努力する」を選択すると政府は「開放」を選択し企業の利得は 1 になるのがわかります。したがって，企業は「努力なし」を選択することになります。

部分ゲーム完全均衡は，(努力なし，[規制，開放]) となります。企業の均衡戦略は「努力なし」であり，政府の均衡戦略は [規制，開放] となるため，部分ゲーム完全均衡は，両プレーヤーの均衡戦略を順に示して (努力なし，[規制，開放]) と書かれるのです。そして，この均衡での均衡結果は，(努力なし，規制) となります。均衡戦略と均衡結果の区別に注意してください。均衡戦略は，すべてのプレーヤーの均衡戦略の組み合わせであるのに対して，均衡結果は，均衡において実際プレーされる行動を，その行動順に示したものです。つまり均衡結果は，太線で示されている均衡戦略の枝を，ゲームの樹の最初の節からたどっていったものとなります。

この部分ゲーム完全均衡では，政府の裁量行動を見越して，企業は「努力なし」を選択しています。その結果，企業は最高の利得 3 を獲得しますが，政府にとってはあまり好ましくない結果が実現することになります。

それでは，政府がルールに基づき行政を行うときはどうでしょうか？ 企業の努力水準にかかわらず政府が規制の有無を決定するというのは，企業の行動のあとに政府が行動しないということを意味しています。つまりこのケースは，政府がまず動き，それを踏まえて，企業が努力水準を決定するというゲームによって記述されるのです。裁量重視のときと，行動を決定する順序が逆になっていることに注意してください。

次ページの図 8-5 は，政府がルールを重視する場合のゲームを記述しています。そこでは，まず政府が「規制」か「開放」を選択し，それを踏まえて企業が「努力なし」か「努力する」を選択します。規制の有無と努力の有無に対応して，4 つの異なる結果がありますが，それぞれの結果における各経済主体の利得は，裁量重視のゲームと同じものになっています。ただし，ここでは政府が最初に動くため，利得ペアの上の数字が政府の利得を表し，下の数字が企業の利得を表しています。たとえば，政府が「規制」を選択し企業が「努力なし」を選択するときの政府の利得は 0 で企業の利得は 3 であり，それは裁量重視のゲームの場合と同じです。

図 8-5 に示されているように，このゲームの部分ゲーム完全均衡は（開放，[努力なし，努力する]）となります。そしてそれに対応するゲームの結果は，（開放，努力する）です。「開放」を選択し，企業の努力水準にかかわらずその決定を遵守することにより，政府は企業にコスト削減努力を促し，政府にとって最高の利得を獲得することができるのです。裁量重視の行政に対応するゲームと比較すると，裁量の余地をあえて残さずルールを重視することにより，政

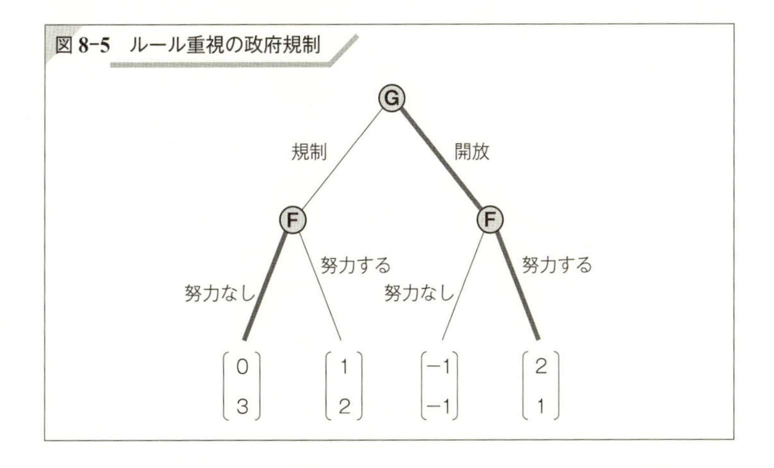

府は経済をより望ましい方向に導いているのがわかります。柔軟に行動するのが常に望ましいとは限らないのです。

Column ⑧　プレーヤーは合理的か？

最後通牒ゲームと呼ばれているゲームを考えましょう。K 子ちゃんと妹の N 子ちゃんは，お母さんから「はい，これを 2 人で分けてね」と 100 円玉 10 枚のおこづかいをもらいました。「ちゃんと分けないと，おこづかいはなしよ」とお母さんは娘たちに釘を刺します。そして，この 100 円玉 10 枚を握りしめた K 子ちゃんは，N 子ちゃんに 100 円玉を何個か渡し，「N 子ちゃんはこれでいいよね？ 」と有無を言わせない態度です。N 子ちゃんは K 子ちゃんの提案に対して Yes か No しか言えません。

この状況をゲームで表すと，下の図のようになります。まず K 子ちゃんが 100 円玉を何個 N 子ちゃんに渡すか決めます。そして N 子ちゃんはそれに対して Yes か No を選択します。たとえば，K 子ちゃんが 100 円玉 1 枚を N 子ちゃんに渡した場合，N 子ちゃんがそれに対して Yes と返事をすれば K 子ちゃんの利得は 900 円になり，N 子ちゃんの利得は 100 円になります。もしこのとき N 子ちゃんが No と返事をしたならば，おこづかいはお母さんに取り上げられ，N 子ちゃんも K 子ちゃんも利得は 0 となります。

このゲームには 2 つの部分ゲーム完全均衡があります。そのうちの 1 つは図に描かれているものです。そこでは，N 子ちゃんは，K 子ちゃんのどんな提案に対しても Yes と返事をします。No と言えば利得が 0 になるため，100 円玉が 1 枚でも手に入れば N 子ちゃんは Yes と言うのが合理的な選択です。また，もらえる 100 円玉が 0 枚の場合は，Yes でも No でも利得は 0 なので，Yes という選択もまた合理的な選択です。そして N 子ちゃんがどんなときでも Yes と答える場合の K 子ちゃんの合理的選択は「100 円玉 0 枚を N 子ちゃんにあげる」というものになります。

もう 1 つの部分ゲーム完全均衡は，100 円玉 0 枚を提案されたとき，N 子ちゃんが No という場合に対応しています。この場合，K 子ちゃんは 100 円玉 1 枚を N 子ちゃんにあげることを提案し，N 子ちゃんはその提案を受け入れるでしょう。これら 2 つのいずれの部分ゲーム完全均衡においても，おこづかいはほとんど K 子ちゃんの独り占めとなることに注意してください。

しかしこの最後通牒ゲームを実際に多くの人にプレーしてもらうと，ずいぶん違った結果になることが知られています。こうした実験では，多数の提案者（K 子ちゃんが果たした役割）が「おこづかい」を半々に分ける提案（上の例では 100 円玉 5 枚をあげる提案）をするのです。

図　最後通牒ゲーム

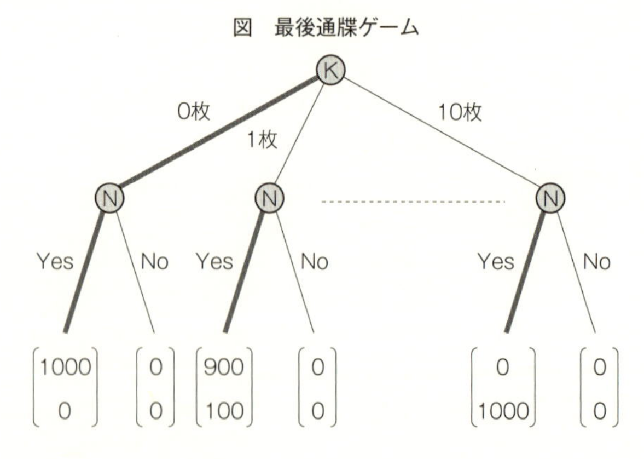

どうして実験では，部分ゲーム完全均衡が予測する結果にならないのでしょうか？ まず考えられるのは，人々が最大化しようとしている利得は，受け取る金額そのものではないということです。受け取る金額だけでなく相手の心情もまた利得に影響を与える可能性は十分あります。そうだとすると，図は，このゲームの真の利得を捉えきれていないと言えます。

また，人々はゲーム理論が想定するほど完全に合理的ではないからだとも考えられます。最後通牒ゲームでは，提案者側の被験者は，あまりに自分に有利な提案をすると，相手被験者の心証を害し，提案は拒否されるのではないかと心配しているのかもしれません。「心証を害されたから提案を拒否する」というのはあまり合理的な判断とは言えません。したがって，それを心配するのも合理的ではないと考えられます。

もちろん，金銭的には損をしても，不公正な行動をとる相手の提案を拒否することに効用を見いだすならば，「心証を害されたから提案を拒否する」ときの利得は大きくなり，その行動をとるのは合理的だと言えるでしょう。人々の行動が合理的かどうかを判断するには，その人たちの利得が何に左右されるのかを知る必要があるのです。

こうした実験結果を受け，人々の非合理性（もしくは非合理的に見える行動様式）を積極的に経済学に組み込もうとする動きが出てきています。こうした分野は**行動経済学**と呼ばれ，経済実験により人々の行動様式を読み取ろうとする**実験経済学**と二人三脚で，研究が進んできています。こうした動きは，ゲーム理論をはじめとする経済学の多くの分野をさらに進化させるでしょう。しかし，さまざまな経済問題それぞれに対し，人々はどのように，そしてどの程度非合理的な行動をするのかを正確に捉えるのは困難です。したがって，人々の合理性を前提とした分析は，これからも経済現象を理解するうえで，重要な指針を与え続けることでしょう。

練習問題

【基本問題】

8-1 表8-6の利得行列で表されている各ゲームについて，各プレーヤーの支配戦略を求め，支配戦略均衡があればそれをあげてください。そして，各ゲームのナッシュ均衡を求めてください。

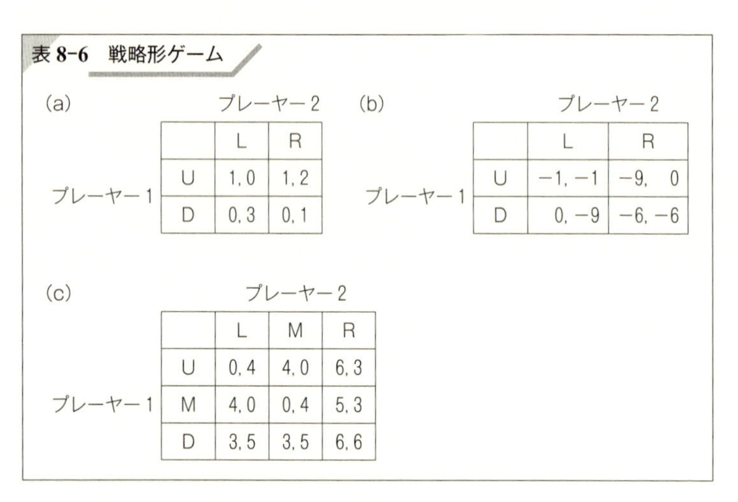

表8-6 戦略形ゲーム

(a)

		プレーヤー2	
		L	R
プレーヤー1	U	1, 0	1, 2
	D	0, 3	0, 1

(b)

		プレーヤー2	
		L	R
プレーヤー1	U	−1, −1	−9, 0
	D	0, −9	−6, −6

(c)

		プレーヤー2		
		L	M	R
プレーヤー1	U	0, 4	4, 0	6, 3
	M	4, 0	0, 4	5, 3
	D	3, 5	3, 5	6, 6

8-2 図8-6の各展開形ゲームについて，各プレーヤーの戦略をすべて書き出し，部分ゲーム完全均衡を求めてください。そして，部分ゲーム完全均衡の結果を記述してください。

8-3 図8-7の展開形ゲームを戦略形ゲームに書き換え，ナッシュ均衡をすべて求めてください。また，部分ゲーム完全均衡も求めてください。空脅しと思われる戦略が入っているナッシュ均衡はどれですか？

【応用問題】

8-4 企業1と企業2の2社が同質的な財を生産している産業を考えます。この財に対する総需要は，企業1の生産量を q_1，企業2の生産量を q_2 として，逆需要関数 $p=26-(q_1+q_2)$ で与えられています。各企業 i の総費用関数は，$C(q_i)=2q_i$ です。各企業は，ライバル企業とカ

図 8-6　展開形ゲーム

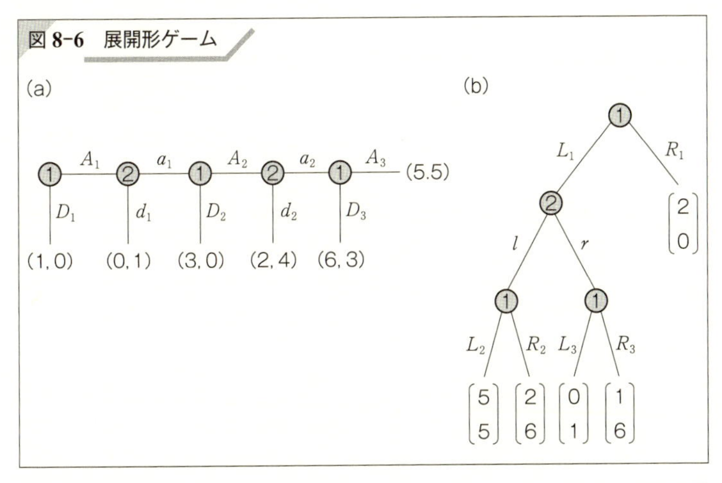

図 8-7　展開形ゲームから戦略形ゲームへ

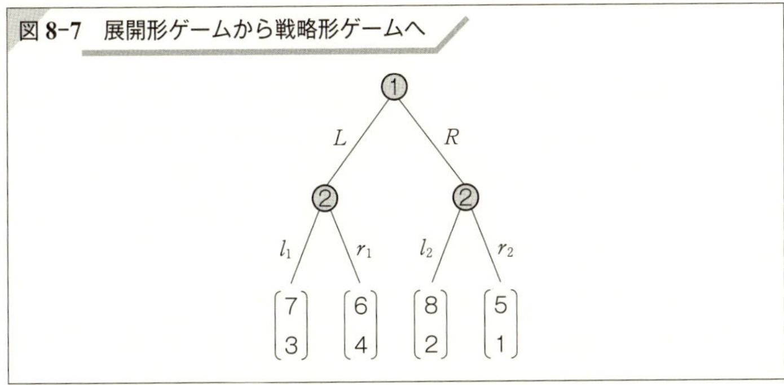

ルテルを結び独占利潤を2社で分け合う「協力」か，相手と市場をめぐり競争する「非協力」のいずれかを選択します。両企業が「協力」を選択する場合，2社は共同で独占者として振る舞います。具体的には，独占者が選択するであろう生産量の半分を各企業がそれぞれ生産し，独占利潤を2分します。少なくとも1社が「非協力」を選ぶときは，その企業は，ライバル企業の生産量に対して自らの利潤を最大化する生産量（最適反応となる生産量）を選択するとします。

(a)　両企業が「協力」を選択するとき，各企業の生産量はいくつですか？ また，そのとき得られる各企業の利潤はいくらですか？

(b)　問題 (a) で求めた生産量に対する最適反応となる生産量は9

単位となります。企業2が「協力」を選択し，問題 (a) で求めた生産量を選択し，それに対して企業2が9単位の財を生産するとき，各企業の利潤はいくらになりますか？

(c) 同質的な財を生産する各企業がそれぞれの生産量を選択するゲームは，**クールノー競争**と呼ばれています。そしてそのナッシュ均衡は，**クールノー・ナッシュ均衡**と呼ばれます。この問題のクールノー・ナッシュ均衡は，$(q_1, q_2)=(8, 8)$ となります。両企業がともに「非協力」を選択するとき，このクールノー・ナッシュ均衡が実現すると考えます。このときの各企業の利潤を求めてください。

(d) 企業1と企業2がそれぞれ「協力」か「非協力」を選択するこの戦略形ゲームの利得行列を求め，ナッシュ均衡を求めてください。また，このゲームが囚人のジレンマの構造を持つことを確かめてください。

8-5 EU に本社を置く航空機メーカーであるエアバス社 (A) と，アメリカのボーイング社 (B) による，市場参入競争を考えましょう。長距離中型機市場に参入するには，各社とも5 (百億円) の参入費用がかかるとしましょう。もしいずれか1社だけが市場に参入するならば，その企業は10 (百億円) の独占利潤を得ます。市場で得る独占利潤が10なので，そのときこの企業が得る最終利益は，独占利潤10から5の参入費用を差し引いた5となります。また，両企業が市場に参入すると，各企業の利潤は3 (百億円) です。企業が参入しないならば，その企業の参入費用と利潤はそれぞれゼロとなります。

(a) エアバス社とボーイング社による戦略形ゲームを考えましょう。エアバス社の戦略は参入 (E) と不参入 (N) の2つであり，ボーイング社の戦略も同様に，参入 (e) と不参入 (n) の2通りとなります。このゲームの利得行列を書き，ナッシュ均衡を求めてください。

(b) エアバス社とボーイング社が同時に参入するかしないかを決める戦略形ゲームではなく，両者が逐次的に意思決定をするゲームを考えましょう。ここでは，まずボーイング社が参入するかどうかを決め，その行動を観察したうえで，エアバス社が参入するかどうかを決定するとします。このゲームのゲームの樹を描き，部分ゲーム完全均衡を求めてください。先に動くボーイング社と，その行動を見てから動くエアバス社のどちらが，より高い利得を得ますか？

(c) エアバス社とボーイング社は，同時に参入に関する意思決定をするものの，その意思決定の前に，EU が「エアバス社に補助金を与える」とアナウンスしたとしましょう。エアバス社が本社を置く EU は，もしエアバス社が参入するならば，そのときのみ，参入補助金 3（百億円）をエアバス社に支払うとします。このときの，エアバス社とボーイング社による戦略形ゲームを，利得行列により表してください。そしてこのゲームのナッシュ均衡を求めてください。

8-6 表 8-7 は，サッカーのペナルティ・キックにおけるキッカーとゴール・キーパーの利得行列です。キッカーは（自分から見て）左に蹴る (L) か右に蹴る (R) かを選択し，キーパーは（自分から見て）左に跳ぶ (l) か右に跳ぶ (r) かを選択します。キッカーが左に蹴ってキーパーが左に跳ぶと点が入り，キッカーは 1，キーパーは -1 の利得を得ます。両者がそれぞれ右を選択しても同様です。それに対して，ゲームの結果が (L, r) もしくは (R, l) になったときは，点は入らず，キッカーの利得は -1，キーパーの利得は 1 になります。このゲームには両者ともに純粋戦略をとる純粋戦略ナッシュ均衡は存在しません。しかし，キッカーがある確率 p で L を，確率 $1-p$ で R をとり，キーパーはある確率 q で 1 を，確率 $1-q$ で r をとるのがナッシュ均衡となる混合戦略ナッシュ均衡は存在します。ここでは，混合戦略ナッシュ均衡を求めていきましょう。

(a) このゲームには純粋戦略ナッシュ均衡が存在しないことを示してください。

表 8-7 ペナルティー・キックの利得行列

		キーパー	
		l	r
キッカー	L	1, −1	−1, 1
	R	−1, 1	1, −1

(b)　キッカーが L をとるか R をとるかはキーパーが左に跳ぶ確率 q に依存して決まります。L と R が同様に望ましいときは，p は0と1の間の任意の数をとり得ることに注意し，q に対しての最適反応となる p を，横軸に p，縦軸に q をとった平面上の曲線として描いてください。このような線は**反応曲線**と呼ばれています。

(c)　問題(b)と同様に，キーパーの反応曲線を同じ平面上に描いてください。

(d)　キッカーの反応曲線とキーパーの反応曲線の交点が混合戦略ナッシュ均衡となります（そこでは，確率という形をとるそれぞれの戦略が，相手の戦略に対する最適反応になっています）。この均衡では，p と q はそれぞれいくつになりますか？

第Ⅱ部
マクロ経済学

第9章 *GDP とは*

Introduction

第8章まではミクロ経済学を勉強してきました。この第9章からマクロ経済学の勉強に入っていきます。第9章と第10章ではマクロ経済学の基礎となる概念を学びます。まずこの章では，1つの国全体の経済の状態を知るうえで最も重要な指標である総生産について学びます。この総生産とは何なのかを，まずは非常に単純な，1種類の財しか存在しない仮想的な経済で考えます。そのうえで，多くの種類の財やサービスが存在するときに，総生産をどう定義したらよいのかという問題を考えましょう。さらに，この章以降の分析で重要になる，「実質」と「名目」の区別について学びます。この総生産をデータから計測しようとする統計がGDPです。この章では日本におけるGDPがこれまでどのように推移してきたかについても学びます。

1 総生産とは

総生産という概念

マクロ経済学で最も重要な概念の1つが**総生産**です。簡単に言えば，総生産とは，1つの国で生産活動の成果がどれだけ生み出されたか，つまり国全体の生産量を意味しています。ある国の生産量が大きければ，それだけ国民は多くの消費を行ったり将来のために多くをとっておくことができますから，総生産は国の豊かさの1つの重要な指標と言えます。

GDP は総生産を測る統計

この総生産を利用可能なデータから測ろうとする統計が **GDP**（**国内総生産**）です。たとえば，皆さんが内閣府経済社会総合研究所というところのホームページに行って去年と今年の日本の GDP を調べれば，生産量という意味での日本の豊かさが 1 年間にどのくらい変わったかについて，手がかりを得ることができるのです。後ほど見ていくように，GDP 統計の作成にはいくつかの細かい取り決めがあります。しかし皆さんは，そうした複雑さに惑わされることなく，この統計の目的はあくまで一国の生産量を測ることにあるのだという基本を忘れないでください。

財が 1 種類の経済を想定してみる

この節では，話を簡単にするために，1 種類の財しか存在しないような単純な経済を考えてみましょう。たとえばドーナツしか存在していないような世の中や，コーヒーしかないような経済です。こういった世界では，総生産は

「ある国の中で，ある一定期間内に，市場で取引するために新たに生産された財の総量」

として定義できます。これを測るには，ドーナツしかない経済では，1 年間にドーナツ何個が生産されたかを見ればよいでしょう。コーヒーしかない経済の総生産は，1 年間に何杯分のコーヒーを生産したかで測ることができます。つまり総生産は財「何単位」分が生産されたかで表すことができるのです。

第 11 章以降で学ぶマクロ経済学の理論では，このように財が 1 種類しかない世界を想定することになります。それは単純な世界を想定した方が理論の本質を見極めるのに好都合だからです。

新たに生産されたものしかカウントしない

上の定義の中には重要なポイントが含まれています。それは総生産にはその期間内に新たに生産されたものだけが含まれるとい

うことです。つまり，その期間が始まる前からその国にあったものは総生産に入れてはいけないわけです。たとえば，ある南の島国は，2018年が始まる時点ですでにそれまでに生産された財をたくさん持っていて，国中が物であふれかえっていたとしましょう。そのためこの国の国民は安心して，2018年中はまったく生産活動をしませんでした。すると，それほど物がたくさんある国なのに，この国の2018年の総生産はゼロになります。一方，別の島国には2018年が始まる時点では何も残されていなかったとしましょう。このために国民は2018年中はがんばって多くの財を生産したものとします。すると，こちらの島の方が総生産は大きくなります。

このように，総生産とはあくまで「どれだけ生産したか」の指標であって，ある国が「どれだけ物持ちか」の指標ではないことに注意する必要があります。

市場で取引されるものが対象

もう1つのポイントは，「市場で取引するために」というところにあります。つまり，総生産を計算するときに対象となるのは，売り買いするために生産されたものだけです。たとえば，小学生が友だちの誕生日のお祝いに，森で拾ってきた木の枝から立派な寄木細工を生産してプレゼントしても，これはその国の総生産の一部にはカウントされないのです。そもそもそのような生産活動すべてについて統計を作成するのは不可能でしょう。なお，実際に統計を作成するうえでは，どのような取引までを総生産の範囲内に含めて考えるかという細かい問題が出てきます。これについては第5節で触れます。いまのところ皆さんは，細かいことは気にせず，総生産という考え方の本質についての議論を読み進めていってください。

2 複数種類の財・サービスがある場合

現実にはいろいろな財・サービスがある

現実の経済ではいろいろな種類の財が生産されています。たとえば，食品の中でもドーナツ以外にラーメンや牛丼も存在します。ほかにも衣類・家電製品・産業機械など実にさまざまな種類の財があります。しかも，生産されるのは財だけではありません。私たちはサービスの生産も行っています。サービスに含まれるものとしては，床屋が提供する散髪のサービス，宅配便が家計に提供する運送のサービス，弁護士が家計に提供する法律相談や法廷弁護のサービス，病院が提供する治療のサービス，介護施設が提供するサービスなどがあります。教科書で例をあげて説明するときにはどうしても財を使った例に偏ってしまいやすいのですが，現実にはこういったサービスも重要な地位を占めていることは覚えておいてほしいと思います（たとえば2016年において，サービス業などの第3次産業が日本のGDPに占める比率は約72%でした）。

バナナと携帯電話をどう足し合わせるのか

そこで今度は，複数種類の財・サービスが生産されている経済を考えてみましょう。すると，一国の生産活動の成果の合計をどう測るべきかという問題は，とたんに難しさを増してしまいます。たとえば3種類の財を生産する次のような経済を考えてみましょう。

> **（例1）** X国ではある年にハンバーガー100個，ウーロン茶100リットル，さつまいも100キログラムが生産されました。

この国の総生産は100＋100＋100で300と言ってよいでしょうか？ これら3種類の財はすべて異なった単位で測られているので，

足し合わせることには意味がないと考えるべきでしょう。では単位がそろっていればよいのでしょうか？ 別の例を考えてみましょう。

（例 2） 去年，A 国はクズ鉄 1 トン，金の延べ棒 100 トンを生産しました。B 国はクズ鉄 100 トン，金の延べ棒 1 トンを生産しました。

どちらも単位は「トン」でそろっているので，足し算ができないわけではありません。単純に足し合わせればどちらも同じ 101 トンの生産をしたことになります。

しかし，このような計算には違和感があります。それはやはり，私たちが財によって 1 単位あたりの価値がまるで違うと感じていることからきています。総生産というのはある種の国の豊かさ（生産活動の成果という意味での豊かさ）を表すものなのですから，上の例で言えば，それほど価値がないと思われるクズ鉄を多く生産した国より，価値が高いと思われる金の延べ棒を多く生産した国の方が，より多くの生産をしたとみなすべきなのではないでしょうか？ 総生産の測り方もそのような見方に立って決められるべきでしょう。

総生産を定義し直す

ただし，「価値」と言ってもその基準は人によって変わりうるのであいまいです。そこで「市場価値」を使うことを考えましょう。つまり，ある財 1 単位あたりの価値は市場でつけられたその財またはサービスの価格で表されると考えることにするのです。このような考えに基づいて，総生産を

「ある国の中で，ある一定期間内に，新たに生産された財・サービスの市場価値の合計」

と定義し直してみましょう。

名目総生産

このような考え方に立って開発されたのが**名目総生産**という概念です。「**名目**」というのはマクロ経済学ではとても重要な用語で，「貨幣の単位で評価さ

れた」という意味です。ここでは1期間を1年とみなして話を進めることにしましょう。名目総生産とは，各種の財・サービスについて，ある年の生産量にその年における価格（貨幣の単位で，つまり日本で言えば円単位で表示されたもの）をかけ合わせたうえで，これをすべての種類の財・サービスについて足し合わせたものです。財がN種類あるとして，1番目を第1財，2番目を第2財，……，N番目を第N財と呼ぶことにしましょう。また，財の種類を表す記号をiとしましょう（$i=1, 2, \cdots, N$）。そしてt年における第i財の価格をP_{it}で，生産量をQ_{it}で表すことにします。すると，次のように書けます。

$$t\text{年の名目総生産} = P_{1t}Q_{1t}+P_{2t}Q_{2t}+\cdots\cdots+P_{Nt}Q_{Nt}$$

上の**（例1）**に戻って，この年のハンバーガーが1個200円，ウーロン茶が1リットル300円，さつまいもが1キログラム400円だったとしましょう。以上の設定は表9-1にまとめてあります。

　すると，この国の名目総生産は，

$$200\times100+300\times100+400\times100 = 90{,}000\ (\text{円})$$

になります。価格をかけることですべての単位が「円」になりますから，足し合わせることが可能です。また，**（例2）**において，どちらの国でもクズ鉄は1トンあたり1円で金の延べ棒は1トンあたり1億円だとしましょう。以上の設定は表9-2にまとめてあります。

表9-1　（例1）の設定

	価　格	生産量
ハンバーガー	1個あたり200円	100個
ウーロン茶	1リットルあたり300円	100リットル
さつまいも	1キログラムあたり400円	100キログラム

表 9-2 （例 2）の設定

	価　格	A 国の生産量	B 国の生産量
クズ鉄	1 トンあたり 1 円	1 トン	100 トン
金の延べ棒	1 トンあたり 1 億円	100 トン	1 トン

このとき，A 国の名目総生産は 100 億 1 円，B 国は 1 億 100 円になります。より市場価値の高い財を多く生産した A 国の方が値が大きくなることがわかります。

名目総生産の問題点

しかし，この名目総生産は生産量の尺度としては大きな問題を抱えています。このことを再び **(例 1)** を用いて説明します。この経済は t 年においては表 9-1 のような状態だったとします。次の 2 つのケースを比較してみましょう。

第 1 のケースでは，t 年から次の $t+1$ 年にかけてすべての種類の財の価格は変わらなかった一方で，すべての種類の財の生産量は 2 倍になったと想定します。この場合，ハンバーガー，ウーロン茶，さつまいもの生産量はすべて 200 になりますから，名目総生産は $t+1$ 年には

$$200 \times 200 + 300 \times 200 + 400 \times 200 = 180{,}000\ (\text{円})$$

と 2 倍になります。

次に，第 2 のケースでは，t 年から $t+1$ 年にかけて財の生産量はまったく変化しなかったものとします。代わりにすべての種類の財の価格が 2 倍になったとします。つまりハンバーガーは 1 個 400 円，ウーロン茶は 1 リットル 600 円，さつまいもは 1 キログラム 800 円になったとしましょう。このとき名目総生産は

$$400 \times 100 + 600 \times 100 + 800 \times 100 = 180{,}000\ (\text{円})$$

です。やはり前の年と比べて2倍になってしまっています。第1のケースのように実際に生産量が増えているときに指標の値が同じように増えるのはよいのですが，第2のケースではどの財も生産量は変わっていません。それなのに指標の値が増えてしまうのは生産量の尺度としては失格です。このように，名目総生産は生産量の変化だけでなく，価格の変化も反映してしまう尺度だと言えます。

実質総生産

生産量の尺度としてよりふさわしいのが**実質総生産**です。「**実質**」とは先ほど出てきた「名目」と対をなす言葉で，「財の単位で評価された」という意味合いがあります。今から紹介するものがどのような意味で「実質」と言えるのかについては，後から説明したいと思います。実質総生産の計算は「基準年」を定めるところからスタートします。基準年はいつでも構いません。日本では，2000年や2005年のような切りのよい年が選ばれることが多いですが，2011年のような半端な（？）年が選ばれることもあります。ポイントは，t年におけるある財またはサービス1単位あたりの価値を評価する際に，当該年つまりt年の価格を使うのではなく，基準年の価格を使うことです。第i財の基準年における価格を$P_{i基準}$と書くことにしましょう。すると，t年の実質総生産は次のように定義されます。

$$t\text{年の実質総生産} = P_{1基準}Q_{1t} + P_{2基準}Q_{2t} + \cdots\cdots + P_{N基準}Q_{Nt}$$

大事なことは，同じ基準年の価格を使ってすべての年の各種財・サービスの価値を評価することです。このとき，先ほどと同じく，すべての財・サービスについて単位は「円」でそろいます。また，1単位あたりの価値がより高い（基準年の価格で見て）財・サービスの比重が大きくなっています。

再び上の第1のケース，つまりt年から$t+1$年にかけてすべての財・サービスの生産量が2倍になったケースを考えてみましょう。

このとき，実質総生産は2倍になります。では，上の第2のケース，t年から$t+1$年にかけてすべての財・サービスの生産量はそのままで，すべての価格が2倍になったケースはどうでしょうか？ 上の実質総生産の定義の中にはt年や$t+1$年の価格は出てきません。ですから，実質総生産の値は価格変化の影響を受けないことがわかります。このように，実質総生産は生産量の変化は反映するが，価格の変化は反映しない指標だと言えます。

別の言い方をすれば，実質総生産とは各種の財・サービスの生産量にそれぞれ異なった重み（ウェイト）をかけ合わせたうえで，それらをすべて足し合わせたものだと言えます。これらのウェイトは時間を通じて一定です。このウェイトに基準年における各財・サービスの価格を用いることによって，1単位あたりの相対的な市場価値の大小を反映させているわけです。このように，実質総生産は確かに「円表示」されるものなのですが，その本質はむしろ各種の財・サービスの生産数量の加重和を表すものだと言えるのです。これが「実質」という名前がつけられている理由です。

今後，この教科書で単に「総生産」と言ったらこの実質総生産のことを指すことにします。名目総生産について議論するときには，そのことを明示するようにします。

3 中間生産物の取り扱い

生産工程 ここまではあたかも財・サービスが無から瞬時に生産できるかのような想定で話を進めてきました。しかし，実際にはハンバーガーを作るにはまずパンや肉を生産する必要がありますし，家電製品は多くの部品からなっています。このように多くの財・サービスはいくつもの生産工程を経て生産されるのです。最終段階に行きつく前の工程で生産された財・サービスを中間生産物と呼びます。最終的に家計や企業が購入して使用する財・サービスを最終生産物と呼びます。

総生産の計算において，これら中間生産物はどのように取り扱われるべきでしょうか？「生産量の合計」という言葉を額面どおり受け取ると，すべての中間生産物・最終生産物の市場価値を足し合わせなくてはいけないような気がしてしまいます。しかし，そのような取り扱いには問題があります。これは最終生産物の価値の中には，その生産物を構成する中間生産物の価値が含まれているからです。仮にそのことを無視して合計をとってしまうと，中間生産物の価値は少なくとも二重に計上されることになってしまいます。何層もの生産工程を経て生産される財・サービスの場合，中間生産物によっては2回では済まずに何回も計算に含まれることになりかねません。

付加価値

そこで，**付加価値**という概念を導入しましょう。これは，ある生産工程で新たに付け加えられた価値という意味です。たとえば農家Aが小麦50円分，農家Bが牛肉80円分，農家Cが野菜20円分を提供して，そこからハンバーガー屋がハンバーガー200円分を生産しているものとします。本当は農家の生産にも中間生産物が使われているはずですが，話を単純にするためにそれはないものとします。このとき，農家A・B・Cはそれぞれ50円，80円，20円の付加価値を生み出しており，ハンバーガー屋は200−50−80−20＝50円分の付加価値を生み出していることになります。

総生産は付加価値の合計

ここで総生産をいっそう厳密に次のように定義し直しましょう。

「ある国がある一定期間内に新たに生み出した財・サービスの付加価値の合計」

こうすることによって，同じ中間生産物の価値が何回も計上される事態を避けることができます。上のハンバーガーの例では，付加価値の合計は50＋80＋20＋50＝200（円）となります。この例からもわかるように，付加価値の合計は最終生産物の価値と一致します。したがって，上の定義の「付加価値の合計」というところは「最終生産物の価値の合計」と言い換えても同じことです。つまり，上の定義をさらに言い換えれば，総生産とは

「ある国がある一定期間内に新たに生み出した最終生産物の市場価値の合計」

であると言うこともできます。

4　三面等価の原則

三面とは

これまで見てきた総生産は一国の経済活動の水準を生産の面から測るものでした。一国の経済活動の水準を測るものとして，これ以外にも所得の面と支出の面から測る指標があります。前者が**総所得**と呼ばれるものです。これは「ある国の中で，ある一定期間内に生産された財・サービスの対価として得られた所得の合計」を意味しています。後者は**総支出**と呼ばれるものです。これは「ある国の中で，ある一定期間内に生産された財・サービスに対して行われた支出の合計」を意味しています。ここでは総生産，総所得，総支出の間の関係を考えてみましょう。

1つの取引しかなかった経済の例

一番わかりやすいのは，1つの生産活動だけを取り出して考えることです。たとえばC国では先週木曜日に農家が長ネギ1本200円分を生産し，これを学生が買ったとしましょう。とても小さ

な国なのでこの日に行われた経済活動はこれだけでした。

この日におけるこの国の総生産は200円です。では，総所得と総支出はいくらでしょうか？ この日に所得を得たのは農家だけで，長ネギを売って得た所得は200円でしたから，国全体の総所得は200円になります。この日に支出を行ったのは学生だけで，その支出は200円でしたから，総支出は200円です。このようにして，総生産と総所得と総支出は一致しました。

この一致は偶然ではありません。農家が生産を行ったのは，成果である長ネギを誰かに売って所得を得るためです。そのために生産と所得は一致したのです。一方，200円の所得が誰かに発生するためには，その200円を支出する人がいなくてはなりません。そのために所得と支出は一致したのです。

総生産・総所得・総支出は常に一致する

現実の経済では1つどころか大変な数の取引が行われています。しかし上の例からわかるように，その1つひとつについて，そこから生じる生産・所得・支出は必ず一致するのです。だとすれば，どれほど膨大な取引が行われていようとも，発生する生産・所得・支出それぞれの合計は常に一致しなくてはなりません。これは何らかの調整（たとえば価格調整）の結果，こうなるというのではなく，総生産・総所得・総支出の定義によって必ずこの3者は一致するのです。統計をとる際の誤差を別にすれば，違いが発生するということは起こりえません。これを**三面等価の原則**と呼びます。

恒等式とは

このように「総生産＝総所得＝総支出」という関係は「恒等式」です。恒等式とは，何らかの条件のもとで成り立つというような式ではなく，そのものに与えられた性質によって（つまり定義によって），常に等しくならざるをえないという関係を指します。恒等式ではない等式のよい例が経済学における「需要＝供給」という式です。これは「もし価格が調整され，超過需要も超過供給も消え去ったら」という条件のもとでのみ成り立つ関係です。恒等式のよい例として複式簿記における貸し方と借り方の一致をあげることができます。皆さんがもし簿記を習ったことがあれば，帳簿はこの2つが一致するように作られるということを学んだことがあるでしょう。この等式は別に会社の経営状態によって成り立ったり成り立たなかったりするものではなく，帳簿の作り方からして，常に成り立たざるをえないようにできているのです。

三面等価の原則は後者によく似ています。逆に言えば，総生産・総所得・総支出が一致しているからといって，それは経済がうまく行っているとか，売り手や買い手が満足しているとかいったこととはまったく無関係なのです。

売れ残りの取り扱い　ここまで読んできた皆さんは，せっかく作った生産物が売れ残ってしまった場合，生産と所得・支出が一致しなくなってしまうのではないかと心配になるかもしれません。この問題の解決法は，売れ残ったものは生産者が「自分で自分に売った」とみなすことです。これによって生産は常に所得・支出と等しくなり，三面等価の原則が恒等式として成り立つことが保証されるのです。この点は次の章でもう一度取り上げます。

5 どこまでをGDP統計の範囲に含めるか？

ここまではマクロ経済学上の概念としての「総生産」について話をしてきました。この章の冒頭で触れたように，この概念にできるだけ沿うような方法で，実際のデータをもとに計算されるのがGDP統計です。

家事・育児などの取り扱い

この章の第1節で述べたように，総生産は市場で取引されるために生産された財・サービスだけをカウントします。実際のGDP統計でも，この考え方に沿って，原則としては市場で取引される財・サービスの価値だけが計上されることになっています。市場の外で生産されたものでも「生産」には違いないのではないか，という疑問を皆さんは抱かれるかもしれません。しかし，GDPという統計を作るにあたっては上のような原則が設けられているのです。このことはどんな意味を持つのでしょうか？ 日本のデータを参考にしながら考えてみたいと思います。

明らかに国内で「生産」されるものでありながら市場で取引されていないためにGDP統計に含まれないものの代表に，家庭内で提供される家事労働が生み出すサービスがあります。これは，もし正確な金額評価が可能であれば膨大なものになると推測されます。事実，内閣府経済社会総合研究所の試算（『家事活動等の評価について：2011年データによる再推計』2013年）によれば，家事労働や買い物，介護，育児などを含む無償労働全体が生み出す価値を金額で評価したものは対GDP比で20.7〜29.4％という大きさだったということです（2011年時点）。

たとえば，家庭内で誰かが料理を作るサービスはGDPに計上されません。ところがレストランで対価を支払って同種のサービスを受けると，これはGDPに計上されることになります。国全体として生産される財・サービスの量は変わっていないのに，非市場生産が市場生産に置き換わっただけで，GDP統計の数値は変わってしまうのです。このことは，たとえば次のような問題を生む可能性があります。かつては多くの人がほとんどの食事を家でとっていたことでしょう。これが最近では女性の社会進出の高まりなどの理由で，外食をとる人が増えたとされています。このとき，仮に人々が実際に食べているものが同じであったとしても，GDP の値は増えていってしまいます。

持ち家の帰属家賃

GDP には原則として市場で取引される財・サービスだけが計上されると書きました。しかし，この原則に対してはいくつかの例外が設けられています。市場で取引されていないのに GDP に含まれる財・サービスの代表例として「持ち家の帰属家賃」があります。賃貸のマンションやアパートなどでは，借り主から持ち主に対して賃料の支払いが行われます。これは，マンションやアパートから借り主が享受するサービス（雨風をしのげるなど）に対して対価が支払われたものとみなして，GDP に計上されます。これに対して持ち家は持ち主が自分で住んでいる家ですから，賃料の支払いは行われません。しかし，何とかしてこれを GDP に計上しないと，同じ家でも持ち主が自分で住むか貸し出すかで扱いが違うという困った事態が生じてしまいます。

これを防ぐために計算されるのが持ち家の帰属家賃です。これは持ち主があたかも「自分で自分に」家を貸し出して賃料支払いを受けたかのようにみなして，この賃料を GDP に計上するという方法です。本当にそういう支払いがあるわけではないので賃料のデータもありません。そこで担当する官庁が，もしこの家が賃貸に出されたらこのくらいだろうという数値を推定して（その家の周辺の相場などを参考にします），この仮想的な家賃を使っているのです。この種の仮想的な計算を帰属計算と呼びます。

ここで，このような細かい例外事項の話をする唯一の理由は，その額が大きいことです。たとえば，2016 年度に日本の名目 GDP に占める持ち家の帰属家賃の比率は 9.3% にも上りました。帰属計算の仕方は GDP 統計の数値に案外大きな影響を与えるのです。

6 何が総生産に含まれないか？

総生産はあくまで生産量の指標

以上，総生産とはどんなもので，何が含まれているかを説明してきました。しかしひょっとしたら，本当に大事なことは，以上の説明から，何が総生産に含まれないのかを認識することかもしれません。

たとえば株価の上昇はどうでしょうか？ 株式とはある人がある企業の所有権の一部を持っていることを示すものです。これは財・サービスには入りません。したがって，株式の価格がどんなに上がっても，そのこと自体は名目総生産にも実質総生産にも何の影響も及ぼさないことがわかります。

同じことは地価の上昇についても言えます。土地というのは昔から存在していたものなので，今年「新たに生産された財・サービス」には入りません。したがって地価の上昇そのものは，名目総生産にも実質総生産にも何の影響ももたらさないのです。

日本では 1980 年代後半に株価や地価が急激に上昇しました。それと同時に総生産も増えていました。このいわゆる「バブル景気」については第 16 章第 1 節で詳しく取り上げます。ただ，上で見たように，株価や地価そのものが総生産に算入されるわけではないので注意が必要です。これはあくまで株価や地価の上昇が，何らかのしくみを通じて人々の生産活動を活発にさせたことによって総生産が増加したものと理解すべきです。

7 日本のGDP統計

統計を見る際の注意点

せっかくここまで総生産について学んできたので，実際の日本のGDP統計をのぞいてみましょう。これまでの議論からわかるように，一口にGDPと言っても名目GDPと実質GDPがあります。自分で統計を見るときにはどちらを見ているかに注意しましょう。やはり，この教科書で単にGDPと言ったら実質GDPのことだと思ってください。さらに，実質GDPの定義をよく復習してみると，設定された「基準年」が異なれば，出てくる数値も異なってくることがわかります。たとえば同じ2008年のGDPでも，基準年として2005年が使われている場合と2011年が使われている場合では値が異なってきますので注意が必要です。慣れていない人がデータを分析する際に起こしがちな間違いは，たとえば2010年の実質GDPについては2005年基準のデータを取ってきて，2015年については2011年基準のデータを持ってきて，直接比べてしまうようなことです。この比較には意味がありません。また，古い基準年のGDPデータと新しい基準年のGDPデータを何も調整せずに「つなげて」しまうようなミスも起こりがちです。皆さんはそのようなことがないように気をつけてください。

また最近の統計では新しい「連鎖方式」の実質GDPが報告されています。これについては*Column* ⑨で触れています。

日本の実質GDPの推移

図9-1は日本の実質GDPの1955～2016年の推移をグラフにしたものです。ただし，全期間を通じた統計が得られなかったため，1955～98年は1990年を基準年とした実質GDPを掲げています。

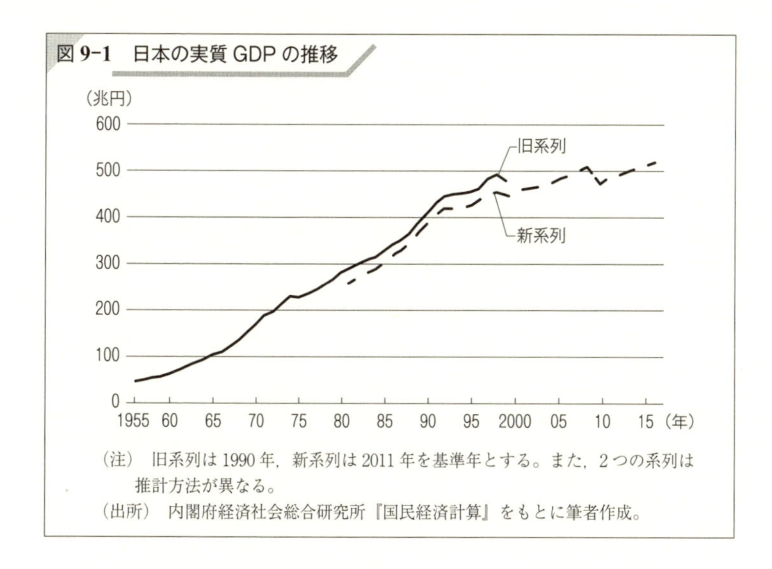

図 9-1　日本の実質 GDP の推移

（注）旧系列は 1990 年，新系列は 2011 年を基準年とする。また，2 つの系列は推計方法が異なる。
（出所）内閣府経済社会総合研究所『国民経済計算』をもとに筆者作成。

一方，1980 年から 2016 年にかけて 2011 年を基準年とした実質 GDP を掲げていますので，1980～98 年は 2 つの異なった実質 GDP の系列がグラフ上で併存しています。同じ実質 GDP と言っても基準年が違えば水準も動き方も異なることがわかると思います。

図 9-1 から，日本の実質 GDP は成長を続けてきたことがわかります。とくに 1955～73 年の 18 年間で 4.8 倍に大きくなっています。これが高度成長時代と呼ばれる時期です。その一方で時に「失われた 10 年」と呼ばれる 1990 年代には実質 GDP は伸び悩んだこと，2000 年代には多少伸びを回復したが，2009 年には，いわゆる「リーマン・ショック」のために大きな減少を経験したことがわかります。このように，GDP は日本経済がこれまで歩んできた道のりを教えてくれる重要な統計なのです。第 16 章では 1980 年代後半以降を対象に，こうした日本経済の歩みを振り返ります。

Column ⑨ 実質GDPの新しい算出方法：連鎖計算について

本文中では実質 GDP の計算方法として基準年を定めて動かさない方法，いわゆる「固定基準年方式」を紹介しました。ところが，近年になってこの方式の限界が強く認識されるようになっています。

例として，仮に 2017 年から 2018 年にかけて日本の携帯電話の生産が 10% 増えたとしましょう。このことは実質 GDP の計算値にどんな影響を与えるでしょうか？ 1990 年を基準年とすることを考えてみましょう。その当時の携帯電話は非常に高価なものでしたから，高いウェイトが与えられることになります。そんな「貴重な」ものの生産が 10% も伸びたら実質 GDP の計算値はさぞかし大きく増加することでしょう。ところが，2017 年ごろの日本人の目からすると携帯電話はすっかりありふれたものになっていて，その生産が多少増えたとしてもそれほど豊かになったとは感じないというのが実際のところでしょう。

このようにモノの相対的な価値が時代とともに変化していくときには，固定基準年方式は実態を正確に表さない可能性があるのです。そこで「連鎖方式」と呼ばれる新しい方法が採用され始めています。この方式のもとでは，①2017 年から翌年にかけての実質 GDP の変化を計算するときには 2017 年を基準年とします。次に，②2018 年から翌年にかけての変化を計算するときには 2018 年を基準年とします。仮に①の計算より 2017 年から 2018 年にかけて実質 GDP は x 倍になり，②の計算より 2018 年から 2019 年にかけては y 倍になったという結果が得られたとしましょう。このとき連鎖方式では 2017 年から 2019 年にかけて実質 GDP は xy 倍になったと考えます。つまり，異なった基準年の計算結果を「連鎖して」いくのです。現在はこの方式が主流になりつつありますので，これから勉強する皆さんは注意が必要です。

練習問題

【基本問題】

9-1 ある国ではラーメンと餃子の 2 種類の財が生産されています。2018 年には，ラーメン 1 杯と餃子 1 皿の価格はそれぞれ 300 円，200

円でした。これが2019年には，それぞれ400円，300円になっていました。生産量の方は2018年がラーメン10杯に餃子10皿，2019年がラーメン12杯に餃子15皿でした。各年の名目GDPを求めなさい。2018年を基準年とした場合の各年の実質GDPを求めなさい。

9-2 ある国では土を掘ると鉄鉱石が出てきて，それをもとに鉄鋼が作られ，さらにそこから機械が作られると言います。ある年の鉄鉱石の生産は1億円分，鉄鋼の生産は3億円分，機械の生産は6億円分でした。各工程における付加価値を求めなさい。総生産はいくらになるでしょうか？

9-3 タマゴだけが生産・消費される経済を考えましょう（タマゴを生むニワトリがどこから来たのかは問わないことにします）。タマゴ1個は10円とします。4月1日，農家では10個のタマゴが生産されました。そのうち8個は住民が買っていきました。売れ残った2個は倉庫にしまっておきました。4月2日，また10個のタマゴが生産されました。住民が12個を買いに来たのですが，昨日倉庫にしまっておいた2個と合わせて売りました。

それぞれの日のGDP，消費，投資はそれぞれいくらですか？

【応用問題】

9-4 株価の変動がGDP統計に直接には影響しない理由を説明しなさい。

9-5 実際のGDPデータに触れてみましょう。内閣府経済社会総合研究所のウェブサイト（http://www.esri.cao.go.jp/jp/sna/menu.html）から過去5年間の各年度の実質GDP統計をダウンロードして，推移を折れ線グラフにしなさい。

9-6 ヤマダ王国は2種類の財，液晶テレビとブラウン管テレビだけを生産する経済です。液晶テレビの価格は2016年には50万円だったのが2017年には10万円に値下がりし，2018年にも10万円でした。ブラウン管テレビの価格はこの間ずっと10万円でした。液晶テレビのこのような値下がりはお手頃感を生み，その生産量は2016年には2万台だったのが2017年には15万台となり，2018年にはさらに18万台となりました。一方，ブラウン管テレビの生産量は2016年には10万台だったのが2017年には5万台となり，2018年には2万台となりました。以上を表にまとめると次のようになります。ただし P_A, Q_A は液晶テレビの価格と生産量，P_B, Q_B はブラウン管テレビの価格と生産量です。

価格（単位：万円）	2016 年	2017 年	2018 年
P_A	50	10	10
P_B	10	10	10

生産量（単位：万台）	2016 年	2017 年	2018 年
Q_A	2	15	18
Q_B	10	5	2

以下の問いに答えなさい。

(a) 2016 年を基準年とした 2017 年と 2018 年の実質 GDP をそれぞれ求めなさい。この方式だと，2016 年から 2017 年にかけての実質 GDP 成長率はいくらになりますか（この値を x とします）。また，2016 年から 2018 年にかけての実質 GDP 成長率はいくらになりますか？（この値を y とします）

(b) 2017 年を基準年とした 2017 年と 2018 年の実質 GDP をそれぞれ求めなさい。この方式だと，2017 年から 2018 年にかけての実質 GDP 成長率はいくらになりますか？（この値を z とします）

(c) 2016 年から 2018 年にかけての「連鎖方式」の成長率は $(1+x)(1+z)$ から 1 を差し引くことで求められます。この値を求めなさい。問い (a) で求めた y と比べて，どちらが大きいですか？

第10章 *GDP*に関連した概念

Introduction

この章では前の章に引き続きマクロ経済学にとって基礎的な概念や不可欠な統計について学びます。前の章ではGDPについて詳しく学びましたので，この章ではそれに関連するさまざまな変数について学んでいきたいと思います。大きく分けて3種類の変数が出てきます。1番目が財の数量に関する変数です。最初にGDPを支出面から見た場合，消費，投資，政府購入，純輸出に分けられることを学び，それぞれの定義と注意点を学びます。さらに総貯蓄と資本ストックという重要な概念を学びます。2番目に物価水準，3番目に労働関係の指標（失業率など）を学びます。

1 総支出の内訳

三面等価の原則再訪

この章では総生産の内訳を学びます。前の章で三面等価の原則を学び，GDPは総生産であると同時に総所得と総支出にも等しいということを学びました。したがって，GDPの内訳を見るのにも3通りの見方があります。1つ目がGDPを総生産とみなして，誰がどれだけ生産したかという視点から内訳を分類する方法です。2つ目がGDPを総所得とみなして，誰がいくらの所得を得たかという視点から内訳を分類する方法です。3つ目がGDPを総支出とみなして，誰がどれだけ支出をしたかという視点から内訳を分類する方法です。ここでは3

番目の，総支出としてのGDPの内訳を見ていきたいと思います。

経済の4部門と総支出の4項目

マクロ経済学では1つの国の経済全体を4つの部門に分けて考えます。4つとは家計，企業，政府，外国です。これら4部門にほぼ対応して，総支出の4項目が存在します。なぜこの対応関係が「ほぼ」であって「完全に」でないかはのちほど見ていきます。

総支出の4項目とは**消費**，**投資**，**政府購入**，**純輸出**（**輸出－輸入**）です。したがって

$$総生産 = 消費+投資+政府購入+純輸出 \qquad (10\text{-}1)$$

という式が成り立つことがわかります。マクロ経済学ではよく総生産を Y という記号で表します。消費は英語で Consumption なので C で表されます。同じように，投資（Investment）を I，政府購入（Government Purchases）を G，純輸出（Net Export）を NX で表します。このとき上の式を

$$Y = C+I+G+NX \qquad (10\text{-}2)$$

と書くことができます。

総生産に名目と実質があるように，それぞれの項目にも名目と実質が存在します。名目とはその年々の価格で評価された，購入された財・サービスの価値です。実質は同じものを基準年の価格で評価したものです。以下では，記号 Y, C, I, G, NX はすべて実質値を表すものと理解してください。次に上の（10-2）式右辺の各項目の定義と中身を見ていくことにしましょう。

消費（C）

消費とは家計による財・サービスの購入のことです。ただし，住宅だけは例外的に除きます（住宅については次の項を参照してください）。その中身は次の4つに分けることができます。①非耐久財消費：食料品，電

気・ガス・水道など，②半耐久財消費：衣料品など，③耐久財消費：自動車，家電製品，家具など，④サービス消費：医療，交通，通信，教育，娯楽，外食，金融サービスなど。第9章で触れた住宅の賃料や持ち家の帰属家賃はサービス消費に含まれます。

投資（I）

投資は現在だけでなく将来も引き続き使用するために手に入れる財の購入です。この教科書では，民間（家計・企業）による投資だけをこの項目に含めることにします。政府による投資はのちほど別の項目に登場します。投資は大きく**固定投資**と**在庫投資**に分かれます。固定投資とは資本財を購入することで，資本財とは生産設備や住宅のことです。固定投資はさらに**設備投資**と**住宅投資**に分かれますので，結局は以下の3つの分類が存在することになります。

①設備投資：企業による生産設備の購入です。生産設備とは生産するための機械や工場の建物，オフィスビルなどを指しています。

②住宅投資：家計による住宅の購入です。

③在庫投資：企業の持っている在庫ストックの増減です。

この節の最初に述べたように，一国の経済を4部門に分類するのとほぼ対応して総支出の4項目があるのですが，両者の対応は完全ではありません。この対応関係が崩れているのが，家計による住宅購入の取り扱いです。家計による財・サービスの購入はほとんどが消費に分類されるのですが，住宅だけは投資に分類されています。

在庫投資の考え方は次のようなものです。たとえば，ある年の初めに100億円分の未販売の自動車がある自動車メーカーの倉庫に眠っていたとしましょう。これが年末に150億円分に増えていたら，1年間に50億円の正の在庫投資があったことになります。逆に50億円分に減っていたら，マイナス50億円分の在庫投資，つまり負の在庫投資があったことになります。このように在庫投資は正にもなることも，負になることもあります。これは消費や固定投資のように負の値をとることがない変数と比べたときの在庫投資の特徴と言えます。

企業が正の在庫投資を行うときには少なくとも2種類の理由が考えられます。1つ目は企業としてはたくさんの財が売れるだろうと思っていたので，それを見込んで財を生産したものの，ふたを開けてみると思ったほど売れなくて売れ残ってしまった場合です。2つ目は，翌年になれば自分の製品が多く売れるだろうと思って，それを見越して今年のうちから多めに財を生産してためておく場合です。マクロ経済学の理論では前者を意図せざる在庫投資，後者を意図した在庫投資と呼んで区別していますが，統計上はどちらも正の在庫投資として計上され区別されません。

投資という言葉は間違いやすいので注意が必要

さて，この投資という言葉ですが，日常生活や新聞・雑誌などでもよく使われていますが，それだけに注意が必要です。なぜならば新聞・雑誌などに出てくる「投資」という用語はマクロ経済学で言う「投資」とはしばしば違う意味で使われているからです。正確に言えば，上で定義した，GDP統計やマクロ経済学で言う「投資」の方がずっと意味が狭いのです。この点はかなり勉強を積んだ学生でも間違いやすいところなので，この機会によく理解しておきましょう。

（例1） 企業Aは企業Bの株式がそのうち値上がりすると思って，企業Bの株式10億円分を企業Cから買ったとしましょう。このようなとき，よく企業Aは企業Bの株式に「投資」したなどと言います。「株式投資」という言葉も存在しています。しかし，この株式というのは，その持ち主が企業Aの所有権の一部を持っているということを証明する紙切れにすぎません。そしてこの企業の所有権というのは，この年に新たに生産された財・サービスにはあたりません。したがって，この取引はGDP統計やマクロ経済学でいう投資には含まれないことがわかります。
(例2) 自動車を生産している企業Dが，スポーツカーを製造するための新しい機械を10億円で購入したとしましょう。これは新たに生産された資本財の購入ですから，GDP統計やマクロ経済学でいう投資に含まれることがわかります。
(例3) 評論家のE氏が，値上がり益をねらって，江戸時代から伝わる古民家を1億円で購入したとしましょう。このようなときにも私たちはよくE氏が民家に「投資」したというわけですが，この古民家は今年新たに生産されたわけではないので，上記の取引はGDP統計やマクロ経済学における投資には含まれません。
(例4) 社長を引退したF氏が建造費1億円の豪邸を建築しました。この場合にはGDP統計やマクロ経済学における住宅投資に含まれることになります。

このほか，日常生活でよく言う「債券投資」「土地投資」なども，ここで言う投資Iには含まれませんので注意してください。

在庫投資が支出とみなされることの意味

総支出の1項目として在庫投資が存在するということは，売らなかった（あるいは売れなかった）財は販売者が自分で購入したとみなすことを意味しています。すでに前の章で触れたように，このことは重要な意味を持っています。

前の第9章に出てきた例を少し変えて考えてみましょう。C国では先週木曜日に農家が長ネギ1本200円分を生産したとしましょう。農家としてはこれをいつも買ってくれる学生に売るつもりだったのですが，学生はたまたま忙しく，買いに来ませんでした。がっかりした農家は長ネギを倉庫にしまいました。翌日の金曜日には農家はまだ失意のうちにあったので，何も生産しませんでした。ところがひまになった学生が買いに来たので，あわてて前の日にしまった長ネギを倉庫から出して学生に売りました。

まず木曜日について考えてみると，（10-2）式左辺の総生産 Y は200円です。総支出ですが，学生は何も買わなかったので同式右辺の消費 C がゼロになる一方で，農家の在庫が200円分増えているので在庫投資が200円になっています。よって右辺の投資 I は200円です。こうして右辺の合計つまり総支出は200円となり，総生産と一致しています。

次に金曜日について考えると，何も生産は行われなかったので，（10-2）式左辺の総生産 Y はゼロです。学生が長ネギを買ったので右辺第1項の消費 C が200円となる一方，農家の在庫が200円分減っているので在庫投資が -200 円になります。よって右辺第2項の投資 I は -200 円です。こうして右辺の合計つまり総支出はゼロとなり，総生産と一致します。

このように，在庫投資という項目が存在することが，総生産と総支出の一致という原則が常に成り立つことを保証しているのです。

政府購入（G）

この項目は政府（中央政府だけでなく地方自治体も含みます）による財・サービスの購入です。次の2つに分けることができます。

①**政府消費**（G_C で表すことにします）：これは政府による消費的支出です。最も代表的なのは政府が無償で国民・住民に提供する各種サービス（市役所の窓口で受け付けてくれるサービスなど）です。こういったサービスには市場で価格がついているわけではないので，これらの事業に携わった公務員の給与などによってその価値を評価し，国民・住民のために政府がこうしたサービスを購入しているものとみなします。

②**公的投資**（G_I で表すことにします）：政府による投資的支出です。公共事業によるダム，橋，高速道路の建設などがこれにあたります。

政府による歳出であっても政府購入に含まれないものは多い

以上の政府購入の定義を見ると，単純に政府購入とは政府が行う支出すべてのことだと思ってしまうかもしれません。しかし，政府購入と毎年の政府予算・決算における歳出の項目を比べると，大きな違いがあることに気づきます。それは政府の歳出における重要項目である**移転支出**がGDP統計やマクロ経済学における政府購入 G に含まれていないことです。移転支出とは政府による年金，失業保険，生活保護などの支払いのことです。こういった項目の存在は日本の財政赤字の問題などを考える際には重要になります。しかし，すべて政府から民間へおカネが移動するだけのことであって，新たな財・サービスの購入を直接伴っていません。ですから，GDP統計における政府購入には含まれないのです。

純輸出（NX）

純輸出とは輸出から輸入を差し引いたものです。輸出（Export）を X，輸入（Import）を IM で表すことにしましょう。すると次のように書けます。

$$NX = X - IM \qquad (10\text{-}3)$$

この項は輸出が輸入を上回ればプラスになりますが，逆ならばマイナスになります。日本の名目の純輸出は1981年ごろから長い間，ほとんどの年でプラスでしたが，2011年ごろからマイナスになる年も見られるようになりました。

さて，（10-3）式を用いると先ほどの（10-2）式は

$$Y = C + I + G + X - IM \qquad (10\text{-}4)$$

と書き換えることができます。日本の場合を例にとると，第9章で見たように，（10-2）式左辺の Y は国内で生産された財・サービスの総計です。その中には日本で生産された自動車が入っています。その一部は国内で購入されるでしょうが，一部は海外に輸出される

ことでしょう。これは経済4部門の1つである外国部門による日本で生産された財の購入とみなすことができます。そこでこれら輸出の総和である X を右辺，すなわち総支出の1項目として立てているのです。

なぜ輸入をマイナスにするのか？

このように X を右辺に足さなくてはならない理由はわかりやすいのですが，なぜ最後に輸入 IM を差し引かなくてはいけないのでしょうか？ 輸入というのは外国で生産された財・サービスを日本が購入することですから，日本で生産された財・サービスに関する統計であるGDP統計には関係ないような気がします。これは何かの間違いでしょうか？ この謎を解くカギは，消費 C，投資 I，政府購入 G のそれぞれに，国内の家計・企業・政府が購入する輸入財が入り込んでしまっているということにあります。

たとえば，C の中には日本の家計が購入した中国産冷凍食品が入っています。I の中には日本の企業が輸入したドイツ製精密機械が入っています。G の中には日本の政府が購入したアメリカ製戦闘機が入っています。これらはすべて外国で生産された財なので，左辺の日本の Y には含まれないものばかりです。

これらをそのままにしておいたら，(左辺の Y)＝(右辺の総支出)という等号が成立しなくなってしまいます。この問題を避けるためには，日本の家計・企業・政府が購入した外国製品の総和をまとめて最後に差し引いてやる必要があります。これら外国製品の総和とは日本全体の輸入，つまり IM にほかなりません。こういった理由で，(10-4) 式右辺の最後にマイナス IM という項がくっついているのです。

2 日本のGDPの内訳

総支出の各項目構成比

図10-1は2016年の日本の実質GDP統計から作成した，各項目の比率を円グラフにしたものです。

各項目の名称は公式統計からとってきたので，難しそうなものとなっています。まず「民間最終消費支出」とはこの教科書でいう消費のことで，全体の56.8%を占めています。この比率は常に55%強くらいで年代を通じてさほど大きく変化することがなく，消費が常に支出側から見たGDPの最大の項目になっています。「民間総固定資本形成」とは固定投資のことで，そのうち「企業設備」が設備投資，「住宅」が住宅投資にあたります。前者の構成比は15.7%，後者は3.0%でした。「在庫変動，民間企業」が在庫投資で，この年はその値はほとんどゼロでした。「政府最終消費支出」が政府消費で，その比率は20.3%になっています。次に「公的総固定資本形

図10-1　日本の実質GDP（2011年基準）の構成比（2016年）

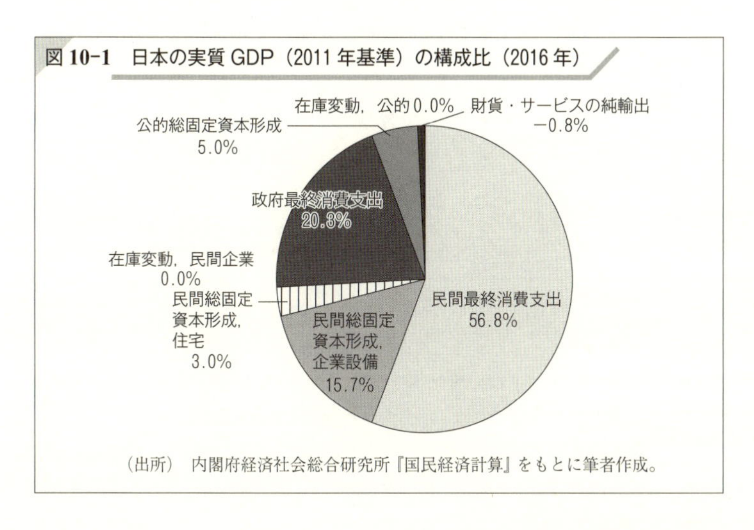

（出所）内閣府経済社会総合研究所『国民経済計算』をもとに筆者作成。

Column ⑩ 日本の公的投資

何かと話題になることの多い日本の公共事業ですが，下の図は名目公的投資が名目 GDP に占める比率の推移をグラフにしたものです。1970年代にはオイルショックへの対応などで一時は 10% に迫る高い水準にあったものが，80 年代には財政再建の努力によってかなり下がっていたことがわかります。ところが 1990 年代に入ると，いわゆるバブル崩壊とその後の景気低迷に対応するために，再び 9% 前後まで急上昇しています。2000 年代に入ると，小泉改革と呼ばれた時期を中心に，この値は短い間に 5% 前後にまで低下しています。その後，この比率は下げ止まっています。これはリーマン・ショック（2008 年）によって生じた不況への対策や第 2 次安倍政権登場（2012 年）後に「アベノミクス第 2 の矢」と呼ばれる積極的な財政拡大が行われたことを反映したものです。

財政再建をめぐる議論では，よく日本は無駄な公共事業が多いのでこれを削れば問題は解消するかのようなことが言われますが，実際にはすでに半分近く（対 GDP 比で見て）がカットされていることには注意する必要があるでしょう。もちろんこれは，残されたものの中に無駄がないことを意味するわけではまったくありません。しかし財源という意味では，もうあまり大きな金額をここからは期待できなくなっていることは事実でしょう。

図　日本の公的投資，対 GDP 比の推移

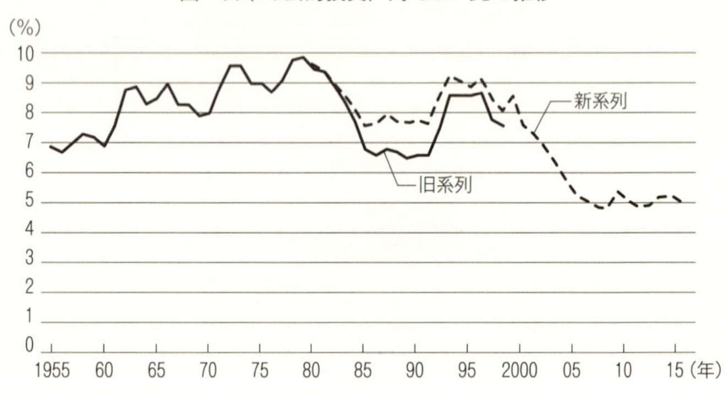

（注）公的投資，GDP はともに名目値。旧・新系列は推計方法が異なる。
（出所）内閣府経済社会総合研究所『国民経済計算』をもとに筆者作成。

成」と「在庫変動，公的」を合わせたものが公的投資で，その比率は5.0％です。この値の歴史的推移については *Column* ⑩を参照してください。「財貨・サービスの純輸出」つまりこの教科書で単に純輸出と呼んでいるものの構成比は−0.8％でした。これは，図には出ていませんが，輸出が対GDP比で16.1％，輸入が16.9％で，輸出が輸入を下回っていたことを反映しています。

3 資本ストックと貯蓄

資本ストック（K）

この節ではGDPに関連したその他の概念を2つ取り上げます。1つ目が**資本ストック**です。資本ストックとは「ある一時点においてある国の中に存在する資本財の総量」を意味しています。資本財とは，先に述べたように，企業の生産設備や家計の住宅のことです。この教科書ではドイツ語で資本を表すKapitalの頭文字をとって，これをKという記号で表すことにします。定義としてはこれだけなのですが，上の定義からこの変数はこれまで見てきたどの変数ともまったく異なる特徴を持っていることがわかります。それは「ある一時点において」という部分と関わっています。

フローとストック

これまでの総生産やその構成要素は，すべて「ある一定期間内」（たとえば2018年1月1日午前0時0分ちょうどから同年12月31日午後11時59分台が終わる瞬間までの1年間）における経済活動を測るものでした。総生産とはある一定期間内において生産された財・サービスの総量でしたし，消費とはある一定期間内において家計が購入した財・サービス（住宅を除く）の総量でした。投資，政府購入，輸出，輸入などもすべてある一定期間内における購入量を測るものでした。こういったタイプの変数を**フロー**変数と呼びます。

それに対して資本ストックは,「ある一時点」(たとえば2018年1月1日午前0時0分ジャスト)において国内にある資本財を全部かき集めたらどれだけになるかを測るもので,一時点における存在量を測っています。こういったタイプの変数を**ストック**変数と呼びます。

このように,数量を測る変数にはフローとストックの2種類があります。自分で統計を調べるときには見ている変数がどちらに分類されるかに常に注意していないと,意味のない分析をしてしまうかもしれません。この教科書でも,新しい数量変数が出てくるたびに,それがフローなのかストックなのかに注意を払っていきます。

総貯蓄(S)

貯蓄,正確には**総貯蓄**とは,総所得(つまり総生産Y)から消費Cと政府消費G_Cを差し引いたものです。これをSで表すと次のように書けます。

$$S = Y - C - G_C \tag{10-5}$$

つまり,総貯蓄とは1期間内に新たに発生した「食べ残し」のことであると言えます。先ほど数量を測る変数にはフローとストックがあると言いましたが,この変数はフローでしょうか,ストックでしょうか? 右辺の総生産,消費,政府消費はすべてフローの変数であることに注意しましょう。ここから,左辺にある総貯蓄もフローであることがわかります。

この総貯蓄は民間貯蓄と政府貯蓄に分類され,民間貯蓄はさらに家計貯蓄と企業貯蓄に分類されます。この教科書ではこれらの内訳にはあまり立ち入りません。ただ,教科書によっては,同じSという記号を総貯蓄ではなく民間貯蓄の意味で使っているものも多くあります。ほかの教科書の記述と比較するときには,その点に注意してください。

貯蓄という言葉にも注意

さて，先ほど「投資」という用語がマクロ経済学では日常とは違った意味で用いられるという話をしましたが，同じことは「貯蓄」という言葉についても言えます。たとえば，日常会話で「近所のおじいさんは貯蓄をたくさん持っているらしい」などというときに，その人の今年の所得から消費を差し引いたものが多いという意味で使われることはめったにありません。通常は，その人の蓄え（経済学用語でいう資産総額）が多いということを意味しています。これはストックの概念です。これに対して，上で述べたように，マクロ経済学用語としての貯蓄はフローの概念ですから，十分に注意する必要があります。

4 物価水準の尺度

物価水準（P）とは

これまではずっと数量を測る尺度について論じてきました。ここで話を一転させて，物価水準の尺度について論じたいと思います。**物価水準**とは「ある経済の中で取引されている財・サービスの平均的な価格」を意味しています。ここで言う価格とは「貨幣の単位で測られた価格」を意味しています。日本であれば円表示の価格です。これを名目価格と呼ぶこともあります。すでに第9章で議論したように，私たちの日常生活では価格を円で表示するのは当たり前のような気がしますが，経済学的に言えば必ずしも自明なことではありません。そのため，ここでは名目の価格について議論していることをあえて強調したいと思います。

この教科書では物価水準を大文字の P を用いて表すことにします。ミクロ経済学を学んだときにはしばしば小文字の p が出てきましたが，これはある特定の種類の財の価格を意味していました。それに対して大文字の P はすべての種類の財・サービスの平均価格です。ミクロ経済学の理論で p が上昇するというときには，ほかの財の価格に比べて当該財の価格が上がること（つまり相対価格の上昇）を意味していました。次章以降のマクロ経済学の理論編でこの P が上昇するというときにはすべての種類の財・サービスの円単位の価格が同時に上昇することをイメージしています。この違いにぜひ気をつけてください。

もちろん現実には，一部の財・サービスの価格だけが上昇することで，それに引きずられて全体の平均である物価水準 P が上昇することもあります。よい例が，原油価格の上昇による関連製品の価格上昇や，小麦価格の上昇による一部食品価格の上昇です。これまで日本では，これらの一部の財の価格が大幅に上がることによって物価水準に大きな影響が出るということが何度か起こってきました。このような現象は，経済学的には，平均価格 P の上昇とこれら製品の相対価格の上昇という2種類の異なった変化が同時に起こっているものと解釈できます。

さて，もし世の中に財が1種類しか存在しなければ，その財1単位あたりの価格（たとえばドーナツ1個何円）をそのまま物価水準と呼べばよいでしょう。しかし，現実にはいろいろな種類の財・サービスが存在しているので，その間の平均をどのようにとるべきかは難しい問題になります。次に，実際の統計では物価水準をどのように測ろうとしているのかを見ていきましょう。

GDP デフレーター

物価水準を測る統計の中で最も代表的なものが **GDP デフレーター**です。これは次のように定義されます。

$$\text{GDP デフレーター} = \frac{\text{名目 GDP}}{\text{実質 GDP}} \qquad (10\text{-}6)$$

これがなぜ物価水準の指標になるのでしょうか？ 前章で学んだように，名目GDPは生産量の動きだけでなく名目価格の動きも反映してしまう指標です。これに対して実質GDPは生産量の動きだけを反映して名目価格の動きを反映しない指標です。そのため，この2つの比率は名目価格の動きだけを反映した指標になるのです。

通常，GDPデフレーターは（10-6）式で算出される値に100をかけて表示されます。名目GDPと実質GDPの定義から，この両者は基準年においては同じ値をとります。したがって，基準年におけるGDPデフレーターの値はちょうど100になります。つまり，GDPデフレーターとは基準年における物価水準を100としてそれ以外の年の物価水準を評価するものであると言えます。このため，GDPデフレーターは円表示の財・サービス価格の平均でありながら，単位に「円」がつかない統計になっています。このように基準年の値を100として各年の物価水準を表示する統計を**物価指数**と呼びます。

物価水準に関するその他の統計

GDPデフレーターはGDP統計に出てくるすべての財・サービスの価格の平均をとるものなので，カバーする範囲が非常に広い統計です。欠点としては，結果が出るまでに時間がかかることがあげられます。これはGDP統計が膨大な情報を必要とするため，算出に時間がかかるためです。しかもGDP統計は3カ月ごとに計算される四半期統計で，前の月の物価がどうだったのかというような疑問には答えてくれません。

そこで足元の物価動向を知るためによく活用されるのが「消費者物価指数」（総務省）と「企業物価指数」（日本銀行）です。いずれも毎月計算される月次統計で，その名のとおり基準年を100とする指数です。前者は日本の平均的な家計が購入する財・サービスの平均的な価格をスーパーの店頭などでの価格から算出するものです。後者は企業間で取引される財の平均価格です。GDPデフレーターに比べるとどちらもカバーされる範囲は狭くなりますが，速報性に優れています。

インフレ率とは

物価水準の上昇率のことを**インフレ率**と呼びます。第 t 年の物価水準を P_t，第 $t+1$ 年の物価水準を P_{t+1} と書くことにして，第 t 年から第 $t+1$ 年にかけてのインフレ率を π と書くことにすると，次のように書けます。

$$\pi = \frac{P_{t+1} - P_t}{P_t} \tag{10-7}$$

通常，新聞などではこれに 100 をかけて％表示しています。経済学では，このインフレ率がプラスのときを「インフレーション（あるいは略してインフレ）」と呼び，マイナスのときを「デフレーション（あるいは略してデフレ）」と呼びます。

日本の物価水準の推移

図 10-2 は日本の GDP デフレーターの推移をグラフにしたものです。1955～98 年は 1990 年基準のデータが，1980～2016 年は 2011 年基準のデータが利用可能でしたので，それらを図示しています。このため 1980～98 年の間は 2 つの系列が併存しています。

この図から，1990 年代初めまでは日本の物価水準はほぼ一貫して上昇していたこと，つまりインフレであったことがわかります。とくに 1970 年代前半には，激しいインフレがあったことも見てとれます。1990 年代後半からは物価水準が下がっていく状態つまりデフレが続いていたこともわかります。最近では（2013 年ごろから）物価水準は下げ止まりを見せています。このため，長かったデフレは終わったと言ってよいのか，注目が集まっています。この点については第 16 章で再び議論します。

図 10-2　日本の GDP デフレーターの推移

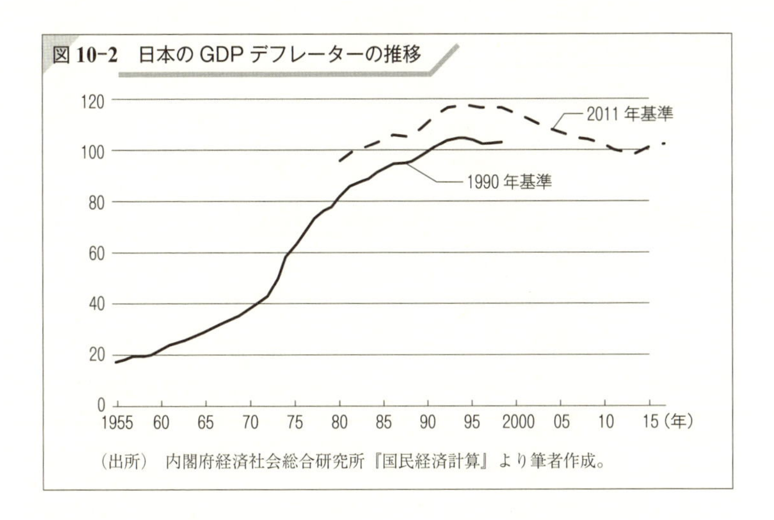

（出所）　内閣府経済社会総合研究所『国民経済計算』より筆者作成。

5　労働関係の尺度

失業率

この章の最後に労働関係の指標を見ておきましょう。一番よく知られているのは**失業率**なので，この説明から始めます。失業者とはどのような人のことを指すのでしょうか？ また失業率とは何に占める失業者の割合のことなのでしょうか？ 失業率の計算はまずある年齢以上の人口（日本の場合は 15 歳以上）を「労働力」と「非労働力」に分けるところから始まります。非労働力とは仕事についておらず仕事を探してもいない人を指します。通学だけしている学生，家事を専業としている人，高齢で働いていない人などが，これにあたります。労働力の方はさらに「就業者」と「失業者」に分けられます。就業者とは仕事について働いている人です。失業者とは仕事についていないが仕事を探している人のことを指します。このように仕事をしていない人が誰でも失業者と呼ばれるわけではないことに注意しましょう。失業率は次の式で求められます。

$$失業率 = \frac{失業者数}{労働力人口} = \frac{失業者数}{就業者数+失業者数} \quad (10\text{-}8)$$

言い換えれば，就業者と失業者の和に占める失業者の割合が失業率です。非労働力は分母にも分子にも入っていないことに注意してください。経済の状態が思わしくないときには不幸にして仕事を失う人が多くなります。こういった人々は次の仕事を探している間は失業者と呼ばれることになります。しかし，経済の状態があまりに悪くていくら探しても仕事が見つからない場合もあります。このようなときに仕事を探すのをやめてしまうと，そのような人は失業者ではなく非労働力と呼ばれることになります。このように，基本的には失業者が多いほど望ましくないと言ってよいのですが，より厳密には，こうした求職意欲を喪失した人々の動向にも注目すべきだと言えます。

日本の失業率の推移

図 10-3 は労働に関係する日本の統計を 2017 年についてまとめたものです。

図の数値を（10-8）式の定義に代入すると，この年の日本の失業率は 190 万÷6720 万＝0.028 より，2.8% であったことがわかります。

図 10-4 は日本の失業率の推移をグラフにしたものです。1972 年までのデータには返還前の沖縄県が含まれていません。かつては 1〜2% の水準だったものが 1970 年代半ばから上昇基調に転じていることがわかります。1980 年代後半のいわゆるバブル景気のときには失業率は低下したものの，1990 年代初めのいわゆるバブル崩壊を境にまた上昇に転じました。とくに 1997〜98 年の日本の金融危機後には 5% を超えています。失業率は 2000 年代には下がってきていたのですが，2008 年のいわゆるリーマン・ショックの影響を色濃く受けた 2009 年には再び 5% を超える水準にまで上がっていま

図 10-3　日本の労働関係統計（2017 年）

15 歳以上人口　1 億 1108 万人
- 労働力人口　6720 万人
  - 就業者　6530 万人
  - 失業者　190 万人
- 非労働力人口　4382 万人

（注）「就業状態不祥」の項目があるため，実際には，労働力人口と非労働力人口の合計は 15 歳以上人口とは完全には一致しません。
（出所）総務省『労働力調査』をもとに筆者作成。

図 10-4　日本の失業率の推移（年平均）

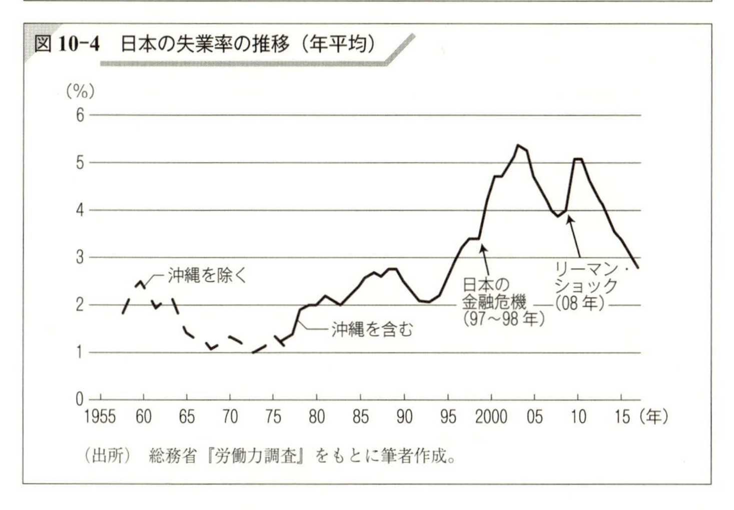

（出所）総務省『労働力調査』をもとに筆者作成。

す。その後，失業率は順調に低下して，すでに見たように 3% を切るところまできています。

総労働時間

失業率が働いていない人に関する指標であったのに対し，実際に生産に投入された労働がどれくらいであったかを測る指標にはどのようなものがあるでしょうか？ 最も重要なものが**総労働時間**です。これはある国である一定期間内に労働者が働いた時間を合計すると何時間になるかを表しています。これを次のようなかけ算の形で分解することができます。

総労働時間 ＝ 就業者1人あたり平均労働時間×就業者数

(10-9)

つまり，総労働時間が増加するのは，働いている人の数が増える場合，および残業が増加するなどの理由で働いている人の1人あたり労働時間が増える場合であると言えます。

練習問題

【基本問題】

10-1 次の各取引がGDP統計の総支出側のどの項目に含まれるか説明しなさい。ただし，どこにも含まれない項目もあるかもしれません。

(a) 学生A君が自分の家で使うためにパソコン（新品）を購入した。

(b) 企業Bがオフィスで使うためにパソコン（新品）を購入した。

(c) 学生A君がインターネットで企業Bの株式100万円分を購入した。

(d) 企業Cが新製品を売り出したが，売れ残った1000万円分を倉庫にしまった。

(e) 政府が2兆円かけて各地に高速道路を造った。

(f) 政府が子ども手当2兆円をばらまいた。

10-2 2018年のある国のGDP統計は次のとおりでした。

総生産	総支出	消費	固定投資	在庫投資	政府購入	輸出	輸入
400		240	100	0		40	80

(a) 空欄を埋めなさい。

(b) 住宅投資が40だとすると，設備投資はいくらですか？

(c) 政府消費が60だとすると，公的投資はいくらですか？

(d) 純輸出はいくらですか？

(e) 総貯蓄はいくらですか？

10-3 ある国は2種類の財，AとBを生産しています。2017年の各財の生産量は次のとおりでした。

A　100個，B　100個

これが2018年においては次のようになりました。

A　150個，B　200個

2017年における各財の（1個あたり）価格は次のとおりでした。

A　200，B　200

これが2018年には

A　400，B　120

となりました。2017年を基準年として，2017年と2018年のGDPデフレーターの値を求めなさい。

【応用問題】

10-4 第9章応用問題9-5で取り上げたウェブサイトから最新のデータをダウンロードして，実質GDPの内訳を図10-1のような円グラフで表しなさい。

10-5 やはり同じサイトからGDPデフレーターの過去5年間のデータをダウンロードして，推移を折れ線グラフにしなさい。

10-6 『労働力調査』（総務省）の最新の結果を政府のウェブサイトで見て，15歳以上人口，労働力人口，就業者数，失業者数の数値をダウンロードしなさい。それらの数値をもとに自分で失業率を自分で計算し，政府の公表値と一致する（丸め誤差などを除いて）ことを確認しなさい。

第11章 長期モデル1

総生産の決定

Introduction

この章では「長期」において総生産がどのように決定されるかを考えましょう。マクロ経済学では「長期」という用語は「価格の調整がすべてすんだあと」という意味で使います。つまりこの章のモデルでは，「第Ⅰ部　ミクロ経済学」と同じように，それぞれの市場で価格が上がったり下がったりしながら需要と供給の調整を行います。その結果として，どの市場でも需要と供給が等しくなります。このような状態をマクロ経済学では「長期均衡」と呼びます。この章で導かれる最も重要な結論は，この長期均衡において総生産は供給側で決定されるということです。言い換えれば，需要側の変化は長期の総生産に影響を与えません。なぜそのような結論が導かれるのかを，これから注意深く見ていくことにしましょう。そのうえで，もし総生産の決定に関係しないのならば，需要側は経済の中でどんな役割を果たすのかを考えましょう。

1 マクロ経済学における「長期」と「短期」

第9章と第10章では，GDPや物価水準といった，マクロ経済学を学ぶうえで一番基本的な概念を学びました。この章からは，いよいよこういった変数がどのように決定されるのか，つまりマクロ経済学の理論を学びましょう。

長期モデルの特徴

まず大事なことは，マクロ経済理論は大きく**「長期」のモデル**と**「短期」のモデル**に分けられるということです。この2つは問題にしている期間が違います。長期のモデルが明らかにしようとするのは，10年，20年といった長い期間を通じた経済の平均的な傾向はどのようにして決まるのかという問題です。短期のモデルが取り扱うのは1カ月，3カ月，1年といった短い時間の中で経済がどう変化するのかということです。

これではあまりに抽象的ですから例をあげてみましょう。仮に，ある国ではこれまで（実質）政府購入はずっと年間100兆円だったとしましょう。それが今月以降は110兆円に引き上げられることになりました。このとき，1カ月後，3カ月後，1年後のGDPや利子率はどうなるだろうかという疑問が浮かびます。これが短期のモデルが明らかにしようとする問題です。一方，この政策のために，今から10年後，20年後のGDPや利子率はどのような影響を受けるのかも気になるところです。長期のモデルはこういった疑問に答えようとするものなのです。

では，これから学ぶ長期モデルの一番の特徴はどこにあるのでしょうか？ それは，かたい言葉で言えば，**価格の伸縮性**ということになります。価格の役割の重要性についてはミクロ経済学のところで十分に学んだと思います。価格が伸縮的であるとは，単に価格が変化しうるということではありません。この用語は，もしある市場で需要が供給を上回っていたらその市場では価格が上がり，別の市場で供給が需要を上回っていたらその市場では価格が下がり，といった調整が繰り返された結果，すべての市場で需要と供給が一致することを意味しているのです。これはミクロ経済学で普通に置かれている仮定ですので，皆さんにはすでになじみ深いものと思います。このように，長期のモデルではすべての市場が常にこのような需要と供給が一致した均衡の状態にあると考えます。これをマクロ経済学では「長期均衡」と呼びます。

このように，マクロ経済学でいう長期とはどれくらいの長さの期間のことかと問われれば，すべての価格の調整が終わったときが長期なのです。先ほどの政府購入増加の例のように，政策の変化や企業の生産技術の変化などさまざまな要因がいろいろな市場に影響を及ぼします。こうした変化のために，市場によっては需給のバランスがいったん崩れるかもしれません。すると，そのバランスを回復すべく，さまざまな価格が調整を始めます。ある財の市場で需要が供給を下回った場合にはその財の価格は下がっていくでしょう。このことを通じて需要と供給の差は小さくなっていきます。逆に需要が供給を上回った場合にはその財の価格は上がっていきます。これにより需要の超過は解消されていきます。このように，市場には需要と供給の不一致を調整する機能が備わっています。この調整が完全にすんだ状態が，この章で考えている長期です。

以上から，長期平均的な経済の状態を理解することを目的とする長期の理論で，なぜ価格の伸縮性という仮定が置かれるのかも理解できます。市場には，需給一致の状態から外れても，必ずそこへ向かって戻っていく力が働いています。だとすれば，長い目で見れば，すべての市場は需要と供給が一致した状態の周辺にほぼいつもあると考えられます。ですから，私たちの目的が長い期間をならした平均的な経済の状態を知ることにある限り，すべての市場で常に需要と供給が一致するという想定を置くのは自然なことなのです。

長期モデル・短期モデル共通の仮定

これからこの章と次の章で長期モデルについて学び，第 13 章で短期モデルを学びます。ここでこの 2 つのモデルに共通する次の単純化の仮定を導入しておきましょう。

- 財は 1 種類しかない：現実には非常にたくさんの種類の財が存在しているわけですが，ここでは単純に 1 種類しかないと考えることにします。これは消費に使われる財も投資に使われる財も同じ種類だということを意味しているのでやや居心地の悪いものですが，モデルは単純になります。ただ，これから学ぶことの本質は，仮にいろいろな種類の財がある世界を考えたとしても，ほとんど変更を受けません。

- 実質変数は財の単位で測られる：財は1種類しかないわけですから，難しい集計の問題を考える必要はありません。これからは，（実質の）総生産 Y，消費 C，投資 I，政府購入 G，総貯蓄 S，資本ストック K などはすべて財の単位で測られているものと考えることにします（別の言い方をすれば，これらの実質値を計算する際の基準年の価格を1と置きます）。
- 住宅投資，在庫投資は考えない：投資はすべて企業の設備投資となります。
- 政府購入は政府消費のみからなる：前の章で学んだように，現実には政府購入は政府消費 G_C と公的投資 G_I の2つからなります。このうち，とくに後者の公的投資は民間経済の生産性に影響を与えるので理論的な取り扱いがやや複雑になります。そこで，以下では公的投資は存在しないものと考えることにします。つまり，

$$G_I = 0 \tag{11-1}$$

です。このとき政府購入は政府消費と等しくなります。

$$G = G_C \tag{11-2}$$

この仮定によって，政府購入の増加は純粋に需要面を通してのみ経済に影響を与えることになります。また，この仮定のもとでは次の式が成り立つことに注意しましょう。

$$S = Y - C - G_C = Y - C - G \qquad (11\text{-}3)$$

つまり，総貯蓄は総生産から消費と政府購入を差し引いたものに等しくなります。これ以降はとくに断りなしに$S=Y-C-G$という関係を使っていきます。

2 財市場

この章では財を取引する市場，つまり財市場の長期モデルにおける均衡について学びます。第3節，第4節では財の供給側を取り上げます。その目的は企業の生産決定を考えることです。財の「供給」量とは，いろいろな市場で現在決まっているさまざまな価格のもとで，それぞれの企業がどれだけの財を供給したいと思っているかを意味しています。それらを経済全体で合計したもののことを**総供給**と呼びます。この総供給を記号でY^Sと表すことにしましょう。

第5節では財の需要側を取り上げます。こちらは4つの要素からなります。第1が消費需要です。これは今の価格のもとで家計がどれだけの財を消費したいと思っているかを意味しています。これをC^Dで表すことにします。第2が投資需要です。これは今の価格のもとで企業がどれだけの投資を行いたいと思っているかを意味しています。投資需要はI^Dで表すことにしましょう。第3が政府による政府購入需要で，これをG^Dで表します。第4が純輸出の需要でこれをNX^Dで表します。この4つの合計を**総需要**と呼び，Y^Dで表します。つまり，

$$Y^D = C^D + I^D + G^D + NX^D \qquad (11\text{-}4)$$

です。

さて，前節で見たように，長期にはすべての市場で需要と供給が一致しますから，当然この財市場においても需給が一致しなくてはなりません。つまり，現在さまざまな市場でついている価格のもとで財の供給側が「供給したい」量の合計と，需要側が「需要したい」量の合計が一致していなくてはなりません。式で言えば $Y^S = Y^D$ という関係が成り立たなくてはなりません。これが財市場の長期均衡条件です。この均衡で決まる総生産の量のことを「均衡総生産」と呼ぶことにしましょう。均衡総生産を Y^* と書くことにすると，次のような関係が成り立っていなくてはなりません。

$$Y^* = Y^S = Y^D \tag{11-5}$$

次の節以降ではこの式が持っている意味合いをじっくり考えていくことにしましょう。

3 総供給

それではまず企業による総供給の決定を見ていきましょう。企業は資本ストック（機械設備）と労働者の2つを使って生産を行うものとします。このように生産に用いられるものを総称して「生産要素」と呼びます（この用語は序章第2節でも登場しましたね）。次に，企業の「生産技術」とは，ある一定量の資本ストックとある一定数の労働者が与えられたときにこの企業がどれだけの財を生み出すことができるかを意味しています。ここで資本ストックの総量を K で，労働者の総数を L で表すことにしましょう（ここでは労働者1人あたりの労働時間は一定で1に等しいと考え，総労働時間と労働者数の区別をしないことにします）。そして，K と L の値が与えられたら，そこから生産量の合計＝総供給 Y^S が自動的に決定されるような数学的な関係を考えましょう。そのような関係のことを**総生産関数**と呼びます。これを次のような式で表すことにします。

$$Y^s = F(K, L) \tag{11-6}$$

この関数において K が増加すれば Y^s は増加し，L が増加する場合にも Y^s は増加するものと想定します。

(例 1) たとえば $Y^s=K^{\frac{1}{2}}L^{\frac{1}{2}}=\sqrt{K}\sqrt{L}$ というような関数を考えてみましょう。このとき，$K=4$，$L=4$ ならば $Y^s=2\times2=4$ となります。一方，$K=9$，$L=4$ ならば $Y^s=6$ になります。また $K=4$，$L=9$ ならば $Y^s=6$ になります。このように，この関数は「Y^s は K の増加関数でかつ L の増加関数」という条件を満たしています。ほかにもこのような関数はいろいろ考えることができます。

これ以降「生産性」，正確には**全要素生産性**（技術水準と呼ぶこともあります）という用語をしばしば使っていくことになりますが，この言葉は同じ K と L の値のもとで，ある経済がどれだけの生産を行えるかを意味しています。

(例 2) たとえば A 国では $Y^s=\sqrt{K}\sqrt{L}$ であるのに対し，B 国では $Y^s=2\sqrt{K}\sqrt{L}$ であるとしましょう。このとき，もし K と L の値がともに両国で同じだったら，B 国の方が A 国の 2 倍生産することができます。このようなとき，B 国の全要素生産性は A 国の 2 倍であると言うのです。

次に，ある期の間は経済全体の資本ストックの供給量と労働者の数は一定と考えられます。なぜなら資本ストックの供給は長年の蓄積の結果によって，労働者の数はその国の人口によって決まってくるからです。資本ストックの量を定数 $\bar{K}$ で，労働者の数を定数 $\bar{L}$ で表すことにしましょう（この章以降，上付きのバーは定数を表すことにします)。つまり，次のように表せます。

$$K = \bar{K} \tag{11-7}$$
$$L = \bar{L} \tag{11-8}$$

以上の設定から，総供給を求めることができます。上の（11-7），（11-8）式を総生産関数（11-6）式に代入すると

$$Y^S = F(\bar{K}, \bar{L}) \tag{11-9}$$

となります。

さて，上の式は1つ大事なことを言っています。それは，このモデルでは総供給は定数になるということです。なぜなら（11-9）式の右辺は決まった形の関数の中に $\bar{K}$ と $\bar{L}$ という2つの定数を代入したものだからです。これは総生産関数の形が決まっており，資本ストックの量と労働者の数が与えられれば，総供給の値はある一定値に定まるはずだということを意味しています。そこでこの値を $\bar{Y}$ と書き表すことにしましょう。つまり

$$\bar{Y} = F(\bar{K}, \bar{L}) \tag{11-10}$$

です。このとき，（11-9）式は簡単に書き直すことができます。

$$Y^S = \bar{Y} \tag{11-11}$$

つまり，総供給の値はさまざまな価格などの変数にかかわらず一定の値に定められるのです。もう少し正確に言えば，ある経済の総供給はその経済の生産能力，つまり企業の生産技術（全要素生産性など）と生産要素の量だけで決まってくるのです。

以上の議論で前提になっているのは，この経済の中で供給されている資本ストックと労働はすべて企業によって生産のために使われるということです。その背後には，長期的には資本ストックや労働についても価格調整が働き，需要と供給が一致するはずだという考

え方があります。労働者に失業が発生するケースについては第8節を参照してください。

4 総生産の決定

衝撃的結論

さて，以上の計算がどのくらい重要な意味を持つのかを次に論じてみたいと思います。第2節で述べたように，財市場の均衡条件は

$$Y^* = Y^S = Y^D \tag{11-5}$$

です。これを次のように2つのパートに分けてみましょう。

$$Y^* = Y^S \quad \text{かつ} \quad Y^* = Y^D \tag{11-12}$$

これは言葉で言えば，均衡総生産は総需要と等しくなくてはならないが総供給とも等しくなくてはならないということです。さて，第3節で見たように総供給は定数です。したがって上の（11-12）式のうちの1本目は（11-11）式を使って

$$Y^* = \bar{Y} \tag{11-13}$$

と書き換えることができます。

この式はこの章で最も重要な式です。なぜなら（11-13）式は「均衡総生産は定数になる」と言っているからです。あるいは，次のように読むことができます。「均衡総生産は総供給で決まる」。さらに言い換えるならば，

衝撃的結論：均衡総生産は総供給側の条件（企業の生産技術と生産要素の量）だけで決まるのであって，総需要側の条件の影響は受けない。

つまり，長期のモデルで総生産を変えることができるのは企業の生産技術と生産要素の量だけです。それ以外，具体的には総需要側にどのような変化があったとしても，総生産には影響が及びません。ですから経済政策も，それが総需要側に影響することを通じて経済に働きかけようとするものである限り，総生産を変えることができないことになります。ところが，この教科書で考えようとしている財政政策や金融政策はまさにそういった政策なのです。したがって，財政・金融政策は総生産に影響できないということが，もうこの時点で（それらの政策について語り始める前から！）わかってしまったことになります。

さて，私たちの目的が総生産の決定要因を知ることだけであれば，もう目的は達せられました。非常に短かったですが，ここで長期モデルの説明を終わりにしてもよいところです。しかし，私たちが興味を持っているのは総生産だけではありません。利子率や物価水準についても知りたいところです。もう1つ，解き明かしておきたい謎があります。総生産は総供給だけで決まることはわかりましたが，財市場が長期均衡にあるためには総需要もその総生産と等しい水準になくてはなりません。それを保証するメカニズムはいったい何なのでしょうか？ やはり，いましばらく長期モデルの探求を続けていくことにしましょう。

5 総需要

今度は総需要側について論じていきましょう。すでに第2節で説明したように，総需要は消費需要 C^D，投資需要 I^D，政府購入需要 G^D，純輸出需要 NX^D の合計です。とくに最初の2つに焦点をあてて決定要因を考えます。

消費需要

家計が消費したい量を決定する最も重要な要因は所得だと考えられています。第9章で学んだ三面等価の原則より総所得は総生産に等しいので，総生産 Y が消費需要と関係していると考えられます。しかし，家計は総生産 Y 全部の使い道を自分で自由に決められるわけではありません。それは家計は政府に租税を支払わなくてはいけないからです。政府は家計に対して租税 T を課すと仮定しましょう。すると家計が使い道を決められるのは総生産から租税を差し引いた残り $Y-T$ だけです。この $Y-T$ を**可処分所得**と呼びます。以上のような理由から消費需要は可処分所得の増加関数と考えられています。この関係は**消費関数**と呼ばれています。ここでは単純に，消費需要は次のような1次関数（直線）で表されるものと仮定しましょう。

$$C^D = c(Y-T)+\bar{C} \qquad \text{ただし } \bar{C} \geq 0 \qquad (11\text{-}14)$$

上の式の係数 c を**限界消費性向**と呼びます。これは「可処分所得が1単位増加したときに家計は何単位消費需要を増加させるか」を意味しています。ここで次の仮定を置きます。

> **消費関数についての仮定**：限界消費性向は0より大きく1より小さい，つまり
>
> $$0 < c < 1 \qquad (11\text{-}14')$$

この仮定は次のような考え方によっています。あるとき家計が得る可処分所得が1単位増加したとしましょう。家計はこの増加は一時的なものだと理解したとしましょう。そのとき家計はどのような反応をするでしょうか？ 可処分所得が増加したのですから，おそらくこの家計は消費を増加させるでしょう。つまり，限界消費性向 c は0より大きいと考えられます。一方で，家計は可処分所得の増加分（1単位）をまるまる現在の消費の増加には回さないのではな

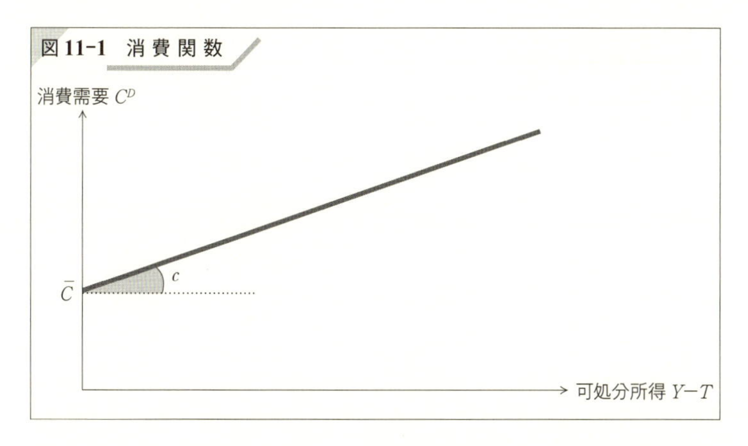

いでしょうか？ それよりは一部を貯蓄に回して，将来も今までの計画よりは高い消費水準を楽しもうとするのではないでしょうか？ このように，限界消費性向 c が 1 より小さいという仮定は，人々は消費の水準を時間を通じてならそうとするものだという考え方を反映しているのです。

また（11-14）式右辺の定数 $\bar{C}$ は基礎消費と呼ばれます。これはたとえ可処分所得はゼロでも，生きていくために行わなくてはならない消費を表しています。そのためにこの値は負にはなりません。

この（11-14）式の消費関数を図にすると図 11-1 のようになります。この図では横軸に可処分所得，縦軸に消費需要をとっています。すると消費関数は縦軸の切片が $\bar{C}$ で傾きが c，つまり切片が非負で，傾きが正だが 1 よりは小さい直線（言い換えれば，原点またはそれより上で縦軸を横切る，傾きが 45 度よりも小さい右上がりの直線）となります。もちろん，この教科書で採用している定式化は単純なもので，実際には，可処分所得以外にも消費需要に影響する要因はあるでしょう。しかし一方で経験則としては，（11-14）式の関数形は各国のデータによくあてはまるようです。ですから，この関数形を使うことの意味は十分にあると思われます。

投資需要

企業は投資するときに何を考えるでしょうか？ ある企業が投資を行うためには，どこかからそのための資金を取ってこなくてはいけません。ですから，この資金を得るためのコストがどれくらいかを考えながら投資の量を決めなくてはいけません。ここでは企業は借り入れに頼って投資を行っているものとしましょう。もし今期のうちに借り入れを行ったとすると，次の期にはこれに利子をつけて返さなくてはいけません。この利子こそが借り入れのコストであり，したがってその借り入れをもとに行われる投資のコストともなるのです。借り入れ1単位について発生する利子を決めるのが利子率です。したがって，投資のコストを決定するのは利子率と言えます。利子率が低ければそれは投資のコストが低いことになるので，企業は積極的に投資しようとします。逆に利子率が高ければ投資を抑えるでしょう。

このことを理解するために図11-2のような例を考えてみましょう。ある企業は3つの投資プロジェクト，A, B, Cを抱えています。それぞれのプロジェクトには財100単位分の投資量が必要です。来年になるとプロジェクトAは財10単位分の収益をもたらしてくれるものとします。元手を100かけて見返りが10ですから収益率は10%です。同じようにプロジェクトBの収益率は5%，Cのそれは2%としましょう。

図11-2では縦軸に収益率をとり，左から収益率が高い方からA, B, Cの順に並べています。横軸は投資の量を表しています。それぞれのプロジェクトにおける投資量は100なので，横軸方向の長さは100ずつになっています。さて一方で利子率が4%だとします。この企業が100を借り入れてプロジェクトAを実行したとすると，10の収益が出て4の利子を支払いますから差し引き6のもうけが出ます。この企業はこのプロジェクトを実行すべきです。Bも差し引き1のもうけが出ますから実行すべきです。しかし，Cを実行し

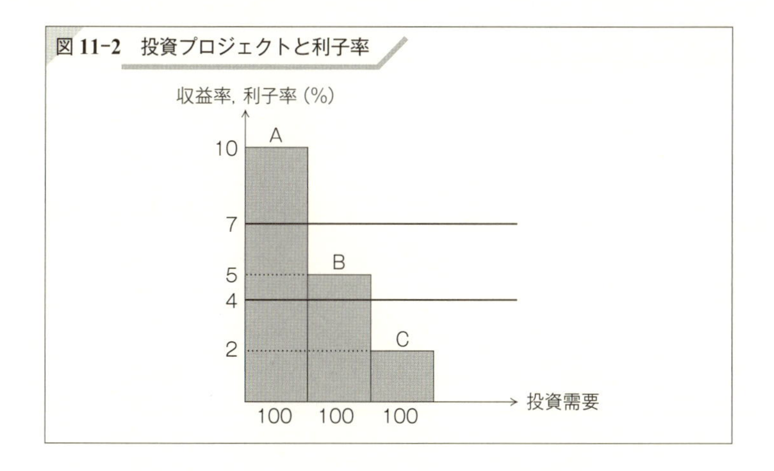

てしまうと損をしてしまうので実行すべきではありません。

以上のことは図 11-2 からもわかります。図中，4% のところを通る水平の直線が利子率を表しています。これを上回る収益率をもたらしているのは A と B だけです。したがって，この企業は A と B を実行することになり，投資は 200 です。

利子率が 7% に上がったらどうでしょうか？ 図 11-2 からもわかるように，このときには利子率を上回る収益率を持つのはプロジェクト A だけなので，企業はこのプロジェクトだけを実行することになります。投資は 100 に落ちます。このように利子率が上がるほど，実行される投資プロジェクトは減っていくのです。

このような考えから，ここでは投資需要は利子率の減少関数と考えることにしましょう。この関係を**投資関数**と呼びます。簡単化のためにこの関数も線形であると仮定しましょう。つまり利子率を r で表すと投資関数は

$$I^D = -br + \bar{I} \qquad ただし\ b > 0\ かつ\ \bar{I} > 0 \qquad (11\text{-}15)$$

と書けるものとします。この関係を表したのが図 11-3 です。この

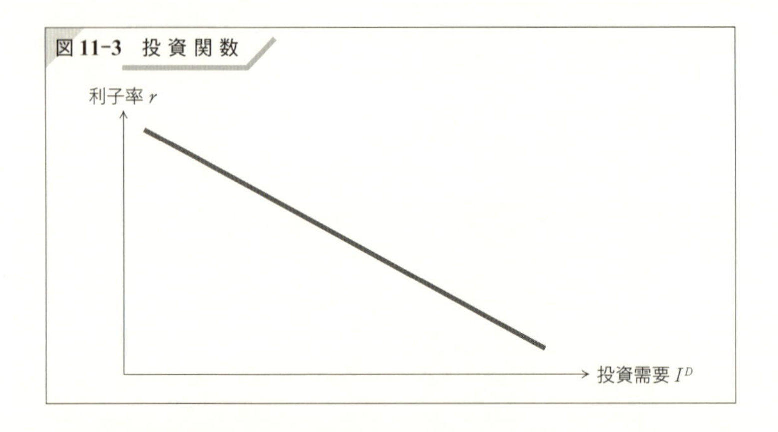

図では横軸に投資の量を，縦軸にこの利子率をとっています。すると（11-15）式は図に見られるような右下がりの直線になります。

政府購入需要と租税

政府購入は政府がその値を決めて支出するものです。そこで，これは政府により決定される外生変数（定数）であると考えることにしましょう。

$$G^D = \bar{G} \tag{11-16}$$

また，ここで，租税についても政府がその値を決める外生変数（定数）であると仮定したいと思います。

$$T = \bar{T} \tag{11-17}$$

以下では，政府がこれら2つの変数の値を変更したときに経済に何が起きるかを考えていきます。政府によるこれら2つの値の決定（もしくは変更）のことを，ここでは「財政政策」と呼ぶことにします。

なお，もし政府の予算収支（収入－支出）が毎期バランスしていなければならないとすると，上の2つの変数は等しくならなければいけないわけですが，ここではそのような制約はないものとします。つまり，もし租税以上の政府購入をしたいと思えば，政府は国債発行によって財源を調達できると考えることにします。

純輸出需要

純輸出需要もやはり定数として，次のように表します。

$$NX^D = \overline{NX} \tag{11-18}$$

現実の純輸出需要はさまざまな要因によって決定されています。たとえば，外国の景気がよくなれば外国の人々はより多くの日本の財を買いたいと思うでしょうから，日本にとっての純輸出需要は増加するでしょう。一方，外国でヒット商品が発売されて日本人も買いたいと思えば，輸入が増えるので日本にとっての純輸出需要は減少します（純輸出は輸出マイナス輸入であったことを思い出してください）。上の式の定数 $\overline{NX}$ はこれらの要因すべてをまとめて表したものだと見ることができます。

総　需　要

以上をまとめると，総需要は次のように書けます。

$$\begin{aligned} Y^D &= C^D + I^D + G^D + NX^D \\ &= c(Y - \bar{T}) + \bar{C} - br + \bar{I} + \bar{G} + \overline{NX} \end{aligned} \tag{11-19}$$

右辺の中で定数以外のものに注目するならば，総需要は総生産 Y の増加関数です。これは総生産が多いほど家計の可処分所得が増え，消費需要を活発にするからです。また総需要は利子率 r の減少関数です。利子率が高いほど企業にとっての借り入れのコストが増加するので，企業は借り入れを減らそうとします。しかし，借り入れを減らすということはそれだけ投資に回せる資金も減らされることになるので，投資需要は減少するのです。

6 財市場の均衡

財市場の均衡を
別の角度から眺める

それでは財市場の均衡について考えてみることにしましょう。繰り返しになりますが，次の条件

$$Y^* = Y^S = \bar{Y}, \qquad Y^* = Y^D \tag{11-20}$$

が成り立っていなければなりません。この2つを統合してさらに(11-19) 式を用いると

$$Y^S = C^D + I^D + G^D + NX^D \tag{11-21}$$

が得られます。

この式の左辺は総供給で，企業の生産技術と生産要素の量で決定されます。右辺は総需要で，家計と企業と政府と外国のそれぞれが，自分で決めた需要量を足し合わせることで得られます。このように，それぞれが独自の事情で需要量や供給量を決定しているのに，どうして均衡では (11-21) 式の等号を満たすようになるのでしょうか？

このことを考えるためには，財市場の均衡条件 (11-21) 式を別の角度から眺めてみることが有用です。この式の右辺から第1項，第3項，第4項を左辺に移項すると次のようになります。

$$Y^S - C^D - G^D - NX^D = I^D \tag{11-22}$$

さらに左辺に次のようにカッコを付け足してみます。

$$[Y^S - C^D - G^D] - NX^D = I^D \tag{11-23}$$

ここで (11-23) 式の左辺カッコ内，つまり $Y-C-G$ にはある名前

があったことを思い出しましょう。実は（11-3）式よりこれは総貯蓄 S であることがわかります。したがって，（11-23）式は次のように書き換えられます。

$$S - NX^D = I^D \tag{11-24}$$

この式は次のように解釈できます。まず左辺は総貯蓄，つまり民間と政府の「食べ残し」の合計のうち，外国に行かなかった分と見ることができます。国全体で食べ残しが出たら，しかもそのすべてを外国に送ることができなかったら，どうしたらよいでしょうか？ 誰かにその分を貸し出して使ってもらわなくてはなりません。しかし，誰が貸し出しに応じてくれるでしょうか？ それが企業です。企業は投資をしたいと思っているので，そのための借り入れを必要としているのです。したがって，（11-24）式左辺はこの国が企業に対して投資資金として供給したいと思っている量だと解釈できます。これを I^S と書くことにしましょう。

$$I^S = S - NX^D \tag{11-25}$$

それに対して同式の右辺は投資需要 I^D，つまり企業がどれだけ投資のために財を買いたいと思っているかを表しているのですが，別の見方をすれば企業が投資のためにどれだけの資金を借りたいと思っているか，つまり投資資金の需要だとも解釈できます。このようにして，財市場の均衡条件（11-22）式は別の角度から見ると「投資資金の供給と需要が一致しなくてはいけない」という条件を表す式，つまり**投資資金市場**の均衡式として解釈することもできるのです。このことは，（11-25）式を使うと（11-24）式が

$$I^S = I^D \tag{11-26}$$

と書けることからもわかります。

ここで気をつけたいのは，財市場の均衡条件と投資資金市場の均衡条件は同じことを言っている，つまりコインの表裏であるということです。一見，2つの異なった均衡条件が出てきたようにも見えるかもしれません。しかし計算をさかのぼってみれば，同一の条件が形を変えて出てきただけで，この2つは実は同じことを意味しているのだということがわかります。財市場が均衡しているとは「ちょうど作られた分だけの財を人々が欲しがっている」状態と言えますが，これは裏を返すと「誰かが食べ残した分について別の誰かがそれを使いたいから貸してほしいと言っている」状態とも言えるのです。

投資資金市場の均衡条件

それでは，投資資金市場の均衡条件が意味することを数式で考えてみましょう。(11-23) 式に総供給の決定式 (11-11) 式，消費関数 (11-14) 式，投資関数 (11-15) 式，政府購入を決める (11-16) 式，純輸出を決める (11-18) 式をすべて代入し，さらに租税を決める (11-17) 式を消費関数の中に代入すると次のようになります。

$$\{\bar{Y}-[c(Y-\bar{T})+\bar{C}]-\bar{G}\}-\overline{NX} = -br+\bar{I} \qquad (11\text{-}27)$$

さらに「衝撃的結論」(11-13) 式を用いると消費関数の中の Y も $\bar{Y}$ と等しくなることがわかります。

$$\{\bar{Y}-[c(\bar{Y}-\bar{T})+\bar{C}]-\bar{G}\}-\overline{NX} = -br+\bar{I} \qquad (11\text{-}28)$$

さてこの式左辺の一番大きなカッコ内に現れているのは総貯蓄 S にほかなりません。なぜなら，(11-3) 式で学んだように $S=Y-C-G$ だからです。ここで (11-28) 式左辺に現れているのはすべて上付きのバーのついた定数ばかりであることに注意しましょう。このことから，長期においては総貯蓄は定数であることがわかります。

ですから，この値をやはり上付きのバーを使って$\bar{S}$と表すことにしましょう。つまり

$$\bar{S} = \bar{Y} - [c(\bar{Y} - \bar{T}) + \bar{C}] - \bar{G} \tag{11-29}$$

と書くことにします。この表現を使うと（11-28）式は

$$\bar{S} - \overline{NX} = -br + \bar{I} \tag{11-30}$$

と書き直すことができます。

何が調整するのか？

投資資金市場の均衡条件（11-30）式をよく見ると，この式の中でまだ決まっていない変数（内生変数）は1個だけ，利子率rです。このことからもわかるように，利子率が投資資金市場の需要と供給，つまり貸し出したいという欲求と借り入れたいという欲求が，経済全体で常にバランスするように調整する価格の役割を果たしているのです。

先ほどから強調しているように，財市場の均衡と投資資金市場の均衡はまったく同じものです。したがって，長期モデルで財の需要と供給が常に一致するのは利子率が調整してくれるからだということがわかります。

投資資金市場の均衡：図解

以下では，投資資金市場の均衡条件（11-30）式を，図によって分析していきたいと思います。次ページの図11-4は，横軸に投資資金，縦軸に利子率をとった平面の上に，投資資金の供給と需要を表したものです。まず投資資金の供給は，（11-29）式からわかるように利子率にかかわらず一定値をとります。これはこの平面の上では垂直の直線として表されます（利子率が低いときも高いときも値が同じだからです）。図中ではこれはI^S線として表されています。投資資金の需要は（11-30）式の右辺（または（11-15）式）からわかるように利子率の減少関数です。これはこの平面上の右下

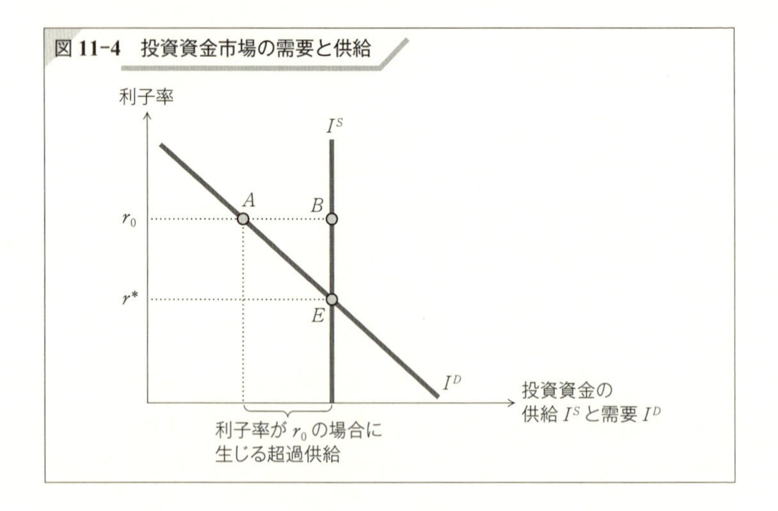

がりの I^D 線で表されています。これは図 11-3 に描かれている線そのものです。2 つの線の交点 E が投資資金市場の均衡です。そこで決まるのが均衡利子率ということになります。図中では均衡利子率は r^* で表されています。財市場の均衡と投資資金市場の均衡は表裏の関係ですから，E 点は財市場の均衡を表す点とも言えます。

この均衡から外れてしまったら何が起きるのでしょうか？ たとえば利子率が図 11-4 の r_0 のように，均衡よりも高い水準になってしまったとしましょう。このとき，投資資金の需要は図中の A 点で決まります。利子率が高くなったわけですから，資金を借り入れて投資をしたいという需要は少なくなってしまいます。投資資金の供給は図中の B 点で決まります。利子率にかかわらず，投資のために資金を貸し出したいという供給は一定です。このために，この市場では供給が需要を上回る状態，つまり超過供給が発生してしまっています。このような状態は続かないでしょう。なぜならこの市場における超過供給とは，貸したいのに借り手が見つからないで困っている人たちが存在することを意味しています。こういった人たちは今より低い利子率でもよいから貸し出しを行いたいと願うでしょうから，利子率は下がってくるでしょう。それにつれて投資資金市場の供給と需要の差は縮まってきます。この調整は需給が一致するまで，つまり E 点に到達するまで続いていくのです。

均衡の性質は，図 11-4 を何時間もじっと眺めていてもよくわかりません。人の性質は与えられた状況が変化したときに，その人がどう振る舞うかを観察することによってよくわかります。同じように，この均衡の性質も図 11-4 を描くときに所与とした条件，たとえば政府購入の値などが変化したときに，均衡がどう動くかを考察することによって，初めて明らかになるのです。そのように外生変数の値を変えてみることをよく経済学では経済に「ショック」を与えると言います。ここでも財市場の総需要側や総供給側にショックを与えて，それに対して経済がどう反応するかを見てみたいと思います。

7 財市場と総需要ショック，総供給ショック

財政政策の効果 (1)：政府購入の増加

最初に政府購入が増加したときに経済にどんな効果が及ぶかを考えましょう。これは政府の支出が増える政策なので，「拡張的財政政策」と呼ぶこともあります。まず，この政策は財市場の総供給側の条件には直接影響を与えないことに注意しましょう。ある外生変数の変化が財市場の総需要側のみを通じて経済に働きかけるとき，これを「総需要ショック」と呼びます。ですからここで考えている政策も一種の総需要ショックとみなせます。図 11-5 を見てみましょう。もともと政府購入の値は $G=\bar{G}_0$ だったとしましょう。このときに投資資金供給線は図中の I_0^S のように表されます。そし

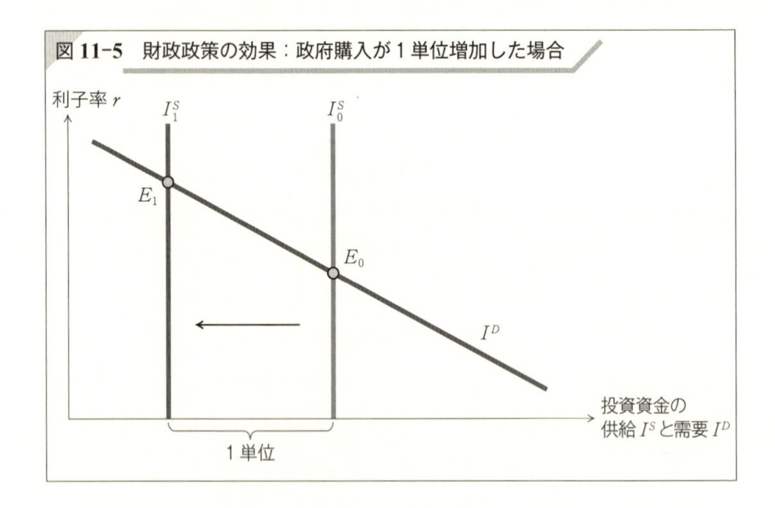

て，投資資金市場の均衡は E_0 点になります。あるとき突然政府が政府購入の値を 1 単位増加させ，

$$G=\bar{G}_1=\bar{G}_0+1 \tag{11-31}$$

としたとしましょう。まず「衝撃的結論」より，総生産には何の変化も起きないことを確認しておきましょう。これは財政政策が財の総供給側に影響しないからです。次に投資資金市場の図の上では何が起きるでしょうか？ まず（11-29）式より総貯蓄 S が 1 単位減少することがわかります。したがって（11-30）式左辺より投資資金の供給 I^S も 1 単位減少します。政府が今までより 1 単位余計に「食べて」しまったので，食べ残しが 1 単位減ってしまったわけです。その結果，図 11-5 に見られるように投資資金の供給曲線が 1 単位分だけ左にシフトします（これは図上の I_0^S 線から I_1^S 線への移動に表れています）。その結果として交点は E_0 から E_1 へと移り，利子率が上昇することがわかります。

なぜこのような結果になるのでしょうか？ 食べ残しが減少した

とき，仮に利子率が元のままだと，どういうことになってしまうかを考えてみましょう。利子率が変わらなければ借り入れの需要は元のままです。これに対し，食べ残しが減少するということは貸し出しの供給が減少してしまいます。このことから，いわば貸し出したいという人よりも借り入れたいという人の方が多い状況となってしまうことがわかります。このような状態は長続きしません。借りられずに困った企業は，今までよりも高い利子率でもよいから借りようとするでしょう。このために，利子率はせりあがっていくことになるのです。

財政政策の効果(2)：減税

次に，政府が租税 T を減少させること，つまり減税の効果を見てみましょう。もともと租税の値は $T=\bar{T}_0$ だったものが $T=\bar{T}_1=\bar{T}_0-1$ になったとしましょう。このときも「衝撃的結論」より，総生産には何の変化も起きません。なぜなら，これは財市場の総需要側に対するショックであって総供給側に影響しないからです。次に (11-29) 式より投資資金の供給が c 単位だけ減少することがわかります。これは1単位の減税は家計の可処分所得を1単位増加させるので，家計の消費需要を刺激するからです。消費の増加幅は c，つまり限界消費性向に等しくなります。この値は正だが1よりは小さいことに注意しましょう。これは投資資金の供給曲線 I^S を c 単位だけ左にシフトさせます。この後起きることは図 11-5 とよく似ていて（線のシフト幅は違いますが），新たな均衡では利子率は上昇することになります。

このショックも，先ほどの政府購入の増加の場合と似ていて，誰か（この場合には家計）が「食べる」量を増やすことで食べ残しを減らす効果を持つから利子率が押し上げられるのです。ただ，政府購入の増加が政府による需要を直接増やすのに対し，減税があったときには家計は消費需要を増やす一方で可処分所得増加のすべてを消費に回そうとはしないので，その分だけ効果が小さくなるのです。

企業の「アニマルスピリット」の増加

次に，企業の投資需要が外生的に増加したときに何が起きるかを考えてみましょう。投資需要が変化する理由はいろいろと考えられますが，経済学者の J. M. ケインズは，投資需要は企業の「アニマルスピリット」による部分が大きいと述べました。何らかの理由で企業が将来の投資収益について楽観的な予想を抱くようになり，今の投資を増やそうと思ったとしましょう。これは私たちのモデルでは投資関数（11-15）式の定数項 $\bar{I}$ が大きくなることとして解釈することができます。

これも財市場の総需要側に対するショックだということに注意しましょう。ですから，総生産には影響がありません。またこの場合には投資資金の供給側（I^S）ではなく，需要側（I^D）に変化が起きます。図 11-6 に見られるように I^D 線が I_0^D から I_1^D へと右にシフトしますから，利子率は上昇します。以前よりも多くの人が貸してほしいというようになったので，利子率がせりあがっていくわけです。

図 11-6 で興味深いのは，新しい均衡での投資の量は元の均衡と

図 11-6　投資需要増加の効果

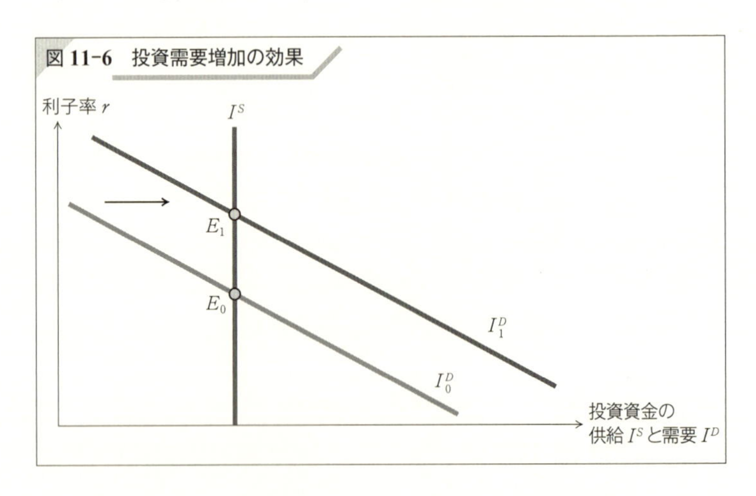

まったく同じになってしまうことです。これは総貯蓄つまり投資資金の供給量が以前と変わらないからです。旺盛になった企業の「アニマルスピリット」はすべて利子率の上昇によって吸収されてしまうわけです。

ジョン・M. ケインズ[1883-1946]：イギリスの経済学者（AP/アフロ提供）

海外からの需要の増加

次に海外からのこの国の財に対する需要の増加について考えてみましょう。これは，たとえばアメリカや EU の景気がよくなって日本製品に対する需要が高まったケースに対応します。純輸出需要 $\overline{NX}$ が 1 単位増加したとしましょう。これも総需要ショックの一種ですから，「衝撃的結論」より総生産は不変です。一方，(11-30) 式左辺より投資資金の供給 I^s が 1 単位減少します。これは政府購入 $\bar{G}$ が 1 単位増加した場合と同じ結果です。したがってその場合と同じく，利子率が上昇することがわかります。

以上のように，財市場の総需要を増やすようなショックはすべて総生産を変化させず，利子率を上昇させる方向に働きます。次に財市場の総供給側に対するショックを考えてみましょう。

総供給ショック

ある外生変数の変化が財市場の総供給側を通じて経済に影響する場合，これを「総供給ショック」と呼びます。ここでは財の総供給 $\bar{Y}$ を増加させるようなショックを取り上げましょう。そのようなものとして全要素生産性の上昇，または生産要素（資本ストック K または労働 L）の増加が考えられます。これまで見てきた総需要ショックとの一番の違いは，これらのショックが「衝撃的結論」より総生産 Y の増加をもたらすことです。ここでは $\bar{Y}$ が 1 単位増加したとしてみましょう。

このとき，投資資金の市場では何が起きるでしょうか？ 投資資金の供給がどうなるかを理解するため，(11-29) 式を

$$\begin{aligned}\bar{S} &= \bar{Y}-[c(\bar{Y}-\bar{T})+\bar{C}]-\bar{G} \\ &= (1-c)\bar{Y}-[-c\bar{T}+\bar{C}]-\bar{G}\end{aligned} \tag{11-32}$$

のように書き換えてみましょう。(11-32) 式の右辺において，$\bar{Y}$ についている係数 $(1-c)$ は，$0<c<1$ という仮定から，正で 1 より小さいことがわかります $(0<(1-c)<1)$。以上より，総生産の増加は総貯蓄の増加をもたらすと結論づけられます。

なぜ総貯蓄は増加するのでしょうか？ 理由は次のとおりです。総生産が 1 単位増加するとき，家計の可処分所得 $Y-T$ も 1 単位増加します。このことは家計の消費も増加させます。総貯蓄 $S=Y-C-G$ という関係からわかるように，総生産 Y の増加自体は総貯蓄を増やす方向に働きます。ところが，同じ式からわかるように，消費 C の増加は反対に総貯蓄を減らす方向に働きます。問題はどちらの効果がより大きいかです。ここで，限界消費性向 c が 1 より小さいという仮定が効いてきます。これは，言葉で言えば，家計は可処分所得が 1 単位増加したときにその増加分をすべてまるまる消費に回そうとせず，一部（つまり $1-c$ 単位）は将来のためにとっておこうとすることを表しています。このことからわかるように，総生産 Y の増加に起因する消費 C の増加幅は，総生産 Y 自体の増加幅よりも小さくなります。このため，総貯蓄 S が増加することになるのです。

この様子を表したのが図 11-7 です。総貯蓄の増加は投資資金の供給が増加することを意味しますから，図中の I^S 線も I_0^S から I_1^S へと右へ $1-c$ 単位だけシフトします。このとき均衡は E_0 点から E_1 点へと移動して利子率は低下することがわかります。

このように，財市場の総供給を増やすようなショックは利子率を

図 11-7　生産能力増強の効果：総供給 $\bar{Y}$ が 1 単位増加した場合

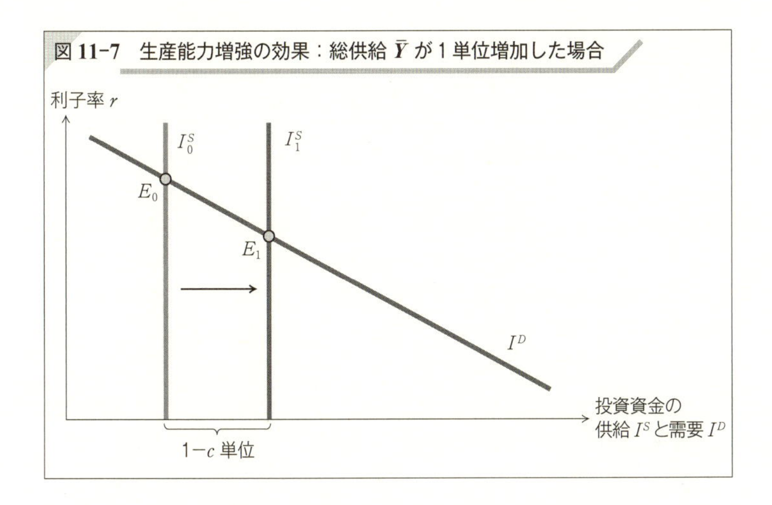

低下させることがわかります。これは食べ残しが増える分，誰かにそれを貸し出したいという欲求が経済全体で高まるからです。

8　労働市場の役割について

この章の分析の１つの大きな前提は，供給された労働はすべて雇用されるというものでした。このために労働供給 $\bar{L}$ をそのまま総生産関数に代入することができたのです。この背後にある考え方は，労働にも市場があって，その市場つまり労働市場においても長期的には需要と供給の調整が働くはずだというものです。労働を需要するのは，労働者を使って生産をしたい企業側です。労働を供給するのは家計（労働者）です。この２つの間の調整機能を果たすのが賃金です。労働市場で超過供給が発生するとき失業者が存在することになりますが，そのようなときには賃金が下がって供給の過剰はいずれなくなっていくと考えられます。

Column ⑪ GDP，資本ストック，労働の国際比較

国によってGDPの規模がまったく異なることはよく知られています。ここではデータをもとに，アメリカ，中国，インド，日本の4カ国の2014年における経済規模をいくつかの角度から比較してみましょう。

1行目ではGDPを比較しています。このような国際比較には注意が必要です。たとえば，GDPを比べる場合を考えましょう。意味のある比較をするためには，まず各国の通貨単位で表されているGDPを共通の単位，通常はアメリカドル建てに直さなくてはなりません。しかし，それだけで十分とは限りません。国によって物価水準は大きく異なります。同じ10ドル相当の通貨を持っていたとして，途上国では多くの財・サービスを購入することができます。しかし，日本のような先進国は物価が高いのであまり多くを買うことはできません。このような理由で，同じ10ドルの所得といってもその価値は国によって違うと見ることができます。

そこで，「その国の国民が得る所得でその国の財・サービスがどれだけ買えるか」という観点から所得というものを捉え直してみましょう。すると物価の高い国は，単純なアメリカドル換算の数値から，その分だけ所得を下方修正する必要が出てきます。逆に物価の低い国はその分だけ所得を上方修正すべきということになります。

このような考え方に基づき，物価水準の違いを推定してこの影響を調整したGDPや資本ストックに関するデータを研究者グループが公表しています。これはペン・ワールド・テーブルと呼ばれ，インターネット上で公開されて，世界中の経済学者が利用する貴重な情報源となっています。下の表はこのデータがもとになっています。その1行目ではアメリカ・中国・インド・日本の4カ国の2014年におけるGDPを比べてい

表　経済規模の国際比較（2014年，それぞれの変数について，アメリカの値を100とする）

	アメリカ	中国	インド	日本
GDP	100	101.9	42.3	27.1
資本ストック	100	131.3	42.6	34.5
労働	100	537.8	343.7	43.8

（出所）　データ出所はすべてペン・ワールド・テーブル（バージョン9.0），GDPと資本ストックは2011年基準の実質値。

ます。わかりやすくするためにアメリカの水準を100として表しています。これによればアメリカの水準と比べると中国はほぼ同じ，インドは40% 程度，日本は30% 弱となっています。新聞などで通常見るアメリカドル建て換算のデータでは物価水準の違いは調整していません。そういったデータで見ると中国と日本のGDPの間にここまで大きな差はありません。しかし，中国より日本の方が物価が高いことを考慮して財・サービスの単位で所得を測り直してみると，中国の方がはるかに大きくなることを表は示しています。

2行目は資本ストックの水準を比較しています。中国における近年の活発な投資活動を反映して，中国の水準はアメリカの1.3倍にもなっています。日本はアメリカの30% 強です。3行目は労働者数を比較していますが，人口数の違いを反映して中国とインドがアメリカを圧倒的に上回っています。日本はアメリカの40% 強です。

本文中で学んだことによれば，ある国のGDPの長期的な水準を決定するのは資本ストック・労働の水準と生産性です。表に見られるように中国はアメリカよりはるかに多くの労働者数を抱え，資本ストックもアメリカより大きいのに，GDPは同じくらいです。このことはアメリカの方が生産性（正確には全要素生産性）が高いことの表れと解釈できます。日本と中国の比較はやや複雑になりますが，労働者数が10倍以上の開きがある割にはGDPの違いはそこまでではないことから，日本の方が生産性が高いことが推測されます。

ところが，現実には長い目で見ても失業がゼロになることはありません。これはなぜでしょうか？ 1つの説明が**摩擦的失業**というものです。この章で見てきたモデルの世界と異なり，現実にはさまざまな種類の財やサービスが存在します。家計や企業の需要はこれらの財・サービスの間を移り変わっています。新たに人気の出た財・サービスを生産する企業は雇用を増やしますが，人気のなくなった企業は雇用を減らさなくてはなりません。このとき，経済全体としての労働需要は変わっていないのに，企業間を移動する中で一時的に失業する人が出てきます。摩擦的失業とはこのように財・サービスへの需要が変動する中で不可避的に発生してしまう失業なのです。

失業率（unemployment rate）を u で表すことにしましょう。上のように長期においても発生してしまう失業者数を労働力人口で割ったものを**自然失業率**と言います。この率は財政政策や金融政策といった要因とは無関係に決定されると考えられます。そこでこの値を $\bar{u}$ と書くことにしましょう。自然失業率の存在を考慮に入れると企業に雇われる労働の量は $L=\bar{L}$ ではなく

$$L=(1-\bar{u})\bar{L} \tag{11-33}$$

に変更されます。

大事なことは (11-33) 式で与えられる労働の量はやはり定数だということです。したがってこの式を前提としても，財市場に関しては前節まで行ってきた分析がそのままあてはまることになります。このため次の章以降では，簡単化のために，再び自然失業率 $\bar{u}$ はゼロという前提で分析を進めていくことにします。

練習問題

【基本問題】

11-1 ある国の消費関数が次のように与えられています。

$$C^D=0.75(Y-T)+100$$

(a) 限界消費性向はいくらですか？

(b) 基礎消費はいくらですか？

(c) この消費関数をグラフで表しなさい。ただし，縦軸に消費需要 C^D，横軸に可処分所得 $Y-T$ を取ります。

11-2 本文中では考えませんでしたが，消費需要もさまざまな要因で変化します。たとえば日本政府は 2009 年からエコポイント制度を導

入して消費のテコ入れを図りました。そこでそのように消費が変化することの影響を考えましょう。あるとき，ある国の基礎消費が1単位増えたものとしましょう。以下の問いに，本章で説明したモデルを前提として答えなさい。

(a) 図の上で消費関数はどのように移動しますか？

(b) この国の総生産 Y は変化しないといえるのはなぜですか？

(c) 消費 C と総貯蓄 S はそれぞれどうなりますか？

(d) 投資資金市場の図を描いて，利子率 r がどうなるか説明しなさい。

11-3 ある国の総供給＝総生産 Y は100，消費関数と投資関数はそれぞれ

$$C^D = 0.5(Y-T)+10, \qquad I^D = 50-1000\cdot r$$

でした。また $G=\bar{G}=20$，$T=\bar{T}=20$，$NX=\overline{NX}=0$ でした。長期均衡における (a) 消費 C，(b) 総貯蓄 S，(c) 投資 I，(d)（実質）利子率 r を求めなさい。

【応用問題】

11-4 ある国の総生産関数は

$$Y = AK^{\frac{1}{2}}L^{\frac{1}{2}} = A\sqrt{K}\sqrt{L}$$

です。この国の統計局によれば今年は

$$A = 10,\ \bar{K} = 4,\ \bar{L}=9$$

でした。消費関数と投資関数はそれぞれ

$$C^D = 0.5(Y-T)+5, \qquad I^D = 40-1000r$$

であり，また $G=\bar{G}=10$，$T=\bar{T}=10$，$NX=\overline{NX}=0$ だったということです。

この国の (a) 限界消費性向，(b) 基礎消費はそれぞれいくらですか？

また，長期均衡におけるこの国の (c) 総生産 Y，(d) 消費 C，(e)

総貯蓄 S, (f) 投資 I, (g) (実質) 利子率 r を求めなさい。

11-5 本文中では政府購入 G は生産や消費に直接には影響を与えないものと仮定しました。つまり，それは政府が市場で財を買ってきてそのまま海に投げすてるようなものだと考えていました。ここではこの仮定を変更し，政府購入は生産にとって有害であると仮定しましょう。つまり，政府購入は公害をまきおこし，生産を低下させるものだと考えます。具体的には総生産関数の形を次のようなものだと考えることにします：$Y=F(K,L)-BG$。ただし B は正の定数です。G が1単位増えたとき長期均衡における総生産 Y と利子率 r はどうなりますか？

11-6 本文中では労働供給 L は常に $\bar{L}$ で一定であると想定されていました。しかし，一部の論者は労働供給は利子率の増加関数であるはずだと主張しています。つまり，利子率が高くなると労働者は「今のうちにたくさん働いて賃金所得を増やし，それを貯蓄に回して利子を稼ごう」と考えるようになるというわけです。少なくとも理論的にはありうる話なので，ここではこの効果をモデルに取り込んでみましょう。すると，

$$L=\bar{L} \quad \text{ではなく，} \quad L=L(r), \quad L'(r)>0$$

となります（ただし上の $L'(r)$ は関数 L を利子率 r について微分したものを表しており，それが正だというのは L が r について増加関数であることを表しています）。モデルのほかの部分は本文中で見たものと同じとします。

この経済で政府購入 $\bar{G}$ が1単位増加したとしましょう。総生産 Y と利子率 r に与える効果（増える，減るなど）を投資資金市場の図を用いながら説明しなさい。

第12章 長期モデル2

物価水準

Introduction

この章では前の章に引き続いて長期のモデルを取り上げます。前の章では総生産（GDP）をはじめとする実質変数の決定を考えましたが，この章では物価水準などの名目変数の決定を論じます。すでに学んだように名目変数とは貨幣を単位として表される変数のことです。ということは，私たちはまず貨幣について深く理解をしなくてはなりません。この章ではまず貨幣の定義を学んだあと，その貨幣に対する需要がどのように決まるのかについて紙幅を割いて考えます。そのうえで物価水準の決定について議論します。そこから，長期における物価水準は「貨幣市場」の均衡によって決まること，貨幣の供給が多いほど物価水準は高くなることが明らかになります。また「貨幣の中立性」という重要な概念について学びます。

1 物価水準と貨幣について

物価水準とインフレ率の定義，復習

この章では物価水準の決定要因を考えます。すでに第10章で学んだように，物価水準とはある経済で取引されている財・サービスの貨幣単位で表示された価格の平均のことです。私たちはいま，1種類の財しかない経済を想定してモデルを作っていますから，この世界では物価水準とはこの財の1単位あたりの価格を指すことになります。この変数を P で表すことにしましょう。

またこれも復習ですが，インフレ率ないし物価上昇率はこの物価水準 P の変化率として定義されます。もし t 期の物価水準を P_t, $t+1$ 期の物価水準を P_{t+1} と書くことにすると，t 期から $t+1$ 期にかけてのインフレ率 π は次のように書けます。

$$\pi = \frac{P_{t+1} - P_t}{P_t} = \frac{\Delta P_t}{P_t} \qquad \text{ただし } \Delta P_t = P_{t+1} - P_t \quad (12\text{-}1)$$

つまりインフレ率とはある期から次の期にかけて物価水準がどれだけ上がったかを求め，それを元の物価水準で割ることによって「率」にしたものです。新聞などでは通常，(12-1) 式の計算結果に 100 をかけて％表示にしています。

たとえば t 期の物価水準が 100 で，これが $t+1$ 期には 120 に上がったとしましょう。このとき，$P_t=100$, $P_{t+1}=120$ ですから，(12-1) 式をあてはめるとインフレ率は (120－100)/100＝20/100＝0.2，つまり 20％ということになります。

貨幣とは何か？

さて，以上の定義からわかるように，物価水準やインフレ率について語るためにはまず貨幣のことを理解しなくてはいけません。貨幣というと私たちは何となく現金を思い浮かべることが多いわけですが，経済学ではこの用語をどのように捉えているのでしょうか？ **貨幣**の定義は「取引に容易に用いることができる資産」というものです。ただ，この定義もあいまいなものです。取引に用いることがどのくらい容易ならば貨幣の名に値するか，まったくわからないからです。

たとえば現金は，それを用いて買い物をすることができるから取引に非常に容易に用いることができるタイプの資産と言えます。普通預金は比較的簡単に引き出して現金に換えることができるので，現金ほどではないですが取引に用いることが容易な資産と言えます。また，皆さんやご家族が持っている普通預金の口座から公共料金が自動的に引き落とされるときには，普通預金そのものを取引に使っていることになります。お店でクレジットカードを見せて買い物をしたあとに代金が普通預金の口座から支払われる場合にも，普通預金を取引に使っていることになります。

定期預金はどうでしょうか？ 満期が来る前に解約したら不利になりますので，普通預金ほどいつでも気軽に引き出すことはできません。それでも，多少の損を覚悟で引き出して現金に換えればすぐに取引に使えます。その意味で，普通預金ほどではないですが取引に用いることが比較的容易な資産と言えます。

その一方で，国債はそれを持って直接買い物をすることはまずできませんし，これを債券市場で売って現金に換えて買い物に行くにも時間と労力がかかりますから，取引に用いることはあまり容易ではありません。このように，資産には非常に容易に取引に用いることができるものからそうでないものまで，いろいろな種類があります。そこで，どこまでを貨幣に入れるかによって統計上の貨幣の定義は複数出てくることになります。

マネーストック統計

ある時点で一国内に存在している貨幣の合計金額を**貨幣ストック**と呼ぶことにしましょう。この貨幣ストックを測る統計として，日本にはマネーストック統計があります。第10章で学んだように，数量を表すマクロ経済統計は大きく「フロー」変数と「ストック」変数に分けられますが，その分類でいくと，ある1時点に存在する量を測る貨幣ストックは（その名も表すとおり）ストック変数に分類されます。また「実質」対「名目」の分類で言えば，貨幣ストックは名目変数ということになります。図12-1は日本のマネーストック統計をもとに2つの統計の推移を図示しています。第1は「現金」，つまりお札と硬貨の合計で，最も狭い貨幣の定義です。第2は「M2」と呼ばれるものです。これは

図 12-1　日本における M2 と現金の推移

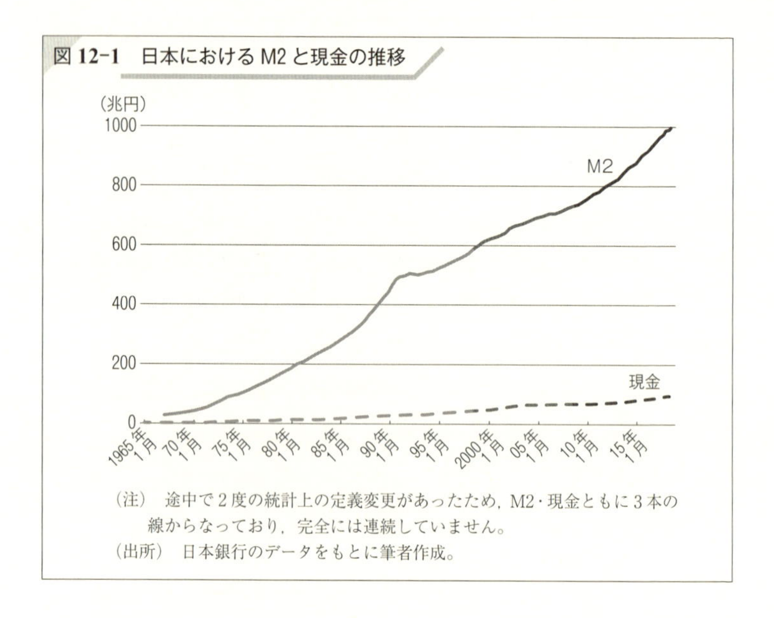

（注）　途中で２度の統計上の定義変更があったため，M2・現金ともに３本の線からなっており，完全には連続していません。
（出所）　日本銀行のデータをもとに筆者作成。

M2＝現金＋銀行に預けられた普通預金・定期預金など

として定義されます。上で説明したように，普通預金や定期預金は，現金ほどでないにしても比較的容易に取引に用いることができたり，比較的簡単に現金化できるタイプの資産です。M2 はそのような資産まで貨幣に含めて考えた統計なのです。この M2 は日本のマクロ経済の動きを理解するうえで有用と考えられています。それは，少なくとも 1990 年代半ばまでは，名目 GDP と M2 の間に強い相関が見られていたからです。図 12-1 より M2 の金額は現金よりはるかに大きいことがわかります。このことから，日本経済の分析において通常用いられている「貨幣」の定義の中身の大半は実は預金であって，私たちが日常生活で「貨幣」と言われて思い浮かべる現金はあまり大きな存在ではないことがわかります。

さて，現金の発行額を決めるのは中央銀行，日本で言えば日本銀行です。この教科書では通常の意味での政府と中央銀行を合わせて（広い意味での）「政府」と呼ぶことにしましょう。すると現金のストックは政府が決めるものということになります。これに対して預金の金額を直接的に決めるのは預金者で，その預金者を勧誘するのは銀行です。そこには政府の意思は働いていないように見えます。ところが，実はM2は現金の供給量をはじめとする政府の政策によって強い影響を受けることが知られています。たとえば現金が急速に増加しているときには，M2も同じように増加する傾向があることが知られています。これは，現金が増えると家計や企業による預金の預け入れが活発になるからなのですが，その背後にあるメカニズムについては第16章第7節で説明します。以下の分析では単純に，政府が貨幣ストックの額を直接コントロールすることができると仮定します。

実質貨幣ストックとは

先に進む前に，もう1つの定義を紹介しておきたいと思います。**実質貨幣ストック**は財の単位で貨幣のストックを測る指標です。平たく言えば，「ある一時点で経済に存在している貨幣を全部集めたらどれだけの財が買えるか」ということです。式で言えば次のように定義されます。

$$\text{実質貨幣ストック} = \frac{\text{（名目）貨幣ストック}}{\text{物価水準}}$$

たとえば名目の貨幣ストックが2倍になったとしても，物価水準も同時に2倍になってしまえば，実質貨幣ストックは変わりません。このことは，これからこの章で学ぶことに対して重要な意味を持ってきます。たとえ話として，1000円（という名目の貨幣量）を持ってインスタント・ラーメンを買いに行く消費者を考えてみましょう。もしラーメン1個が100円であるならば，ラーメンは10個買えます。つまりラーメン単位で測ったこの人の実質の貨幣量は10と言えます。しかし，モノの値段が全般的に値上がりしてラーメンを含めてすべて10倍になったとしたら，1000円ではラーメンは1個しか買えないことになります。これは言い換えればラーメンで測った貨幣の価値が10分の1になるということを意味しています。このことから「貨幣の実質価値」というやや耳慣れない用語を次のように定義しておきましょう。

$$\text{貨幣の実質価値} = \frac{1}{\text{物価水準}} = \frac{1}{P}$$

このように考えれば，「物価水準が上がるということは，財の単位で測った貨幣の価値，つまり貨幣の実質価値が目減りするということである」と解釈することができます。上の例では貨幣の実質価値は10分の1に低下しています。このように，物価水準の決定を学ぶことは，貨幣の実質価値の決定を学ぶのと同じことなのです。

2 貨幣市場と貨幣需要

さて，いよいよ貨幣と物価水準に関する理論を学びましょう。前節では，現実には貨幣の中にもいろいろな種類の資産があるのだということを学びましたが，理論上は単純に，1種類の「貨幣」という資産があって，これは政府によって発行されるのだと考えることにします。この貨幣は利子のつかない現金であると考えます。また，貨幣以外の資産も1種類だけであって，これを「債券」と呼びます。債券とは「私はあなたにこれだけの借金をしました，返済時には元本に加えてこれだけの利子を払います」ということが書かれている借金の証文のことです。債券を発行するとは誰かから借り入れをするということであり，債券を購入するとは誰かに貸し出しをすることです。貨幣と違って，債券には利子がつきます。

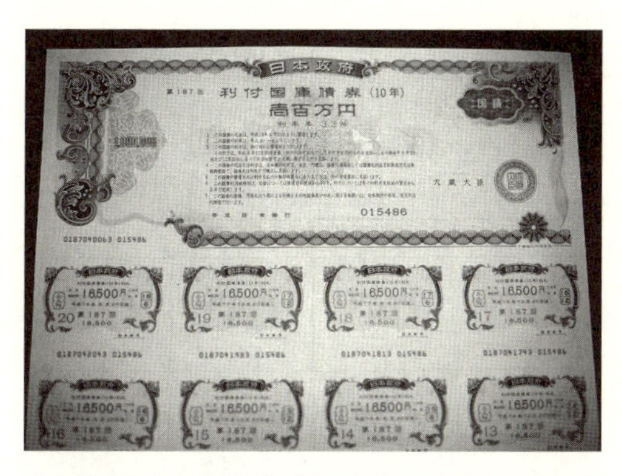

政府が発行する債券（国債）。写真は1996年に発行された長期国債（時事通信フォト提供）

貨幣にも市場がある

貨幣の問題を理論的に考えるためにはどうしたら一番よいでしょうか？ これまでこの教科書では，ミクロ経済学から始まって，さまざまな財の「市場」というものを想定することで，多くのことを学ぶことができるということを繰り返し明らかにしてきました。ならば，貨幣にも市場があると考え，その需要と供給がどのように決まるかを考えたうえで，両者が一致する均衡を分析することで，大事なことがわかるようになるのではないでしょうか？ そこで，この章では貨幣市場の分析を行います。第11章ではその期の間に新たに生産された財というフローの需給を考えたのに対し，ここでは貨幣ストックというストック変数の需給を考える点が1つの大きな違いになります。つまり今期新たに供給された貨幣だけでなく，前期までに供給されて残っているものを含め，経済に今ある貨幣全体の供給と需要を以下では考えていくのです。

貨幣ストックをMという記号で表すことにします。これは「円」で測られた名目変数です。貨幣ストックの供給，すなわち貨幣供給をM^S，貨幣需要をM^Dで表すことにします。また，すでに述べたように，物価水準を P で表します。前節で定義された実質貨幣ストックは M/P と書けることになります。

貨幣の供給

貨幣供給を決定するのは政府です。ここではその額は政府が外生的に決定しているものとします。この値を $\bar{M}$ とします。つまり，

$$M^S = \bar{M} \qquad (12\text{-}2)$$

です。のちほど，政府がこの $\bar{M}$ の値を増加あるいは減少させたら何が起こるかを考えます。このように政府が貨幣供給を変化させる政策のことを金融政策と呼びます。

貨幣の需要とは

貨幣需要を決定するのは民間（家計と企業）です。ある期の初めにおいて，民間は決まった（名目）額の資産を保有しているとしましょう。この資産総額は，前の期までの金融政策や民間の資産蓄積行動によって決定されています。このことを表しているのが図 12-2 です。この図において，縦の長さが資産の額を表しています。全体の長さが資産総額で，これはすでに決められています。この総額を保有する手段としては 2 種類あって，これが貨幣と債券です。総額が決まっているのですから，貨幣の額を決めれば債券の額もその残りとして決まることになります。このように，貨幣需要の問題は裏を返せば債券をどれだけ持つかという問題でもあるのです。

貨幣の保有額は何によって決まるのでしょうか？ 先ほども述べたように，貨幣には利子がつきませんが，債券には利子がつきます。そう考えると，貨幣を持つことは「損」であるように思われます。人々が合理的なら，すべての資産を債券の形で持とうとして，貨幣需要はゼロというのが正しいような気がするところです。しかし，現実には，貨幣需要はゼロではありません。皆さんも，少しは利子のつかない現金を財布の中かどこかに持っているのではないでしょ

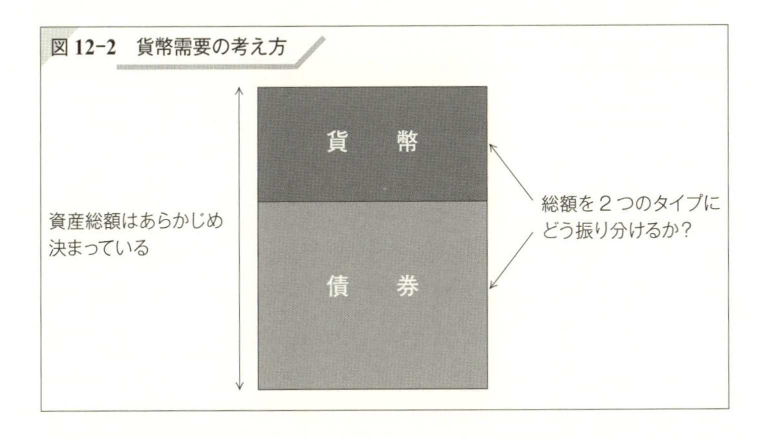

うか？ その理由を考えてみると，「貨幣は取引に用いることができるが，債券は用いることができない」という事実にたどり着きます。つまり，人々は買い物などをするために貨幣を保有しているのです。

何が貨幣の需要を決めるのか？

以上の議論が示すように，貨幣需要を決定する第１の要因は財・サービスの取引量です。これは，人々は取引に必要な分だけ貨幣を持ち，それ以外は利子のつく債券の形で資産を持とうとするからです。経済全体の取引量は，総生産 Y と密接な関係があることが知られています。生産量が多いほど，つまり Y が大きいほど家計や企業の間での取引は盛んになります。このことから，マクロ経済学では貨幣需要は総生産 Y の増加関数と考えられています。

しかしよく考えてみると，上の「取引に必要な分だけ」というのはどれだけなのか，はっきりとはわかりません。たとえば，１カ月の間に毎日同じペースで貨幣を使い，月全体では 10 万円を使う人がいたとしましょう。また，この人は先月末の時点ではたまたま貨幣を切らしていて，すべての資産を債券の形で持っていたとしましょう（その総額は 10 万円以上あるものとします)。この人はどのタイミングでいくらの債券を貨幣に換えたらよいでしょうか？

第1のやり方は月の初めに今後1カ月間に必要となる10万円すべてを貨幣の形に換えることです。こうすれば債券と貨幣の交換は1回ですみます。その代わり，最初の時点で持っている債券が一気に減ってしまいます。このため，あまり利子が入ってこなくなってしまいます。

上の方法は唯一のやり方ではありません。第2のやり方として月の初めに5万円分だけを貨幣に換え，その5万円を月の真ん中で使い切ったところで再び債券5万円分を貨幣に換えるという方法を考えてみましょう。この場合，日々の貨幣保有額は平均で第1のやり方の半分に減らすことができます。その分だけ1日あたり平均の債券保有額を増やすことができるわけです。ということは，その債券についてくる利子の収入も増やすことができます。同じように，債券と貨幣を交換する回数をさらに3回，4回，5回，……と増やしていけばそれだけ1回あたりに得る貨幣の額も減らせますので，日々の貨幣保有額は平均的にはさらに小さく，債券保有額は平均的にはさらに大きくなります。もちろん，あまり頻繁に債券と貨幣を交換することにはコストが伴うでしょう。それでも，もし貨幣の保有額を減らす方が有利だと人々が考えるならば，かなりの交換コストを支払ってでも貨幣保有額を抑えようとするはずです。

貨幣保有の債券保有に比べたときの相対的な魅力を決めるのが，債券につく利子率です。たとえば利子率が0.1％といったような低い率であるときには，大きな交換コストを支払ってまで貨幣保有を抑えたいとは思わないでしょう。しかし利子率が1万％といった率であるときには（この例は極端に思われるかもしれませんが国際通貨基金（IMF）のデータによればブラジルの1990年の利子率はこれを上回っていました），多大な交換コストを支払ってでもできるだけ貨幣保有を節約しようという誘因が働くはずです。よって，貨幣需要を決定する第2の要因は利子率です。利子率が高いほど人々は貨幣保有を減らそうとするのですから，貨幣需要は利子率の減少関数になります。

このようになる理由を別の表現で述べれば，「利子率は貨幣保有の機会費用を決定するから」ということです。復習すれば，機会費用とはある行動をとることによって，もしその行動をとらなければ得られるはずだった利益のことです。ここでは，家計は資産総額が決まっているもとでどれだけの貨幣を持つかを決めています。貨幣をより多く持つことにすれば自動的にそれだけ債券の保有が減ります。それによって，もし債券を保有していれば得られたはずだった利子を失っているわけです。この失われた利子が貨幣保有の機会費用です。

先を急ぎたいところですが，これ以上議論を展開する前に，利子率というものについてじっくり時間をかけて議論する必要が出てきます。そこで節を変えて，利子率について考えてみたいと思います。

3 利子率の話

実は利子率には2種類ある

これまで利子率をどう定義するかはあいまいにしてきました。ここで利子率とは何かを明確にしましょう。実は，利子率には2種類あります。それは例によって，「実質」の利子率と「名目」の利子率です。一言で言うならば，**実質利子率**とは財の単位で測られた利子率であり，**名目利子率**とは貨幣の単位で測られた利子率です。しかし，これではあまりイメージがわきませんので，もう少し詳しく定義してみましょう。

名目利子率 i：t 期に債券を買うと，次の $t+1$ 期には元本に加えて利子がついてきます。債券1円分につきもらえる利子のことを名目利子率と言います。

実質利子率 r：t 期に財 1 単位を売って，得た収入で債券を買ったとしましょう。次の $t+1$ 期になるとこれに利子がついて返ってきますが，この元本＋利子で財を買ったとしましょう。このとき，元手となった 1 単位の財に加えて何単位余計に財を買えるかを実質利子率と言います。

私たちが証券会社の広告などで日常的に目にするのは名目利子率と言えます。たとえば T 社の発行した債券の利子率は 1% ですと書いてあったとしましょう。これはこの債券を 1 円分買うと，次の年には 1.01 円が返ってくるという意味です（実際には 1 円の債券を買う人はあまりいないでしょうから，1 万円分の債券を買うと 1 万 100 円が返ってくると言った方がよいかもしれませんね）。円という貨幣の単位で測っているから「名目」利子率というわけです。

しかし，私たちが毎年どのくらいの貯蓄を行うかといった決定の際に気にしているのは（私たちが合理的であるならば）実質利子率の方です。この意思決定に際して問題になるのは，たとえば，今年，インスタント・ラーメン 10 個分の消費をあきらめて貯蓄に回すと，来年にはラーメン何個分を食べられるようになるかといったことであるはずです。

名目利子率と実質利子率の関係

名目利子率と実質利子率の間には何らかの関係があるように思われます。それを考えてみましょう。それには，上の実質利子率の定義を追っていくのがいいと思われます。まず，t 期の物価水準を P_t，$t+1$ 期の物価水準を P_{t+1} としましょう。

まず t 期に 1 単位の財を売ると，P_t 円だけが得られます。これを使うと 1 枚 1 円の債券が P_t 枚だけ買えることになります。さて，次の期になると，これに利子がついてきて，$(1+i) \times P_t$ 円だけが返ってくることになります。これを持って財を買いに行くと，財は何単位買えるでしょうか？ ここで注意すべきは，t 期とは財の価格が変わっているかもしれないということです。買える財は全部で $(1+i)\times P_t \div P_{t+1}$ 単位ということになります。ここから，$1+r=(1+i)P_t/P_{t+1}$ という関係が導けます。これは $(1+r)\times(P_{t+1}/P_t)=1+i$ と書き換えられます。さらにこれは，(12-1) 式のインフレ率 π の定義より，

$$\pi=\frac{P_{t+1}-P_t}{P_t}=\frac{P_{t+1}}{P_t}-1 \quad \text{よって} \quad \frac{P_{t+1}}{P_t}=1+\pi$$

ですから，$(1+r)\times(1+\pi)=1+i$ とも書くことができます。さらに書き換えると $r+\pi+r\pi=i$ となります。さて，通常は，$r\pi$ は非常に小さい値をとると考えられます。たとえば，実質利子率が 1%（つまり $r=0.01$）でインフレ率も 1%（つまり $\pi=0.01$）ならば両者の積は 0.01%（$r\pi=0.0001$）になります。そこで近似的にこのかけ算はゼロとみなすことにすると，

$$i=r+\pi \tag{12-3}$$

という実に見やすい関係が出てきます。

なぜこうなるのか？ 上の関係式の意味を考えるには，これを次のように

$$r=i-\pi \tag{12-4}$$

と書き直してみるのがわかりやすいと思います。つまり，実質利子率を求めたければ名目利子率からインフレ率を引けばよいということです。なぜこのような関係が成り立つのか，例を使って考えてみましょう。

（例 1） 1 年間の名目利子率が 20% というケースを考えてみましょう。このとき 1 万円分の債券を買うと 1 年後には 1 万 2000 円にな

っているはずです。それだけ聞くとよい話のようです。私たちは喜び勇んで，今の消費を削って貯蓄に回すべきでしょうか？ しかしそのような決定を下す前に，もう1つ考えに入れなければならないことがあります。それは，同じ1年間に財の価格がどうなっているかという問題です。仮に同じ期間にすべての財の価格も20%上がるとしたらどうでしょう。これは，今は1個100円のインスタント・ラーメンが来年には120円になっていることを意味します。このとき，今の1万円で買えるラーメンの量と，1年後の1万2000円で買えるラーメンの量は，ともに同じ100個です。つまり，財の単位で測った利子率，すなわち実質利子率はゼロだと言えます。このように，実質利子率は名目利子率と財の価格が値上がりする率つまりインフレ率の差になっています。

（例2） 同じように名目利子率が20%である一方，インフレ率は0%，つまり今後1年の間に財の価格が変わらない場合を考えてみましょう。ラーメン1個は今も1年後も100円です。この場合には，1万円を今使うとラーメン100個を買えるのに対し，使わないで債券の形で持っておけば1年後に1万2000円が返ってきて，これでラーメンが120個買えます。このときには実質の意味での利子率は20%になっていることがわかります。

（例3） 一方で名目利子率が1%で，インフレ率はマイナス1%だとしましょう。つまり1万円分の債券を買うと1年後に1万100円が返ってくる一方，100円のラーメンは99円に値下がりしています。1万100円を使って99円のラーメンは何個買えるでしょうか？ 1万100÷99≒102.0より，約102個です。つまりこのときの実質利子率は1%−（−1%）＝2%に（近似的に）なっているのです。

以上を別の言葉で言い換えるならば，名目利子率が債券を買うことによって1年間にどれだけおカネを増やせるかを表しているのに対し，インフレ率は同じ期間にモノで測ったおカネの価値がどれだけ目減りするかを表しています。両者の引き算をしたものが，債券を買うことで1年間にどれだけモノを増やせるかという実質利子率なのです。

アービング・フィッシャー［1867-1947］：アメリカの経済学者（GRANGER.COM／アフロ提供）

フィッシャー方程式

さて，上の議論には実は1つの問題があります。それは，(12-3) 式や (12-4) 式に現れるインフレ率πというのが，「今期から来期にかけての」つまり現在から将来にかけての物価の上昇率であるという点です。その値を現時点で正確に知ることはできません。しかし，貸し借りなどの決定は現時点で行わなくてはいけませんから，人々はその値について何らかの予想を立てて行動を決めていると思われます。この「予想インフレ率」を，実際のインフレ率πと区別するために，π^eと表記することにしましょう。そうすると，上の式は正確には

$$r = i - \pi^e \tag{12-5}$$

と書くべきだということになります。この式を，著名な経済学者I. フィッシャーの名をとって，**フィッシャー方程式**と呼びます。これからはこの方程式をしばしば使っていくことになります。この式はもちろん経済理論上も重要なのですが，私たちが普段の貯蓄行動を決めるうえでも，大事な指針を与えてくれるものになっています。

投資関数再論

さて，第11章で，投資需要は利子率の減少関数であると述べました。しかしこの章で新たに，利子率には実質と名目の2種類があることを学びました。投資はどちらの利子率の関数なのでしょうか？

実は投資需要は実質利子率の減少関数だと言えます。このことを理解するために，第11章で説明した，投資関数の背後にある考え方を復習してみましょう。その出発点は，各投資プロジェクトには固

有の収益率があるということでした。たとえば1つのパン工場を建てた場合，そこで作って売ることができる年間のあんパンの数というのは決まっているとしましょう。これを言い換えると，工場を建てるための建築資材などの財1単位につき，そこから生産されるあんパンという財の量が決まっていることになります。つまり財の単位で測った収益率があらかじめ定まっているのです。これを「実質」収益率と呼びます。これと利子率を比較して，このプロジェクトが実行するに値するものかを決めるわけです。したがって比較対象となるのはやはり「実質」利子率でなくてはなりません。これがわかっていたからこそ，第11章で

$$I^D = -br + \bar{I}$$

つまり投資需要は実質利子率 r の関数であるという書き方をしたのです。

4 貨幣市場の均衡

貨幣需要関数再論

この章の第2節の最後で，貨幣需要は利子率の減少関数であるということを学びました。さて，この場合の利子率とは実質利子率のことでしょうか，名目利子率のことでしょうか？

第2節の議論を復習すると，利子率が上昇すると貨幣需要が下がるのは，利子率が貨幣保有の機会費用だからでした。この機会費用が何なのかをもう少し考えてみましょう。たとえば，名目利子率が5% の債券があるとしましょう。これを1万円分買っておけば，翌年には1万500円返ってきます。一方，同じ1万円を現金のままで1年間，たんすの中に入れておいたとしましょう。翌年になってた

んすを恐る恐る開けてみると，これはいくらになっているでしょうか？ もちろん，1万円のままです。両者の差の500円が，現金1万円を保有することの機会費用です。この500円という額は名目利子率の5%からきています。つまり，機会費用を決定するのは名目利子率の方なのです。

第2節ではまた，総生産 Y の増加は，取引量の増加を通して，貨幣需要を増やす働きがあることを学びました。以上の議論を総合すると，貨幣需要は総生産 Y の増加関数で名目利子率 i の減少関数であると結論づけられます。以上の関係を式で書くと，

$$\left(\frac{M}{P}\right)^D = a_0 + a_1 Y - a_2 i \tag{12-6}$$

と書けます。左辺は M/P，つまり実質貨幣ストックに対する需要を表しています。右辺で，a_1 と a_2 は正の定数で，a_0 も定数ですがこれは正でも負でも構いません。左辺が実質貨幣ストックに対する需要になっていることに注意しましょう。

マクロ経済学では，貨幣需要が多い，少ないとは，物価水準との対比で貨幣に対する需要が大きいか小さいか，ということを意味しています。たとえばある人が1000円という現金を持っていて，これでインスタント・ラーメンを買おうとしているとしましょう。この人は多くの現金を持っていると見るべきでしょうか？ その見方はラーメンの値段によって変わるはずです。たとえば，店でラーメンが1個1円で売られているならば，この人はラーメン1000個を買えるほどたくさんの現金を持っていることになります。ところがラーメン1個100万円の世界においては，この人の現金ではラーメン1000分の1個しか買えません。このことから，人々は物価水準と比べてどれだけの貨幣を持とうか考えながら行動していると考えられます。(12-6) 式ではこの意思決定に生産と名目利子率が影響すると考えているのです。

ここまで学んだことのポイントを念のために復習しておくならば，「投資関数は実質利子率の関数だが，貨幣需要関数は名目利子率の関数である」ということです。

（12-6）式にフィッシャー方程式（12-5）を合わせると，

$$\left(\frac{M}{P}\right)^D = a_0 + a_1 Y - a_2(r + \pi^e) \qquad (12\text{-}7)$$

と書き直すことができます。

貨幣市場の均衡条件

（12-7）式は実質貨幣ストック M/P に対する需要を与えるものでした。では，実質貨幣ストックの供給はどのように決まるでしょうか？ すでに見たように，（名目の）貨幣供給は政府が決定します。その値を $\bar{M}$ と書くことにしたのでした（(12-2) 式を参照してください）。この値を市場均衡で決定される物価水準 P で割ると，実質貨幣ストックの供給が求まります。貨幣市場が均衡するためには，これと（12-7）式で与えられる貨幣需要が一致していなくてはなりません。以上から，貨幣市場の均衡条件式は，以下のように書くことができます。

$$\frac{\bar{M}}{P} = a_0 + a_1 Y - a_2(r + \pi^e) \qquad (12\text{-}8)$$

5 政策効果

長期モデルの総まとめ

前章とこの章で見てきたことを総合して長期モデルの全体像をまとめると次の4本の式になります。

$$Y = \bar{Y} \qquad (12\text{-}9)$$

$$Y = Y^D \qquad (12\text{-}10\text{a})$$

$$Y^D = [c(Y - \bar{T}) + \bar{C}] + [-br + \bar{I}] + \bar{G} + \overline{NX} \qquad (12\text{-}10\text{b})$$

$$\frac{\overline{M}}{P} = a_0 + a_1 Y - a_2(r + \pi^e) \qquad (12\text{-}11)$$

(12-9) 式は財の総生産は総供給で決まるという式です。(12-10a) 式は財市場が長期均衡であるためには総生産は総需要とも等しくなくてはならないということを表しています。(12-10b) 式はその需要が消費需要，投資需要，政府購入，純輸出の和からなること，そのうち消費需要は生産 Y の増加関数で投資需要は実質利子率 r の減少関数である一方，政府購入の需要と純輸出の需要は定数であることを言っています。この2つを組み合わせると

$$Y = [c(Y - \overline{T}) + \overline{C}] + [-br + \overline{I}] + \overline{G} + \overline{NX} \qquad (12\text{-}10)$$

が得られます。(12-11) 式がこの章で新たに学んだ貨幣市場の均衡条件です。この式は実質貨幣ストックの供給はその需要に等しくなること，貨幣需要は生産 Y の増加関数で実質利子率 r の減少関数であることを表しています。当分の間，予想インフレ率 π^e の値は所与と考えることにしましょう。人々がどのように予想を形成するかという大事だが難しい問題は第14章で検討することにしたいと思います。このとき，(12-9)，(12-10)，(12-11) の3本の式から3つの変数，総生産 Y，実質利子率 r，物価水準 P が決まることになります。これが長期モデルの全貌です。

長期モデルでは
変数は順番に決まる

このモデルはある特殊な構造をしています。まず (12-9) 式を見てみましょう。この式に含まれている未知の変数は Y だけです。そこでこの式のみから総生産 Y が決まることがわかります。次に (12-10) 式に目を移しましょう。この式には2つの未知の変数，Y と r が含まれています。しかし今しがた見たように，Y の値は (12-9) 式から決まってしまっています。すると残された未知の変数は r だけです。したがって，(12-10) 式から実質利子率 r が決定

されることがわかります。最後に（12-11）式を見てみましょう。この式には3つの未知の変数，Y，r，P が含まれています。しかし Y と r の値はこれまでの議論からすでにわかってしまっています。そこで（12-11）式は物価水準 P を決める式になります。このように，3つの変数がまずは Y，次が r，最後に P と，「順番に」決まる構造をしているのが長期モデルの大きな特徴なのです。

金融政策の効果

それでは，これまで学んできたモデルを使って金融政策の効果を考えてみましょう。先にも述べたように，金融政策とは，貨幣供給 $\overline{M}$ を増やしたり減らしたりすることを意味しています。ここでは貨幣供給が増えたケースを考えてみましょう。政府が新たにお札を刷って，これを人々に均等にばらまいた結果，世の中に存在している現金のストックが2倍になったとしてみましょう。このとき，総生産 Y，実質利子率 r，物価水準 P には何が起きるでしょうか？

先ほど述べたように長期モデルでは変数は $Y \to r \to P$ というように「順番に」決まる性質を持っています。そこでまず総生産 Y について考えてみましょう。第11章の「衝撃的結論」で見たように，総生産 Y は $\bar{Y}$ で，言い換えれば財市場の総供給側の条件のみで決まります。これらの条件の中には貨幣供給は入っていません。したがって金融政策とは無関係であることがわかります。次に，実質利子率 r について考えてみましょう。これも第11章で見たように，財市場を均衡させるように決まります。その均衡条件の中に貨幣供給は入っていませんでしたから，これも金融政策とは無関係に決まることがわかります。以上より，金融政策によって変化するのは物価水準 P だけです。貨幣市場の均衡条件（12-11）式を見てみましょう。右辺の貨幣需要（実質貨幣ストックに対する需要）は，Y と r が不変ですから，変化しません。したがって，左辺の実質貨幣ストックの供給，つまり $\overline{M}/P$ も変化しません。これは，名目の貨幣供

給 $\bar{M}$ が2倍になったときに，物価水準 P も2倍になることを意味しています。

貨幣の中立性

以上の結果で一番重要なのは，金融政策はどのような実質変数の値も変化させないということです。これを**貨幣の中立性**と言います。

このような結論が得られる理由は，すべての価格変数が伸縮的という仮定が設けられていることです。モデルの世界を離れて，次のような状況を考えてみましょう。

A さんは毎朝，コンビニでメロンパン1個を買うことを日課としています。これは，さまざまな財についている価格や自分の所得などをすべて考えに入れたうえで，この人が最適に選んだ行動でした。ある晩，突如として日本中の家の上にヘリコプターからお札がばらまかれ，A さんを含めすべての人のおカネの保有が2倍になりました。これと同時にすべてのモノの値段が2倍になりました。朝になって，A さんは2倍になったおカネを持ってまたコンビニに買い物に出かけましたが，いつも買っていたメロンパンの値段が2倍になっていることに気づきました。そこで，クリームパンにしようかと思ったところ，その値段も2倍になっていました。食パンの値段も2倍になっていました。すべてのモノの値段が2倍になっていることに気がついて，A さんはこれまで自分が一番よいと思って選択していた買い物のパターンを変える必要がないことを悟りました。でも，すべてのモノの値段が上がってしまったら，A さんは予算が苦しくなって前よりも買い物を減らさなくてはいけないのではないでしょうか？ ここで大事なのは，「すべての」値段というときには，A さんを含めたすべての人々の給料やそのほかの所得もすべて含まれているという点です。物価水準が2倍でも名目所得（貨幣の単位で測った所得）も2倍になっていますから，A さんの実質所得（財の単位で測った所得）は変わりません。

一方，みんなの家におカネが落ちてきたということからすると，おカネが増えた分だけAさんは以前より豊かになったと思われるかもしれません。しかし，おカネの額が2倍になってもそれを使って買うモノの値段も2倍になっているのですから，Aさんの持っているおカネは実質の意味では（つまりモノの単位で測った場合には）増えも減りもしていないのです。以上のことはAさんだけでなくすべての人や企業にあてはまります。このように考えると，この政策は人々の実質変数の選択に何の影響も及ぼさないことがわかります。

この貨幣の中立性は，第11章から13章までを通じた最も重要な結論です。それが重要だというのは，この結論をよく暗記しましょうということではなく，なぜこのような結論が出てくるのかよく理解しましょうということにあります。価格の伸縮性という前提がこの結論をもたらしていることがよく理解できれば，この前提が崩れたときに何が起きるのかもよりよく理解できるでしょう。この点は次の第13章で扱います。

財市場における総需要と物価水準

これまで，貨幣供給の増加が物価上昇の1つの原因となりうることを見ました。ほかにはどんな要因が考えられるでしょうか？

物価を上昇させる第2の要因は財市場における総需要の増加です。その理由を考えてみましょう。第11章で見たように，財市場における総需要の増加は「衝撃的結論」により総生産Yを変化させません。その一方で，実質利子率は上昇することを学びました。これは貨幣市場にどのような影響を与えるでしょうか？ この章の第4節で学んだように，貨幣需要は利子率の減少関数です。これは債券についている利子率が上がるほど，貨幣と比べた債券の相対的魅力が増すので，人々が貨幣から債券に乗り換えようとするからでした。式で言うならば，(12-11）式の右辺が実質貨幣ストックへの需要を表していますが，これは利子率の減少関数になっていることがわかります。このため，利子率が上昇すると右辺は減少します。実質貨幣ストックへの需要が減っても名目貨幣残高の供給は政府によって外生的に決められているので動きません。このとき，実質貨幣ストックの需給が一致するためには物価水準 P が上がって実質貨幣ストックの供給を押し下げなくてはなりません。言い換えれば，人々が以前ほど貨幣を欲しなくなるので，貨幣の実質価値は下がらなくてはいけないのです（以前に論じたように，これは物価水準が上がるということと同義です)。式で言うならば，(12-11) 式の右辺が下がるので，この式が等式であるためには左辺の $\bar{M}/P$ も減らなくてはなりません。分子の $\bar{M}$ は定数ですから，分母の物価水準 P が上昇しなくてはならないことがわかります。

財市場における総供給と物価水準

物価を上昇させる第3の要因は財市場における総供給の減少です。第11章で学んだように，総供給が増加するときには総生産 Y は増加し，実質利子率は低下します。総供給が減少するときにはちょうど逆のことが起きますから，総生産 Y は減少し，実質利子率は上昇します。総生産の減少は取引の減少を招きますから人々は以前ほど貨幣を欲しなくなります。また利子率が上昇すると人々は貨幣から債券に乗り換えようとします。以上2つの理由から実質貨幣ストックに対する需要は減少します。式で言うならば，(12-11) 式右辺の貨幣需要は総生産の増加関数で利子率の減少関数ですから，総生産が減少し利子率が上昇するときには右辺は減少します。このとき，左辺の分母にある物価水準 P は上昇しなくてはなりません。

以上まとめると，物価上昇の要因には大きく分けて，①貨幣供給の増加，②財市場における総需要の増加，③財市場における総供給の減少，の3つが存在することがわかりました。

Column ⑫ ハイパーインフレーション

長い間，日本のインフレ率は世界的に見て低い水準で推移してきました。前の年の同じ月と比べた消費者物価上昇率で見ると，1992年10月以降で2%を超えたのは，消費税率の引き上げのあった年を除けば，2008年夏から秋の4カ月間だけでした。

その一方で世界史上では非常に激しいインフレーションが何回か記録されています。これを**ハイパーインフレーション**と言います。一応の目安としては月率で見て，つまり前の月と比べたインフレ率（1年前と比べてではありません）が50%を超えるとこの名前がつけられます。歴史上一番よく知られているのが1923年秋にドイツで起きたハイパーインフレーションです。この年の10月のインフレ率は月率で3万%近かったとされています。写真はこのころ，ほとんど価値のなくなってしまったお札の束で遊んでいる子どもたちの様子を捉えています。記録に残っている中で最大のインフレがあったのは1946年7月のハンガリーで，月率で1京（10の16乗）%を超えるものでした。この率ですと物価は1日かからずに2倍になります。

近年激しいインフレに見舞われたのが2007～08年のジンバブエでした。アメリカのCato Instituteの推計値によれば，最高値を記録したのは2008年11月で月率800億%に迫るものだったと考えられています。

お札で遊ぶ子ども。写真は1923年のドイツで撮影されたもの（UIG／時事通信フォト提供）

このときにはついに自国通貨を放棄して，アメリカドルを用いることにしたことで，ようやくインフレが収束しています。この教科書執筆時点ではベネズエラでインフレが進行しています。ある推計によれば2018年5月末時点でのインフレは年率2万5000%に達しているとのことで，今後の展開が心配されます。このように，ハイパーインフレーションとは昔話でも何でもなく，現代の私たちにとっても身近に起こりうるものなのです。

これらのハイパーインフレーショ

ンの直接的な原因は貨幣供給が急激に伸びたことにあることがわかっています。このように，歴史上の経験は，本文中で学んだ「貨幣供給が増えると物価水準が上がる」という結論を支持するものとなっています。

古典派の2分法

以上，第11章と第12章では長期モデル，時には「古典派」のモデルと呼ばれるものを見てきましたが，その大きな特徴は変数が同時にではなく「順番に決まる」という構造をしていることでした。つまり，このモデルでは，「実質変数を決める部門」と「名目変数を決める部門」が明確に分かれています。そして，まず実質GDPや実質消費などの実質変数がすべて決まります。そのうえで，貨幣市場で物価水準が決まると，それを受けて，(名目GDP)＝(物価水準)×(実質GDP)，(名目消費)＝(物価水準)×(実質消費)，といったように名目変数の値が決まっていくのです。この構造のことをしばしば**古典派の2分法**と言います。その真意は単に2つの部門が「分かれている」ということではなく，「実質が先，名目は後」というように一方通行の形で順番が決まっているということにあるのです。その根底にあるのは「合理的な個人は，実質変数の値を選ぶときには，ほかの実質変数だけを気にして決定するはずだ」という考えがあるのです。

たとえばある消費者がラーメンの購入量という実質変数を選択する際には，「ラーメン1個あたり○○円」という名目価格が本当に問題になるわけではないはずです。この人が気にしなくてはいけないのは，「ほかの財・サービスと比べて」ラーメン1個あたりの価格は何倍にあたるかという相対価格です。たとえば，もともとラーメン1個100円，おにぎり1個200円，ロールパン1個50円などとなっていたとしましょう。すべての名目価格がいっせいに2倍になったとしても，これらの財の間の消費者の選択には影響しません。これに対してラーメンの価格だけが2倍になった場合には，たとえばラーメンの購入量を減らしておにぎりやロールパンを増やすなどの形で，消費者の選択には影響が出てくるでしょう。また，この人にとっては「私の1年間の所得は○○円だ」という名目所得が問題なのではなく，本当に問題なのは財の単位で測った所得，つまり実質所得であるはずです。

すべての人々がこのように合理的に考えて相対価格と実質所得をもとに行動を決定しており，しかも価格が伸縮的に調整する世界では，実質変数は名目変数とは無関係に決定されることになるのです。

練習問題

【基本問題】

12-1 ある国ではカボチャが唯一の財なのだそうです。今年，企業がカボチャ100個を買ってしまっておくと，大みそかの深夜0時に資本ストックに変身して，これを使って来年にカボチャ1個を生産することができます。生産が終わると資本ストックはまた100個のカボチャに戻ってしまいます。今年，カボチャ1個は100円です。来年には101円に値上がりすることがわかっています。

(a) 名目利子率が5% だとしましょう。つまり企業が今年1万円を借りて上のような投資を行うと，来年には1万500円を返さなくてはなりません。企業はこの投資を行うべきでしょうか？

(b) 名目利子率が1% だったらどうですか？

12-2 ある国では大根だけが取引されています。今年の大根の価格は1本100円です。来年にはこれが105円に値上がりすると予想されています。一方，債券についている名目利子率は6% です。

(a) 予想インフレ率は何%ですか？

(b) 今年1万円＝大根100本分の貨幣を持っているとしましょう。これを債券に換えるとすると，1年後には大根何本を買えると予想できますか？ 小数点以下を四捨五入して答えてください。

(c)　1万円を貨幣のままで持っていたとすると，1年後には大根何本を買えると予想されますか？　やはり小数点以下を四捨五入して答えてください。

(d)　問い(b)と(c)の答えから，1万円を債券に換えずに貨幣のまま持つことによって，大根何本分の損（機会費用）が発生すると言えますか？

12-3　ある国の貨幣需要関数が次のような形で与えられているとしましょう。

$$\left(\frac{M}{P}\right)^D = 200+10Y-2000i$$

(a)　総生産 $Y=100$，実質利子率 $r=0.05$，予想インフレ率 $\pi^e=0.05$ とすると，実質貨幣残高 M/P はいくらになりますか？

(b)　貨幣供給量 $\overline{M}=1000$ であるとき，物価水準 P はいくらですか？

(c)　貨幣供給量が2倍になると物価水準はいくらになりますか？

【応用問題】

12-4　ある国の総生産関数は

$$Y = A\sqrt{K}\sqrt{L}$$

です。この国の統計局によれば今年は

$$A=5,\ \bar{K}=10,\ \bar{L}=10$$

でした。消費関数と投資関数はそれぞれ

$$C^D = 0.6(Y-T)+10, \qquad I^D = 15-100r$$

で，また $G^D=\bar{G}=6, T=\bar{T}=10, NX^D=\overline{NX}=0$ だということです。

また貨幣需要関数は

$$\left(\frac{M}{P}\right)^D = 60+2Y-100i$$

で，貨幣供給量は $\overline{M}=600$，予想インフレ率は $\pi^e=0.05$ でした。

(a)　長期均衡における，①総生産 Y，②実質利子率 r，③名目利子率

i, ④物価水準 P, を求めなさい。

(b) ある日突然，貨幣供給量 $\overline{M}$ が2倍になったとしましょう。このとき，前問で求めた4つの変数はそれぞれ何倍になりますか？（変化しない場合には「不変」または「1倍」などと答えてください）

12-5 本文中では考えなかった「貨幣需要ショック」について考えてみましょう。これは，式で言えば貨幣需要関数

$$\left(\frac{M}{P}\right)^D = a_0 + a_1 Y - a_2(r + \pi^e)$$

における右辺の定数項 a_0 が変化することを指します。

(a) 「貨幣需要ショック」の例としてよくあげられるのは金融技術の進歩です。たとえば，突如として，債券と貨幣の交換を低コストで手軽に行うことができるATMが町じゅうにできたとしましょう。このとき，人々の行う支出を一定として，貨幣需要は増えるでしょうか，減るでしょうか？（つまり，人々のポケットに入っている現金は平均的に増えるでしょうか，減るでしょうか？）

(b) 上記のようなショックがあったとき，長期均衡における，①総生産 Y, ②実質利子率 r, ③名目利子率 i, ④物価水準 P, はどうなりますか？

12-6 前章の問い11-5では総生産関数が

$$Y = F(K, L) - BG$$

という形状をしているとき，政府購入の増加が総生産 Y と実質利子率 r に与える影響について考えました。同じ政策は物価水準 P に対してはどのような影響を及ぼしますか？

第13章 マクロ経済の短期モデル

Introduction

この章ではマクロ経済の短期モデルを学びましょう。長期モデルではすべての価格は伸縮的との前提が設けられていました。これに対し，短期モデルでは一転して，企業はすぐには財の名目価格を変えることができないと考えます。これが「名目価格の硬直性」の仮定です。具体的には物価水準 P が定数であると仮定します。この新しい設定のもとで総生産がどのように決定されるかを考えましょう。その結果は長期モデルとはまったく異なったものになります。長期モデルから得られた重要な結論，「貨幣の中立性」や「古典派の二分法」はことごとくくつがえされてしまうことを見ていきましょう。とくに注目されるのはマクロ経済政策の効果です。長期モデルとまったく異なり，財政政策・金融政策がともに総生産に対して影響を与えることが明らかにされます。また，投資需要や外需の変化が景気変動を引き起こす要因となることを示します。

1 名目価格の硬直性

短期モデルとは

この章ではマクロ経済の短期モデルについて学びます。その目的は，1つには**景気循環**，つまり短期的なGDPのアップ・ダウンが生じる原因を理解することです。もう1つには，財政政策や金融政策が今月変更されたとして，それが3カ月後や1年後の景気にどのような影響を及ぼすのかを理解することです。そのためになぜ新しいモデルが必要なのでしょうか？ 第11章と第12章で学んだ長期モデルの最大の仮定は，すべての価格が伸縮的だということでした。しかし，3カ月後や1年後といった短期の問題を考える際に，この仮定は現実的でしょうか？ 世の中には天候の変化をはじめさまざまな変動が日々起こっていることと比較すると，物価水準の指標はずいぶんゆっくりと，なだらかに変化しているように見えます。

もう少し身近な例では，道端にある自動販売機のペットボトル入り緑茶の値段がたとえば140円であったとすると，この値段はそう簡単には変わらないのが通例です。政府が貨幣供給を2%増加させたからといって，急に2%だけ緑茶の価格が上がったという話はあまり聞きません。コインランドリーもいったん洗濯1回300円という価格がついたらそんなにすぐには変わりません。床屋の値段も散髪1回あたり4000円などと決まっていてその値段が長く続くことが多いようです。大学が年度の途中で金融政策の変更を理由に授業料を2%値上げしたという話もあまり聞きません。スーパーの日用雑貨などは価格が頻繁に変わっていますが，これは主に特売の影響によるもので，通常価格はそこまで何度も変わっているわけではありません。事実，2011年の東日本大震災直後の東京では，一部の財の需給バランスが大きく変わったにもかかわらず，通常価格はあまり変わらなかったことが研究者によって報告されています。

名目価格の硬直性

さて，以上の例に共通することがあります。それは，緑茶140「円」，コインランドリー300「円」，床屋4000「円」など，すべて「円」を単位とする価格がすぐには変わらないという点です。すなわち，これらはすべて貨幣を単位とする価格，つまり名目価格の話なのです。この名目価格に何らかの伸縮的でない性質があると考えるのが，短期のモデルの最も重要な仮定となります。これを**名目価格の硬直性**の仮定と呼びます。

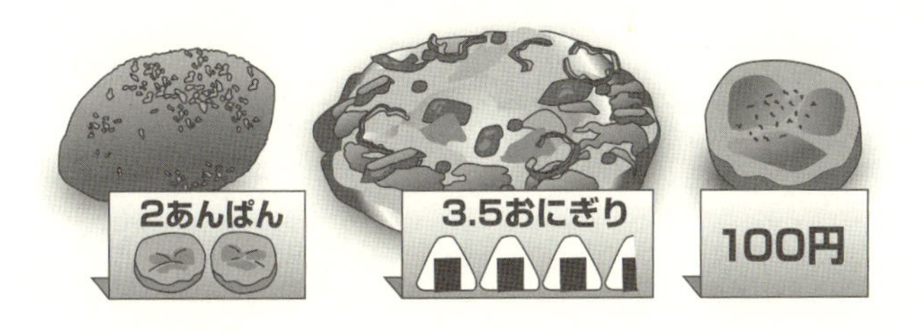

円で測った価格などと改めて言うと，価格は円で表示されるのが当たり前ではないかという感想を持たれるかもしれません。しかし，あんパンを単位とした価格（たとえば「カレーパン１個の値段はあんパン２個分」などという）や，おにぎりを単位とした価格（たとえば「１ピザ＝3.5おにぎり」）ではなく，円を単位とした価格に硬直性が発生するという想定は，これから見る結果に対して重大な影響をもたらすことになります。

なお，短期モデルの趣旨は名目価格が「少しずつしか動かない」という点にあるので，「硬直性」という表現を避け（この言葉はまったく動かないかのような印象を与えるので），「粘着性」という用語をよく用います。ただ，何かの変数が「少しずつ動く」ことをモデルの上で表すのはとても難しいことです。したがって，ここでは短期的なある１期間だけを考えることとして，その期間の間は名目価格は完全に止まっているという想定を置くことにします。いわば今期が始まる直前に「あんパン１個につき100円で発売中！」というちらしを周辺住民に大量に配ってしまったので，事情が変わったとしても今さらこの値段は変えられないという状況です。私たちのモデルに出てくる名目価格は物価水準 P だけですから，この P が定数だと仮定することになります。この定数を $\bar{P}$ としましょう。式で言えば $P=\bar{P}$ ということです。

2 短期における財市場と貨幣市場

短期モデルにおける貨幣市場

さて，短期モデルの最大の仮定は上で見たように物価水準 P が一定であることですが，いったん伸縮価格経済の世界から離れてしまうと話はこれだけではすみません。これまで見てきたように，私たちのマクロ経済モデルには財市場と貨幣市場という 2 つの市場があります。それに対応して実質利子率 r と物価水準 P という 2 つの価格変数が存在しています。第 11 章と第 12 章で見た長期モデルでは，まず実質利子率 r が調整することで財市場の均衡が達成されていました。そして，物価水準 P が貨幣市場を均衡させるように調整を行っていました。いわばこの 2 つの分業体制で 2 つの市場がうまくいっていたのです。ところが，短期モデルではこのうち後者の物価水準 P が動けないことになってしまいました。残された価格変数は実質利子率 r だけです。しかし，1 つの価格変数だけでは 2 つの市場の調整機能を同時に果たすことはできません。たとえば，ある実質利子率 r の水準のもとで財市場の供給と需要がちょうど一致するとしましょう。同じ水準のもとで貨幣市場の需給が等しくなることは偶然でない限り起こりません。一方，貨幣市場の需給を一致させるような実質利子率 r の値のもとでたまたま財市場の需給が奇跡的に一致することもまずありえません。

以上のような理由から，名目価格の硬直性のもとでは，財市場・貨幣市場のどちらか一方だけがこれまで見てきた意味での均衡，つまり現在の価格変数の値のもとで需要側が買いたいと思っている量と供給側が売りたいと思っている量が一致するという意味での均衡にあると考えることにします。短期のモデルでは，貨幣市場はそのような均衡にあると仮定されます。その理由は貨幣市場を含む金融市場では専門家が一堂に会して（多くの場合，コンピューター・システムの中でのことですが）短時間に膨大な量の取引がなされ，需給の調整も速いからです。

短期モデルにおける企業の生産活動

それでは短期における財市場はどうなっているでしょうか？ もし価格を自由につけてよいならば（つまり名目価格が伸縮的ならば），企業は自分の財に対する需要が多いときには価格を上げ，少ないときには価格を下げようとするでしょう。しかし，名目価格が硬直的である場合にはそうした調整はできません。そのようなときに企業はどんな行動をとるでしょうか？

企業は，価格調整ができないときには，買い手がつくだけの量の財を生産しようとするでしょう。たとえば，長期均衡における生産量が財 100 個の企業があったとしましょう。そのような企業でも，短期的には，もし財の注文が 90 個に落ち込んだら 90 個だけを生産するでしょう。注文が 110 個だったらそれに合わせて 110 個を生産しようとするでしょう。なぜそのような行動をとるのか（つまりなぜ注文が多くなったときに増えた分を断ったりしないのか），詳しい議論は第 14 章に譲ることにします。そこでは，ミクロ経済学で主に学んだ完全競争市場と異なり，市場で企業がある程度の独占力を持っているときに，価格を動かせないもとでは以上のような企業行動が最適となることを説明します。

短期モデルにおける資本ストックと労働

長期モデルでは経済全体で利用可能な生産要素の量は固定されていると想定しました。これは資本ストックの供給は経済に存在している生産設備の量で決められ，労働の供給はどれだけの労働者がいるかで決まると考えたからです。そのような状況では，たとえ需要が増え，個々の企業がそれに応えて生産を増やしたいと思ったとしても，経済全体としては総生産を増やすことはできないでしょう。

しかし実際には，企業には需要の増減に合わせて一時的に生産を増やしたり減らしたりする能力があるでしょう。需要が増えれば企業は資本ストックの稼働時間を長くして，それに合わせて労働者にも労働時間の延長つまり残業を要請することで，生産量を増やすことができます。需要が減れば企業は資本ストックの稼働時間を短くして同時に労働時間の短縮（時短）をすることで生産量を減らせます。もちろん労働者側からすれば，労働時間が長くなってくるほど，さらに1時間の労働をプラスすることの苦痛は増してくることでしょう。しかし企業が，その苦痛に見合うだけの割り増し賃金（残業手当など）を支払えば労働者は，多少大変でも，一時的なことならば超過勤務を我慢するでしょう。反対に，需要減に直面した企業から一時的な時給カットを提示されたときに，労働者はあくまで通常の労働時間にこだわって汗水流して働いて大したことのない給料を少し多めに受け取るよりは，時短を受け入れることを選択するでしょう。

ただし以上の調整はあくまでも一時的なものであることを強調しておきたいと思います。残業もずっと続くと労働者は体調を崩すかもしれないので，たとえ割り増し賃金をもらっても時間延長の継続には反対するでしょう。時短もずっと続くようですと，労働者は賃金所得が減って生活に困ってしまいますので，抵抗するでしょう。長期モデルで時間延長・短縮による生産調整を考えなかったのは，このような理由によります。

財市場における「短期均衡」

このように短期モデルでは，企業は需要量に合わせて生産量を決めるものと考えます。これをマクロ経済学では財市場の**短期均衡**と呼びます。式で言えば $Y=Y^D$ ということですが，この式を「右辺の総需要 Y^D が左辺の総生産 Y を決定する」と読むのがこのモデルに独特なところです。

短期モデルの数式による表現

以上のように，短期モデルは物価水準固定の仮定と財市場の短期均衡の 2 つが大きな特徴です。それ以外については，長期モデルとまったく同じです。つまり，消費関数，投資関数，貨幣需要関数の形や政府購入・租税・純輸出が定数であるという仮定はすべて長期モデルと変わりません。すると，短期モデルは次の 4 本の式で表せます。

$$P = \bar{P} \tag{13-1}$$

$$Y = Y^D \tag{13-2a}$$

$$Y^D = [c(Y - \bar{T}) + \bar{C}] + [-br + \bar{I}] + \bar{G} + \overline{NX} \tag{13-2b}$$

$$\frac{\bar{M}}{P} = a_0 + a_1 Y - a_2(r + \pi^e) \tag{13-3}$$

上の（13-1）式は短期的には物価水準は $\bar{P}$ で固定されていることを意味しています。次に（13-2a),（13-2b）は財市場に関する式です。このうち（13-2a）式は総生産 Y は短期的には総需要 Y^D によって決定されると言っています。一方（13-2b）式は，その総需要が消費需要，投資需要，政府購入需要，純輸出需要の和からなること，またそのうち消費需要は総生産 Y の増加関数で投資需要は実質利子率 r の減少関数であることを言っています。(13-3）式は貨幣市場の均衡条件で，実質貨幣残高の供給はその需要に等しくなること，貨幣需要は総生産 Y の増加関数で実質利子率 r の減少関数であることを表しています。これら 4 本の式を見渡してみると，少なくとも形の上では，（13-1）式以外は第 12 章で見た長期モデル（前章の(12-9),（12-10a),（12-10b),（12-11）式を参照してください）と変わらないことがわかると思います。しかし，この違いが結果に大きく影響してくることを見ていきましょう。

3 短期における総生産の決定

45度線分析

この節では（13-2a），（13-2b）の2本の式で表される短期の財市場を考えましょう。ここでは総生産の決定に焦点をあてるため，実質利子率 r は一定と考えることにします。その決定については第5節，第6節で考えます。（13-2a）式は総生産 Y が総需要 Y^D によって決まることを，一方（13-2b）式は総需要 Y^D が総生産 Y に依存していることを表しています。これら2本の式を，横軸に総生産 Y を，縦軸に総需要 Y^D をとった図の上に描くことを考えましょう。図13-1を見てください。まず，（13-2a）式はこの図の上で原点を通る45度線として表されることがわかります。この線はただの45度線ではありません。これは「買い手に需要されるだけの財を供給しよう」という売り手側の受身的な行動パターンを視覚化したものなのです。

次に（13-2b）式はこの平面上では傾きが c，切片が $[-c\bar{T}+\bar{C}]+[-br+\bar{I}]+\bar{G}+\overline{NX}$ の直線となります。切片の方は正だと仮定しておきましょう。問題は傾きの方ですが，この定数 c は第11章で導入されたものです。そこではこれが「限界消費性向」と呼ばれ，家計の可処分所得が1単位増えたときにその消費が何単位増えるかを表すものであることを学びました。そして，それは0と1の間の値を取ると仮定されたのですが，その理由は何だったでしょうか？復習するならば，この仮定の背後にあるのは，人々は一時的な所得の増加があったときに，それをすべてを使おうとせず，一部を将来のために取っておこうとするだろうという考え方でした。以上より，この直線は切片が正で傾きが0と1の間であることになります。この線を図13-1上では DD という記号で表しています。この線は必

図 13-1　45 度線分析

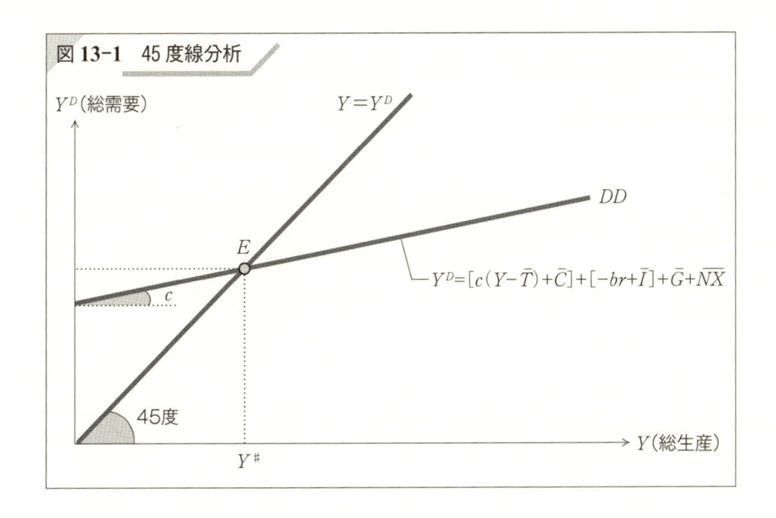

ず 45 度線と交わります。この交点 E によって与えられる総生産が短期均衡における総生産です。今後はこれを $Y^\#$ で表すことにしましょう。このような図による分析を **45 度線分析**と呼んでいます。

4　短期における財政政策と民間需要ショック

財政政策と45 度線分析

それでは経済にさまざまなショックが加わったときに図 13-1 の交点 E の位置がどのように変化するかを考えてみましょう。まず，政府購入 $\bar{G}$ が 1 単位増加した場合を考えます（ただし，長期モデルの場合と同じように，このとき租税 $\bar{T}$ は変化しないものとします。これは政府購入の増加が国債発行によってまかなわれることを意味します。政府購入と租税が同時に増加するケースの分析については練習問題 13-4 を参照してください)。このとき，(13-2b) 式にあたる DD 線が垂直方向に 1 単位だけ移動します。その様子は図

図 13-2　45 度線分析と財政政策

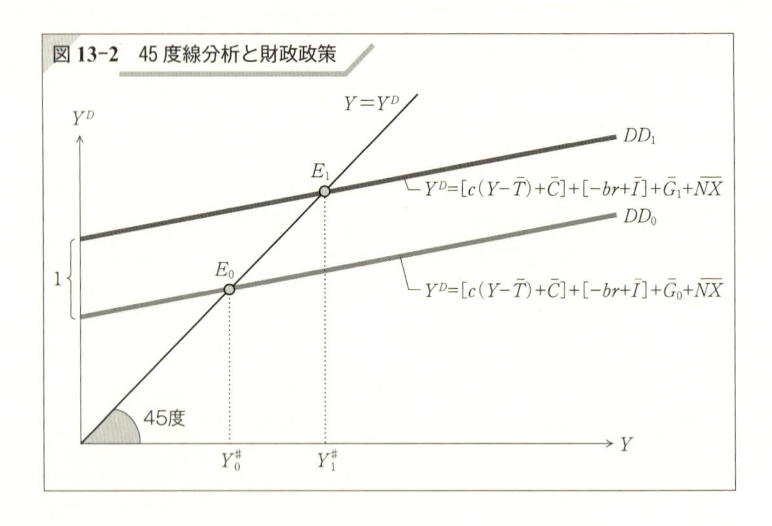

13-2 に描かれています。この図では元の政府購入の値を $\bar{G}_0$ と書くこととし，これに対応する DD 線を DD_0 と表記しています。この線と 45 度線の交点 E_0 が元の短期均衡です。政策変更後の政府購入の値は $\bar{G}_1$ と書かれています。政府購入は 1 単位増えたことになっていますから $\bar{G}_1=\bar{G}_0+1$ です。これに対応した新たな DD 線は DD_1 と表記されています。この線と 45 度線の交点 E_1 が新たな短期均衡です。元の E_0 と新しい E_1 を比較すると，総生産は $Y_0^{\#}$ から $Y_1^{\#}$ に増加することがわかります。

このように，短期における財政政策は，長期と違って，生産を増加させるという重要な効果を持つことがわかります。これは，短期においては，物価水準一定のもとで，需要が生産を決めるという構造になっているためです。政府購入は需要の一部ですから，その増加は生産を増やす効果があるのです。このように，長期モデルでは成立していた「衝撃的結論」が短期モデルにおいては完全にくつがえされることがわかります。

さらに話を一歩進めて，1 単位の政府購入増加がいったいどれくらいの総生産増加を生み出すのかを数式を使って考えてみましょう。そのため（13-2a）式を（13-2b）式の左辺に代入してみましょう。

$$Y = cY + [-c\bar{T} + \bar{C}] + [-br + \bar{I}] + \bar{G} + \overline{NX} \qquad (13\text{-}2)$$

ここから右辺にある cY を左辺に移項して，両辺を $(1-c)$ で割ると次のようになります。

$$Y = \frac{1}{1-c}\{[-c\bar{T} + \bar{C}] + [-br + \bar{I}] + \bar{G} + \overline{NX}\} \qquad (13\text{-}2')$$

この式の右辺において政府購入 $\bar{G}$ の係数は $1/(1-c)$ になっています。このことは $\bar{G}$ が1単位増加するときに左辺の総生産 Y は $1/(1-c)$ 単位増加することを意味しています。先ほど見たように $0<c<1$ ですから，$1/(1-c)>1$ です。つまり総生産の増加幅は1単位を上回ります。たとえば $c=0.8$ のとき，生産の増加は5単位分にもなります。

なぜ政府購入が1単位増加しただけで，このような大きな効果が総生産に生じうるのでしょうか？ その理由を考えるには (13-2) 式を見るのがわかりやすいと思います。右辺の $\bar{G}$ が1単位増加したとき，まず直接的な効果として左辺の Y が1単位増加します。しかし肝心なのは，これで話が終わりではないことです。なぜなら左辺の Y の増加は右辺第1項 cY の増加をもたらすからです。具体的には右辺は c 単位だけ増加します。これによって左辺の Y も c 単位増加します。これがまた右辺の c^2 単位の増加をもたらします。それがまた左辺を増加させます。これが右辺に跳ね返って……という代入を無限に繰り返すと，総生産の増加幅は

$$1 + c + c^2 + c^3 + \cdots\cdots$$

というように書けることがわかります。この和は必ず1を上回ります。そしてこの無限の足し算は $1/(1-c)$ に等しくなるのです。

このように，1単位の政府購入増加がそれより大きな生産の増加をもたらすことを**乗数効果**と呼びます。また，(13-2′) 式の右辺にある $\bar{G}$ にかかっている係数 $1/(1-c)$ を**政府購入乗数**と呼びます。乗数の大きさは財政政策効果の強さを決める大事な指標です。

民間需要と45度線分析

次に民間需要が総生産 Y にどのような影響を与えるかを考えてみます。(13-2′) 式を見てみましょう。この式の右辺から「消費需要の外生的な増加」つまり消費関数の定数項 $\bar{C}$（基礎消費）の増加，「投資需要の外生的な増加」つまり投資関数の定数項 $\bar{I}$ の増加，および純輸出 $\overline{NX}$ の増加はすべて上の財政政策と同じ効果を持つことがわかります。つまりこれらの変数のうちのいずれが1単位増加した場合にも総生産は $1/(1-c)$ 単位だけ増加します。

ここで現実の景気循環における消費と投資の変動の重要性を比較しておきましょう。図13-3は日本における民間消費と設備投資の成長率の推移をグラフ化したものです。ここからわかるように，設備投資の方が振れ幅が大きいことがわかります。第10章で見たよ

図 13-3　消費と投資の変化率の比較

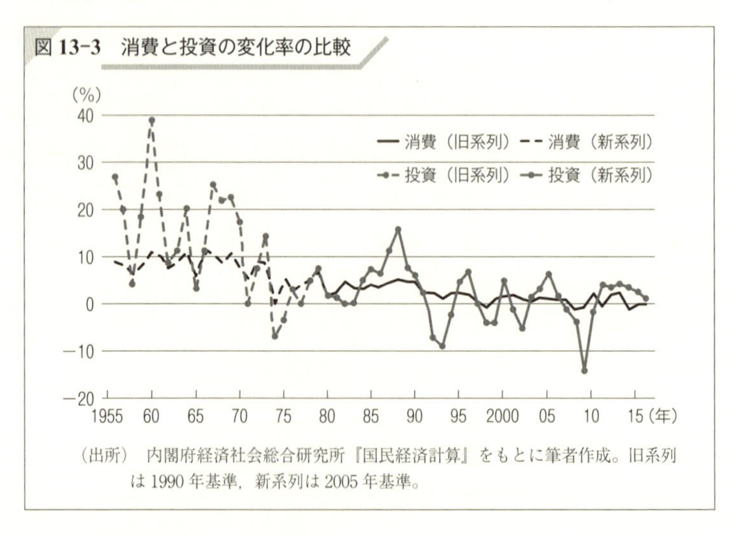

（出所）　内閣府経済社会総合研究所『国民経済計算』をもとに筆者作成。旧系列は1990年基準，新系列は2005年基準。

うにGDPに占める比率としては民間消費の方が大きいのですが，それにもかかわらず，この図から，設備投資の変動が景気循環を起こす重要な要因であることがわかります。

総供給と45度線分析

最後に供給側の変動が総生産に及ぼす影響を考えましょう。たとえば，企業の生産性が上昇した場合には何が起きるでしょうか？ 短期には総生産は需要で決まると仮定しました。これは，総供給側の変化が総生産に影響を及ぼさないことを意味しています。事実，短期における総生産の決定式（13-2′）のどこを見ても総供給 $\bar{Y}$ は出てきません。これは長期モデルにおける「衝撃的結論」とはずいぶん異なったものです。

5 短期における貨幣市場

次に短期における貨幣市場の働きを見ましょう。すでに議論したように，貨幣市場の均衡条件は式の上では長期でも短期でも同じです。しかし，ここに物価水準の硬直性という仮定が加わると，同じ式が持つ意味合いがまったく変わってしまうことを明らかにします。

貨幣市場と利子率

貨幣市場の均衡条件は（13-3）式で与えられています。これに物価水準の硬直性を表す（13-1）式を代入すると，次のように書くことができます。

$$\frac{\bar{M}}{\bar{P}} = a_0 + a_1 Y - a_2(r + \pi^e) \qquad (13\text{-}3')$$

左辺の分子の貨幣供給は政府によって決められており，分母の物価水準は短期的には固定です。ここでは当面，右辺の総生産 Y は一定と考えて分析を進めることにしましょう。すると，この式は実質利子率 r を決める式と読むことができます。つまり，短期モデルで

図 13-4　短期モデルにおける貨幣市場

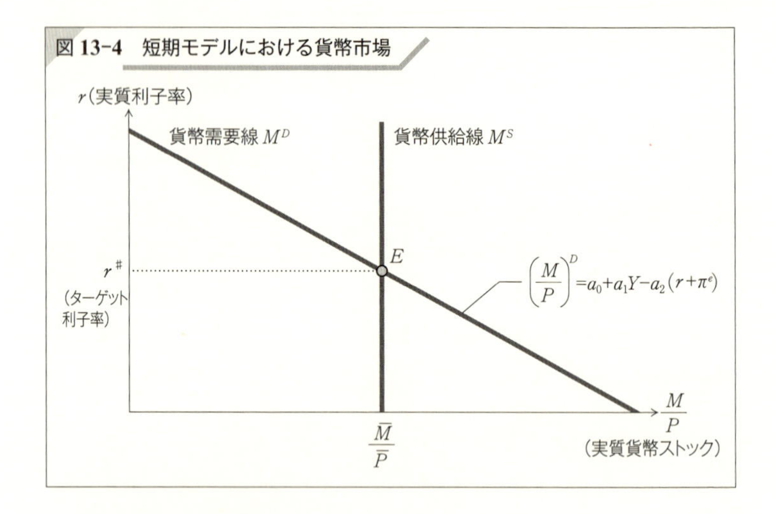

は貨幣市場は実質利子率 r を決める市場になるのです。これは長期モデルにおいて貨幣市場の均衡条件が物価水準 P を決定する式だったのとは大きく違います。

この式をもとに貨幣市場の均衡を図にしてみましょう。図 13-4 では縦軸に実質利子率 r をとり，横軸に実質貨幣ストック M/P をとっています。図中の垂直な直線 M^S は貨幣供給線と呼ばれ，(13-3′) 式左辺の実質貨幣ストックの供給を表しています。その値は実質利子率 r によらずいつも同じなので，この線は垂直になります。同じ図中で右下がりの直線 M^D は貨幣需要線と呼ばれ，(13-3′) 式右辺の実質貨幣ストックに対する需要を表しています。実質利子率 r が高くなるほど名目利子率 $i = r + \pi^e$ も高くなるので（これは予想インフレ率 π^e が一定と仮定しているためです），貨幣保有の機会費用が大きくなり（つまり利子のつく債券の保有が相対的により魅力的になり），貨幣需要が小さくなることを表しています。2 つの線の交点が短期における貨幣市場の均衡です。

図 13-5　貨幣需要が変動したときにどのようにしてターゲット利子率を維持するのか

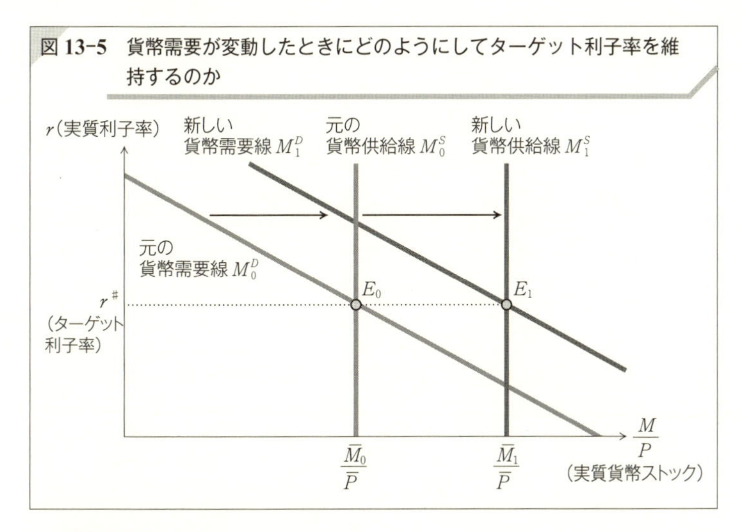

短期における金融政策ルール：ターゲット利子率

長期モデルでは金融政策は貨幣供給量 $\overline{M}$ を決めるものとされていました。短期モデルでは少し異なった仮定を置くことにしましょう。

現実の経済では金融政策当局は，少なくとも短期的には，「ターゲット利子率」を定めてその水準を達成するように貨幣供給を調整することが多いです。これは民間の経済活動に直接影響するのは短期では利子率の方だったからです。金融政策に関する記者会見や発表も「われわれは利子率を○○%にすることにした」という形をとるのが普通です。そこで，ここでは図 13-4 で描かれた貨幣市場のモデルの上で，このような政策ルールがどのように表現できるかを考えてみましょう。図 13-5 は基本的には図 13-4 と同じものですが，政府は $r^{\#}$ で表されているターゲット利子率を保とうとしているとしていると考えます。この目標を達成するためには政府はどうしたらよいのでしょうか？

もともと貨幣供給の値は $\overline{M}_0$ であって貨幣供給線は図中の M_0^S の

位置にあり，貨幣需要線は図中のM_0^Dであったとします。このとき両者の交点はE_0で，この点においてちょうど政府のターゲット利子率$r^\#$が達成されています。ここで，突然貨幣需要が増加して貨幣需要線が図中のM_1^Dに移動したものとしましょう（たとえば総生産Yが増加したときにこういったことが起こります）。このままだと交点は上に移動し，実質利子率rはターゲット利子率$r^\#$より上に外れてしまいます。この事態を避けるために政府は何をしたらよいでしょうか？ そのためには貨幣需要線が右に移動したのと同じだけ，貨幣供給線を右に移動させればよいのです。これが図中のM_0^S線からM_1^S線への動きに表れています。これによって新しい交点はE_1に移動し，ターゲット利子率$r^\#$が達成されています。以上のことを実現するために，政府は貨幣供給を$\bar{M}_0$から$\bar{M}_1$に増加させなくてはなりません。このように，貨幣需要が増えたり減ったりするのに合わせて，ちょうど同じだけ貨幣供給を増やしたり減らしたりすることによって，政府は常に利子率を一定に保つことができるのです。これ以降，この章では金融政策はこのようなルールで運営されているものと考えることにします。式で言えば，

$$r = r^\# \tag{13-4}$$

と書けます。

ターゲット利子率の変更

それでは，政府がターゲット利子率$r^\#$を変更したくなったらどうすればいいのでしょうか？ たとえば，政府が現在の景気はあまりよくないと判断したときには，ターゲット利子率$r^\#$を低下させるかもしれません。このような政策変更を「利下げ」と呼んでいます。ターゲット利子率$r^\#$を上昇させるのが「利上げ」です。以下では利下げという政策がどのようにして実行されるのかを考えてみましょう。

図 13-6　利下げ（金融緩和）政策と貨幣市場

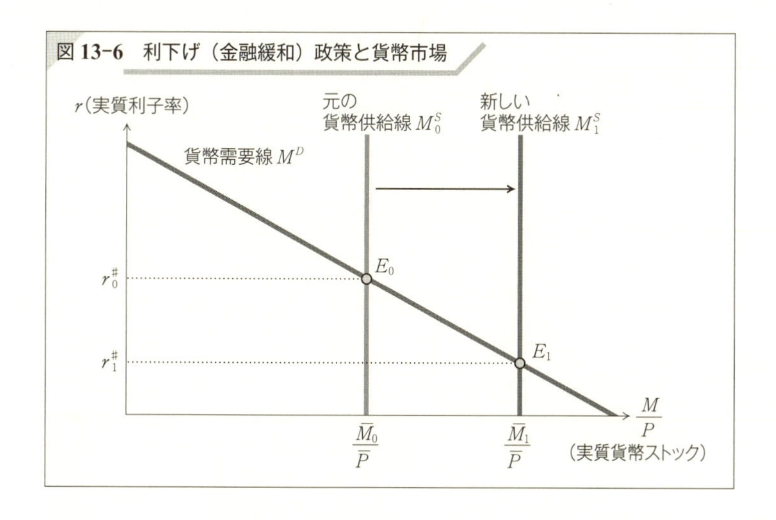

図 13-6 は再び貨幣市場の図です。もともとターゲット利子率は図中の $r_0^\#$ だったとしましょう。図中で「元の貨幣供給線 M_0^S」と表されている線は，ちょうどこのターゲットのところで貨幣需要線 M^D と交わっています。これが E_0 点です。あるとき，政府がターゲット利子率を図中の $r_1^\#$ に引き下げたとしましょう。この新たなターゲットを達成するにはどうしたらよいでしょうか？ 貨幣市場は常に均衡していなくてはなりませんので，ちょうど新しいターゲットのところで貨幣需要線 M^D と貨幣供給線が交わるようにしてあげる必要があります。そのためには，貨幣供給線を右方向に動かさなくてはなりません。図で言えば，「新しい貨幣供給線 M_1^S」と書かれたところまでこれを動かしてやることで目的は達成されます。新たな貨幣市場の均衡は図中の E_1 点になります。このことから，利下げという政策を実行するためには，政府は貨幣供給を増加させなくてはならないことがわかります。このため，利下げは金融緩和とも呼ばれます。反対に，利上げは貨幣供給の減少を伴いますので，金融引き締めとも呼ばれます。

6 短期における政策効果の分析

財市場と貨幣市場の分析の統合

これまで第3節と第4節では，実質利子率 r を一定とみなして財市場を分析し，総生産 Y の決定について論じました。第5節では，総生産 Y を一定とみなして貨幣市場を分析し，実質利子率 r の決定を議論しました。この節ではこれらの分析を統合しましょう。

これまで学んできたことを式で復習すると，次の3本にまとめられます。

$$r = r^{\#} \qquad (13\text{-}4)$$

$$Y = Y^{D} \qquad (13\text{-}2a)$$

$$Y^{D} = [c(Y - \bar{T}) + \bar{C}] + [-br + \bar{I}] + \bar{G} + \overline{NX} \qquad (13\text{-}2b)$$

1本目の式は，貨幣市場の分析で学んだとおり，実質利子率 r は政府のターゲット利子率 $r^{\#}$ で決まることを表しています。2本目と3本目の式は，財市場の分析で明らかにしたように，総生産は総需要で決定され，その総需要は総生産に依存して決定されることを表しています。ここで (13-4) 式を (13-2b) 式に代入することで，統合された均衡条件は次の2本になります。

$$Y = Y^{D} \qquad (13\text{-}2a)$$

$$Y^{D} = [c(Y - \bar{T}) + \bar{C}] + [-br^{\#} + \bar{I}] + \bar{G} + \overline{NX} \qquad (13\text{-}2b')$$

2本目の式の右辺で r のところが $r^{\#}$ に置き換わっています。図13-7はこれら2本の式に基づいた，経済全体の均衡を描いた45度線分析図です。実質利子率 r のところが政府のターゲット利子率 $r^{\#}$ に置き換わったところだけがこれまでの財市場の45度線図との

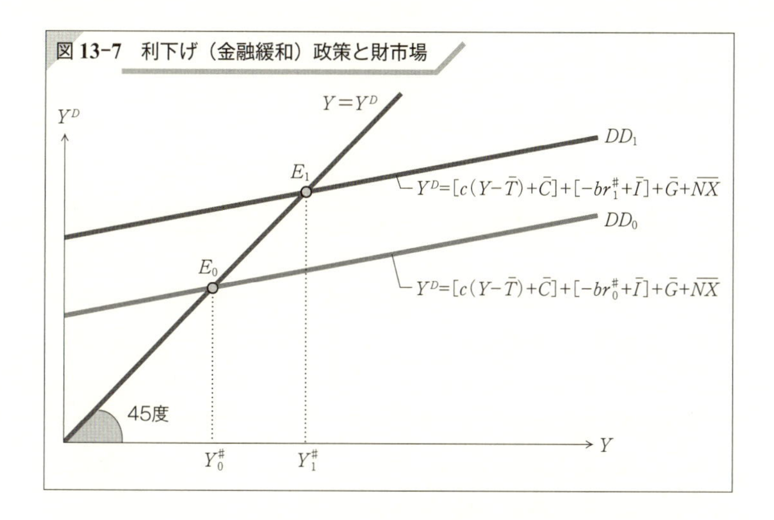

違いです。図中，ターゲット利子率が $r_0^{\#}$ である場合の総需要を表す線が DD_0 として描かれています。この線と 45 度線の交点 E_0 が短期均衡です。この交点に対応する総生産 $Y_0^{\#}$ が短期均衡総生産です。

以上の分析をもとに，以下では財市場・貨幣市場で起きたショックの影響を再検討してみましょう。ここではターゲット利子率 $r^{\#}$ は定数であると仮定することにします。この節の最後で，この仮定を変えた場合に分析がどう変わるかを考察します。

財市場におけるショックの影響：ターゲット利子率一定の場合

ターゲット利子率 $r^{\#}$ が一定であるときには実質利子率 r は定数になります。したがって，第 4 節で実質利子率一定の仮定のもとで展開した財市場の分析がそのまま当てはまることになります。ですから，あえて分析を繰り返すことはしませんが，政府購入や民間需要の増加は短期均衡総生産を増加させる効果を持ちます。

ターゲット利子率変更の影響

次に利下げ（金融緩和）政策が財市場に与える影響を考えてみましょう。ターゲット利子率はもともと定数 $r_0^\#$ に等しかったものとしましょう。あるときこれがより低い定数 $r_1^\#$ に変更されたものとしましょう。第5節で見たように，この背後では貨幣供給量の増加が起きています。

（13-2b′）式右辺からわかるように，ターゲット利子率は投資需要を通じて総需要に影響します。ここで投資需要は利子率の減少関数だったことを思い出しましょう。したがって，ターゲット利子率の低下は投資需要の増加をもたらします。こうなる理由は，利子率の低下によって借り入れのコストが下がるので，企業はより積極的に借り入れを行って投資を増やそうとするからです。このように利下げには総需要を刺激する効果があります。このとき財市場の均衡がどのように変わるかを，再び図13-7を用いて考えましょう。ターゲット利子率が $r_1^\#$ であるときの総需要は図中の DD_1 線で表されています。総需要が拡大しているため，この線は政策変更前の DD_0 線よりも上側に位置しています。新しい短期均衡は E_1 点になり，これに対応する短期均衡総生産は $Y_1^\#$ へと増加しています。

以上をまとめるならば，短期においてターゲット利子率の低下は総需要を刺激し，総生産は総需要で決定されることから総生産 Y が増加します。このように，短期モデルでは利下げ（金融緩和）政策は総生産 Y を増加させる効果，つまり景気刺激効果を持ちます。現実の経済において人々が金融政策に関する発表にいつも重大な関心を寄せているのはまさにこの理由によるのです。

貨幣の非中立性

以上より，短期においては，貨幣供給の増加が実質利子率 r を低下させ，総生産 Y を増加させることがわかりました。この点は長期モデルと短期モデルの一番大きな違いと言ってよいでしょう。つまり，長期モデルでは貨幣供給を増やしても実質変数には何の影響もない（これを貨幣の中立性と呼ぶのでした）のに対し，短期において貨幣供給は実質変数に対して影響を持ちうるのです。このことを**貨幣の非中立性**と呼びます。このような結論が導かれる理由は，短期において，物価水準が固定されていることです。長期のモデルですと貨幣供給 $\bar{M}$ の増加はそれと比例した物価水準 P の上昇をもたらし，その結果として実質貨幣ストック M/P も変わらなくなって，そこですべての効果が終わってしまいます。それに対し，短期のモデルでは貨幣供給 $\bar{M}$ が増加しても物価水準 P は固定されているので，実質貨幣ストック M/P が増加してしまいます。そこから，すべての実質効果が発生するのです。このように，短期モデルで貨幣の非中立性という結論が得られるのは，価格の硬直性が名目の（つまり貨幣単位で測った）価格について発生するという仮定が置かれているからなのです。

ターゲット利子率が可変的な場合

以上はターゲット利子率を定数として分析したものでした。現実には，政府は経済の状況を考慮に入れながらある程度柔軟にターゲット利子率を動かしています。そこで，これまでの仮定を変えて，政府が利子率だけでなく貨幣供給量の動向も気にしながら行動するときに，以上の分析がどう変わるかを考えてみましょう。

例として政府購入の増加が及ぼす効果について考えてみましょう。これまでの分析で見たように，この政策は総生産 Y を増加させる効果を持ちます。このときに貨幣市場で何が起きているかを考えてみましょう。貨幣需要は総生産 Y の増加関数ですから，増加します。これまでの分析で仮定してきたように政府がターゲット利子率を一定にしようとしているならば，貨幣需要が増加した分だけ政府は貨幣供給も増加させなくてはなりません。これがこれまで見た分析結果の背後で起こっていることです。

Column ⑬ リーマン・ショックの日本への波及

2008年9月にアメリカで発生した世界金融危機，いわゆる「リーマン・ショック」はアメリカやヨーロッパの金融市場を大混乱におとしいれました。それまで安全で価値が高いと思われていた債券の一部が，突然危険で価値が低いものとみなされるようになったのです。その中で，日本の銀行はそういった債券をあまり持っていなかったため，日本の金融市場ではそれらの国々と比べれば落ち着いた状態が続いていました。

ところが，2008年暮れから2009年にかけて日本の生産は急激に落ち始めます。下の図は2007年第1四半期から2011年第3四半期にかけての日本のGDP推移を，ドイツ，韓国，アメリカと比較したものです。ただし，比べやすいように，2007年第1四半期における各国のGDPを100と基準化しています（データの出所はOECDです）。この図から日本のGDPの減少幅は他国を大きく上回るものだったことがわかります。たとえば2008年第1四半期から2009年第1四半期にかけてのGDPの変化率を比較するならば，ドイツがマイナス6.8%，韓国がマイナス4.0%，アメリカがマイナス4.5%だったのに対し，日本はマイナス9.1%でした。金融市場の問題がより小さかったのに，なぜ日本の生産はこれほど落ちたのでしょうか？

その主な理由は輸出の急速な減少にありました。日本の輸出額は

図　各国GDPの推移，2007年から2011年（2007年第1四半期における値を100とする）

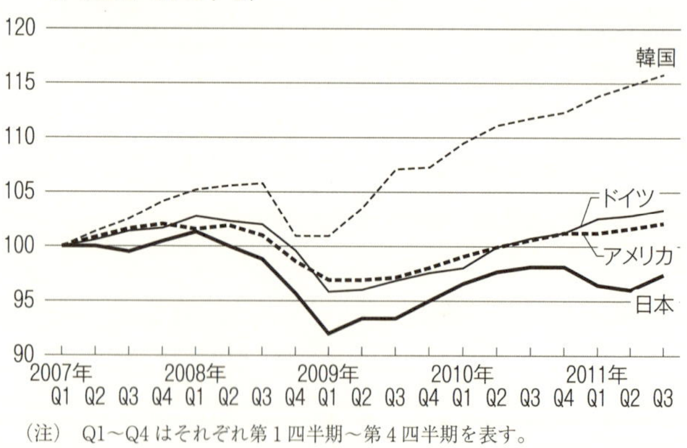

（注）Q1～Q4はそれぞれ第1四半期～第4四半期を表す。
（出所）OECDデータをもとに筆者計算。

2008年9月から2009年2月にかけて52%も落ち込んでいます。このために製造業を中心とする鉱工業の生産が33%も落ち，景気後退の主因となったのです。この時期の主役が輸出だったことは，輸出に頼る割合が高い産業ほど生産の落ち込みが激しかったことからもわかります。日本の代表的な輸出産業である自動車産業についてみると，同時期に輸出額が72%も落ちて，生産も58%落ちています。

このように，日本にとってのリーマン・ショックとは主に純輸出需要の減少による景気の急激な冷え込みでした。総需要の冷え込みが短期的に総生産を大幅に減少させたこのエピソードは，総需要側の役割に注目する短期モデルの有用性を示すものだったと言えます。なお，このときに日本の財政・金融政策がどんな対応をとったのかについては，第16章で触れたいと思います。

リーマン・ブラザーズの破綻を受けて，暴落する世界の株式市場
(2008年9月16日，時事提供)

しかしここで仮定を変えて，政府は貨幣供給の増加を嫌っているとしましょう（理由としては貨幣供給の増加は長期的には，第12章で学んだように，物価水準の上昇を引き起こしてしまうことがあげられます）。貨幣供給の増加を抑えるためにはターゲット利子率の

上昇を許容しなくてはなりません。こうして均衡実質利子率が上昇することになります。

話を複雑にするのは，この利子率の上昇が再び財市場に影響を及ぼすことです。なぜならば利子率の上昇は投資需要を減少させる働きを持っています（これを財政政策による民間需要の「クラウディング・アウト」と呼びます）。このことは総生産の増加幅を抑える働きをします。このように，ターゲット利子率が可変的であるとき，財市場と貨幣市場はお互いに影響を与え合うことになって，分析が複雑に，しかしより興味深いものになります。以上は直観的な議論にとどめましたが，中級以上の教科書でぜひ数学的な取り扱いについて学んでほしいと思います。

練習問題

【基本問題】

13-1 ある国の消費関数と投資関数は次のとおりです。

$$C^D = 0.5(Y-T)+10, \qquad I^D = 100-1000 \cdot r$$

また政府購入 $G=\bar{G}=20$，租税 $T=\bar{T}=20$，純輸出 $NX=\overline{NX}=0$ です。実質利子率 r は金融政策当局によって 0.05 に設定されています。

(a) 総需要 Y^D を総生産 Y の関数として表しなさい。

(b) 総生産 Y の値を求めなさい。

(c) 政府購入が 20 から 21 へ増加したとき，総生産 Y はいくら増えますか？

13-2 45 度線分析のモデルにおいて，基礎消費 $\bar{C}$ が 1 単位増加したとしましょう。このとき総生産 Y はどうなりますか？ 図を使って説明したうえで，Y が何単位増加または減少するかを式で答えなさい。

13-3 貨幣需要関数が次のようであるとしましょう。

$$\left(\frac{M}{P}\right)^D = 400 + Y - 2000i$$

物価水準 P は 1，予想インフレ率 π^e は 0 とします。政府のターゲット利子率 $r^\#$ は 0.05 です。

(a) 総生産 $Y = 1000$ のとき政府は貨幣供給 $\bar{M}$ をいくらにしたらよいですか？

(b) 総生産 Y が 1200 に増加したとき，$\bar{M}$ をいくらにしたらよいですか？

【応用問題】

13-4 ある国の投資需要関数は $I^D = 130 - 200r$ です。実質利子率 r は政府のターゲット利子率 $r^\# = 0.3$ で固定されています。また政府購入 $\bar{G} = 70$，租税 $\bar{T} = 100$，限界消費性向 $c = 0.8$，基礎消費 $\bar{C} = 80$，純輸出 $\overline{NX} = 0$ です。短期モデルを前提として以下の問いに答えなさい。

(a) 総生産 Y を求めなさい。

(b) $\bar{G}$ が 1 単位増加して 71 になると，Y は何単位増加しますか？

(c) $\bar{G}$ と $\bar{T}$ がともに 1 単位ずつ増加すると，Y は何単位増加しますか？（注：G，T がともに 1 単位ずつ増加したときの Y の増加幅を「均衡予算乗数」と呼びます）。

(d) 政府のターゲット利子率が 0.2 に下がったときには Y は何単位増加しますか？

13-5 予想インフレ率 (π^e) が外生的に上昇したときに短期均衡における総生産 Y はどうなるかを考えてみましょう。

(a) 政府が，本文中のように，実質利子率 r についてターゲットを設定してこれを一定に保つ場合

(b) 政府が名目利子率 i についてターゲットを設定して一定に保つ場合

のそれぞれについて説明しなさい。

13-6 本文中では純輸出需要は定数とみなしました。しかし，多くの研究において輸入は総生産 Y の増加関数と考えられています。これは国民の所得が高まるほど，国内で生産された財・サービスだけでなく外国製品に対する需要も増すと考えられるからです。このとき，純

輸出は輸出マイナス輸入なので，総生産 Y の減少関数になります。この関係を次のように書くことにしましょう。

$$NX^D = \overline{NX} - mY$$

ただし，m は 0 以上で 1 より小さい定数で，総生産 Y が 1 単位増加したときに輸入が何単位増加するかを表しています。これは「限界輸入性向」と呼ばれます。

このようにモデルが変更されたとき，政府購入乗数はどのように変わりますか（ただし，輸入品需要は消費需要の一部ですから，$c > m > 0$ と仮定することにしましょう）。また，そのような変化が生じる理由を言葉で説明しなさい。

第14章 人々の将来予想と経済変動

Introduction

これまで長期と短期のマクロ経済モデルを学んできましたが，そこでは時間の流れという要素はあまり重視されていませんでした。どちらのモデルでも「今期」という1時点のことだけが，あたかも過去や将来とは無関係であるかのように切り取られて扱われていたのです。しかし実際には，人々は時間の流れの中に生きています。このため，人々は現在の行動を決定するときには将来起こることについて何らかの予想を立てて行動していると思われます。たとえば，家計は現在の消費を決めるときには自分の将来の所得がどれくらいになりそうかを考慮に入れるでしょう。また，企業は自分が売る財の価格を決めるとき，ライバル企業が将来値下げに動きそうかどうかを念頭に置くかもしれません。こうした人々の将来を見据えた行動という要素をモデルに取り入れることで，マクロ経済学はより豊かなものとなる可能性があります。最近の学界では多くの研究がそのような方向を目指して繰り広げられています。この章では，主に直観的な議論を通じて，この可能性を追求していきましょう。

1 民間消費と家計の将来予想

これまで見てきたマクロ経済モデルの問題点

これまで見てきたマクロ経済学のモデルでは，長期のモデルにせよ短期のモデルにせよ，家計や企業はあらかじめ定められた「消費関数」や「投資関数」に従ってあたかも機械的に行動するかのように取り扱われてきました。これはミクロ経済学の理論において合理的な家計や企業が最適化問題を解いて行動すると想定されているのと比べるとあまりに単純な設定に見えます。この単純化が及ぼす大きな問題点は，家計や企業は将来のことを考えて行動するはずだという観点がマクロ経済学から完全に抜け落ちてしまうことです。そこで，まずは家計について，将来について考えながら現在の消費を決定するというのはどういうことなのか，考えてみたいと思います。

2期間生きる家計　そのような問題を考えるための一番簡単な設定として，ここでは「現在」と「将来」，あるいは第1期と第2期の2期間だけ生きる家計を考えてみましょう。この家計は第1期の時点で，第1期の可処分所得だけでなく第2期の可処分所得も正確に知っているものとします。そして，これらの値は家計にとっては与えられたものとみなすことにします。また，家計は第1期が始まる前には何の資産も持っていなかったものとしましょう。ここで家計は**消費平準化動機**を持っていると考えます。これは家計には第1期と第2期の消費が大きく異なることをいやがる傾向があるということを意味しています。

次の2つの極端な例を考えてみましょう。

(例1)　ある家計の第1期の可処分所得は100だが第2期の可処分所得はゼロであるとします。この家計が毎期可処分所得をそのまま消費したとすると，第1期は100の消費ができる代わりに第2期はまったく消費ができなくなってしまいます。

(例2)　反対の例として，可処分所得が第1期はゼロだが第2期は100であるような家計の場合も，ちょうど各期の可処分所得を各期の消費に回していたら，第2期には100消費できても第1期の消費はゼロです。

このように，あるときはたくさん消費できるが別のときには何も消費するものがないというようなパターンを消費者が好まないという考え方は妥当であるように思われます。たとえば **(例1)** の家計は，第1期の可処分所得100のうち半分の50を誰かに貸し出せば，話を簡単にするために利子率がゼロだとして，第2期に50を返してもらうことができます。こうすれば第1期の消費は50に減る代わりに第2期の消費も50に増やすことができ，ある期には何も食べるものがないという事態を避けることができるのです。

同じように，**(例2)** の家計は，第1期に誰かから50を借りて第2期にこの50を返すことにすれば（ここでも話を簡単にするために利子率はゼロと仮定しています)，やはり第1期と第2期に50ずつの消費をすることができ，2つの期の間の消費のばらつきをなくすことができるのです。

数式例

もう少し具体的に考えるため，次のような家計を考えましょう。やはり利子率はゼロとします。家計は第1期と第2期の可処分所得の和のちょうど半分を第1期に消費したいと思っているものとしましょう。ただし，第2期の可処分所得は第1期の時点ですでに知られているものと考えます。

この家計の第1期の所得を Y_1，支払う税を T_1 と書くことにしましょう。また，第2期の所得を Y_2，支払う税を T_2 と書くことにします。このときこの家計の第1期の可処分所得は Y_1-T_1，第2期の可処分所得は Y_2-T_2 と書けることになります。すると上の仮定のもとでは第1期の消費 C_1 は

$$C_1=\frac{Y_1+Y_2-T_1-T_2}{2} \tag{14-1}$$

となります。

この式は現在（第1期）の消費は現在の可処分所得だけの関数ではなく将来（第2期）の可処分所得にも依存することを明らかにし

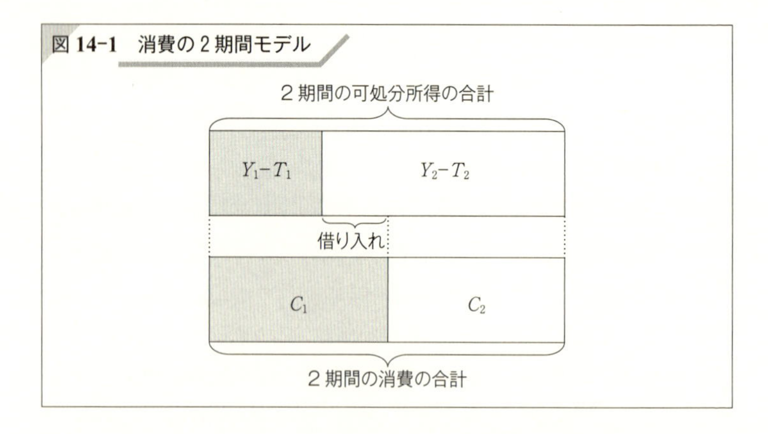

図 14-1　消費の 2 期間モデル

ています。このように，家計の将来予想の重要性を明らかにすることができる点が，第 11～13 章で見た消費関数の理論と比較したときのこの 2 期間モデルの大きな利点なのです。

なお，利子率ゼロという仮定から，

$$C_2 = \frac{Y_1 + Y_2 - T_1 - T_2}{2} \tag{14-2}$$

という関係も導くことができます。(14-1) 式と (14-2) 式の右辺が同じであることから，$C_1 = C_2$，つまり 2 つの期の消費は等しいことがわかります。

以上の関係をまとめたのが図 14-1 です。この図で上の横棒の全体の長さは第 1 期と第 2 期の可処分所得の和を表しています。このうち $Y_1 - T_1$ と書いた部分が第 1 期の可処分所得を，$Y_2 - T_2$ と書いた部分が第 2 期の可処分所得を表しています。この図では第 1 期の可処分所得より第 2 期の可処分所得の方がより多いケースを想定しています。下の横棒は全体の長さが上と同じになるように書かれていますが，これが第 1 期と第 2 期の消費の和を表しています。この棒はちょうど真ん中で半分に分かれていて，左半分が第 1 期の消費 C_1 を，右半分が第 2 期の消費 C_2 を表しています。

この図で上の横棒の左側の Y_1-T_1 と，下の棒の左半分の C_1 の間の差が，第 1 期においてこの家計が他者から借り入れる量を表しています。

数式例からわかること　次に，可処分所得が増加したときにこの家計がどのように反応するかを考えてみましょう。ひとくちに可処分所得の増加といっても，この 2 期間モデルの世界では「いつ」可処分所得が増加するのかによって場合分けして考えなくてはなりません。(14-1) 式から次のことが言えます。

①(現在のみの所得増加の場合)　第 1 期の可処分所得 Y_1-T_1 だけが 1 単位増加し，第 2 期の可処分所得 Y_2-T_2 は不変のとき，第 1 期の消費 C_1 は 0.5 単位増加します。

②(現在も将来も所得が増加する場合)　第 1 期の可処分所得と第 2 期の可処分所得がともに 1 単位増加したときには（ただし家計は第 1 期の時点で第 2 期の可処分所得増加を正しく理解しているものとします）第 1 期の消費は 1 単位増加します。

③(将来のみの所得増加の場合)　たとえ第 1 期の可処分所得が変わらなかったとしても，第 2 期の可処分所得が 1 単位増加したならば，第 1 期の消費は 0.5 単位増加します。

2 つの限界消費性向　このモデルにおける「限界消費性向」を第 1 期の可処分所得が 1 単位増加したときに第 1 期の消費が何単位増加するかを表すものとして定義しましょう。上の①と②の結果は，ここで見ているような 2 期以上続くモデルにおいては，少なくとも 2 種類の「限界消費性向」を区別して考えなくてはならないことを示しています。1 つ目は「一時的」な可処分所得の増加，つまり今期だけ可処分所得が増加する場合の限界消費性向です。これを測っているのが上の①のケースと言えます。2 つ目は「持続的」な可処分所得の増加，つまり今期の可処分所得が増加するだけでなく将来の可処分所得も同じだけ増加する場合の限界消費性向です。これを2期間モデルについて考えたのが②のケースと言えます。

この2つのケースを比較すると，持続的な可処分所得の増加に対する限界消費性向（その値は1です）の方が一時的な可処分所得の増加に対する限界消費性向（値は半分の0.5になっています）よりも大きくなっていることがわかります。その理由は，可処分所得の増加が一時的である場合には，家計はその増加分すべてを現在の消費に回してしまうのではなく，一部を将来の消費を楽しむために取っておこうと考えることにあります。それに対し，持続的な可処分所得の増加の場合には，現在の増加分の一部を我慢して将来に回す必要はありません。それぞれの期で増えた可処分所得をそのまま消費に使えばよいのです。このため，可処分所得の増加が一時的な場合と比べると，より多く現在の消費を楽しむことができるのです。

もう少し卑近な例をあげるならば，ある日，庭木の下を掘っていて大判・小判を掘り当てた人は，こういったものがまだまだ庭のどこかに眠っていると思わない限り，所得の増加は一時的だと考えるでしょう。そのような場合には増加した所得を一夜にして使い果たすのではなく，銀行に預けるなどして少しずつ使っていくだろうと思われます。一方，ある（経営が健全でつぶれそうな心配のない）企業の終身CEOに祭り上げられて年間所得が500万円増加した人は，この増加分を消費に回してよりぜいたくな暮らしをするでしょう。

一方，③のケースは，現在の可処分所得が増加しなくても現在の消費が増加することがあることを示しています。このケースでは家計は将来の可処分所得増を見越しており，この増加分をすべて将来の消費増加に回すよりは，一部分を「先食い」して現在の消費を増加させることを選択しているのです。

たとえて言えば，5年後に退職することになっている会社員（あるいはその配偶者）は，会社の方針が急に変わって退職金の額が 2 倍になったことを知ると，やや財布のひもを緩めるでしょう。

消費関数との対応関係　ここで，この節で取り上げている 2 期間モデルと前章までで取り上げた消費関数とでは類似点も見られることを指摘しておきたいと思います。前章までの消費関数は

$$C^D = c(Y - T) + \bar{C} \tag{14-3}$$

という形をしていました。左辺の C^D は今期の消費です。右辺の Y と T はそれぞれ今期の所得と租税です。係数 c がこの関数における限界消費性向であり，定数 $\bar{C}$ が基礎消費と呼ばれていました。この式と（14-1）式を比較してみましょう。ただし，今期は第 1 期と考えます。すると，（14-3）式は

$$c = \frac{1}{2},\ \ \bar{C} = \frac{Y_2 - T_2}{2}$$

というケースに対応することがわかります。このように考えると，第 11 章で登場した消費関数は，2 期間モデルに出てくるような合理的な消費者の行動をシンプルな形で表現したものだと見ることもできます。つまり，現在の可処分所得だけが一時的に増加した場合の限界消費性向を c と置き，家計の将来予想に関する部分を定数 $\bar{C}$ と置いたものだと解釈することもできるのです。

マクロ経済学的意味　以上の結論がマクロ経済学的にどのような意味合いを持っているのかを，主に短期のモデルの観点から考えてみたいと思います。第 13 章で，短期のモデルにおいては，限界消費性向が大きいほど投資需要や輸出需要の外生的増加が GDP に与える効果も大きくなることを学びました。これは，たとえば外国からの日本製品に対する需要が増えて日本人の所得が増加したときに，日本人がその所得増のうちより多くの割

合を消費需要に回すほど，波及効果が大きくなるためでした。

この章でこれまで見てきた考え方を応用すると，このような輸出需要の増加が一時的なものである場合（たとえば一過性の日本製品ブームなど）には限界消費性向は小さいものになります。このため所得増に触発された消費需要の増加は小さいものになり，景気をよくする効果もその分だけ抑えられることになります。

これに対し，輸出需要の増加が持続的なものである場合（たとえば日本製品の品質に対する外国人の信頼が深まって継続的に需要が増加した場合など）には，家計の可処分所得はより持続的に増加することになるので，限界消費性向は大きくなります。このためより強く消費需要を誘発して景気拡大効果も強くなると考えられるのです。

一方，海外で人気が出ること請け合いの新製品が日本で発明されたという知らせがあったとしましょう。この製品が実際に売り出されるのは3年後だとします。すると家計は3年後に日本にとっての輸出需要が増加して所得が増えることを予想するでしょう。このとき，この節でこれまで学んだことによれば，家計は消費需要を増加させるはずです。このことは現在の日本のGDPを増加させます。このように，家計の将来予想ということを考慮に入れると，まだ実用化されていない技術革新が現在の景気に影響を与えるという興味深い結論が得られることになるのです。

財政政策と将来予想(1)：政府の予算制約式

前章までの「消費関数」に従って動く機械的な消費者の理論と，本章で学んでいる将来のことまで考えて合理的に行動する消費者の理論の違いが一番はっきり出るのが，財政政策をめぐる議論です。このことを見るために次のような経済を考えましょう。

この経済は第1期と第2期の2期間だけ続きます。やはり利子率はゼロとします。この経済にはこの章でこれまで見てきた家計とまったく同じ特徴を持った家計が無数に存在しており，Y_1, Y_2, T_1, T_2 とも全員同じであるとします。この経済には家計のほかに政府がいます（企業や外国は考えません）。政府は第1期に T_1，第2期に T_2 だけの租税（1家計あたり）を取り，これらを財源として第1期に G_1，第2期に G_2 だけの政府購入（やはり1家計あたり）を行います。もし第1期の政府購入が租税を上回っていたら（つまり $G_1 > T_1$ なら）政府はどうやって足りない分 $G_1 - T_1$ を調達すればよいのでしょうか？ それを可能にするのが国債の発行です。国債とは政府が発行する借金の証文です。そこには政府が国債保有者からどれだけの借り入れをしているかが書かれています。この場合には政府は国債を $G_1 - T_1$ だけ発行することになりますが，それは政府が家計からそれだけの借り入れを行うことを意味しています。

このように，国債発行が可能な世界では，政府は毎期の政府購入と租税を一致させる必要はなくなります。しかし，だからといって財源の裏付けもなく好きなだけ政府購入をしてもよいかというと，そういうわけにもいきません。これは政府といえども，借りたものは第2期に返さなくてはならないからです。この返済は $G_1 - T_1$ に等しくなります。したがって，第2期の政府の予算は

$$G_2 + (G_1 - T_1) = T_2 \tag{14-4}$$

を必ず満たさなくてはなりません。左辺の第1項が第2期における政府購入を，第2項（カッコ内）が借金の返済を表しています。(14-4) 式はこれらの総和が第2期の税収によってまかなわれなくてはならないことを意味しています。これを書き換えると

$$G_1 + G_2 = T_1 + T_2 \tag{14-5}$$

となります。この式が意味しているのは毎期の政府購入を足し合わせたものは毎期の租税の和によってまかなわれなくてはならないと

いうことです。これを**政府の予算制約式**と呼びます。政府ですら予算制約式に従って行動しなくてはいけないという結論は重要です。第11～13章で見てきたマクロ経済モデルでは無視してきた点ですが，現実の政府は毎期の政府購入 G と租税 T を完全に独立に選ぶことはできないのです。

さて，ここで重要な仮定を置きます。それは，家計は合理的なので，政府がこの予算制約式にしばられて行動するということを理解しているというものです。したがって，家計が自分の消費を決めるときにも，この政府の予算制約式を考慮に入れて行動することになります。

財政政策と将来予想(2)：リカードの等価定理

このモデルにおける減税の効果を考えてみましょう。政府が次のような宣言を出したとします。「第1期の租税 T_1 を1単位引き下げる。しかし第1期と第2期の政府購入，G_1 と G_2 は変えない。」ここで第1期の減税だけを見て喜んでしまっては合理的な家計とは言えません。この宣言が暗黙のうちに意味していることを考えてみましょう。まず，第1期に政府購入を変えていないのに税収が減っていることから，この政府は1家計あたり1単位だけ国債を新たに発行することがわかります。そして G_1 も G_2 も変えていないことから，政府の予算制約式より，第2期の租税 T_2 が1単位増加しなくてはならないことがわかります。つまり，政府が第1期に背負った借金は第2期に増税することでまかなわれなくてはならないのです。要するに，第1期の減税と同じ分だけ，第2期の増税があることになります。

さて，この宣言を受けて家計はどう行動するでしょうか？ この経済に住む家計の消費決定式である（14-1）式と（14-2）式を合わせて再掲するならば，

$$C_1 = C_2 = \frac{Y_1 + Y_2 - T_1 - T_2}{2}$$

です。ところが，右辺において T_1 は 1 単位減少して T_2 は 1 単位増加するので，全体は変化しません。したがって，ここで考えた減税政策は第 1 期の消費も第 2 期の消費もまったく変化させずに終わるのです。

このような結論が得られたのは，家計が現在の可処分所得だけでなく将来の可処分所得も合わせて考えて行動しているからにほかなりません。人々は現在の減税が将来の増税によってまかなわれること，両者が同額であることを正しく理解しています。このため，自分の生涯の可処分所得の合計が不変であることを理解して，この政策に対してまったく反応を見せないのです。このような結論を，この可能性を初めて指摘した経済学者の名を冠して，**リカードの等価定理**と言います。

以上の結論は第 11～13 章で学んできた理論とは大きく異なっています。とくに第 13 章の短期モデルでは，減税政策が消費需要を刺激して総生産を増加させると考えられていました。この結論は家計が将来のことまで考えて合理的に行動する場合には大幅にくつがえされてしまうことがわかります。

消費平準化を阻むもの

ここまでの議論には 1 つの大きな前提がありました。それは家計は自由に毎期の消費を選ぶことができるということです。その背後には家計は自由に貸し借りができるという仮定があります。たとえば 2 期間生きる家計のモデルにおいては，もし家計が可処分所得以上の消費を第 1 期にしたいと思えばほかから借りることができること，可処分所得より少ない消費に抑えようと思えば差額を貸し出せることが仮定されていました。しかし，現実の家計はこのように自由に貸し借りできるとは限りません。貸し出しに関しては，多くの家計は銀行への預け入れという形で，実現することが可能です。これを断られるという心配はあまりありません。しかし借り入れに関しては，現実にはさまざまな問題が発生することが知られています。これは**借り入れ制約**として知られています。

借り入れ制約が生じる理由（1）

借り入れ制約が発生する理由はいくつかあげられます。1つ目の理由は，その場で財と貨幣を交換する通常の取引と違って，貸し借りが時間を通じた取引であることによります。つまり，貸し借りの契約が結ばれる時点は返済が行われる時点とは別です。このことから次のような問題が発生する可能性が出てきます。たとえば，貧乏な大学生が銀行に5000万円を借りに来たとしましょう。大学生は将来社会人になって多くの所得が入ったらまじめに借金を返すつもりです。ところが，銀行はこの大学生が実はこの5000万円を持ってニューカレドニアに逃げてしまうつもりで，もしそうなったら一生帰ってこないかもしれないという可能性を考えなくてはなりません。この学生の行動を四六時中監視していられないのであれば，銀行は融資を断るかもしれません。

借り入れ制約が生じる理由（2）

2つ目の理由は，借り手には優良な借り手とそうでもない借り手がいて，この2つを区別することは貸し手には非常に難しいという点です。たとえば，100人の大学1年生が銀行に教育ローンを借りに来たとしましょう。そのうちの50人はビジネスの天才で，もう50人はビジネスの才がない人であったとします。前者は成功して立派にローンを返してくれるとしましょう。後者は将来所得が足りなくなってローンを返してくれないとしましょう。

問題は銀行にはどの学生がどちらのタイプかわからないことです。すると銀行は貸したおカネの半分は返ってこないという前提で貸さなくてはなりません。そのため，ローンの金利などの条件を非常に厳しく設定せざるをえません。すると，ビジネスの天才は（自分では自分の才能がわかっているので）条件が割に合わなくて借りるのをやめてしまいます。そうでない人は返済の条件が厳しくなっても関係ないので，ローンを借りようとするでしょう。結局，残された借り手は後者のタイプだけとなります。以上の考え方は第7章の *Column* ⑦「レモン市場」で紹介したものと同じです。

借り入れ制約とマクロ経済学

さて以上のような借り入れ制約を考慮に入れた場合，マクロ経済学の理論はどのように変わってくるでしょうか？ この点を考えるため，極端なケース，つまり家計が貸し出しはできるが借り入れはまったくできないような経済を考えてみましょう。この経済に，現在の可処分所得は少ないが将来の可処分所得はずっと大きくなることがわかっている家計があるとしましょう。消費平準化動機より，この家計は，現在は可処分所得以上に消費することを希望するでしょう。つまり，借り入れをすることを希望するでしょう。しかし，借り入れ制約がある場合には，そのような希望を実現することはできません。では，この家計はどのような行動をとるでしょうか？ この家計は実現可能な範囲で最も希望に近い消費水準を選ぶでしょう。これはちょうど現在の可処分所得に等しいところまで消費することを意味しています。このような家計に関しては現在の消費は現在の可処分所得だけから決定されることになります。将来予想はこの家計の現在消費を決めるうえで何の役割も果たしません。

したがって，このような家計の比率の高い経済においては，家計の将来予想はあまり重要ではなくなり，第11～13章で見た消費関数に表されているような，現在の可処分所得が現在の消費を決定するような経済に近くなると考えられます。借り入れ制約に服している家計がどれくらい存在しているかは，マクロ経済政策の効果の大きさを決める1つの要因と言えます。

2 民間投資と企業の将来予想

将来に関する予想は企業の投資行動でも重要な役割を果たしていると考えられます。企業は通常，いったん建てた工場や据え付けた機械を1年程度で廃棄してしまうことはしません。したがって，ある程度の長期にわたって使用することを想定して投資行動を起こすはずです。また，企業が新しい工場を建てたり，オフィスビルを建てたりするのにも時間がかかります。こういった理由から，企業は今の経済の状態だけを考えて投資の量を決めるのではなく，投資プロジェクトが完成したときの経済の状態も考えて行動しなくてはなりません。工場や機械などが将来発揮するであろう生産性やそれらを用いて生産した財に対する需要の将来予想などを考慮に入れて，企業は現在の投資を決めているのです。

3 企業による価格設定

この章の後半では関心を企業の価格設定に移します。第13章で学んだように，短期のマクロ経済モデルでは名目価格は硬直的であるという仮定が置かれていました。またそのもとで，企業は買い手がつくだけの量の財を受身的に生産すると仮定されていました。こういった仮定の背後にある考えをここでは紹介します。

独占的競争

さて，この節と次の第4節で展開する議論の前提となっているのは，価格は企業によって設定されるものだということです。これはちょっと聞くと当たり前のように思われるかもしれません。しかし，ミクロ経済学で学んだ完全競争市場ではそうではありませんでした。そこでは，すべての企業は同じ財を生産していて，しかも市場にはそのような企業が無数にいることが想定されていました。企業はプライス・テイカーとして捉えられ，市場で決まる価格を与えられたものとして行動するというのが大前提でした。こうした企業は自分で価格を設定したりしません。そこで，企業がどのように価格設定するかという問題を考えるためには，完全競争の世界から離れる必要が出てきます。

完全競争の対極にあるモデルとしては，第５章で学んだ独占企業のモデルがあります。このモデルでは市場に企業は１つしか存在せず，そのために自分で価格を設定することができると想定されていました。しかし，企業が１つしかないという仮定は国全体の経済をモデル化するマクロ経済学においてはあまり適切とは思えません。そのためここでは，完全競争と独占の中間的な市場を考えていきたいと思います。

以下で考える市場では，企業は無数に存在しているものとします。この点は完全競争市場と同じです。しかし，個々の企業はまったく同質の財を生産するのではなく，少しずつ性質の異なった財を生産しているものと考えることにします。これを**製品差別化**と呼びます。たとえば，各社が少しずつ色の異なった自動車を生産している状態を思い浮かべてください。１種類の財，たとえば赤い色の自動車についてだけ考えると，それを生産する企業は１つだけです。その意味ではこの企業はこの色の自動車の生産を独占しています。

消費者の中には，赤い自動車が大好きで，かなり価格が高くても赤を買いたいという人もいるでしょう。どちらかというと赤が好きなので価格の差が少しなら買いたいが，あまり高ければほかの色にするという人もいるでしょう。赤はあまり好きではないのだが，十分安ければ赤にしてもいいという人もいるでしょう。このように，赤い自動車を生産する企業は右下がりの需要曲線に直面しているのです。ですから，この企業が生産をカットすれば赤い自動車の価格は上昇することでしょう。この意味でミクロ経済学で学んだ独占企業のように，この企業は価格支配力を持っています。したがって，自分で自分の財の価格を設定できる立場にあります。

しかし，あまり調子に乗って価格をつり上げてしまうのも考えものです。なぜなら，色は違ってもそれ以外の点では似たような自動車を生産しているライバル企業は，ほかにもたくさんいるからです。あまりに赤い色の自動車の価格を高くしてしまったら，そういった企業に顧客を取られてしまうでしょう。したがって，価格を設定するときにはライバル企業がどのような価格づけをしているかを気にしながら行う必要があります。このような市場を**独占的競争**の状態にあると言います。

図による解説

このような市場で個々の企業がどのように行動するかを図によって見てみましょう。ある企業（第 i 企業と呼ぶことにします）を考えます。図 14-2 はこの企業が直面する問題を図示したものです。縦軸にはこの企業が自分の財につける名目価格 p_i をとっています。横軸はこの企業が生産する財の数量 q_i です。太く描かれた右下がりの線 D_i がこの企業が直面する需要曲線を表しています。この需要曲線の位置は 2 つの要因によって決められています。1 つ目は経済全体の需要の強さです。財全般に対する総需要が高まるときには，この財に対する買い手も増えるので，この企業にとっての需要曲線は右側に移動します。2 つ目はほかの企業がつけている価格です。第 i 企業がつけている価格が同じだとしたら，ほかの企業がつけている価格が高いほど，第 i 企業の財を買ってくれる人は多くなります。反対に，ほかの企業が低い価格をつけているときには需要はそちらに流れて行ってしまって，この企業の財はあまり買われなくなるでしょう。

このように，ほかの企業がつけている価格の平均が上がると図

図 14-2　独占的競争市場と企業の価格設定

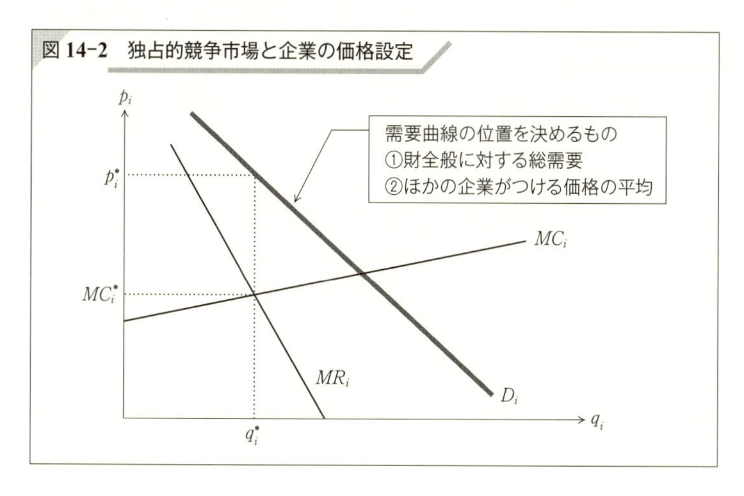

14-2 の需要曲線は右に移動し，下がると左に移動します。これは「ほかの企業」が存在しない独占のモデルとこの独占的競争のモデルを分ける重要な性質と言えます。なお，この企業はほかの企業がつける価格の平均を与えられたものとして行動するものとします。

同じ図 14-2 において，細く描かれた右下がりの線 MR_i は（名目）限界収入曲線です。限界収入の考え方については第 5 章で詳しく学びました。一方，MC_i はこの企業の（名目）限界費用曲線です。これが右上がりに描かれているのは，第 13 章でも触れたように，生産を増やすためには労働者により長い時間働いてもらう必要があり，そのためには割り増しの賃金を支払う必要があるためです。反対に，労働時間が短いときには低い賃金を受け入れてもらうことができます。

この企業にとっての利潤は限界収入と限界費用が一致する生産量において最大化されます。この生産量を図 14-2 では q_i^* で表しています。このとき，この企業が生産する財の名目価格は図中の p_i^* で与えられます。第 5 章で学んだ独占企業の場合と同じように，独占力を持っている企業は，価格を限界費用より高く設定できることがわかります。

需要が増加したときの企業行動：価格を自由につけかえられる場合

このような市場で，財に対する総需要が増加したために（あるいはほかの企業がつける平均価格が上昇したために）この企業にとっての需要が増加したとしましょう。このときに企業がどう反応するかを分析したのが図 14-3 です。ここでは企業は自由に価格を設定できることを前提とします。この図で縦軸，横軸は図 14-2 と同じです。もともとの需要曲線が D_i^0 です。これに対応する限界収入曲線が MR_i^0 で描かれています。また限界費用曲線は MC_i です。これら 2 本の曲線の交点で生産が決まりますので生産量は q_i^0，そのもとでの名目価格は p_i^0 となります。そこへ突然，需要の増加が起こって，需要曲線は右に D_i^1 へと移動したとしましょう。企業はこの需要増加にどう対応するでしょうか？

図 14-3 において，新たな限界収入曲線は MR_i^1 で描かれています。需要側がより高い価格を支払ってもよいと思うようになったため，この曲線は前よりも高くなっています。新たな生産量はこの曲線と限界費用曲線 MC_i の交点にあたる q_i^1 になり，以前よりも大きくな

図 14-3　需要が増加したときの企業行動（1）：価格を自由につけかえられる場合

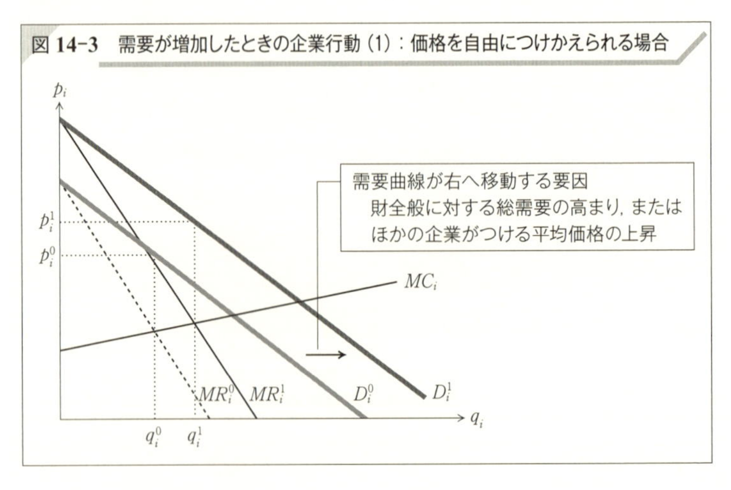

っています。新たに選ばれる名目価格 p_i^1 は，需要増の効果が供給量の増加に伴う効果を上回ることによって，以前よりも高くなります。このように，買い手側が以前よりも多くを買ってくれるようになったときにこの企業の生産は増加し，それに応じて限界費用も上昇するので，企業は価格を高くするのです。

価格が固定されているもとでの企業行動

さて，第 13 章で学んだ「名目価格の硬直性」のために，この企業は価格を当初決めた値から動かせなくなってしまったとしましょう。このとき企業行動はどのように変化するでしょうか？

図 14-4 を使って分析してみましょう。もともとの状態は図 14-3 とまったく同じで，需要曲線 D_i^0 に応じた名目価格 p_i^0 がつけられており q_i^0 だけの財が生産されていたとします。図 14-3 との違いは，企業はいったんつけたこの価格をあとから変更できないものと仮定されていることです。そこへ突然，需要の増加が起こって，需要曲線は右に D_i^1 へと移動したとしましょう。

企業はこの需要増加にどう対応すべきでしょうか？ 本来は価格

図 14-4　需要が増加したときの企業行動（2）：価格を変えられない場合

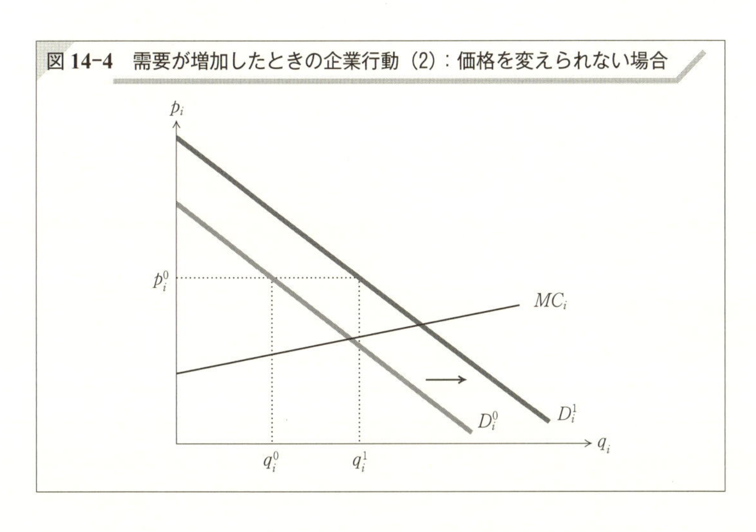

をつり上げたいところですが仮定によりそれはできません。では，せっかく増えた注文を断ってしまった方がよいのでしょうか？ ここで，先ほど見たように，いまつけている価格は限界費用を上回っていることに注意しましょう。ということは，両者の差額の分だけ，企業は売れば売るほど利潤を増やすことができます。ですから，せっかくきた注文を断るようなもったいないことはしません。買い手が買ってくれるだけ生産して売るのが企業にとっては得になるのです（厳密に言うと，あまりに生産が増えると限界費用が価格を上回ってしまいますので，そこまでは行かないことを前提に話をしています）。したがって，生産量は図中の q_i^1 に増加します。このように企業は「買ってくれるだけ作る」という，需要に対して受け身的な生産行動を取るのです。

4 価格設定と企業の将来予想

名目価格変化の要因を探る

第 13 章の短期モデルと前節の最後では名目価格はまったく動かないという前提で議論を展開しました。しかしこういったモデルでは，マクロ経済政策に対して名目価格がどう反応するのかを解き明かせません。また前章の分析では，総供給側の変化（生産性の上昇など）は短期的にはまったく経済に影響しないという結論が導かれました。しかし，生産性が変わっているのに何も（短期的にとはいえ）起きないというのはやや不自然に思えます。このような極端な結論になったのは名目価格がまったく動かないという想定をしていたからです。

この節ではこの想定をもう少し現実的なものに変えてみたいと思います。そこで，物価水準が完全には固定されておらず，時間をかけて少しずつ変化していくモデルについて考えてみましょう。このモデルは物価水準が完全に固定されている短期のモデルとそれが完全に伸縮的な長期のモデルとの間をつなぐ役割を果たします。このモデルから，物価水準の変化率（インフレ率）の決定においても，将来予想（この場合には企業の将来予想）が重要であることが明らかになってきます。

企業が順番に価格を改定するモデル

第3節に続いて，企業が価格を設定している世界を考えます。ただし，企業はいったん設定した価格をずっと変えられないのではなく，一定の期間だけ価格を変えられないものとしましょう。この期間が過ぎたら企業は自由に価格を変えることができます。また，現実にはある時点ですべての企業が同時に価格を変更するということは，あまり起こりません。価格変更を検討するタイミングはまちまちと考えられます。このことを同時に考慮に入れます。

第1日から始まり，第2日，第3日，……と時間が流れていくようなモデルを考えます。話をわかりやすくするためにちょうど365の企業があるとしましょう。これらの企業が順番に，1日1企業ずつ価格を変えていきます。企業がいったんつけた価格は1年間変えることができません。これがこのモデルにおける名目価格粘着性の源泉です。365日たつとちょうど価格を変える順番が一巡してまた最初の企業から順番に価格を変えていきます。

今日はある年の第i日目だとしましょう。この日は1つの企業だけに価格を変える順番が回ってきて（この企業を第i企業と呼ぶことにしましょう），残りは価格を据え置いています。この意味で，このときの経済は価格が完全に伸縮的とした長期モデル（第11章と第12章）と価格は完全に硬直的とした短期モデル（第13章）との間の状態にあります。価格を変えてもよい順番がきた第i企業は何を考えて価格を決めるでしょうか？ それ以外の，価格を変えられない364の企業はどのような行動をとるのでしょうか？

限界費用の決定要因

まず第i企業の問題を考えましょう。この企業の価格決定にとって大事なのは，今期の生産にかかる限界費用です。限界費用が高いほど，この企業はその分を価格に上乗せしようとします。限界費用を決める要因は何だったでしょうか？ 第3節での議論を復習しましょう。再び図14-3を参照してください。限界費用曲線は右上がりに描かれています。これは，企業が労働者に残業して働いてもらうためには労働者に割り増し賃金を支払わなくてはならないためでした。一方，労働時間が短縮されるときには支払う賃金は低くてすむことを学びました。このように通常の生産量，つまり残業も時短もないときの生産量よりも多く生産しようとすると限界費用は通常水準より高くなります。通常よりも生産量が小さければ限界費用は低くてすみます。ですから生産量が大きいほど，この企業は高い価格をつけることを希望するようになるのです。

総需要の増加と生産，物価

さて，以上のような限界費用曲線の性質を頭に入れつつ，第i日における各企業の行動について考えてみましょう。この日までは各企業の生産量は通常の生産能力とちょうど一致していたものとしましょう。つまり，どの企業でも労働者は残業も時短もしていませんでした。ところがこの日になって突然，財全般に対する総需要が増加したとしましょう。このとき何が起きるでしょうか？

まず，価格を変える機会がめぐってきた第i企業について考えましょう。この企業が置かれた状態は図14-3で説明することができます。この日が始まるまでは需要曲線は通常の位置，図で言えばD_i^0のところにありました。価格は最適なp_i^0でした。このまま何も起こらなければ生産量はq_i^0（これを通常の生産量と呼ぶことにします）のままだったでしょう。ところが経済全体の需要が増加したためにこの企業が生産する財に対する需要も増えて，需要曲線が D_i^1 に移動します。これを受けてこの企業は生産を増やします。もともとの生産量は通常の生産能力と一致していましたから，それを超えて生産しようと思ったら労働者に残業してもらわなくてはなりません。そのためには割り増し賃金を支払わなくてはならないので，その分を転嫁するため価格も上げることになります。つまり，モノが売れるほど（より正確には，通常の生産能力に比べて需要が盛り上がってくるほど）この企業は価格を上げようとする傾向があります。

一方，それ以外の364の企業に起きることは図14-4で説明できます。当初の状態は図14-3とまったく同じです。また，総需要が増えたために，企業にとっての需要曲線が右に移動するところも同じです。違いは，これらの企業は価格を変えることができないことです。そのため，価格は当初の水準である p_i^0 のままです。そこで企業は，本章第3節の最後で学んだように，需要が増えたのと同じ量だけ，生産を増やすことになります（なお，厳密に言えばこれらの企業にとっての需要曲線は，総需要の増加で右に移動するとともに，第 i 企業が価格を上げたことで平均価格がやや上がることによっても，ほんの少しだけ右に移動します）。

以上をあわせて考えると，総需要が増加したときには，すべての企業が生産を増やしますので，生産の合計（総生産）が増加します。同時に，第 i 企業が価格を上げた分だけ価格の平均（物価水準）も高くなることがわかります。このように，総生産 Y が大きいほど今期の物価水準 P は高くなる，言い換えれば，前期から今期にかけてのインフレ率は高くなると結論づけることができます（ただし，ここで取り上げている「前期から今期にかけての」インフレ率は第12章のフィッシャー方程式に関する議論で取り上げた「今期から来期にかけての」インフレ率 π とはタイミングの点で異なりますので注意しましょう）。

GDP ギャップとは

以上のように，企業が価格を上げようとするのは，需要増に対応するために通常の生産能力を超えて多くの生産をするときです。したがって，上の結論も，より正確には，総生産 Y が「経済全体の通常の生産能力に比べて」増加するときにインフレ率は高くなると言うべきでしょう。さて，経済全体の通常の生産能力とは総供給 $\bar{Y}$ にほかなりません。第 11 章で定義したように，これは資本ストックの量，労働者の数，企業の生産性によって決定されるもので，（労働者が残業も時短も行わないもとでの）経済全体の財の生産能力を表すものでした。

ここで，マクロ経済の分析においてよく用いられる **GDP ギャップ**という新たな用語を紹介しておきましょう。これは経済全体における実際の生産量（総生産 Y）と通常の生産能力（総供給 $\bar{Y}$）の差のことを指します。つまり，

$$\text{GDP ギャップ} = \text{総生産} - \text{総供給} = Y - \bar{Y}$$

と書くことができます。この用語を用いると，以上の議論は「GDP ギャップが大きいほどインフレ率は高くなる」とまとめることができます。

フィリップス曲線

このような関係はデータからも確認することができます。マクロ経済学の歴史上有名な，データ上観察される関係に**フィリップス曲線**と呼ばれるものがあります。これは A. W. フィリップスが 1958 年に最初に発見したものです。フィリップスはイギリスのデータを検討した結果，失業率と賃金上昇率の間に負の相関関係があることに気がつきました。一方，A. オークンは失業率は GDP ギャップと反対方向に動く傾向があることを見出しました。これを**オークンの法則**と呼びます。また，賃金上昇率とインフレ率（物価上昇率）は同じ方向に動く傾向があることも知られています。この 3 つのデータ上観察される関係

図 14-5　GDP ギャップ版フィリップス曲線

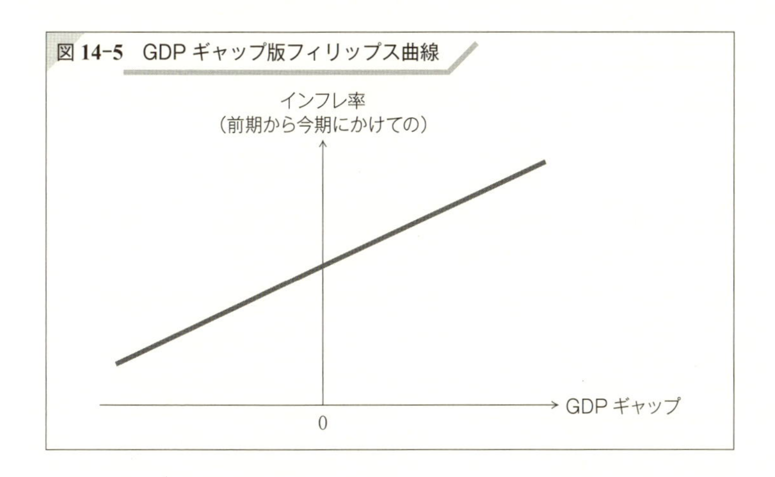

を合わせると次のことがわかります。

GDP ギャップが高いとき
　＝失業率が低いとき（オークンの法則より）
　＝賃金上昇率が高いとき（フィリップス曲線より）
　＝インフレ率が高いとき

このように，GDP ギャップとインフレ率の間には正の相関関係が存在しています。この関係が図 14-5 に表されている「GDP ギャップ版」フィリップス曲線です。GDP ギャップを横軸，インフレ率を縦軸にとると，右上がりの線を描くことができます。フィリップスの研究が世に出て以降，多くの国や年代のデータを使った研究で，少なくとも短期的な関係としては，同じような相関関係が認められることがわかってきています。

インフレの要因

GDP ギャップ版フィリップス曲線から，インフレをもたらす要因は「総生産 Y の増加」と「総供給 $\bar{Y}$ の減少」の 2 つに大別されることがわかります。前者を引き起こすのは財市場における総需要の増加です。例としては拡張的な財政政策や自国製品に対する海外からの需要増加による純輸出の増加などをあげることができます。また，拡張的な金融政策も利子率を下げて投資需要を刺激することを通じて総需要を刺激するので，インフレ要因と言えます。負の総供給ショックの例としては生産性の低下や災害による資本ストックの損壊などをあげることができます。

この2つはインフレを起こすという点では同じですが，それ以外の面ではまったく異なることには注意が必要です。正の総需要ショックは短期的に総生産を増加させる望ましい効果を持ち，一方，負の総供給ショックは長期的に総生産を低下させてしまうという望ましくない効果を持ちます。

将来のインフレ予想と現在のインフレ率

以上の議論は主に第3節で説明した独占的競争のモデルに基づくものでした。ただ，第3節のモデルが1期間だけのことを考えたモデルだったのに対し，この節で考えている世界には時間の流れがあります。第 i 企業が今日，価格を決めるとき，今日の価格だけを選んでいるわけではありません。これから向こう1年間ずっとつけ続ける価格をいま選んでいるのです。

したがって，第 i 企業は今日の経済状態だけを考えて価格を決めればよいわけではありません。たとえば，明日以降に価格改定を行う企業は次々に大幅な価格引き下げを行うだろうということを第 i 企業が予想したとしましょう。このとき，今日の需要が多いからといって，第 i 企業があまりに強気の価格設定をしてしまうと，明日以降に値下げした企業に多くの顧客を奪われてしまうでしょう。これを恐れて，たとえ今日の景気がよくても，第 i 企業はあまり価格を上げようとしないでしょう。

一方，これとは反対に，明日以降に価格改定を行う企業がみな大幅な価格引き上げを行うことが予想されたとしましょう。この場合には，第 i 企業が少々高めの価格をつけても，明日以降に顧客を奪

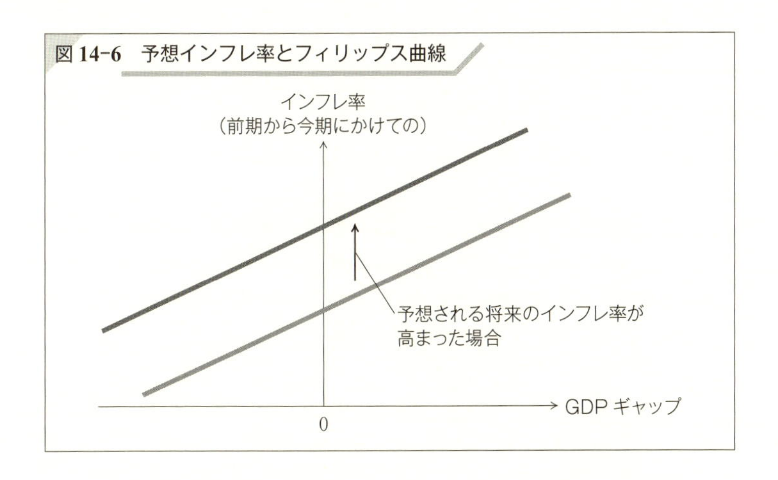

われる心配はあまりありません。したがって，ほかの条件を一定として，第 i 企業は高めの価格をつけることになります。

図によって説明すれば次のとおりです。第 i 企業は今日という日が過ぎたら 1 年間価格を変えられないので，明日からは 359 ページの図 14-4 のような状態になります。このときに，ほかの企業が次々に価格を上げていったとしましょう。すると第 i 企業にとっての需要曲線は右に移動していくことになり，生産が増加するので限界費用が上がっていきます。今日の時点でこのことが予想されれば，第 i 企業は将来の限界費用が上がることを考慮してあらかじめ価格を高めにしておくでしょう。

このように，現在のインフレ率は予想される将来のインフレ率にも依存するのです。そのことを表したのが図 14-6 です。この図は予想される将来のインフレ率が高くなると，現在の経済状態（今期の GDP ギャップ）を一定として，今期のインフレ率が高くなることを示しています。これは図中では GDP ギャップ版フィリップス曲線の上方へのシフトとして現れています。

Column ⑭ 輸入原材料価格と日本のインフレ

これまでのモデルでは取り上げられてきませんでしたが，日本のように食料や資源の多くを輸入に頼っている国にとって見逃せないインフレ要因があります。それが原油に代表される輸入原材料価格の高騰です。日本の企業は資本ストックと労働のほか，海外から輸入した原材料を使って生産を行っています。ですから，こうした原材料の価格が上昇したときには，企業にとっては生産コストが上がります。このとき企業は生産をカットして価格を上げようとします。こうした効果は本文中のモデルにおける（全要素）生産性低下の効果とよく似ています。したがって，本文中で取り上げた生産能力に対する負のショックに加えて，輸入原材料価格の上昇というショックも「負の供給ショック」の一種と見ることができます。

下の図は日本に輸入される原油などの価格の推移を，国内の企業間で取引される財の平均価格である国内企業物価指数の推移と比較したものです。ただ，前者の動きがあまりに激しいため，前者は左目盛り，後者は右目盛りを使っています。原油などの価格は何度か大きな動きを見せています。とくに1973年から74年にかけての第1次オイルショックと80年にかけての第2次オイルショックのときには，短期間に著しい上昇を示しています。反対に1985年から86年のいわゆる逆オイルショック

図　国内企業物価と原油などの輸入物価の推移

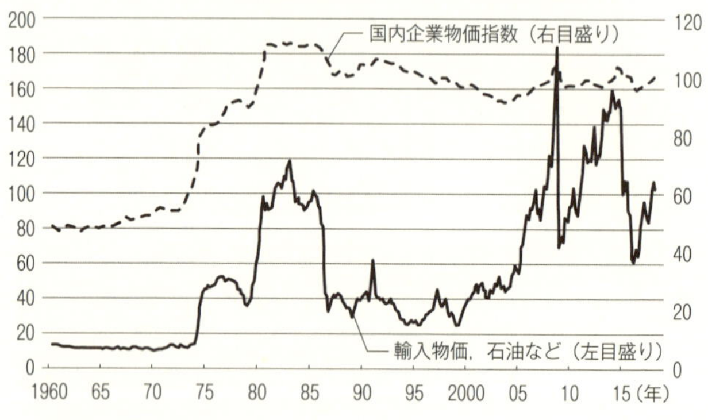

（出所）　日本銀行データをもとに筆者計算。ともに2005年基準。「輸入物価，石油など」は輸入物価指数（円建て）より「石油，石炭，天然ガス」。「国内企業物価指数」は「総平均」。

のときには短期間で大幅に下落しています。そして2005年以降（とくに2007年後半から）2008年前半にかけて再び高騰してから暴落，その後また反転上昇しています。

こういった激しい動きに引きずられるように国内の物価も大きく変動していることがわかります。とくに第1次オイルショック時，1973年10月から翌年2月まで4カ月間で2.4倍にも上がっています。これは当時「狂乱物価」と呼ばれていました。近年はそこまでの影響力は見られなくなっていますが（その理由については章末の練習問題14-6で考察しています），それでも2005年以降，原油等価格の動きと歩調を合わせるように国内物価が上下に動いていることがわかります。消費者物価については図示していませんが，企業物価ほどではないにせよ原油等価格の明確な影響を受けていることが知られています。

このように，輸入原材料価格の変動という名の総供給ショックは日本経済に無視できない影響を与え続けているのです。

第1次オイルショック　商品に殺到する買い物客（1973年11月，毎日新聞社提供）

練習問題

【基本問題】

14-1 2期間生きる消費者の問題を考えましょう。ただし税はないものとします。1期目の消費は $C_1=0.5(Y_1+Y_2)$ で与えられています。

(a) $Y_1=120$, $Y_2=80$ のとき，C_1 と第1期の貯蓄を求めなさい。

(b) $Y_1=80$, $Y_2=120$ の場合はどうですか？

(c) 上の (a) の状態からスタートして，Y_1 が1単位増加したら C_1 は何単位増加しますか？

(d) やはり (a) の状態から，Y_1 と Y_2 がともに1単位ずつ増加したら C_1 は何単位増加しますか？

14-2 ある企業がキャベツを仕入れて千切りキャベツにして売っています。製品の価格は製造原価に対して 20% 増しになるようにしたいのですが，来年は忙しくて価格のことを考えているひまがなさそうです。そこで今年のうちに，今年と来年の製造原価の平均に対して 1.2 倍になるように価格をつけようと思っています。今年の製造原価は 100 円です。

(a) 来年の製造原価も 100 円と予想されるとき価格はいくらになりますか？

(b) 来年の製造原価が 120 円に上がると予想される場合はどうですか？

(c) 来年の製造原価が 80 円に下がると予想される場合はどうですか？

14-3 GDP ギャップ版フィリップス曲線が次の式で表されるとしましょう。

$$\pi_{-1} = 0.001(Y-\bar{Y})+\pi^e$$

ただし π_{-1} は「去年から今年にかけての」インフレ率を表しています。

(a) 総生産（＝総需要）Y が 120，総供給 $\bar{Y}$ が 100，予想インフレ率 π^e が 0.02 のとき，左辺のインフレ率はいくらですか？

(b) (a) の状態から Y が 140 になるとインフレ率はいくらになり

ますか？

(c) (a) の状態から $\bar{Y}$ が 80 に落ちるとインフレ率はいくらになりますか？

(d) (a) の状態から π^e が 0.04 になるとインフレ率はいくらになりますか？

【応用問題】

14-4 2 期間生きる合理的な家計からなるマクロ経済のモデルを考えます。この家計は借り入れ制約には服していません。次の 2 つの政策を考えます。

(政策 1) 今期の政府購入 G を 1 単位増加させる。その分を今期の租税 T を増加させることでまかなう。

(政策 2) 今期の政府購入 G を 1 単位増加させる。しかしその分の増税は行わないで，国債 1 単位を発行してその財源にあてる。次の期に増税を行うことで国債を償還する。

この 2 つの政策がまったく同じ効果を持つことを説明しなさい（どのような効果を持つかは説明する必要ありません)。

14-5 第 11～13 章では消費需要は現在の可処分所得 $Y-T$ のみの関数であるとしてきました。しかし，ある国の住民はもう少し賢く行動します。彼らは自分たちの長期的な所得が総供給 $\bar{Y}$ に依存することをちゃんと理解しており，その消費需要は現在の可処分所得だけではなく $\bar{Y}-T$ にも依存しています。具体的には，

$$C^D = 0.4(Y-\bar{T})+0.4(\bar{Y}-\bar{T})+\bar{C}$$

という形をしています。これ以外の点ではこの国の特徴は第 11～13 章と同じであるとしましょう。あるとき，総供給 $\bar{Y}$ が 1 単位増加したとします。このとき，

(a) 長期均衡における Y と r はどうなりますか？

(b) 短期均衡における Y はどうなりますか？

14-6 この章の *Column* ⑭ で触れたように，原油価格が日本の国内物価に与える影響は依然として大きいものの，1970 年代～80 年代に比べればその力は弱まっているように見えます。その理由については諸

説あるのですが，そのうちの１つが金融政策に対する人々の認識の変化です。この説を理解するために次の問題を考えましょう。

A 国と B 国で今期，負の総供給ショックが起こったとしましょう。A 国の金融政策は非常にアンチ・インフレ的だと人々に思われています。今期大きなインフレがあれば来期は必ず大幅な利上げ（金融引き締め）があるものと信じられています。B 国についてはそのようなことはなく，今期のインフレ率にかかわらず来期は通常の金融政策が行われると思われています。

この２つの国の間で，今期のインフレ率はどのように異なると思われますか，この章の第４節で学んだことに即して答えなさい。

第 15 章 経済成長

Introduction

この章では長期的な経済成長率の決定要因について考察します。まずその基礎となる生産関数について復習し，その性質について議論を深めます。そのうえで経済成長の理論において最も基本的なモデルであるソロー・スワン・モデルを見ていきましょう。そこでは資本ストックが時間を通じてどのように蓄積されていくかが明らかにされます。また，人口成長が経済の成長に対してどのような影響を及ぼすかを分析します。このモデルの最大のメッセージは，経済が1人あたり所得の成長を続けていくためには，その生産技術の水準を進歩させ続けなくてはならないということです。ここでは，なぜそうなのかを考え，技術の進歩に必要なのは何なのかを考えていきましょう。

1 データに見る経済成長

なぜ経済成長を学ぶのか？

この章では経済成長について学びます。ここで私たちが取り組むのは，ある国の1人あたりGDPの長期的平均水準やその成長率を決めるのは何なのかという問題です。なぜ国全体のGDPではなく，1人あたりのGDPに焦点をあてるのでしょうか？ たとえば，A国のGDPはB国の2倍だとしましょう。一方，A国の人口はB国の4倍だとしましょう。このとき，1人あたりのGDPで見ると，2÷4=0.5なので，A国のそれはB国のそれの半分であることになります。この場合，国民１人ひとりの経済的豊かさという点でいうと，B国の方がまさっていると考えるべきでしょう。このため，長期的に見たときの国民の豊かさの決定要因を考えるときには，１人あたりのGDPに注目するのです。第９章で学んだ三面等価の原則より，GDPと総所得は同じことですから，１人あたりGDPのことを「１人あたり所得」と呼ぶこともあります。

世界の国の中には長年にわたって高い１人あたり所得の水準を享受している国もあれば，低い水準から抜け出せない国もあります。また長年にわたって高度成長を続けている国もあれば低成長のままの国もあります。さらに同じ国の中でもかつては長い間，高成長を続けていたのにここ数十年は低成長だというような，時代による変化もあるかもしれません。これはどの国にどんな時期に生まれたかによって個々人の生活水準やそれが改善していくスピードに大きな差があることを意味しています。このような違いはどうして生じるのでしょうか？ その謎に迫るのが経済成長理論なのです。

１人あたり所得の成長

まずは世界の先進国の１人あたり所得は過去200年前後にわたって成長し続けてきた（一時的な例外を除いて）ことを確認しましょう。A.マディソンは世界各国の１人あたり所得の歴史的推移に関するデータセットを構築することに大変な功績のあった学者です。彼が亡くなった後もその遺志をついだ研究者グループがデータを改善・更新し続け，「マディソン・プロジェクト・データベース」として公開しています。図15-1はこれをもとに，アメリカの１人あたり所得（実質値，基準年は2011年）の推移をグラフ化したものです。

このデータによると，アメリカの１人あたり所得は1820年から2016年までの196年間に約25倍になりました。これはこの間，年平均でおよそ1.7%の率で成長してきたことを意味します。このことはアメリカ国民の生活水準の向上に大きく寄与したと考えられます。

図 15-1　アメリカの 1 人あたり GDP の推移（実質，2011 年基準）

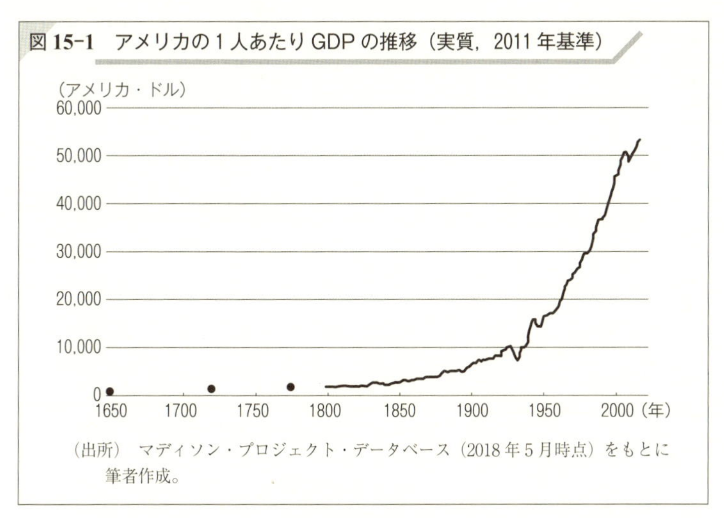

（出所）　マディソン・プロジェクト・データベース（2018 年 5 月時点）をもとに筆者作成。

図 15-2　1 人あたり実質 GDP の推移：韓国 vs. ケニア

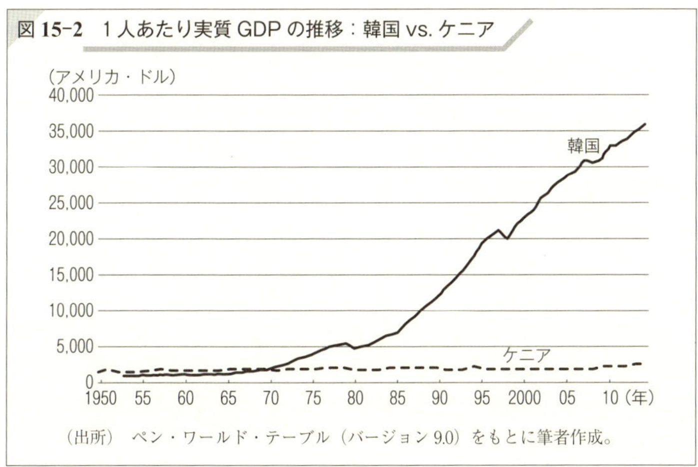

（出所）　ペン・ワールド・テーブル（バージョン 9.0）をもとに筆者作成。

長期的成長率の格差の帰結

長期的な 1 人あたり所得成長率は国によって，あるいは時代によって大きく異なります。図 15-2 はその 1 つの例です。この図は韓国とアフリカのケニアの 1 人あたり所得の推移を 1 つの図の上で比べたものです。数値はいずれも実質値で2011年を基準年とするものです。データの出所は第11章*Column* ⑪と同じペン・ワールド・テーブルです。

図15-2からわかるように，1950年代には両国の1人あたり所得にはあまり違いがありませんでした。どちらかといえば，ケニアの方が上だったのです。ところがその後，韓国が1953年から2014年までの61年間で年率約5.7%で成長したのに対し，ケニアの成長率は年率約1.0%でした。その結果，図に見られるように長期的には大きな差がつき，2014年には韓国の値はケニアの12.7倍にまでなっていました。このように，1人あたり所得成長率の差は長期的には個々人の生活水準に大きな影響を与えます。その源泉を理解することは重要と言えます。

2 生産関数について

生産関数と生産要素，技術水準

この章で学ぶ経済成長の理論はいわば長期のそのまた先に何が起きるかを考える理論と言えます。したがって，基礎となるのは第11章で学んだ長期のモデルです。長期のモデルでは総生産は総供給側によって決まります。このため，これからの議論では企業の生産活動に焦点があたり，総需要側はあまり大きな役割を果たさないことになります。

第11章では総供給は生産関数と呼ばれるもので決定されることを学びました。この関数について復習しながら，さらに議論を深めていきたいと思います。生産関数とは生産要素の量と生産される財の量の関係を数式で表したものでした。生産要素は財を生産するために外から投入するものです。この教科書では生産要素として資本

ストック（その量をKで表します）と労働（その量をLで表します）の2種類を想定しています。生産関数は

$$Y = F(K, L) \qquad (15\text{-}1)$$

と書くことができます。この式で総生産YはKの増加関数であり，Lの増加関数でもあります。また，同じ量の資本ストックと労働をもとにある国がどれくらい多くの財を生産できるかを生産性，正確には全要素生産性（または技術水準）と呼ぶのでした。

資本ストックと生産

この生産関数について，以下では現実的と思われる仮定を2つ追加します。1つ目は資本ストックKと総生産Yの間の関係についてです。図15-3はKを横軸，Yを縦軸にとって，両者の間の関係をグラフ化したものです。なお，この図を描くときには，労働Lの値はある一定値に固定されていると考えています。

図15-3の特徴は何でしょうか？ まず曲線が右上がり，つまり傾きが常に正になっていることに気がつきます。これはYはKの増加関数だということを表しています。また傾きが正であるだけでは

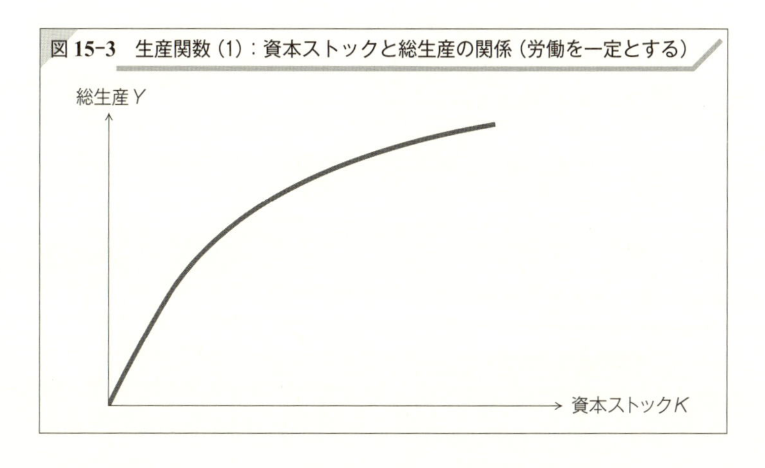

図 15-3　生産関数（1）：資本ストックと総生産の関係（労働を一定とする）

なく，Kが増えれば増えるほど傾きが下がってくるように図が描かれていることに注意しましょう。これがこの図の最大の特徴と言えます。

資本ストックと生産：例による解説

なぜ図15-3のような関係がもっともらしいと考えられているのでしょうか？ 次の2つの例を考えてみてください。

（例1） ある工場で100人の労働者が働いているとしましょう。つまり$L=100$です。最初，この工場にはパソコンが1台しかありませんでした（$K=1$）。この1台を100人が奪い合うようにして生産に使っていたので，労働者数の割にはあまり生産量は多くありませんでした。そこに，もう1台のパソコンが届けられました（$K=2$）。それでも，まだパソコン1台あたり50人がはりついているのですが，元の状態よりはずいぶん改善したと言えるでしょう。生産量は大幅に増えると思われます。

（例2） その隣にはまったく同じ工場があって，やはり100人の労働者が働いていました。違いはパソコンが200台あることです（$K=200$）。1人あたり2台のパソコンを使ってこの工場はたくさんの生産を行っていました。ある日そこにさらにもう1台のパソコンが届けられ，全部で201台になりました（$K=201$）。少しくらいは生産量は増えるかもしれませんが，あまり大きな増加は期待できないのではないでしょうか？

図15-3の背後にあるのは，同じようにKが1単位増えたといっても，**（例1）**のように1しかなかったところから2に増える場合の方が，**（例2）**のようにすでに200あったところから201に増える場合よりも，生産を増やす効果は大きいはずであるという考え方です。

資本の限界生産性逓減

図15-3に描かれている曲線の傾きのことを**資本の限界生産性**と呼びます。言葉で言えばこれは「資本ストックKが1単位増加したときに，生産Yは

図 15-4　生産関数（2）：労働と総生産の関係（資本ストックを一定とする）

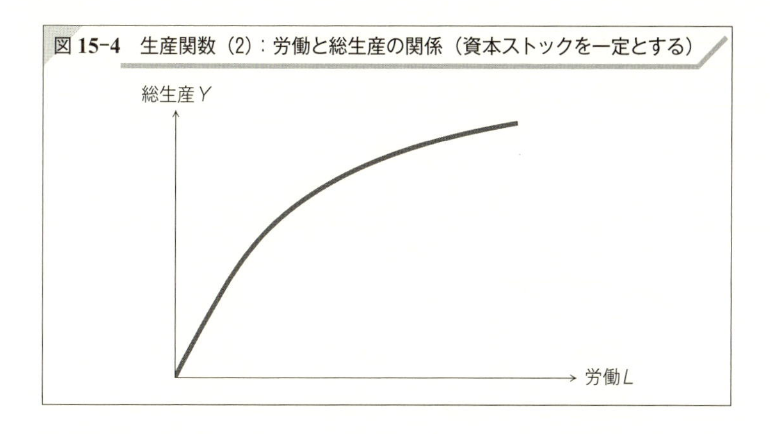

何単位増加するか（ただし労働 L を一定として）」を指しています。図 15-3 でこの曲線が右上がり（傾きが正）になっているのは資本の限界生産性が正であること（つまり Y は K の増加関数であること）を意味しています。また，同じ図で右に行くほどこの傾きが小さくなっていることは資本ストック K が大きくなるほど，（労働 L を一定として）この資本の限界生産性が小さくなっていくことを意味しています。このような性質を**資本の限界生産性逓減**（ていげん）と呼びます。

労働と生産

図 15-4 は一定の K のもとでの L と Y の関係を図にしています。この曲線の傾きが**労働の限界生産性**です。やはり曲線は右上がり（傾きが正）です。しかも L が増加するほど傾きが落ちていきます。これを**労働の限界生産性逓減**と言います。

全要素生産性（技術水準）と生産

次に技術水準について考えましょう。企業の全要素生産性（技術水準）が高まるというのは，企業が同じ K と同じ L の量を投入したときに達成できる生産量が増加することを指しています。この考え方を図に表したのが次ページの図 15-5 です。この図では図 15-3 のように L を一定として K と Y の関係をグラフ化していま

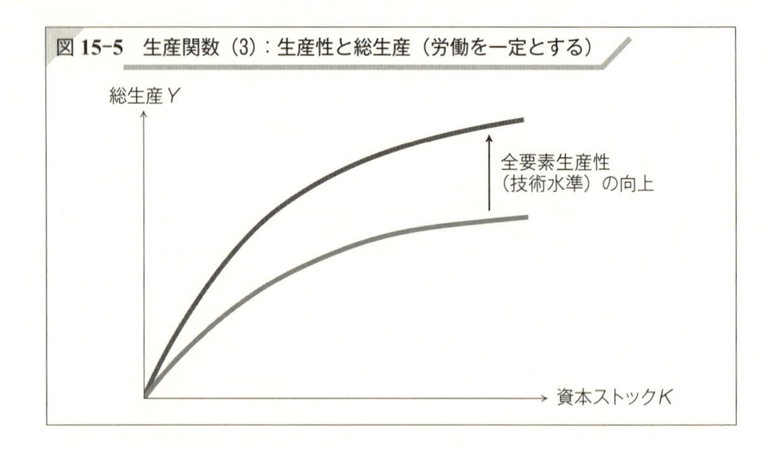

すが，全要素生産性が上昇するとこの曲線全体が上にシフトすることを示しています。

同じように，図 15-4 のように K を一定として L と Y の関係をグラフ化したときにも，全要素生産性（技術水準）の上昇は曲線全体の上方シフトを引き起こします。

生産関数の例

以上のような性質を持つ生産関数の例としてよく用いられるものに，コブ・ダグラス型生産関数があります。式で表すと次のようなものです。

$$Y = AK^{\alpha}L^{1-\alpha} \qquad (15\text{-}2)$$

ただし，A は先ほどから登場している全要素生産性（技術水準）で，正の定数です。また α は 0 と 1 の間の値をとる定数です。たとえば $\alpha=0.5$ のとき，上の式はさらに

$$Y = A\sqrt{K}\sqrt{L} \qquad (15\text{-}3)$$

と書き換えることができます。

3 資本蓄積と経済成長

ソロー・スワン・モデル

この節では経済成長の基本モデルを紹介します。このモデルは経済学者の R. ソローと T. スワンによって同時期に開発されたので**ソロー・スワン・モデル**と呼ばれます。このモデルは資本蓄積によって経済成長が生じるしくみを明らかにしようとしたものです。ある国では労働 L と全要素生産性（技術水準）A が常に一定であるものとしましょう。生産関数は前節で説明された性質を満たしています。L と A が一定ですから，この国の総生産 Y が増加するためには資本ストック K を増加させるしかありません。この資本ストックの蓄積を通じてどこまでの成長が達成可能なのか，これから見ていきましょう。

資本蓄積の過程

資本ストック K はどのようなときに増加するでしょうか？ すでに述べたように，投資 I とは企業が新たな資本財を購入して将来の資本ストックを増加させようとする行為ですから，今期の投資が行われると来期の資本ストックは増加します。一方で**資本減耗**と呼ばれる現象が存在します。これは資本ストックの一部が摩耗してなくなってしまうことです。つまり，機械は古くなって性能が落ちてきたり寿命を迎えて使えなくなったりします。したがって，新たな資本形成がなされないならば，経済全体の資本ストックは減っていくことになります。1 期間の間に起きる資本減耗を D で表すことにしましょう。すると次の式が導けます。

$$\Delta K = I - D \tag{15-4}$$

ただし，左辺の ΔK は今期から来期にかけての K の増加分を表しています。ここで，資本減耗 D は今期の資本ストック K に比例するものとしましょう。

$$D = dK \tag{15-5}$$

ここで，d は1年間にどれだけの割合の資本ストックが減耗するかを表す率であり，0と1の間の値をとります。これを**資本減耗率**と呼びます。(15-5) 式は資本減耗率一定の仮定が置かれていることを表しています。

投資の決定

では投資はどのように決定されるでしょうか？ この経済は外国との取引は行わないものとしましょう。すると財市場の均衡においては

$$I = S \tag{15-6}$$

が成立します。ただし，右辺の S は経済全体の貯蓄（総貯蓄）を表しています。

さらに，ソロー・スワン・モデルでは貯蓄率一定の仮定を置きます。これは，総生産 Y のうち常にある一定割合が総貯蓄 S に回されるという仮定です。

$$S = sY \tag{15-7}$$

ここで小文字の s は**貯蓄率**と呼ばれ，総生産のうちで総貯蓄に回される比率を表しています。これは0と1の間の定数と仮定します。

経済成長の基本方程式

以上を1つの式にまとめることを考えてみましょう。(15-5)～(15-7) 式を (15-4) 式に代入し，(15-1) 式を用いると，

$$\Delta K = sF(K, L) - dK \tag{15-8}$$

となります。右辺のLは定数ですから，(15-8) 式の右辺はKのみの関数になっています。このことから，(15-8) 式は今期のKが与えられたときに今期から来期にかけてのKの増分がどう決まるかを明らかにする式と見ることができます。たとえば，第0期のKの値が与えられたとしましょう。(15-8) 式を用いれば第0期から第1期にかけてKがどれだけ増えるかがわかります。ここから第1期のKの値を求めることができます。今度はこの値を上の式の右辺に代入すれば第2期のKの値を求めることができます。このような計算を繰り返していけば，すべての期のKを求めることができるはずです。このことから，(15-8) 式は経済成長を考えるうえで最も基本的な式だということができるのです。以下ではこの式が意味していることを図の助けを借りながら明らかにしていきましょう。

(15-8) 式は経済には資本ストックKを増やす力と減らす力が常に働いていることを表しています。右辺第1項の$sF(K,L)$は総貯蓄です。これは資本ストックを時間とともに増やしていく力を表しています。貯蓄は投資に回されますので，(15-6) 式からもわかるように貯蓄が多くなるほど投資も多くなり，資本ストックは増えていきます。右辺第2項のdKは資本減耗です。これは資本ストックを時間とともに減らしていく力を表しています。この式に表れているようにソロー・スワン・モデルでは資本ストックを増やす力と減らす力が常に戦っており，どちらがより強いかによって資本ストックは時間とともに増えていったり減っていったりするのです。

図による分析

このような「増やす力」と「減らす力」のせめぎ合いを図にしたのが次ページの図15-6です。この図は横軸に資本ストックKをとっています。図中の2つの線は (15-8) 式右辺の第1項と第2項をそれぞれ図にしたものです。「貯蓄」と書かれた曲線は右辺第1項つまり$sF(K,L)$で

図 15-6　ソロー・スワン・モデル（1）

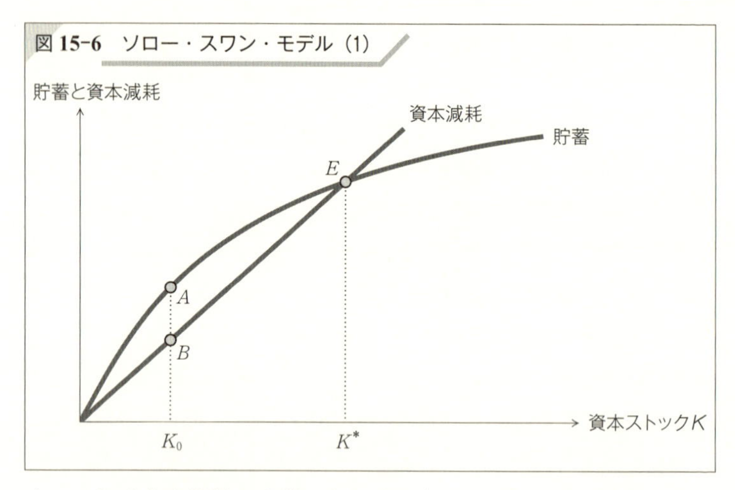

す。これは生産関数に定数 s をかけたものであることに注意しましょう。ただし $0<s<1$ です。このため，この曲線は図 15-3 の生産関数を s 倍に縮小したものとなり，グラフとしては同じような形になります。この線を「貯蓄線」と呼ぶことにしましょう。貯蓄線の高さはある資本ストックの水準のもとでの「増やす力」の強さを表しています。「資本減耗」と書かれた線は右辺第 2 項つまり dK です。これは原点を通る傾き d の直線になります。これを「減耗線」と呼ぶことにしましょう。減耗線の高さはある資本ストックの水準のもとでの「減らす力」の強さを表しています。

ある資本ストックの水準のもとで「増やす力」と「減らす力」のどちらが強いかは貯蓄線と減耗線の高さを比べればわかります。貯蓄線が減耗線よりも上にあるとき資本ストックは時間とともに増加していきます。逆のときには資本ストックは時間とともに減少していきます。

定常状態

図 15-6 上，K^* で表されている水準に資本ストックがあったとしましょう。このとき貯蓄線と減耗線はともに点 E のところにあり，2 つの線はちょうど

交わっています。これはこの資本ストックの水準のもとで「増やす力」と「減らす力」がちょうどバランスしていることを意味しています。このとき資本ストックは時間を通じて増えも減りもしない，つまりずっと同じ値を取り続けることになります。たとえば，ある国の第0期の資本ストックの水準がたまたまK^*だったとしましょう。このとき第1期の資本ストックもK^*ですし，第2期も，第3期も，ずっとK^*であり続けることになるでしょう。このような状態を**定常状態**と言います。

資本蓄積による経済成長

では，もともとの資本ストックKが定常状態K^*より小さい国はどうでしょうか？再び図15-6で第0期の資本ストックがK_0であるような国を考えましょう。このときKを「増やす力」はA点の高さで,「減らす力」はB点の高さで，それぞれ表されます。この場合「増やす力」が「減らす力」を上回っています。したがって，Kは時間とともに増えていきます。図で言えば経済はK_0の位置からだんだん右の方へと移動していきます。最初は勢いよく増えていきますがKが蓄積するにつれて，しだいにそのスピードは衰えます。そして，先ほどの定常状態に収束していって資本蓄積はそこで完全にストップしてしまいます。

このようなことが起きる理由は資本の限界生産性逓減という仮定にあります。当初の資本ストックが非常に小さい状態においては，資本の限界生産性は高い値をとります。このとき，がんばって資本ストックを積み上げれば，その追加分は次の期の生産を大幅に増加させることになります。このようにして得られた生産の増加分のうち一定割合を投資に回せば，またさらにその次の期の生産が大きく増加することになります。このように，当初Kの小さい国は勢いよく成長し始めることができるのです。

ところが，こうして資本ストックが蓄積されるにつれて，その限

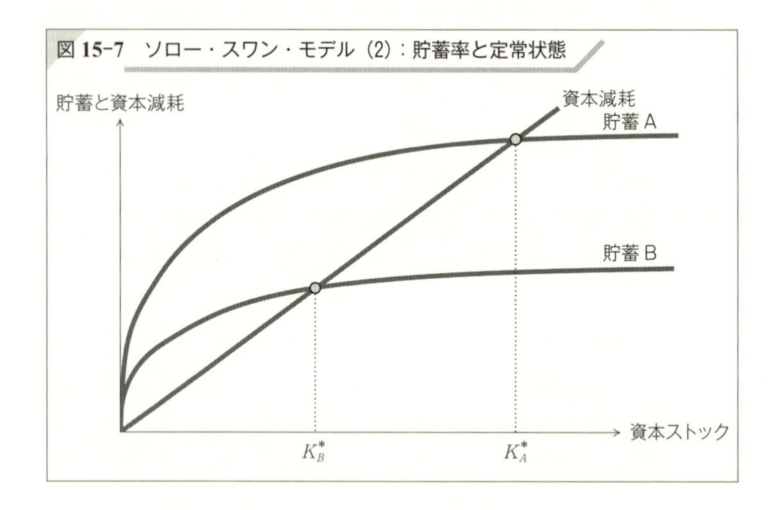

界生産性は小さくなっていきます。毎期追加される資本ストックによって生み出される生産の増分が小さくなって，しだいに資本を蓄積し続けることが苦しくなります。その一方で資本減耗は資本ストックの水準に比例してコンスタントに増加していっています。どこかで「増やす力」が「減らす力」に追いつかれて，2つが釣り合うところがやってきます。これが上で見た定常状態なのです。

定常状態の決定要因

図による分析から，定常状態における資本ストックの水準は貯蓄率，全要素生産性（技術水準），資本減耗率の3つによって決定されることがわかります。まず，貯蓄率の役割について考えてみましょう。図 15-7 は貯蓄率の異なる2つの国の貯蓄線と減耗線を1つの図の上に描いたものです。A 国は B 国に比べて貯蓄率が高いものとしましょう。それ以外の面では両者はまったく同じとしましょう。このとき A 国の貯蓄線は図中の「貯蓄 A」で，B 国のそれは「貯蓄 B」で表されます。貯蓄 A 線の方が必ず貯蓄 B 線よりも高くなります。一方，減耗線は両国とも同じです。図から，A 国の定常状態 K_A^* の方が B 国

のそれ K_B^* よりも高くなることがわかります。つまり貯蓄は将来の資本ストックに回るので，貯蓄率の高い国の方が「増やす力」が強く，その結果より高い定常状態に到達できるのです。

全要素生産性（技術水準）についても同じように考えることができます。生産性の高い国ほど同じ K の値のもとでの総生産 Y が大きくなるため総貯蓄 S も大きくなって，貯蓄線の位置は高くなります。このため図 15-7 と似たような図を描くことができ，ほかの条件が同じならば技術水準の高い国の方がより高い定常状態に到達できます。また，資本減耗率が高い国は減耗線の位置が高くなって定常状態はより低くなります。

資本蓄積だけで無限に成長し続けることはできない

図による分析はもう 1 つの重要なことを教えてくれます。先ほどの議論からもわかるように，このモデルではどんな経済でもいずれは定常状態に行き着きます。そこで資本ストックの蓄積は終わりです。その意味で，この節で見てきたモデルは名前は経済成長モデルでありながら，最終的には経済成長はなくなってしまうモデルであると言えます。ところが現実には，この章の第 1 節で見たように，多くの経済は長期にわたって成長を続けています。したがって，この節で見たモデルは現実を理解するためには不十分ということになります。

言い換えると，このモデルから学べるのは「資本蓄積だけでは経済はずっと成長し続けることはできない」ということです。繰り返しになりますが，この結論の背後には資本の限界生産性が逓減するという仮定があります。この仮定のもとでは，資本を蓄えれば蓄えるほど，さらに資本を増やすことが苦しくなってきて，資本蓄積はいずれ止まってしまうのです。今まで見てきたモデルは現実の重要な側面を理解するためには不十分だということがわかりましたので，次の節以降ではモデルをより望ましい方向に変えていくにはどうしたらよいかを考えたいと思います。

人的資本

モデルの拡張に進む前に，このモデルにおける「資本ストック」Kをどう解釈したらよいかについて議論しておきたいと思います。すでに第10章で見たように，通常は資本ストックとは主に機械や工場，オフィスビルなどの物的生産設備を指します。これらを「物的資本」と呼ぶこともあります。ところが経済成長について語るときには，通常は資本ストックとみなされていないような，別のタイプの「資本」の重要性を考慮すべきだと多くの研究者が考えています。

それが**人的資本**と呼ばれるものです。これは労働者の頭脳や体内に蓄積される知識・技能・健康といったものの総称です。なかでも教育を通じて蓄積される知識が重視されます。これらもある種の生産要素とみなすことができます。これは労働者の知識や技能が高いほど，企業の生産は多くなると考えられるからです。

しかも知識や技能は一日にして身につくものではなく，時間をかけて少しずつ蓄えていかなくてはならないという意味で，資本ストックと似た性質を持っています。何よりも，人的資本を蓄積するのは現在の所得を犠牲にして，より高い将来の所得を得ようとする行為であるという点で，物的資本の蓄積と似た面があると言えるのです。それは次の理由によります。企業が物的資本に投資するのはなぜでしょうか？ 投資をすれば現在の利潤は減ってしまいます。しかし，それでも投資をして将来の生産設備を増強して将来の利潤を増やした方が有利だと考えるとき，企業は投資を行うのです。人が教育を受けるのもこれに似た一面があります。現在学校に行く代わりに働きに出れば，現在の所得は上がるはずです。それなのに学生が学校に行くのは，教育を通じて知識を得ることで，将来の所得を増やすことを通じてよりよい人生が開けると考えているからと思われます（もちろん教育には経済効果以外の側面もあるので，それだけが理由とは限りませんが)。

たとえば非常に貧しい国を援助しようとして，先進国が最新鋭のパソコンやハイテクの機械（つまり物的資本）を送ったとしましょう。もしその国にそれらを使いこなせる人材（つまり人的資本）がいなければ，この援助は何の役にも立たないのではないでしょうか？ このように考えてみれば，人的資本が経済成長にとって重要だと考えられている理由がわかると思います。

4 人口成長と経済成長

ソロー・スワン・モデルと人口成長

前節で見たソロー・スワン・モデルに人口成長を導入することを考えましょう。日本ではすでに人口が減りはじめていますから，人口成長と国の豊かさの関係を知っておくのは大事なことです。

ここでは労働と人口を同一視して，労働 L が時間とともに増えていくことを人口成長と呼ぶことにします。これは一国の労働者数の趨勢を長期的に決めるのはその国の人口であることから，妥当な仮定と言えます。労働 L がこれまでのような定数ではなく，毎期ある一定の率で増加し続けるケースを考えましょう。つまり「人口一定」の仮定を外して，「人口成長率一定」の仮定を置くことにしましょう。ほかの点は前節で見たモデルと同じです。

ここでは詳しい分析は省略しますが，図 15-6 で資本ストック K について行ったのと同じような分析を 1 人あたり資本ストック K/L について行うことができます。このモデルにおいてもやはり経済は定常状態に収束することになります。第 3 節で見たモデルとの違いは，このモデルの定常状態では資本ストック K そのものが一定になるのではなく，1 人あたり資本ストックすなわち K/L が一定になることです。このとき，1人あたり所得つまり Y/L も一定になることを示すことができます。また，定常状態における K/L と Y/L は人口成長率の減少関数となることも示すことができます。この章の *Column* ⑮では，このことが日本経済の将来にとって何を意味するかを考察しましょう。

5 技術進歩と経済成長

ソロー・スワン・モデルと技術進歩

第3節，第4節で見たモデルでは1人あたり資本ストックと1人あたり所得の成長はいずれ止まってしまうものでした。しかし現実には多くの国の1人あたり所得は成長を続けています。そこで，これまで見てきたモデルの前提に何か問題点はなかったか，考えてみましょう。一番非現実的なのは全要素生産性（技術水準）が時間を通じて一定という仮定ではないかと疑われます。たとえば江戸時代を現代と比べた場合，電気も鉄道も家電製品も携帯電話もなかったわけですから，技術の差は歴然としています。そこで**技術進歩**という考え方をソロー・スワン・モデルに導入したらどうでしょうか？

拡張されたソロー・スワン・モデルでは（15-2）式における A にあたる項がある一定の率で成長し続けると仮定されます。これがモデル上の技術進歩です。このとき，1人あたり資本ストックと1人あたり所得は止まらずに成長し続けていくことが知られています。その成長率は技術が進歩していく率が高いほど高くなります。

このように，ソロー・スワン・モデルの最大のメッセージは，1人あたり所得が成長し続けるための究極の源泉は技術進歩にあるということなのです。日本の場合も，人口が減少していくとしても，それを上回るようなスピードで技術水準を向上させ続けることができれば，経済の成長を続けることができるのです。このため，これからは技術革新を進めていくような政策が今まで以上に重要になってきます。

さて，ソロー・スワン・モデルは技術進歩の重要性を明らかにしてくれましたが，どのようなときに技術は進歩するのかは明らかにしてくれませんでした。次の2節では，この点についてソローとスワン以降の研究者たちがどのような議論をしてきたかをまとめます。第6節では先進国における技術革新について触れます。第7節ではその先進国で生み出された優れた技術の途上国への移植について考えます。

6 技術進歩と研究開発投資

先進国における技術進歩

技術進歩の最大の源泉は，研究開発（Research & Development：R&D）投資です。ソロー・スワン・モデルでは技術進歩は外生的なもので，あたかも天から降ってくるもののように考えられていました。これに対し，最近の研究では，新しい技術は利潤を追求する企業が意図的に資源を投下して開発し実用化するものだという側面が重視されるようになっています。たとえば，企業が技術者や実験設備などの資源を投じて新しいアイディアを生み出し，そこから新製品を開発しようとするのはなぜでしょうか？ それはうまく新製品を生み出せればその財については独占的に生産することができるので，限界費用よりも高い価格をつけて独占利潤を享受することができるからです。このような独占利潤の追求が現代における技術進歩の重要な源泉になっていると言えます。

第5章では独占の弊害について説明しましたが，そこでは財そのものはすでに発明された後であることが前提とされていました。しかし，研究開発への誘因ということまで考慮に入れると，市場を完全競争に近づけて独占利潤をゼロにすることがよいとは限らなくなります。それは，もし財を発明した瞬間に利潤がゼロになるとわかっていたら，企業には財を発明するためにがんばろうという誘因がなくなってしまうからです。

もっとも，だからといって独占の弊害がなくなるわけではありません。独占企業は価格をつり上げることを通じて生産量を社会的に最適な水準よりも低く抑え込む傾向があります。研究開発の誘因を確保した後で，政府が補助金などの手段を使って生産量を社会的に最適な水準まで上げさせることができれば，さらによい状態が実現すると言えます。また，現実の特許制度では，ある発明を行った者に対して一定期間その発明を独占的に使用する権利を認めています。その一方で，有効期間を設けてそれ以降は他者にもその発明を使用する権利を認めています。これは研究開発への誘因を維持する目的と，独占の弊害を抑える目的の2つの間のバランスをとろうとするしくみと見ることができます。

知識がもたらす正の外部性

ある企業が研究開発の成果として生み出した知識はほかの企業に対して正の外部性をもたらします。外部性については第4章を参照してください。知識からは使用料を取ることができません。たとえば，アップル社による iPhone の発明を例にとりましょう。確かに iPhone というもの自体をアップル以外の企業が生産・販売したら違法でしょう。しかし，それまでになかった iPhone というものを見ることで多くの企業が消費者が望む新しい携帯電話のあり方について学び，次々と新型の「スマホ」を開発して売り出すことができたと思われます。アップルはこうした知識の使い方についてまで使用料を要求できるわけではありません。また，この例が明らかにしているように，ある企業がアップルの生み出した知識を使ったからと言って知識の量が減るわけではなく，別の企業も同じ知識を使って別の新製品開発に役立てることができるのです。

外部性と市場の失敗

正の外部性があるとき，市場均衡でのその財の供給は社会的に最適な量と比べて小さすぎることになります。再び iPhone の例を使えば，アップル社はこの製品に盛り込まれたさまざまな技術，あるいはスマホというコンセプトそのものを生み出したことで，確かに莫大な利潤を得たと思われます。しかし，iPhone を見て学んだ知識を使ってほかの企業が生み出した新製品からは利潤を得ていません。一方で，社会全体にとってのこの知識の価値には iPhone で多くの人が能率的に仕事をしたり，メールやゲームを楽しんだという便益だけでなく，他企業の新製品から人々が得た便益も含まれているはずです。企業が研究開発にどれだけの資源を投じるかを決めるときには，その成果がその企業自身にもたらすだろう利潤だけを考慮に入れるでしょう。したがって市場に任せておくと，そのような新知識を生み出す誘因が社会的に最適な水準に比べて小さくなりすぎてしまうことになります。

このような知識の過小供給の問題をなくすためには，政府が研究開発投資に補助金を出すなどして介入するという方法があります。研究開発を考慮に入れた世界では市場競争は必ずしも社会的に最適な状態を達成せず，政府介入が正当化される可能性が生じるのです。

7 技術移転

途上国における技術移転

これに対して途上国においては先進国で生み出された技術を移植することが重要です。ただ移植といっても各国の事情に合った形で技術を移転していかなくてはならず，その意味では（その国に合った）新しい知識の生産という側面もあります。また，この意味において途上国に移転される技術にも外部性を生み出す側面があります。

また，途上国への技術移転が先進国の技術進歩と同じく，企業による利潤追求活動であり投資活動であることにも注意する必要があるでしょう。これは技術移転の活発さが経済的な誘因によって変わりうること，よってそこに政策が介入する余地があることを意味しています。

技術移転の誘因

では，企業が積極的に技術移転を行うようになるためには受け入れ国側にどんな条件が整っていることが大事でしょうか？ ここでは4つをあげておきます。

①技術移転のための費用が小さく，移転された技術をもとに得られた利潤が移転した当人の手に渡ることが保証されているとき，企業は積極的に技術移転を行うようになります。ある途上国企業が先進国企業にライセンス料を支払ってその優れた技術を自分の国に移植することを検討したとしましょう。もしこの途上国の政府が腐敗していて，技術移転の途中でいちいち役人が許認可の見返りを要求するならば，最終的な費用はとてつもないものになってしまいます。そのような場合，企業は技術の移植を断念してしまうでしょう。また，仮に技術移転がうまく行ったとしても，知的所有権が十分に保護されておらず，この企業の新製品がすぐに政府系企業などにまねされてしまうような経済では，この企業は当初の費用をカバーするだけの十分な利潤を得ることが期待できません。そのような場合にもやはり企業は技術移転を断念することになり，この国の技術は発展しなくなってしまうでしょう。

②その国の経済が国際貿易に対して開かれていることも技術移転が進むための重要な条件です。途上国企業が技術移転を行うとき，初期の段階で（先の例におけるライセンス料などの形で）巨額の固定費用が発生します。これを早く回収するにはこの国が門戸を開放していて広い市場で生産された財を販売できることが望ましいと言えます。

③技術移転のような生産的活動の誘因が高くなるためには，非生産的活動の収益率が十分低くなっている必要があります。非生産的活動とはここでは権力や暴力や数の力を利用して他人の生産的活動の成果を奪い取ることを指しています。このような活動のもうけがよいと，多くの人がそのような活動に従事することになり，生産的活動が困難になります。さらには，生産的活動に携わっていた人も非生産的活動の方が有利だからということで，そちらに移る可能性もあります。そうなれば技術移転は停滞してしまいます。

④その国に新しく導入された生産技術を正しく理解し活用できるだけの人的資本が生産現場に備わっていることも重要です。

このように，経済の開放度や「制度の質」が途上国の経済成長にとって重要だと考えられています。

Column ⑮ 「人口１人あたり」と「労働者１人あたり」

本文中では人口と労働力は同じという前提で説明を行いました。もちろん実際には赤ちゃんや学生，引退した高齢者などもいますから，この2つは同じではありません。それでも，人口と労働力の間の比率が常に一定ならば，つまり人口が x% 増えるときには労働力も同じ率で増えるならば，本文中の議論はほとんど変更を受けません。問題は現代の日本のように人口の年齢構成がどんどん変わっている場合です。次ページの図は国立社会保障・人口問題研究所が提供している1884年から2015年

図　日本の年齢階層別人口の歴史的推移と将来推計

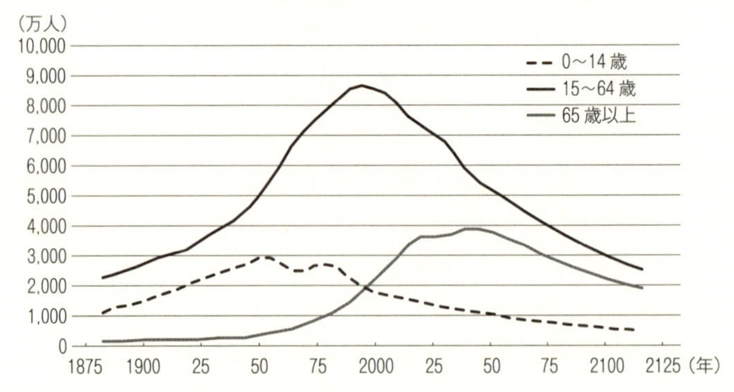

(出所)　2015 年までは実績値，それ以降は将来推計（出生中位〔死亡中位〕)。国立社会保障・人口問題研究所ホームページ掲載のデータをもとに筆者作成。

までの日本の人口の実際の推移と 2016 年から 2115 年までの推計値（出生中位〔死亡中位〕推計と呼ばれるもの）を，0～14 歳，15～64 歳，65 歳以上の 3 つのグループに分けて表しています。

日本の総人口が 2010 年を境に減少し始めていることは新聞などにもよく書かれています。しかし図は，労働力の核となる 15～64 歳人口に関して言えば，事態はもう少し前から変わっていたことを示しています。この年齢層の人口のピークは 1995 年ごろでそこから下がり始めています。2015 年にはすでにピーク時の 88% 程度になっています。将来推計によれば 2070 年ごろにはもうピーク時の半分程度になってしまうはずです。このような人口総数と生産年齢人口の動向の乖離は日本人の所得にどのような影響を与えるでしょうか？

本文中の第 4 節では，ソロー・スワン・モデルにおいて，人口成長率の上昇は定常状態における 1 人あたり所得を減少させるということを学びました。逆に言えば，日本のように人口成長率が低下する場合には，定常状態における 1 人あたり所得は増加するように思われます。しかしこの結論を導く際には総人口と労働力人口の区別をしていませんでした。そこで，この区別を導入したうえで理論が意味するところを考え直してみましょう。モデル上の L は労働者の数を表しているのでした。モデルが言っているのは，その L の増加率が下がると Y/L の定常状態における値が上がるということです。これは，厳密には，「労働力人口」の成長率が低くなると「労働者1人あたり」の所得が高くなると解釈できます。日本では15〜64歳人口の減少スピードが加速するにつれて労働力人口の成長率も大きくマイナスになってくると予想されます。これは労働者1人あたりの所得の増加に寄与するはずです。人口1人あたりの所得はどうなるでしょうか？ ここで次の関係に注意しましょう。

$$\frac{総所得}{総人口}=\frac{総所得}{労働力人口}\times\frac{労働力人口}{総人口}$$

これからの日本では，労働力人口が総人口に占める比率が下がってくるものと予想されます。このため，たとえ（総所得／労働力人口）が理論どおりに増えたとしても，（労働力人口／総人口）の下がり方が著しければ，左辺の（総所得／総人口）は下がってしまう可能性があるのです。このように，人口の年齢構成の変化は，これから長い年月にわたり，日本人の生活水準の維持・向上の足かせとなると思われます。

このことが日本経済にもたらす負担を軽減する方策としては，働く意欲のある女性に対して出産後も働きやすい環境を整え，労働力人口の減少スピードを緩やかにすることが考えられます。このことは同時に出生率を高めることにも貢献すると期待されます。

練習問題

【基本問題】

15-1 本文中の（15-3）式のような生産関数を考えてみましょう。

$$Y=A\sqrt{K}\sqrt{L}$$

(a) $A=1$，$L=1$ とします。K を横軸，Y を縦軸としてこの生産関数のグラフを図示しなさい。

(b) 次に $A=2$，$L=1$ として，(a) で描いたのと同じ図の上に生産関数のグラフを図示しなさい。

(c) $A=1$，$K=1$ として，L を横軸，Y を縦軸とした平面上に生産関数のグラフを図示しなさい。

15-2 A国とB国はともにソロー・スワン・モデルで記述される経済

です。A 国は B 国よりも全要素生産性（技術水準）が高いとのことです。それ以外の特徴はすべてまったく同じです。図 15-7 のような図を描いて，A 国の方が定常状態における資本ストック K が大きくなることを説明しなさい。定常状態における総生産 Y はどちらの方が大きいですか？ またそれはなぜですか？（理由を 2 つあげなさい）

15-3 「バナナ共和国」ではソロー・スワン・モデルが成り立っています。生産関数は $Y=A\sqrt{K}\sqrt{L}$ で，定数の値は $s=0.4$，$A=10$，$L=1$，$d=0.2$ です。定常状態における資本ストック K と総生産 Y の水準はそれぞれいくらですか？

【応用問題】

15-4 「パイナップル王国」ではソロー・スワン・モデルが成り立っているとします。生産関数は $Y=A\sqrt{K}\sqrt{L}$ で，定数の値は $s=0.2$，$A=15$，$L=1$，$d=0.1$ とのことです。

(a) 定常状態における総生産 Y の成長率はいくらになりますか？

(b) 定常状態における資本ストック K と総生産 Y の水準はいくらになりますか？

(c) A が 20 に変わったとすると，新しい定常状態における K と Y の水準はそれぞれいくらになりますか？

15-5 ソロー・スワン・モデルでは貯蓄率は所得水準にかかわらず一定と仮定されていました。しかし，所得が低いときには貯蓄率も低くなるという意見も存在します。これは人々は貧しいときには生活に余裕がなく，稼いだ所得のすべてまたはほとんどを食料などの消費に回してしまうと考えられるからです。この可能性を考えて，総貯蓄が次のような関数で表されるとしてみましょう。

$$S = s(Y-B) \quad Y > B \text{ の場合}$$
$$S = 0 \quad Y < B \text{ の場合}$$

ただし B は正の定数です。なお人口は一定であるものとします。

(a) この場合の貯蓄線を図示しなさい。

(b) 貯蓄線と減耗線が 3 カ所で交わる可能性があることを図で示しなさい（ただし交点のうちの 1 つは原点です）。

(c) 貯蓄線と減耗線の交点が 3 つある場合について，初期の資本ストックの値によって異なる定常状態に経済は収束してしまうことを図で説明しなさい。

15-6 総生産 Y から資本減耗 D を差し引いたものを「純生産」と呼びます。これを Y^N で表すことにすると，これは本文中のモデルでは

$$Y^N = Y - D = F(K, L) - dK$$

と書き表すことができます。

(a) 純生産は「消費と資本蓄積に回すことができる財の量」と一致することを説明しなさい。

(b) 定常状態において純生産は消費と一致することを説明しなさい。

(c) 定常状態において消費を最大化するような資本ストックの水準，つまり純生産を最大にする水準を（もしそれが存在すればですが）「黄金律」水準と呼びます。この水準において「資本の限界生産性－資本減耗率」（これを資本ストックの収益率と呼びます）がゼロになることを説明しなさい。

第16章 日本経済とマクロ経済学

Introduction

この章では，これまでに学んだことを使って現代の日本経済に起こってきた出来事を理解することを試みます。必ずしもすべての経済学者がすべての出来事の解釈について合意しているわけではありません。とくに1990年代から2000年代初めの「失われた10年」の解釈とその処方箋については現在に至るまで激しい論争が繰り広げられています。第2次安倍政権（2012年12月以降）の経済政策，いわゆるアベノミクスについても評価が分かれています。それと関連して，ゼロ金利のもとで金融政策に何ができるのかという現代のマクロ経済学にとって重要な課題についても，いまだに誰もが納得する正解は見えていません。1つの答えが出ないというのはその学問が無益だということとは違います。むしろこうした論争の歴史を通じて，私たちはマクロ経済の動向を決定する要因について，より深く学ぶことができるのです。

1 資産価格バブルの生成

資産価格バブル

この節では1980年代後半から話を始めたいと思います。この時代を語るうえで避けて通れないのが株価や地価などの資産価格の問題です。経済理論では通常，資産価格はその資産が生み出すと予想される収益によって決定されると考えられています。たとえばある土地の価格は，その土地がこれから毎年持ち主にもたらすだろう賃料によって決定されると考えます。これをその土地の**ファンダメンタルズ**の価値と呼びます。現実には資産価格はファンダメンタルズの価値から大きくかけ離れることがあります。たとえば，多くの人が土地の価格は上昇するだろうという予想を抱いた場合，土地を今のうちに買って値上がり益をねらうのが合理的になります。そうすると買い手が殺到しますので，本当に土地の価格は上昇します。人々が思ったとおりのことが実現するのです。このようにして「人々が値上がりすると思うから値上がりする」というしくみができあがります。この理由によって資産価格がそのファンダメンタルズの価値からしばらくの間乖離し続けることを，**バブル**が発生していると言います。

1980年代後半の日本のバブル

1980年代後半の日本の資産価格にはこのようなバブルが発生していたと考えられます。

図16-1では日本の地価の指標の1つである市街地価格指数（6大都市，商業地，2000年3月末を100とする指数）の推移をグラフ化しています。1982年に初めて100を上回ったこの指数はピークの

図16-1　日本の地価の推移：市街地価格指数（6大都市，商業地）

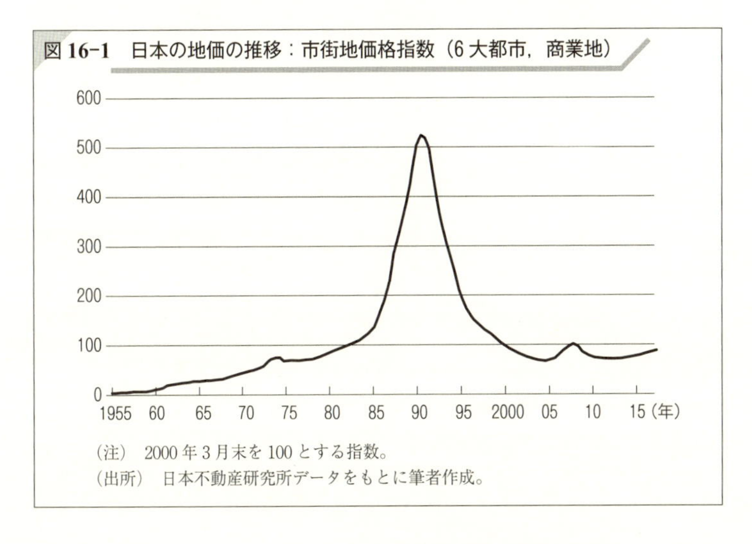

（注）2000年3月末を100とする指数。
（出所）日本不動産研究所データをもとに筆者作成。

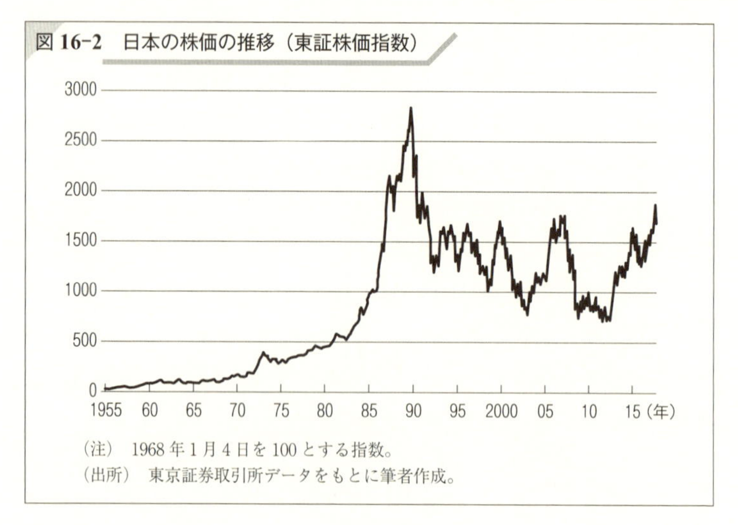

図 16-2　日本の株価の推移（東証株価指数）

（注）1968 年 1 月 4 日を 100 とする指数。
（出所）東京証券取引所データをもとに筆者作成。

1990 年 3 月末には 525 という値をつけています。図 16-2 では代表的な株価指数である東証株価指数の推移をグラフにしています。こちらは 1982 年 3 月には 537 だったものがピークの 1989 年 12 月には 2860 と 5 倍以上に上がっています。このように，この時期には地価・株価ともに急激に上昇していたのです。これは当時の経済成長率をはるかに上回るスピードだったため，バブルによるものだったと思われます。

バブルがどのようなときに発生するか理論的に完全に解き明かされていないため，なぜそれがこの時期の日本で発生したのかもいまだに完全には明らかになっていません。ただし，次のような要因が結合したことが大きな原因だったと考えられています。

バブルの背景

(1)　緩和的な金融政策：この当時の日本の利子率の水準を代表的な短期の利子率であるコールレートで見てみましょう。コールレートとは銀行同士で貸し借りをする際の利子率のことです。日本銀行はこの利子率に影響を与えることを通じてほかの利子率にも影響を及ぼします。その推

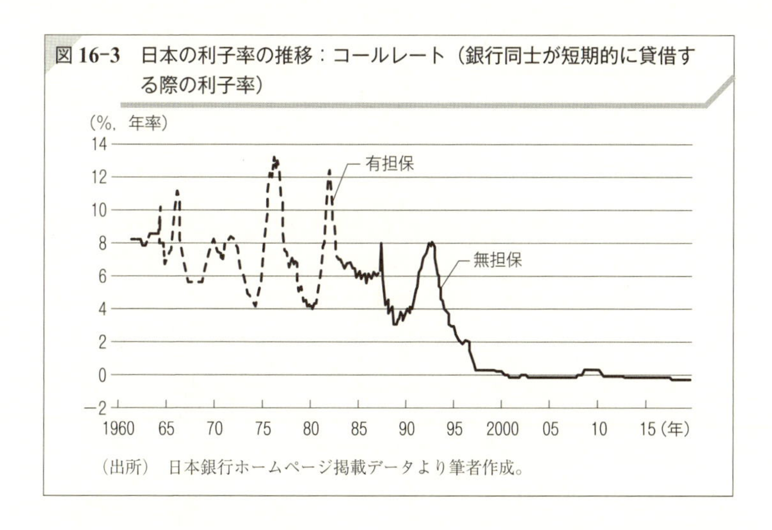

図 16-3　日本の利子率の推移：コールレート（銀行同士が短期的に貸借する際の利子率）

（出所）　日本銀行ホームページ掲載データより筆者作成。

移をグラフにしたのが図 16-3 です。その値は 1980 年代前半には 6% から 12% 台後半であったものが，87 年から 89 年途中までは 3% から 4% 台に落ち着いています。これは当時の好景気を考えると非常に低い水準にあったと言えます。このような低い利子率の水準を維持するために貨幣供給量も高めに保たれました。この貨幣が財・サービスの購入に向かってインフレを起こす代わりに，資産市場に流れ込んで株式や土地の需要を高めたと考えられます。

⑵　銀行の緩い貸し出し態度：この当時の日本の銀行は大蔵省（現・財務省）の「護送船団方式」と呼ばれる政策のもとにありました。この政策のもとでは銀行は政府の厳しい監督下にあって金利なども自由に決定できない一方で，倒産することがないように保護されていると認識されていました。こういった状況下では，銀行には貸し出しにあたって借り手を厳しく審査して利潤を得ようとする誘因が弱くなりました。代わりに，借り手がおカネを返せなくなった場合に銀行が差し押さえできる資産（これを担保と呼び，多くの場合に土地が使われました）を多く差し出せる企業に対して優先的に

貸し出しを行うという銀行が多く見られました。このため，いったん地価が上がり始めると借り手側の担保価値が増大し，銀行からの貸し出しが増えて，それがさらに土地需要を刺激するという好循環が発生しやすくなっていました。

(3) いびつな金融規制：上に述べたように，当時の政府は大規模な銀行に対しては細かい規制のもとに置いた一方，信用組合，信用金庫や当時存在していた住宅金融専門の金融機関に対する規制や監督は緩かったと考えられています。このため，こういった機関から危険な不動産貸し出しが大量に行われ，バブルの原因の1つになったと考えられます。

バブルとマクロ経済　1980年代後半の日本経済は好景気に沸いていました。日本のGDP成長率の推移を表した図16-4からも，この時期の成長率が4%を超えて好調であったことが見てとれます。この好景気の背景には上に述べた資産価格バブルがあったと考えられます。バブルが2つの経路を通じて景気に影響を与えることを次に見ていきましょう。

第1に，バブルは家計の資産を増加させ，消費需要に影響します。第14章で見た，2期間生きる家計の消費決定の問題をもう一度考えてみましょう。以前にこの問題について考えたときには，家計は資産ゼロの状態からスタートするものと仮定しました。そのため，家計にとって利用可能なのは第1期と第2期の可処分所得 Y_1-T_1, Y_2-T_2 だけでした。しかし，現実には多くの家計が資産を保有しています。資産は取り崩して消費に回すことができますので，消費決定に影響します。そこで，第1期の初めに家計が持っていた資産を W_0 で表すことにしましょう。第14章の仮定を少し変えて，この家計は2期間の可処分所得に第1期初の資産を加えた総額のうち，半分を第1期に消費するものとします。このとき，第1期の消費 C_1 は

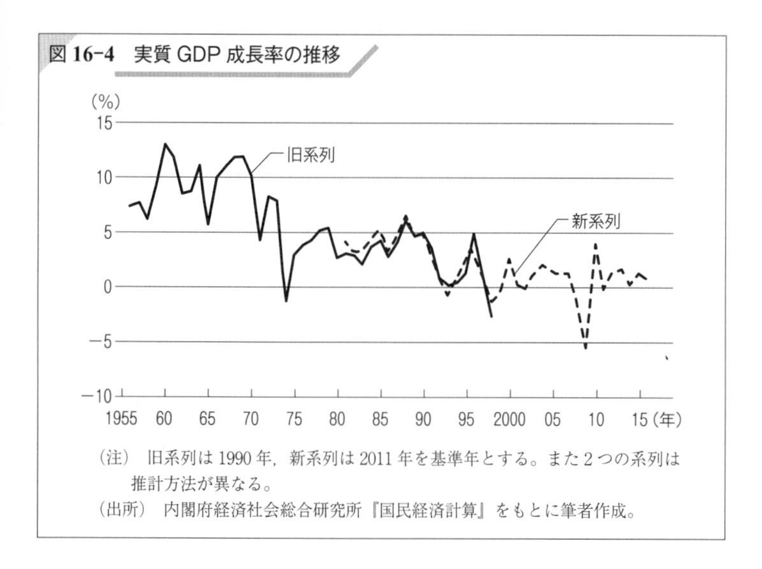

（注）旧系列は 1990 年，新系列は 2011 年を基準年とする。また 2 つの系列は推計方法が異なる。
（出所）内閣府経済社会総合研究所『国民経済計算』をもとに筆者作成。

$$C_1 = \frac{Y_1 + Y_2 - T_1 - T_2 + W_0}{2}$$

となります。343 ページの (14-1) 式と比べると，右辺に $W_0/2$ が加わった点が特徴です。この例からわかるように，元から持っている資産が多いほど家計の消費需要は増加します。したがって，バブルにより人々が自分の資産が増えたと感じると，消費需要が増加するのです。これは通常の消費関数

$$C^D = c(Y - \bar{T}) + \bar{C}$$

で言えば，基礎消費の項 $\bar{C}$ が増加することに対応します。このときに経済の短期均衡に何が起きるかを，第 13 章で学んだ 45 度線分析の図で表したのが次ページの図 16-5 です。

図中で，直線 DD_0 がバブル発生以前の総需要の状態を表しているものとしましょう。消費関数の定数項は $\bar{C}_0$，投資関数の定数項は $\bar{I}_0$ という値をそれぞれとっているものとします。交点 E_0 がそ

図 16-5　資産価格の上昇と 45 度線分析

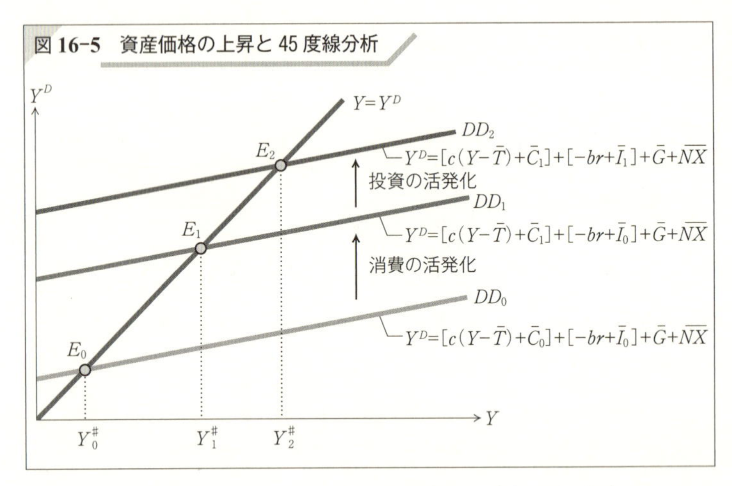

のときの短期均衡です。このとき総生産は $Y_0^\#$ となります。ここで資産価格バブルが発生して消費需要が増加したとしましょう。これは図中では消費関数の定数項の値が $\bar{C}_0$ から $\bar{C}_1$ に増加することによって表されています。これによって総需要を表す曲線は DD_0 から DD_1 に上方シフトしています。このため交点も E_1 に動いて短期均衡総生産は $Y_1^\#$ に増加するのです。

バブルが景気に影響する第 2 の経路は投資を通じたものです。上で述べたように当時の日本では担保価値に基づいた銀行貸し出しが広く行われていました。このため，地価の上昇によって担保の価値が上昇したことは銀行貸し出しの増加につながりました。これによって企業による設備投資や家計による住宅投資を活発化させました。このことを式の上で解釈するならば，これまで学んできた投資関数

$$I^D = -br + \bar{I}$$

という式において定数項 $\bar{I}$ の値が増加したものと解釈することができます。再び図 16-5 を見てみましょう。この図では，バブルの発生によりこの定数項が $\bar{I}_0$ から $\bar{I}_1$ に増加するものと考えています。

このことで総需要を表す曲線は DD_1 からさらに DD_2 へと上方シフトしています。これによって交点はさらに右上，E_2 まで動いて短期均衡総生産も $Y_2^\#$ へと一段と増加します。

2 失われた10年 (1)

何が起こったのか？

バブルの崩壊

前節で見たように，資産価格バブルとはその資産が生み出す収益によって正当化される以上に資産価格が上昇することです。そのように高い値段のついた資産をずっと持っていても，購入したときに出したおカネを回収できる見込みはありません。このため，いずれ人々はこの資産を買うのをやめ，バブルは崩壊します。日本の場合には1990年代に入ると同時に，資産価格は急激な下落に転じました。図16-1の市街地価格指数（6大都市，商業地）はピークの1990年3月末に525もあったところから，97年3月末には135にまで落ち込んでいます。図16-2の東証株価指数は1989年12月の2860から3年後の92年12月には1322まで落ち込んでいます。

長い低迷の始まり

このときを境に日本経済は長い低迷期に入ります。この教科書の執筆時点（2018年10月）までにこの低迷期が終わったのか，まだ続いているのかについては諸説あります。ただ，少なくとも2002年ごろまではこれが続いていたことには異議がないと思われます。この時期をしばしば**失われた10年**と呼んでいます。

この時期の特徴を図16-4のGDP成長率によって確認してみましょう。実質GDPの対前年比成長率は1981～91年の11年間の平均で4.0%でした。1985～90年に限れば4.6%もあったのです。これに対して，1992～2002年までの11年間の平均はわずか0.8%にすぎませんでした。このように，成長率は単にバブル以前に戻ったのではなく大きく落ち込んだこと，しかもそれが通常の景気循環よりも長い期間で持続的に発生したことにこの時期の特徴があります。

失われた10年の謎

1980年代後半の好景気は資産価格バブルに支えられたものでした。それがなくなったわけですから，景気が元に戻るというのは理解ができます。図16-5で言えばE_2からE_0に戻るのは自然なことのように思えます。実際には好景気の間に資本ストックが積み上がっていますから，投資がしばらく冷え込んで，その間景気が落ち込むことは予想されます。しかし，これほどの長期間低成長が続くというのはそう簡単に理解できることではありません。事実，バブル崩壊当初は日本経済は比較的短期間に安定的な成長に復帰するという見方が支配的だったのです。しかも，後で見るように，この間財政・金融両面で景気を刺激するための多くの政策がとられ，なおかつこのような結果に終わっているのです。その原因について多くの研究者が考察するようになったのは当然のことでした。以下では，その努力の中から提示されてきたいくつかの有力な仮説を考えてみたいと思います。

3 失われた10年 (2)

需要不足を強調する学説

不良債権問題と投資需要

通常，この時期の日本経済は深刻な不況にあったと考えられています。第13章で見たように，不況を発生させるのは需要の落ち込みです。この考え方に従えば，この時期の需要を落ち込ませた原因を探っていけば失われた10年の謎が解けるはずです。

当時の日本経済の大きな特徴は，金融機関の**不良債権問題**，つまり多額の貸し出しが回収できなくなる可能性が生じたことでした。

第1節で見たように，1980年代後半の銀行は担保価値の上昇につられて急速に貸し出しを増やしました。ところが1990年代に入って担保価値が急落し，また借り手企業の業績も悪化したので，貸した膨大なおカネが返ってこない可能性に直面したのです。また，緩い規制のもとで不動産関連の貸し出しにのめりこんだ中小の金融機関も経営の危機に瀕するところが出てきました。

本来ならば貸したおカネが返ってきそうもないときには損失を認めてリストラなどを通じて経営再建を図るべきところですが，当時の金融機関にはあまりそういう動きは見られませんでした。これには会計制度の不十分さ，経営者が失敗を認めたくなかったこと，「護送船団方式」があったためにあわてて経営再建に踏み切らなくても金融機関がつぶれる心配がなかったことなどが寄与していたと考えられます。

金融機関がこういう状態でしたので，新規の貸し出しは停滞しました。この現象は当時「貸し渋り」という言葉で広く知られていたものです。このことを不況の原因として重視する研究者は，貸し出しの停滞が投資需要の低迷をもたらしたと考えています。

投資関数の定数項$\bar{I}$が，図16-5とは反対に，低下したケースを考えてみましょう。このとき短期均衡総生産は低下します。このようにして景気の低迷を説明することが可能です。不良債権問題は深刻化を続け，1997年から98年にかけて，ついに「護送船団方式」を維持することができなくなって金融危機が発生します。当時有力銀行だった北海道拓殖銀行が1997年に，日本長期信用銀行，日本債券信用銀行が98年に相次いで破綻（はたん）し，大手を含む金融機関全般の経営状態に対する不安が高まります。このため，これらの機関の資金調達が難しくなり，その影響で貸し出しがさらに絞り込まれたため，投資需要が一段と減少したと考えられています。

金融政策に問題があったとする説

金融政策の役割を強調する説も存在します。第 13 章で，金融政策は利子率を低下させることで景気を刺激することができることを学びました。したがって，この時期のように急速に景気が悪化した場合には，利子率を引き下げることで対応すべきというのが通常の考え方です。

この時期のコールレートの動きは図 16-3 に示したとおりです。確かに 1990 年代には急速に利子率が引き下げられ，1999 年の**ゼロ金利政策**導入に至っています。ゼロ金利政策とは，コールレートの水準をゼロにする政策のことです。しかしよく見ると，バブル崩壊直後の日本銀行はむしろ利子率を引き上げています。1991 年 3 月には 8.28% という非常に高い水準に達しています。このため，景気の悪化に対して金融政策は遅れをとったと見ることができます。そこで，この時期の利下げのタイミングが遅く，幅も小さかったことが景気を大幅に悪化させた原因だと指摘する研究者も存在します。

このような見方をする研究者の多くは，2000 年 8 月に日本銀行がゼロ金利を解除したことも政策ミスと考えています。この当時の日本経済には若干の明るい兆しも見えていたのですが，この政策転換以降，景気はまた急激に悪化し，2001 年 3 月には日本銀行はゼロ金利に復帰しています。

この立場をとる研究者がとくに問題視しているのが，当時の日本で低インフレが続き，ついにはデフレに突入したことです。このことは 249 ページの図 10-2 で，GDP デフレーターの推移を見ましたが，1995 年に低下に転じ，それ以降ほぼ毎年下がり続けています（この傾向は実に 2012 年まで続きます）。デフレは景気に悪影響を与えると考えられています。第 12 章で学んだフィッシャー方程式を思い出してみましょう。

実質利子率 = 名目利子率 − 予想インフレ率

この式からわかるように，名目利子率を一定として，予想インフレ率の低下は実質利子率の上昇をもたらします。実質利子率が上がると投資需要が減少します。このことは景気を後退させます。失われた10年において低インフレやデフレが続いたことで，人々は予想インフレ率を下方修正したと考えられます。このことが以上のような経路を通じて景気に悪影響を与えたと見られるのです。ここで見解を紹介した研究者たちがどのようにして金融政策をデフレ解消に役立てようと考えているかは，第5節で議論したいと思います。

4 失われた10年 (3)

供給制約を強調する学説

技術進歩率の低下

前節で述べたような，需要不足を問題にするのが当然といった風潮の中で現れたのが林文夫とE. プレスコットの研究でした。彼らは1990年代の日本の技術進歩率を計測し，これがそれまでの時期と比べて大幅に下がっていると結論づけました。そしてこのような供給能力の伸びの低下によって「失われた10年」を説明することが可能であることを示したのです。

需要不足を重視する学説には1つの問題点があります。それは，これまで学んできた理論によれば需要不足とは短期の現象であるはずだということです。名目価格の調整が進む長期には消滅するはずのものでした。そのような現象が10年超にわたって観察されることを説明するのは難しいのです。一方，供給側の制約は長期にも総生産に影響するはずですので，そのような問題点はありません。

林・プレスコット仮説は日本経済の行方に関して重要な意味を持

っています。もし経済低迷の主な原因が需要不足であれば，いつかは解消されるはずですから，元の経済成長の姿に復帰することが期待できます。一方，本当に技術進歩率が大幅に低下しているとしたらどうでしょう。第15章のソロー・スワン・モデルによれば，長期的な1人あたり生産の成長率を決定するのは技術進歩率です。この率を再び上げない限り日本の1人あたり成長率はずっと低いままということになってしまいます。

不良債権問題と生産性

林・プレスコット仮説が正しいとしたら，いったいなぜ技術進歩率は低下したのでしょうか？ 彼らの研究はそこまでは明らかにしませんでした。ただし，その後の研究は「資源配分機能」の低下を重視しています。市場経済には本来，生産性の低い企業から高い企業へ企業間で資金や労働を移動させていく機能が備わっていると考えられます。金融機関などの資金の出し手としては生産性の低い企業に資金を提供したとしても，あまり高い収益は望めないでしょう。それよりは生産性の高い企業へと資金を移していくはずです。労働者にしても，生産性の低い企業で働いていても，高い賃金は得られないので，徐々に生産性の高い企業へと移っていくでしょう。一国経済の生産性とはこのようにして上昇していくものだと考えられます。

この時期の日本経済ではこうした機能が損なわれていたと考える研究者たちがいます。その原因の1つとして，前節でも取り上げた不良債権問題が注目されています。この時期の金融機関は，バブル期に莫大な貸し出しを行っただけでなく，その後経営が悪化して収益回復の見通しが立たなくなった企業に対して，資金を供給し続けたと考えられています。これはもし資金の供給を止めてしまうとその企業が破綻してしまい，銀行にとっての損失も表面化してしまうためです。このような貸し出しの継続を「追い貸し」と呼びます。

このように生産性が低下してしまった旧来の借り手に対して貸し

出しを継続する一方で，前節で説明したように新たな借り手に対しては貸し渋りを行っていたと見られるのです。新たな借り手の中にはより生産性の高い企業もあったでしょうから，このような金融機関の貸し出し態度は，資金配分という側面から日本企業の平均的な生産性を押し下げていたと考えられるのです。このように，不良債権問題に注目するという点ではこの仮説は前節で見たものと共通しているのですが，前節の仮説がこの問題が投資という需要面に与える影響を強調していたのに対し，この仮説は生産性という供給面に注目した点が大きな違いと言えます。

デフレを説明できるのか？

供給制約を強調する学説にとって大きな問題になるのが，先ほども触れたデフレの存在です。第14章のフィリップス曲線に関する議論を思い出してみると，需要の低下はインフレ率の低下をもたらす一方，供給の低下はインフレ率の上昇をもたらすはずでした。後者は実際に起こったこととは逆です。

最近の議論では，生産性の低迷は供給面だけでなく需要面にも影響を与えることが強調されています。生産性が下がれば確かに供給能力が低下します。そのことは同時に家計が長期的に得られる所得を減少させることに注意しましょう。第14章で学んだように，予想される将来の所得が低下したとき，家計は現在の消費需要を減少させます。また，やはり第14章で学んだように，予想される将来の生産性が低下すると，企業の現在の投資需要は減少します。このような需要減少が現在の供給減少を上回った場合，デフレが発生することになります。

この議論については，日本で観察されたデフレを説明できるほど，長期にわたって需要が供給を下回ることが起こりうるのかという疑問があります。ただ，人々の将来予想という新しい要素を入れることで議論が深まりつつあることは，意義のあることだと思われます。

5 失われた10年が残したもの

下限に達した名目利子率

1990年代には経済を回復させるために，通常ではあまり行われないような積極的なマクロ経済政策が採用されました。その結果，日本経済は諸外国でもあまり経験のない，未知の領域に入りこんでいきました。このことはその後，現在に至るまで，政策運営を難しくしています。

金融政策について言えば，大きな変化は，ゼロ金利への到達でした。標準的な経済理論によれば，債券につく名目利子率はゼロよりも下がることはできません。これは現金が存在しているためです。仮に債券の名目利子率がマイナスになったとすると，債券を買った側が利子を支払うことになってしまいます。そんなことをするくらいだったら，現金で持っていた方が有利です。このため，そのような債券は誰も持とうとしないでしょう。こういった理由で名目利子率はゼロよりも下がることはないのです。これを名目利子率のゼロ下限と呼びます。

日本の利子率（コールレート）の推移を403ページの図16-3をもとに確認すると，1995年10月以降，ほぼ一貫して0.5%を下回っています。すでに述べたように1999年3月からはゼロ金利政策がとられ，ごく短い時期を除いては2006年6月までは事実上のゼロ金利状態が続きました。日本はゼロ下限に到達したのです。

第13章で学んだ短期のモデルによれば，中央銀行は利下げによって景気を刺激するとされていました。もしそうならば，名目利子率が下限に到達してしまえば，金融政策によってそれ以上景気を刺激することは不可能となります。このように，ゼロ金利となってしまった時点で，景気対策としての金融政策はその役割を終えたと見ることも可能です。ゼロ下限において中央銀行は本当に景気に対して何もすることができないのでしょうか？　この問題については第7節で考えたいと思います。

財政赤字の累積

この時期のもう1つの大きな特徴は財政赤字の急激な拡大でした。その主な要因は景気対策でした。日本政府は政府購入を増やして景気を回復させようとしたのです。図16-6は財政収支の対GDP比の推移を図示したものです。この数値がマイナスのときには赤字を意味していますから，日本の財政収支は少なくとも1993年から一貫して赤字だったことがわかります。その大きさは1993年にはGDPの2.5％程度でしたが，その後急速に悪化しています。このようにフローとしての財政赤字を発生させ続けた結果，その累積額，つまりストックの意味で，政府が民間に負っている負債の合計（公債の累積残高）も急激に増加しました。次ページの図16-7はその対GDP比の推移をグラフ化しています。

図16-6　日本の財政収支（対GDP比，マイナスは赤字）

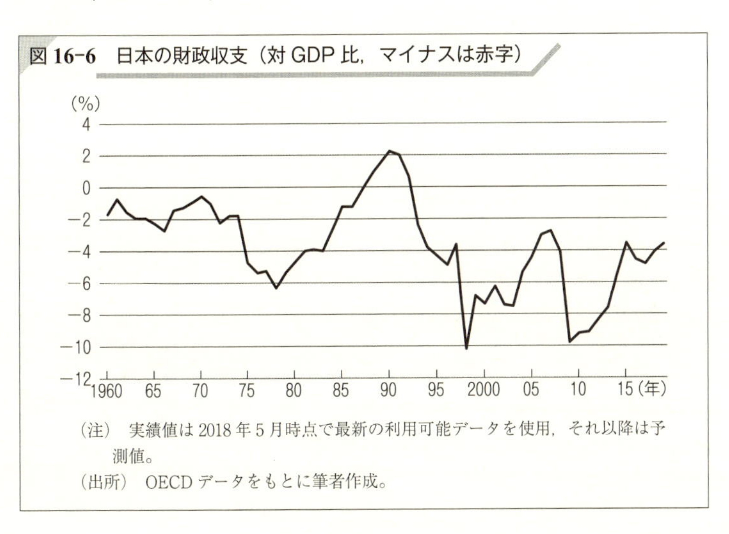

（注）　実績値は2018年5月時点で最新の利用可能データを使用，それ以降は予測値。

（出所）　OECDデータをもとに筆者作成。

図 16-7　日本の公的債務残高（対 GDP 比）

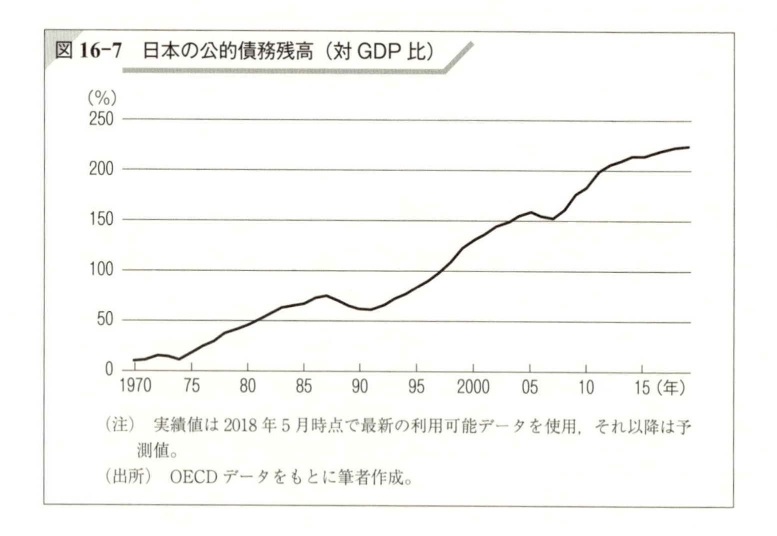

（注）実績値は 2018 年 5 月時点で最新の利用可能データを使用，それ以降は予測値。
（出所）OECD データをもとに筆者作成。

6　2002～12 年の日本経済

アベノミクス前夜

緩やかな景気回復（2002～08 年）

2002 年ごろまでに政府の圧力のもとで大手銀行は不良債権問題解消のめどを立てます。このころから日本経済は息の長い，しかし，きわめて緩やかな景気回復に入ります。この回復の原因について有力なのは，当時好調だった世界経済に引っ張られて外需が拡大していたという説です。

世界金融危機と日本経済（2008～09 年）

2008 年 9 月にアメリカで起きたリーマン・ショックは世界の大半で不況を発生させます。このことが輸出急減を通じて日本の景気を一気に悪化させたことについては，第 13 章の *Column* ⑬で触れました。図 16-8 と図 16-9 はそれぞれこの当時の輸出額と鉱工業生産指数（毎月の鉱工業の生産の動向を指数化したもの）の動向を

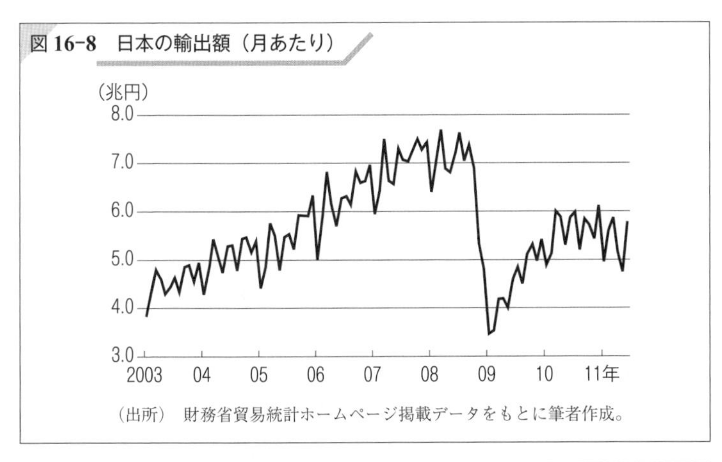

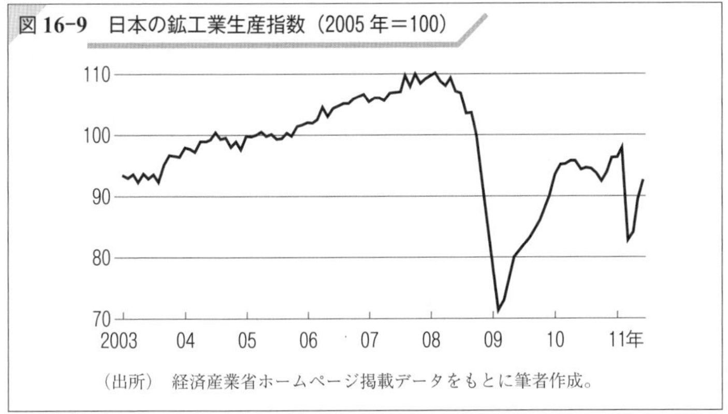

図示したものです。

この急激な景気悪化は，日本に関して言えば明らかにマイナスの需要ショック（外需の減少）によるものだったと考えられます。その意味では処方箋は比較的明らかであって，減ってしまった需要を政府の力で補うような政策が必要とされていたのです。ただ，不幸なことに，当時すでに利子率は非常に低く，ちょっと利下げしただけで再び下限に張りついてしまいました。このため，さらなる利下げの余地はなくなってしまいました。財政政策は拡大されたものの，図 16-6 に見られるように，もともと大きかった財政赤字をさらに拡大してしまいました。その結果，図 16-7 に見られるように，対 GDP 比で 150% 程度だった公債残高も 2012 年には 200% を突破してしまいます。

立ち直れない日本経済と東日本大震災（2010～12 年）

日本では多くの諸外国以上に，リーマン・ショックの影響から脱するのに時間をかかっていました。そんななか 2011 年 3 月 11 日に東北・関東地方を襲った東日本大震災は大きな犠牲を出すと同時に，生産設備の広範な被災を起こして日本の経済活動水準を大きく低下させました。これには震災に続いて起きた原子力発電所事故や計画停電，それに続く電力不足も関与しました。また，被災地にあった部品工場から部品が届かなくなったために，日本全体で生産が停滞する事態を招きました。図 16-9 にあるように，鉱工業生産指数は 1 カ月の動きとしては史上最大の落ち込み幅を記録しました。このように，震災はまず大規模なマイナスの供給ショックとして日本経済を襲ったのです。

大震災の影響は供給面にとどまりませんでした。その後発生したレジャーや旅行などの自粛ムードは財・サービスに対する需要を停滞させました。

こうした大震災の直接的影響が和らいできた 2012 年，今度は日本からの輸出が一時的な不振に陥ります。同年暮れまでの日本経済は，度重なる何重もの不幸に襲われ，将来への希望が見出しにくい状態だったと言えます。

アベノミクスの登場

そんななか，2012 年 12 月の総選挙によって第 2 次安倍内閣が成立します。この政権はそれまでとは異なる，積極的な経済政策を打ち出しました。総称してアベノミクスと呼ばれています。アベノミクスは「3 本の矢」

と呼ばれる3つの政策からなります。第1の矢が大胆な金融緩和，第2の矢が政府購入の積極的増加，第3の矢が成長戦略（構造改革）です。以下ではそれらを順番に見ながら，今日の日本経済が直面する問題を考えていきましょう。

7 アベノミクスと新しい金融政策

新しい金融政策(1)：インフレ目標の採用

安倍首相は総選挙中から大規模な金融緩和を公約していました。2013年3月には首相と方針を同じくする黒田東彦日本銀行総裁が任命され，金融政策を主導していきます。金融緩和を進めるといっても，すでに見たように，当時の利子率はすでに下限にあり，通常の利下げ政策の余地は残っていませんでした。その中で日本銀行は**量的・質的金融緩和**と呼ばれる新しい政策を採用します。ここではその2つの側面に注目したいと思います。

第1がインフレ目標の採用です。これはインフレ率について数値目標を設け，それが達成されるまで政策の手を緩めないと宣言することを指しています。日本では消費者物価指数の上昇率で見て2%がターゲットとされました。すでに見たように，予想インフレ率の低下は，フィッシャー方程式を通じて，実質利子率を押し上げます。それとちょうど反対に，仮に中央銀行の力で予想インフレ率を上げることができたとしたら，どうでしょうか？ 名目利子率がゼロに張りついている限り，実質利子率は低下します。これは景気刺激効果を持ちます。

予想インフレ率を高めることのメリットはこれだけではありません。第14章第4節の最後で学んだフィリップス曲線の理論によれば，予想インフレ率の上昇は現時点のGDPギャップ版フィリップス曲線を押し上げます。この変化を通じて現在の経済の状態に働きかける効果も期待できます。

新しい金融政策(2):「異次元の」量的緩和

第2が「異次元の」量的緩和，別名「黒田バズーカ」です。その理解には，遠回りになりますが，まず「おカネ」には2種類あることを説明しなくてはなりません。それは「中央銀行が民間銀行システムに出したおカネ」と「民間銀行システムから流れ出て世の中をぐるぐると回っているおカネ」です。

前章までは，あたかも中央銀行の仕事はヘリコプターから各家庭に札束をばらまくことであるかのように話をしてきました。実際はだいぶ違います。中央銀行はまず民間銀行におカネを供給します。それもただで配るのではなく，銀行が持っている国債などを買い取り，その代金としておカネを渡すのです。実は各民間銀行は中央銀行に口座を持っていて，おカネはこの口座に振り込まれます。この口座に残っているおカネの残高計と現金の総額を合わせて**マネタリーベース**と呼びます。

さて，この口座にはあまり利子がつきません。民間銀行はここにおカネを持っていてももうけにならないので，家計や企業に貸し出そうとします。このとき，おカネは銀行システムを出て広い世間の大海原をぐるぐる回り始めます。その残高が第12章で見た「マネーストック」です。

量的緩和とは前者のマネタリーベースを増やす政策です。黒田総裁は就任直後，この残高を2年で2倍にすると宣言しました。図16-10の実線は日本のマネタリーベースの推移を，2013年4月を100としてグラフにしたものです。この図から，確かにこの値は黒田総裁就任から2年で2倍になったこと，その後も順調に増え続けたことがわかります。その規模はそれまでに日本銀行が行っていた同種の政策，あるいはほかの先進国の歴史を見ても，例を見ないも

図 16-10　マネタリーベースと M2，近年の推移（2013 年 4 月を 100 とした指標）

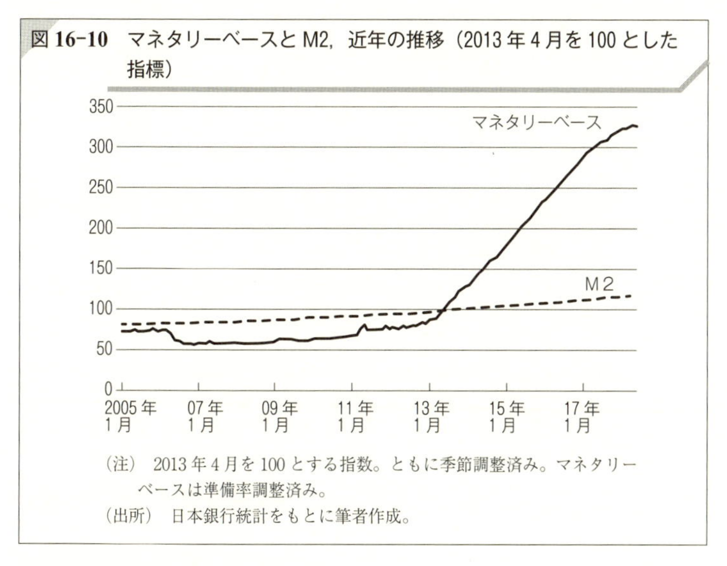

（注）2013 年 4 月を 100 とする指数。ともに季節調整済み。マネタリーベースは準備率調整済み。
（出所）日本銀行統計をもとに筆者作成。

のです。

新しい金融政策(3)：マイナス金利

こういった工夫や努力にもかかわらず，インフレ率は 2% に届きませんでした。その 1 つの理由はマネーストックがあまり増えなかったことです。図 16-10 の点線は M2 です。やはり 2013 年 4 月を 100 として表していますが，この時期を境に急に増えたようには見えません。日本銀行が増やしたおカネは銀行システムの中にとどまったのです。民間銀行からすると，確かにおカネを中央銀行の口座に置いていてももうけは少ないけれど，これを運用してもやっぱり大したもうけは期待できない，それならそのまま口座に置いておこうか，といった感じだったと思われます。

それが問題ならば民間銀行が口座におカネを置きっぱなしにしていると損するようにしてあげればよいはずです。日本銀行は 2016 年 1 月に**マイナス金利政策**を発表します。これは民間銀行が中央銀行の口座に預けてあるおカネの一部にマイナスの金利（つまり預けているとおカネを取られるということです）を適用するものです。

金利のマイナス幅やマイナス金利の適用範囲が限られたものだったこともあり，政策開始後もマネーストックの動きには目立った変化は見られません。このことは図 16-10 からも見て取れます。その一方で一部銀行が不動産貸し出しや外国債券購入に積極的になるなど，銀行行動には変化の兆しが見られます。

分かれる評価

新しい試みが始まってから，この教科書を書いている時点（2018 年 10 月）で 5 年あまりが過ぎました。今のところ，2% のインフレは達成できていません。このことから一連の政策は失敗だったと考える研究者もいます。その一方で，かつてのように物価がずるずると下がり続けるデフレではなくなったのも事実です。この点を高く評価する研究者も少なくありません。

こうした実験的な政策がある程度効果を持ったとして，その源泉は何だったのでしょうか？ 多くの研究者が注目しているのが，アベノミクス初期に生じた急激な株高（図 16-2）と円安です。後者の為替レートについては本書では議論する機会がありませんでしたが，ぜひ皆さんにはいずれ，より進んだ教科書で学んでほしいと思います。

8 財政赤字の累積と将来不安

慢性化した財政赤字

アベノミクス第 2 の矢が積極的な財政政策です。景気対策として公共事業などに予算がつけられ，政府購入が膨らみました。その一方で税収の確保は先送りされました。アベノミクス開始以前には，5% だった消費税率を 2014 年には 8% に，2015 年には 10% に引き上げることが決まっていました。このうち第1回の増税は実行されたものの，第2回は，景気などを理由に，2度にわたって延期されました。

再び図16-6で財政収支の対GDP比の推移を確認しましょう。リーマン・ショック直後にマイナス10%近くまでいったあと，景気回復とともにしだいに改善を見せます。しかし，赤字を解消する道筋が立ったとまではとても言えません。図16-7の公債残高の対GDP比も200%を超える水準が定着してしまっています。赤字が不況期の一時的なものにとどまらず，慢性的になってしまっている最大の原因は，第15章 *Column* ⑮でも見た高齢化です。社会保障，つまり年金や医療関係の支出が着々と増加する一方で，必要な財源を手当てしきれていないことが，こうした事態を招いているのです。

今の財政赤字の何が問題か？

このままでは「ひょっとして政府は借金を返せなくなるのではないか？」といった不安が表面化しても不思議ではありません。現時点ではまだそこまで行っていませんが，それでも大きな財政赤字はすでに3つの問題を引き起こしています。その第1は財政負担の世代間格差です。政府は将来，大幅な増税や支出カットで財政のバランスを回復せざるをえないでしょう。その負担はそのときに生きている世代に降りかかることになります。「失われた10年」以降に社会に出た世代には十分な所得を得る機会が乏しかった人が少なくありません。もし問題解決が先送りされ続けると，この世代がさらに大きな負担を背負い込むことになりかねません。問題の第2は，関連しますが，不確実性からくる将来不安です。いずれ大きな負担の波がやってくることは間違いないのですが，いつ，誰が，どういう形で犠牲を求められるのか明らかではありません。これは疑心暗鬼を招いて人々の経済活動を委縮させます。第3の問題が予算の硬直化です。若手官僚の誰かが画期的な，しかしおカネのかかる政策を思いついて上司に提案したとしましょう。今だったら「財源がないから」というお決まりの文句で一蹴されてしまう可能性が高いと思います。こうして政府のあり方が時代に合わないものになっていくとしたら，不幸ではないでしょうか。

9 成長戦略と日本経済の希望

生産性の重要性　アベノミクス第3の矢，成長戦略の大きな目的は生産性の向上です。すでに見たように日本では1990年代初めころから生産性上昇率が低下しました。これは今日まで回復していません。とくに高齢化時代においては，若年世代が得た所得で老年世代を支えなくてはならないので，生産性向上は重要です。成長戦略にはそのためのいくつものアイディアが並んでいます。

その成果について，研究者の評価は必ずしも高くないようです。ただこれは問題そのものの難しさを反映している可能性があります。技術革新や新しいビジネスの機会を見つけるというような「正解のない」作業を政府が主導するのは簡単ではありません。政府にできることは主に，民間企業が新しいチャンスを見つけたらその追求を規制などで妨げないように気をつけること，その企業が競争相手に成功の果実を横取りされるといった心配をせず安心して努力を続けられる環境を整えてあげることくらいでしょう。

労働市場改革の可能性　政府が主導的役割を果たしうるのが労働市場のしくみを変えることです。第8節でも少し触れたように，「失われた10年」以降に成人した世代には雇用の機会，とくに正規労働者としての就業に恵まれなかった人が少なくありません。日本企業は伝統的に社内での人材育成を重視してきました。しかし，その主な対象は正社員です。若いときに非正規だからという理由で訓練を受ける機会がなかった労働者は再就職でも不利になり，なかなか第15章で紹介した人的資本を蓄積できません。この悪循環を日本の生産性が停滞し続ける要因と考える研究者もいます。

これまでの，朝から晩まで働ける正社員を重視する慣行を少し緩めて，多様な働き方をする人たちに雇用と訓練の機会を提供できれば，この問題を和らげられる可能性があります。これは伝統や慣習が絡むので難しい面はあります。ただ，近年では少子化の進行で若年労働者の不足が言われるようになっています。企業も労働者確保のために新しいニーズに対応しようとするかもしれませんから，長い目で見れば大きな変化が生じる可能性があります。

Column ⑯ 女性労働力：日本経済最後のフロンティア

これまでの日本経済は女性労働者の力を十分活かしてきたとは言えません。次ページの図は5歳刻みの年齢階級ごとに，その年齢層の女性のうち何パーセントが労働力になっているかを計算して，それをつないで折れ線グラフにしたものです。何本かの線が引かれていますが，それぞれは1970年から2010年までの10年ごとの各年と，2017年の様子を表しています。どの年も大まかな傾向は同じです。まず15～19歳はまだ学生が多いので数値は低めです。それが20代前半（最近は後半も）にかけて就職する人が増え数値が高くなります。特徴的なのはそのあとの年齢層でこれがいったん下がることです。これは結婚・出産・子育てなどで仕事を辞める女性が多いためです。そのあとの年齢層でこの割合は再び上がって，40代に第2のピークを迎えてからまた下がります。これはグラフの形から「M字カーブ」の名前で知られています。

もし日本に，働く気も能力もあるのにそれらを十分に発揮できていない女性が多くいるのだとしたら残念なことです。しかも，いったん仕事を離れた女性は，再就職するときに元とはあまり関係ない職に就くケースも多いのです。このため，辞める前の職場や学校教育でつちかった技能や知識を発揮できているか，疑問が残ります。

図　年齢階級別労働人口比率（女性）の推移

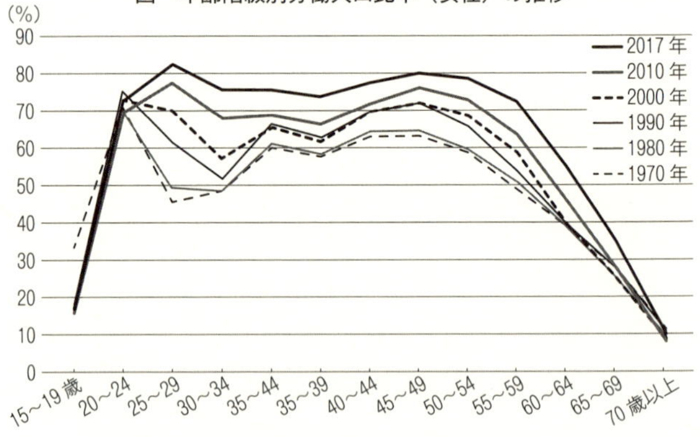

（出所）　総務省統計局「労働力調査」をもとに筆者作成。

未活用の人的資源があるということは，伸びる余地がそれだけ残っているということでもあります。女性が働き続けやすい環境を作ることは，日本経済が生産性を高めるための１つのカギとなるでしょう。図で注目したいのは，2010 年と 2017 年にはＭ字の真ん中の落ち込みがよりなだらかになっていることです。日本が女性にとって前よりは働きやすい国になっているのか，即断はできません。ただ最近では政府も女性労働の重要性を強調することが多くなっていますので，今後に注目したいと思います。

練習問題

【応用問題】

16-1　日本銀行のウェブサイトにある「時系列統計データ検索サイト」（2018 年 10 月時点では http://www.stat-search.boj.or.jp/index.html にあります）にアクセスしてさまざまなデータをグラフにしてみましょう。

(a)　このページの一番上，「主要指標グラフ」の中の「金利」というリンクをクリックして，コールレート（正確には「無担保コールレート・O/N　月平均/金利」）の折れ線グラフを作成してみましょう。（もう1つの折れ線が同時にでてきますが，これについては本文中で触れられなかったので，省略します。）

(b)　同じく「通貨量」というリンクをクリックして，M2（およびM3）の対前年同月比変化率の折れ線グラフを作成してみましょう。

16-2　今度は消費者物価指数のグラフを作ってみましょう。「政府統計の総合窓口」というサイト https://www.e-stat.go.jp/ にアクセスして，「データベースから探す」というリンクをクリックしてみましょう。「政府統計名」がいろいろ並んでいる画面が出てきたでしょうか。そこから「消費者物価指数」を選んでクリックしてみてください。そこから最新のデータにアクセスすることができます。さまざまな品目の物価データを，いろいろなフォーマットでグラフ化することができますので，ぜひ試してみてください。

16-3　英語に自信のある人はぜひ，セントルイス連銀（米国中央銀行の一部）が運営しているデータサイトであるフレッド https://fred.stlouisfed.org/ にアクセスしてみてください。探しているデータの名前さえ見つかれば，ワンクリックでグラフを作成してくれます。たとえば，アメリカの失業率（Civilian Unemployment Rate）は比較的見つけやすいと思うので，グラフにしてみてください。

索　引

●さ　行

● た　行

● ら 行

● わ 行

● 著者紹介
古沢 泰治（ふるさわ たいじ）
東京大学大学院経済学研究科教授
塩路 悦朗（しおじ えつろう）
一橋大学大学院経済学研究科教授

ベーシック経済学（けいざいがく）〔新版〕
——次（つぎ）につながる基礎固（きそがた）め

Basic Economics:
Building Foundation for the Next Stage, New Edition

2012年12月25日　初版第1刷発行
2018年12月25日　新版第1刷発行

著　者　古沢泰治
　　　　塩路悦朗
発行者　江草貞治
発行所　株式会社 有斐閣
郵便番号 101-0051
東京都千代田区神田神保町 2-17
電話 (03)3264-1315〔編集〕
(03)3265-6811〔営業〕
http://www.yuhikaku.co.jp/

印刷・株式会社精興社／製本・牧製本印刷株式会社
© 2018, Taiji Furusawa, Etsuro Shioji. Printed in Japan
落丁・乱丁本はお取替えいたします。
★定価はカバーに表示してあります。
ISBN 978-4-641-22123-9

JCOPY 本書の無断複写（コピー）は，著作権法上での例外を除き，禁じられています。複写される場合は，そのつど事前に（一社）出版者著作権管理機構（電話03-5244-5088，FAX03-5244-5089，e-mail：info@jcopy.or.jp）の許諾を得てください。